기출이
답이다

지역농협 6급

9개년 기출복원문제 + 기출유형분석 + 무료NCS특강

시대에듀

2024 하반기 시대에듀 All-New 기출이 답이다
NCS 지역농협 6급 필기시험 9개년 기출 + 무료NCS특강

Always **with you**

사람의 인연은 길에서 우연하게 만나거나 함께 살아가는 것만을 의미하지는 않습니다.
책을 펴내는 출판사와 그 책을 읽는 독자의 만남도 소중한 인연입니다.
시대에듀는 항상 독자의 마음을 헤아리기 위해 노력하고 있습니다. 늘 독자와 함께하겠습니다.

머리말 PREFACE

농협은 농업인의 경제적·사회적·문화적 지위 향상과 국민경제의 균형 있는 발전을 위해 1961년 창립되었다. 농업인의 복지 증진과 농촌 발전의 주역으로서 그 역할을 충실히 수행하고 있으며, 농업인이 전액 출자하고 농업인 대표에 의해 운영되는 자주적 생산자 단체이다. 창립 이래 지도·경제·신용·공제 사업 등 다양한 사업을 추진하는 종합 농협의 면모를 갖추어 국민의 생명 창고인 농업을 지원·육성하고 있다.

지역농협은 인재를 채용하기 위해 인·적성검사 및 직무능력평가를 실시하고 있다. 인·적성검사란 개인의 성격이 지원한 기업과 업무에 부합하는지 객관적으로 파악·판단하기 위한 검사이고, 직무능력평가는 직무에 필요한 능력을 보유하고 있는지 측정하는 검사이다.

이에 시대에듀에서는 지역농협 6급 필기시험을 준비하는 수험생들이 시험에 효과적으로 대응할 수 있도록 다음과 같은 특징의 본서를 출간하게 되었다.

도서의 특징

❶ 기출유형 뜯어보기의 유형분석과 유형풀이 Tip·이론 더하기를 통해 출제영역을 체계적으로 학습할 수 있도록 하였다.

❷ 2024년 상반기부터 2016년까지 실시된 지역농협 6급 9개년 기출복원문제를 수록하여 최근 출제유형을 파악할 수 있도록 하였다.

❸ 2023 ~ 2022년 시행된 주요 금융권 NCS 2개년 기출복원문제를 수록하여 변화하는 출제경향에 완벽히 대비할 수 있도록 하였다.

끝으로 본서가 지역농협 6급 필기시험을 준비하는 여러분 모두에게 합격의 기쁨을 전달하기를 진심으로 기원한다.

SDC(Sidae Data Center) 씀

지역농협 이야기

◇ **비전 2030**

비전

변화와 혁신을 통한 새로운 대한민국 농협

▲

슬로건

희망농업, 행복농촌 농협이 만들어갑니다.

◇ **핵심가치**

국민에게
사랑받는 농협

농업인을
위한 농협

지역 농축협과
함께하는 농협

경쟁력 있는
글로벌 농협

◇ **혁신전략**

농업인 · 국민과 함께 **농사같이(農四價値)운동** 전개

중앙회 지배구조 혁신과 지원체계 고도화로 **농축협 중심의 농협** 구현

디지털 기반 **생산 · 유통 혁신**으로 미래 농산업 선도, 농업소득 향상

금융부문 혁신과 **디지털 경쟁력**을 통해 농축협 성장 지원

미래 경영과 조직문화 혁신을 통해 새로운 농협으로 도약

◇ 농협이 하는 일

교육지원부문

농업인의 권익을 대변하고 농업 발전과 농가 소득 증대를 통해 농업인 삶의 질 향상에 도움을 주고 있다. 또한 또 하나의 마을 만들기 운동 등을 통해 농업·농촌에 활력을 불어넣고 농업인과 도시민이 동반자 관계로 함께 성장·발전하는 데 기여하고 있다.

교육지원사업

농·축협 육성·발전 지도, 영농 및 회원 육성·지도, 농업인 복지 증진, 농촌사랑·또 하나의 마을 만들기 운동, 농정활동 및 교육사업, 사회공헌 및 국제 협력 활동 등

경제부문

농업인이 영농활동에 안정적으로 전념할 수 있도록 생산·유통·가공·소비에 이르기까지 다양한 경제 사업을 지원하고 있다. 경제사업 부문은 크게 농업경제 부문과 축산경제 부문으로 나누어지며, 농축산물 판로 확대, 농축산물 유통구조 개선을 통한 농가소득 증대와 영농비용 절감을 위한 사업에 주력하고 있다.

농업경제사업

영농자재(비료, 농약, 농기계, 면세유 등) 공급, 산지유통혁신, 도매사업, 소비지유통 활성화, 안전한 농식품 공급 및 판매

축산경제사업

축산물 생산, 도축, 가공, 유통, 판매 사업, 축산 지도(컨설팅 등), 지원 및 개량사업, 축산기자재(사료 등) 공급 및 판매

금융부문

농협의 금융사업은 농협 본연의 활동에 필요한 자금과 수익을 확보하고, 차별화된 농업금융 서비스 제공을 목적으로 하고 있다. 금융사업은 시중 은행의 업무 외에도 NH카드, NH보험, 외국환 등의 다양한 금융 서비스를 제공하여 가정경제에서 농업경제, 국가경제까지 책임을 다해 지켜나가는 우리나라의 대표 금융 기관이다.

상호금융사업

농촌지역 농업금융 서비스 및 조합원 편익 제공, 서민금융 활성화

농협금융지주

종합금융그룹(은행, 보험, 증권, 선물 등)

지역농협 이야기

◇ **인재상**

시너지 창출가

항상 열린 마음으로 계통 간, 구성원 간에 존경과 협력을 다하여
조직 전체의 성과가 극대화될 수 있도록 시너지 제고를 위해 노력하는 인재

행복의 파트너

프로다운 서비스 정신을 바탕으로
농업인과 고객을 가족처럼 여기고 최상의 행복 가치를 위해 최선을 다하는 인재

최고의 전문가

꾸준한 자기계발을 통해 자아를 성장시키고,
유통·금융 등 맡은 분야에서 최고의 전문가가 되기 위해 지속적으로 노력하는 인재

정직과 도덕성을 갖춘 인재

매사에 혁신적인 자세로 모든 업무를 투명하고 정직하게 처리하여
농업인과 고객, 임직원 등 모든 이해관계자로부터 믿음과 신뢰를 받는 인재

진취적 도전가

미래지향적 도전의식과 창의성을 바탕으로 새로운 사업과 성장동력을 찾기 위해
끊임없이 변화와 혁신을 추구하는 역동적이고 열정적인 인재

◇ **심볼마크**

「V」꼴은 「농」자의 「ㄴ」을 변형한 것으로 싹과 벼를 의미하여 농협의 무한한 발전을, 「V」꼴을 제외한 아랫 부분은 「업」자의 「ㅇ」을 변형한 것으로 원만과 돈을 의미하며 협동 단결을 상징한다.

또한, 마크 전체는 「협」자의 「ㅎ」을 변형한 것으로 「ㄴ+ㅎ」은 농협을 나타내고 항아리에 쌀이 가득 담겨 있는 형상을 표시하여 농가 경제의 융성한 발전을 상징한다.

◇ **커뮤니케이션 브랜드**

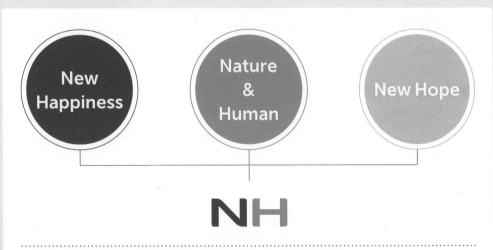

[**NH**]는 고객과의 커뮤니케이션을 위해 농협의 이름과는 별도로 사용되는 영문 브랜드로 미래지향적이고 글로벌한 농협의 이미지를 표현하고 있다.

신규직원 채용 안내

◇ 지원방법

❶ 농협 홈페이지(www.nonghyup.com)

❷ 잡코리아 홈페이지(jrs.jobkorea.co.kr/nhrecruit)

◇ 채용단위

❶ **지역농협** : 시 · 군 단위 공동 선발

❷ **축협 및 품목농협** : 농 · 축협 단위 선발

※ 채용단위별 중복 지원 불가

◇ 응시자격

❶ 연령/학력/학점/어학점수 제한 없음

❷ 채용공고일 전일 기준 본인 · 부 · 모 중 1인의 주민등록상 주소지가 응시 가능 주소지 내에 있는 자

※ 남자는 병역필 또는 면제자에 한함(지정일까지 병역필 가능한 자 포함)

◇ 우대사항

❶ **공통사항** : 「NH 영 서포터즈」 중 연도말 활동 우수 수상자

※ 단, 범농협(농 · 축협, 중앙회 및 계열사) 입사지원으로 기 우대적용을 받은 자는 제외(1회에 한함)

❷ **일반관리직** : 유통관리사 1급, 물류관리사, 농산물 품질관리사 자격증 소지자

※ 단, 일반관리직(영농지도 · 농약판매 등), 전문직 지원 시 우대하지 않음

◇ 채용절차

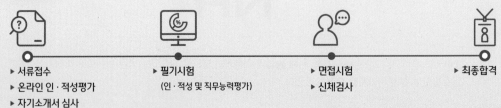

▶ 서류접수
▶ 온라인 인 · 적성평가
▶ 자기소개서 심사

▶ 필기시험
(인 · 적성 및 직무능력평가)

▶ 면접시험
▶ 신체검사

▶ 최종합격

◇ 채용일정

채용공고	접수기간	서류발표	필기시험	필기발표
2024.03.08	2024.03.08~03.15	2024.04.03	2024.04.21	2024.05.08
2023.09.18	2023.09.18~09.25	2023.10.18	2023.11.05	2023.11.15
2023.03.09	2023.03.09~03.16	2023.04.05	2023.04.23	2023.05.10
2022.10.05	2022.10.05~10.12	2022.11.02	2022.11.13	2022.11.23
2022.03.23	2022.03.23~03.30	2022.04.20	2022.05.08	2022.05.17

◇ 필기시험

구분	영역		유형	시험시간	비고
1	인·적성평가		151문항/200문항/210문항 유형	25분/30분	–
2	직무능력평가	의사소통능력 수리능력 문제해결능력 자원관리능력 조직이해능력	70문항 유형	70분	5지선다
			60문항 유형	60분/70분	4지선다

◇ 시험유형

시험유형	채용지역	비고
60문항/60분	서울, 강원, 인천, 전북, 제주	4지선다
60문항/70분	경북·대구, 울산, 대전, 광주, 전남, 충북, 충남·세종	4지선다
70문항/70분	경기, 경남	5지선다

※ 상기 지역별 시험유형 및 시간은 2024년 상반기 필기시험을 기준으로 합니다.

❖ 자세한 채용절차는 직무별 채용방침에 따라 변경될 수 있으니 반드시 채용공고를 확인하기 바랍니다.

주요 금융권 적중 문제

지역농협 6급

17 다음 문장을 논리적 순서대로 바르게 나열한 것은?

> (가) 상품의 가격은 기본적으로 수요와 공급의 힘으로 결정된다. 시장에 참여하고 있는 경제 주체들은 자신이 가진 정보를 기초로 하여 수요와 공급을 결정한다.
>
> (나) 이런 경우에는 상품의 가격이 우리의 상식으로는 도저히 이해하기 힘든 수준까지 일시적으로 뛰어오르는 현상이 나타날 가능성이 있다. 이런 현상은 특히 투기의 대상이 되는 자산의 경우 자주 나타나는데, 우리는 이를 '거품 현상'이라고 부른다.
>
> (다) 그러나 현실에서는 사람들이 서로 다른 정보를 갖고 시장에 참여하는 경우가 많다. 어떤 사람은 특정한 정보를 갖고 있는데 거래 상대방은 그 정보를 갖고 있지 못한 경우도 있다.
>
> (라) 일반적으로 거품 현상이란 것은 어떤 상품 – 특히 자산 – 의 가격이 지속해서 급격히 상승하는 현상을 가리킨다. 이와 같은 지속적인 가격 상승이 일어나는 이유는 애초에 발생한 가격 상승이 추가적인 가격 상승의 기대로 이어져 투기 바람이 형성되기 때문이다.
>
> (마) 이들이 똑같은 정보를 함께 갖고 있으며 이 정보가 아주 틀린 것이 아닌 한, 상품의 가격은 어떤 기본적인 수준에서 크게 벗어나지 않을 것이라고 예상할 수 있다.

03 남자 5명과 여자 5명이 정오각형 모양의 탁자 각 변에 두 명씩 둘러앉으려고 한다. 이때 탁자의 각 변에 남자와 여자가 이웃하여 앉을 확률은?(단, 회전하여 일치하는 경우는 모두 같은 것으로 본다)

① $\dfrac{5}{63}$ ② $\dfrac{8}{63}$

③ $\dfrac{10}{63}$ ④ $\dfrac{13}{63}$

⑤ $\dfrac{17}{63}$

04 어젯밤에 탕비실 냉장고에 보관되어 있던 행사용 케이크가 없어졌다. 어제 야근을 한 갑, 을, 병, 정, 무를 조사했더니 다음과 같이 진술하였고, 이 중 2명만이 진실을 말하였다. 케이크를 먹은 범인이 2명이라고 할 때, 범인끼리 연결된 것은?

> • 갑 : 을이나 병 중에 1명만 케이크를 먹었어요.
> • 을 : 무는 확실히 케이크를 먹었어요.
> • 병 : 정과 무가 모의해서 함께 케이크를 훔쳐먹는 걸 봤어요.
> • 정 : 저는 절대 범인이 아니에요.
> • 무 : 사실대로 말하자면 제가 범인이에요.

① 갑, 을 ② 갑, 정

③ 을, 정 ④ 을, 무

⑤ 정, 무

하나은행

의사소통능력 ▶ 어법 · 맞춤법

39 다음 중 밑줄 친 부분의 띄어쓰기가 모두 적절한 것은?

① 최선의 세계를 만들기 위해서는 <u>무엇 보다</u> 이 세계에 있는 모든 대상이 지닌 성질을 정확하게 <u>인식해야 만</u> 한다.

② 일과 여가 <u>두가지를</u> 어떻게 <u>조화시키느냐하는</u> 문제는 항상 인류의 관심대상이 되어 왔다.

③ <u>내로라하는</u> 영화배우 중 내 고향 출신도 상당수 된다. 그래서 자연스럽게 영화배우를 꿈꿨고, <u>그러다 보니</u> 영화는 내 생활의 일부가 되었다.

④ 실기시험은 까다롭게 <u>심사하는만큼</u> 준비를 철저히 해야 한다. <u>한 달 간</u> 실전처럼 연습하면서 시험에 대비하자.

수리능력 ▶ 거리 · 속력 · 시간

Hard

06 길이 258m인 터널을 완전히 통과하는 데 18초 걸리는 A열차가 있다. 이 열차가 길이 144m인 터널을 완전히 건너는 데 걸리는 시간이 16초인 B열차와 서로 마주보는 방향으로 달려 완전히 지나는 데 걸린 시간이 9초였다. B열차의 길이가 80m라면 A열차의 길이는?

① 320m   ② 330m

③ 340m   ④ 350m

문제해결능력 ▶ 문제처리

※ 다음은 호텔별 연회장 대여 현황에 대한 자료이다. 이를 보고 이어지는 질문에 답하시오. [3~4]

〈호텔별 연회장 대여 현황〉

건물	연회장	대여료	수용 가능 인원	회사로부터 거리	비고
A호텔	연꽃실	140만 원	200명	6km	2시간 이상 대여 시 추가비용 40만 원
B호텔	백합실	150만 원	300명	2.5km	1시간 초과 대여 불가능
C호텔	매화실	150만 원	200명	4km	이동수단 제공
	튤립실	180만 원	300명	4km	이동수단 제공
D호텔	장미실	150만 원	250명	4km	–

Easy

03 총무팀에 근무하고 있는 이대리는 김부장에게 다음과 같은 지시를 받았다. 이대리가 연회장 예약을 위해 지불해야 하는 예약금은?

> 다음 주에 있을 회사창립 20주년 기념행사를 위해 준비해야 할 것들 알려줄게요. 먼저 다음 주 금요일 오후 6시부터 8시까지 사용 가능한 연회장 리스트를 뽑아서 행사에 적합한 연회장을 예약해 주세요. 연회장 대여를 위한 예산은 160만 원이고, 회사에서의 거리가 가까워야 임직원들이 이동하기에 좋을 것 같아요. 행사 참석 인원은 240명이고, 이동수단을 제공해준다면 우선적으로 고려하도록 하세요. 예약금은 대여료의 10%라고 하니 예약 완료하고 지불하도록 하세요.

① 14만 원   ② 15만 원

주요 금융권 적중 문제

KB국민은행

의사소통능력 ▶ 내용일치

04 다음은 K은행의 국군희망준비적금 특약 안내문의 일부이다. 이에 대한 내용으로 적절하지 않은 것은?

> **〈K은행 국군희망준비적금 특약〉**
>
> **제1조 적용범위**
> "K은행 국군희망준비적금(이하 '이 적금'이라 합니다)" 거래는 이 특약을 적용하며, 이 특약에서 정하지 않은 사항은 예금거래 기본약관 및 적립식 예금약관을 적용합니다.
>
> **제2조 가입대상**
> 이 적금의 가입대상은 실명의 개인인 군 의무복무병(현역병, 상근예비역, 훈련병) 및 대체복무자로 하며, 1인 1계좌만 가능합니다.
>
> **제3조 예금과목**
> 이 적금의 예금과목은 정기적금으로 합니다.

수리능력 ▶ 자료변환

Easy

02 다음은 가계 금융자산에 관한 국가별 비교 자료이다. 이 자료를 변환한 그래프로 옳지 않은 것은?

〈각국의 연도별 가계 금융자산 비율〉

국가＼연도	2017년	2018년	2019년	2020년	2021년	2022년
A	0.24	0.22	0.21	0.19	0.17	0.16
B	0.44	0.45	0.48	0.41	0.40	0.45
C	0.39	0.36	0.34	0.29	0.28	0.25
D	0.25	0.28	0.26	0.25	0.22	0.21

※ 가계 총자산은 가계 금융자산과 가계 비금융자산으로 이루어지며, 가계 금융자산 비율은 가계 총자산 대비 가계 금융자산이 차지하는 비율임

직무심화지식 ▶ 금융영업

08 B씨와 그의 동료들은 다음과 같은 〈조건〉으로 조합 예탁금·적금 상품에 가입 후 납입하였다. 납부해야 할 세금이 가장 많은 사람부터 적은 사람 순으로 바르게 나열한 것은?(단, 조합 적금은 모두 비과세 저축용 상품으로 가정한다)

> **조건**
> • A씨 : 집 근처에 C은행이 있고 해외에서 근무하며, 출자금 5만 원을 납입하고 출자금통장을 만들었다. 2020년 2월 1일부터 2년 동안 매월 1일에 20만 원씩 납입하는 조합 적금에 가입했다.
> • B씨 : 기존 조합원의 자격을 가지고 있으며 출자금통장을 보유하고 있다. 2020년 1월부터 1년 동안 매월 1일에 10만 원씩 납입하는 조합 적금에 가입했다.
> • C씨 : 농사를 짓고 있으며 근처 B은행에서 출자금 3만 원을 내고 출자금통장을 만들었다. 2021년 1월부터 1년 동안 매월 1일에 40만 원씩 납입하는 조합 적금에 가입했다.

① A－B－C ② A－C－B
③ B－C－A ④ C－B－A

MG새마을금고 지역본부

의사소통능력 ▶ 빈칸추론

Hard

11 다음은 신문기사를 읽고 직원들이 나눈 대화이다. 대화의 흐름상 빈칸에 들어갈 말로 가장 적절한 것은?

○○일보

○○일보 제1426호   ○○년 ○○월 ○일 안내전화 02-000-0000   www.sdxxx.com

금융 혁신 신상품 시험하는 '금융 규제 프리존' 도입한다.

금융 규제를 일체 배제한 이른바 '금융 규제 프리존' 도입이 검토된다.
'금융 규제 프리존'은 금융시장 참가자들이 규제부담 없이 새롭고 혁신적인 금융 상품과 비즈

금융위는 당국의 승인을 전제로 혁신적인 상품과 서비스 모델을 법 규제에서 벗어나 시험적으로 영업해볼 수 있는 공간을 제공할 방침이다. 이를 통해 소비자 편의를 높이고 금융업의 성장

수리능력 ▶ 경우의 수

03 10명의 각 나라 대표들이 모여 당구 경기를 진행하려고 한다. 경기 진행방식은 토너먼트 방식으로 다음과 같이 진행될 때, 만들어질 수 있는 대진표의 경우의 수는?

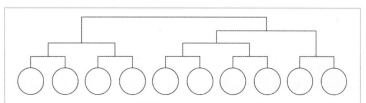

① 27,200가지
② 27,560가지
③ 28,000가지
④ 28,350가지

문제해결능력 ▶ 참·거짓

29 M금고 A지점에서 근무하고 있는 김대리, 이사원, 박사원, 유사원, 강대리 중 1명이 이번 워크숍에 참석하지 않았다. 이들 중 2명이 거짓말을 한다고 할 때, 다음 중 워크숍에 참석하지 않은 사람은?

> 강대리 : 나와 김대리는 워크숍에 참석했다. 나는 누가 워크숍에 참석하지 않았는지 알지 못한다.
> 박사원 : 유사원은 이번 워크숍에 참석하였다. 강대리님의 말은 모두 사실이다.
> 유사원 : 워크숍 불참자의 불참 사유를 세 사람이 들었다. 이사원은 워크숍에 참석했다.
> 김대리 : 나와 강대리만 워크숍 불참자의 불참 사유를 들었다. 이사원의 말은 모두 사실이다.
> 이사원 : 워크숍에 참석하지 않은 사람은 유사원이다. 유사원이 개인 사정으로 인해 워크숍에 참석하지 못한다고 강대리님에게 전했다.

① 강대리
② 박사원
③ 김대리
④ 이사원

도서 200% 활용하기

기출유형 뜯어보기

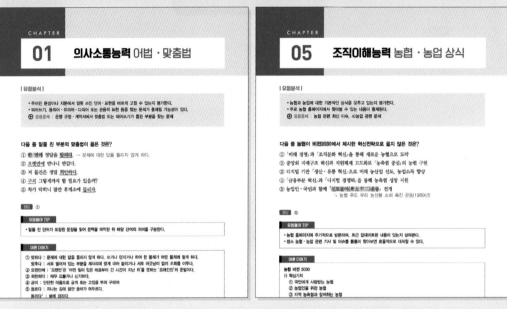

▶ 출제영역별 유형분석과 유형풀이 Tip · 이론 더하기를 수록하여 지역농협 6급 필기시험을 완벽히 준비하도록 하였다.

9개년 기출복원문제

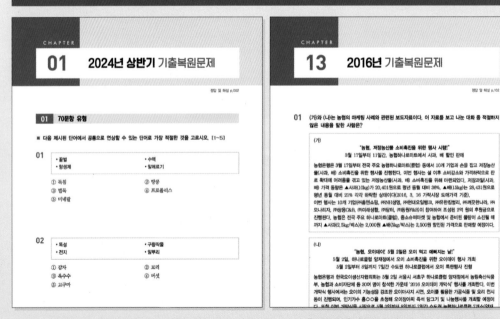

▶ 2024년 상반기~2016년 9개년 기출복원문제로 지역농협 6급의 출제유형을 한눈에 파악할 수 있도록 하였다.

주요 금융권 NCS 기출복원문제

▶ 2023∼2022년 2개년 주요 금융권 NCS 기출복원문제로 변화하는 출제경향에 대비할 수 있도록 하였다.

정답 및 해설

▶ 정답에 대한 꼼꼼한 해설과 오답분석을 통해 혼자서도 체계적인 학습이 가능하도록 하였다.

이 책의 차례

PART

I

기출유형 뜯어보기

01 의사소통능력 어법 · 맞춤법

| 유형분석 |

- 주어진 문장이나 지문에서 잘못 쓰인 단어·표현을 바르게 고칠 수 있는지 평가한다.
- 띄어쓰기, 동의어·유의어·다의어 또는 관용적 표현 등을 찾는 문제가 출제될 가능성이 있다.
- ⊕ 응용문제 : 은행 규정·계약서에서 맞춤법 또는 띄어쓰기가 틀린 부분을 찾는 문제

다음 중 밑줄 친 부분의 맞춤법이 옳은 것은?

① 한 번에 정답을 맞히다. → 문제에 대한 답을 틀리지 않게 하다.

② 오랫만에 만나니 반갑다.

③ 저 물건은 정말 희안하다.

④ 구지 그렇게까지 할 필요가 있을까?

⑤ 차가 막히니 잠깐 휴게소에 들리자.

정답 ①

유형풀이 TIP

- 밑줄 친 단어가 포함된 문장을 읽어 문맥을 파악한 뒤 해당 단어의 의미를 구분한다.

이론 더하기

① 맞히다 : 문제에 대한 답을 틀리지 않게 하다. 쏘거나 던지거나 하여 한 물체가 어떤 물체에 닿게 하다.
   맞추다 : 서로 떨어져 있는 부분을 제자리에 맞게 대어 붙이거나 서로 어긋남이 없이 조화를 이루다.

② 오랜만에 : '오랜만'은 '어떤 일이 있은 때로부터 긴 시간이 지난 뒤'를 뜻하는 '오래간만'의 준말이다.

③ 희한하다 : 매우 드물거나 신기하다.

④ 굳이 : 단단한 마음으로 굳게 또는 고집을 부려 구태여

⑤ 들르다 : 지나는 길에 잠깐 들어가 머무르다.
   들리다[1] : 병에 걸리다.
   들리다[2] : 물건의 뒤가 끊어져 다 없어지다.
   들리다[3] : 사람이나 동물의 감각 기관을 통해 소리가 알아차려지다. '듣다'의 피동사.
   들리다[4] : 손에 가지게 되다. '들다'의 피동사.

CHAPTER

01 의사소통능력 관계유추

| 유형분석 |

- 제시된 단어의 관계를 파악하여 빈칸에 들어갈 단어를 정확하게 유추해낼 수 있는지 평가한다.
- 짝지어진 단어 사이의 관계가 나머지와 다른 것을 찾는 문제 유형이 빈번하게 출제된다.
- ⊕ 응용문제 : 제시된 단어에서 공통으로 연상할 수 있는 것을 찾는 문제, 짝지어진 단어 사이의 관계가 나머지와 다른 것을 찾는 문제

다음 제시된 단어와 동일한 관계가 되도록 빈칸에 들어갈 단어로 가장 적절한 것은?

| 얌전하다 : 참하다 = (   ) : 아결하다 |
| ↳ 유의 관계 ↵   단아 + 고결 |
| 성품이나 태도가 침착하고 단정하다 |

① 고루하다   ② 방자하다

③ 괴이하다   ④ 아름답다

⑤ 고결하다 → 성품이 고상하고 순결하다

정답 ⑤

유형풀이 TIP

- 어휘의 상관 관계를 파악한 다음 선택지의 단어를 하나씩 대입하며 소거해 나간다.

이론 더하기

① 고루하다 : 낡은 습관이나 관념에 젖어 고집을 부리며 새로운 것을 잘 받아들이지 아니하다.
② 방자하다 : 제멋대로 하며 무례하고 건방지다.
③ 괴이하다 : 정상적이지 않고 괴상하고 별나다.
④ 아름답다 : 보이는 대상이나 음향, 목소리 따위가 균형과 조화를 이루어 눈과 귀에 즐거움과 만족을 줄 만하다.

01 의사소통능력 내용일치

| 유형분석 |

- 주어진 지문을 읽고 일치하는 / 일치하지 않는 선택지를 고르는 전형적인 독해 문제이다.
- 대체로 길고 복잡한 지문이 제시되는 경우가 많아 문제를 해결하는 데 시간이 많이 소요된다.
- ⊕ 응용문제 : 은행 금융상품 약정을 읽고 이해하는 문제, 고객 문의에 적절한 답변을 선택하는 문제

다음 글의 내용으로 적절하지 않은 것은?

'갑'이라는 사람이 있다고 하자. ❷ 이때 사회가 갑에게 강제적 힘을 행사하는 것이 정당화되는 근거는 무엇일까? 그것은 갑이 다른 사람에게 미치는 해악을 방지하려는 데 있다. ❹ 특정 행위가 갑에게 도움이 될 것이라든가, 이 행위가 갑을 더욱 행복하게 할 것이라든가 또는 이 행위가 현명하다든가 혹은 옳은 것이라든가 하는 이유를 들면서 갑에게 이 행위를 강제하는 것은 정당하지 않다. 이러한 이유는 갑에게 권고하거나 이치를 이해시키거나 무엇인가를 간청하거나 할 때는 충분한 이유가 된다. 그러나 갑에게 강제를 가하는 이유 혹은 어떤 처벌을 가할 이유는 되지 않는다. 이와 같은 사회적 간섭이 정당화되기 위해서는 갑이 행하려는 행위가 다른 어떤 이에게 해악을 끼칠 것이라는 점이 충분히 예측되어야 한다. ❶ · ❸ 한 사람이 행하고자 하는 행위 중에서 그가 사회에 대해서 책임을 져야 할 유일한 부분은 다른 사람에게 관계되는 부분이다.

① 타인과 관계되는 행위에는 사회적 책임이 따른다.
② 개인에 대한 사회의 간섭은 어떤 조건이 필요하다.
③ 한 사람의 행위는 타인에 대한 행위와 자신에 대한 행위로 구분된다.
④ 사회가 타당하다고 판단하여 개인에게 어떤 행위를 강요하는 것은 옳지 않다.
⑤ 사회는 개인의 해악에 관심이 있지만, 그 해악을 방지할 강제성의 근거는 가지고 있지 않다.
　　→ 일곱 번째 문장에 따르면 개인(갑)의 행위가 타인에게 해악을 끼칠 것이 예측되면 사회적 간섭이 정당화된다.

정답 ⑤

유형풀이 TIP

- 먼저 선택지의 키워드를 체크한 후, 지문의 내용과 비교하며 내용의 일치 유무를 신속하게 판단한다.

의사소통능력 나열하기

| 유형분석 |

- 글의 논리적인 전개 구조를 파악할 수 있는지 평가한다.
- 글의 세부 내용보다 전반적인 흐름과 맥락에 집중하며 문제를 해결하는 것이 효율적이다.
- ⊕ 응용문제 : 첫 문단을 제시한 후 이어질 내용을 순서대로 나열하는 문제

다음 문장을 논리적 순서대로 바르게 나열한 것은?

(가) 사전에 아무런 정보도 없이 판매자의 일방적인 설명만 듣고 물건을 구입하면 후회할 수도 있다.
→ (나)를 뒷받침하며 결론을 강조
(나) <mark>따라서</mark> 소비를 하기 전에 많은 정보를 수집하여 구입하려는 재화로부터 예상되는 편익을 정확하게 조사
하여야 한다. → 글의 결론
(다) <mark>그러나</mark> 일상적으로 사용하는 일부 재화를 제외하고는 그 재화를 사용해 보기 전까지 효용을 제대로 알
수 없다. → (마)에 대한 반론
(라) <mark>예를 들면</mark> 처음 가는 음식점에서 주문한 음식을 실제로 먹어 보기 전까지는 음식 맛이 어떤지 알 수
없다. → (다)에 대한 부연 설명
(마) 우리가 어떤 재화를 구입하는 이유는 그 재화를 사용함으로써 효용을 얻기 위함이다. → 글의 주제

① (가) – (나) – (라) – (다) – (마)
② (가) – (마) – (나) – (다) – (라)
③ (마) – (나) – (가) – (라) – (다)
④ (마) – (나) – (라) – (다) – (가)
⑤ (마) – (다) – (라) – (나) – (가)

정답 ⑤

유형풀이 TIP

- 각 문단에 위치한 지시어와 접속어를 살펴본다. 문두에 접속어가 오는 경우 글의 첫 번째 문단이 될 수 없다.
- 각 문단의 첫 문장과 마지막 문장에 집중하면서 글의 순서를 하나씩 맞춰 나간다.
- 선택지를 참고하여 문단의 순서를 생각해 보는 것도 시간을 단축하는 좋은 방법이 될 수 있다.

01 의사소통능력 추론하기

| 유형분석 |

- 문맥을 통해 글에 명시적으로 드러나 있지 않은 내용을 유추할 수 있는지 평가한다.
- 일반적인 독해 문제와는 달리 선택지의 내용이 애매모호한 경우가 많으므로 꼼꼼히 살펴보아야 한다.
- ⊕ 응용문제 : 글 뒤에 이어질 내용을 찾는 문제, 글을 뒷받침할 수 있는 근거를 찾는 문제

다음 글의 **합리주의 이론**에 근거하여 추론할 수 있는 내용으로 적절하지 않은 것은?

> 어린이의 언어 습득을 설명하는 이론에는 두 가지가 있다. 하나는 경험주의적인 혹은 행동주의적인 이론이고, 다른 하나는 합리주의적인 이론이다.
> **경험주의 이론**에 의하면 어린이가 언어를 습득하는 것은 어떤 **선천적인 능력에 의한 것이 아니라 경험적인 훈련에 의해서 오로지 후천적으로만 이루어진다.**
> 한편, 다른 이론에 따르면 어린이가 언어를 습득하는 것은 거의 전적으로 타고난 특수한 언어 학습 능력과 일반 언어 구조에 대한 추상적인 선험적 지식에 의한 것이다.

① 인간은 언어 습득 능력을 가지고 태어난다.
② 일정한 나이가 되면 모든 어린이가 예외 없이 언어를 통달하게 된다.
③ 많은 현실적 악조건에도 불구하고 어린이는 완전한 언어 능력을 갖출 수 있게 된다.
④ 어린이는 백지상태에서 출발하여 반복 연습과 시행착오, 교정에 의해서 언어라는 습관을 형성한다.
　　→ 반복 연습과 시행착오, 교정은 후천적인 경험적 훈련으로, 경험주의 이론에서 강조하는 것이다.
⑤ 언어가 극도로 추상적이고 고도로 복잡한데도 불구하고 어린이들은 짧은 시일 안에 언어를 습득한다.

정답 ④

유형풀이 TIP

- 개인의 주관적인 판단이 개입되지 않도록 유의하며 문제를 해결해야 한다.
- 지문의 주제·중심 내용을 파악한 후 선택지의 키워드를 체크한다. 그러고 나서 지문에서 도출할 수 있는 내용을 선택지에서 찾아 소거해 나간다.

CHAPTER

02 수리능력 기초연산

| 유형분석 |

- 사칙연산을 활용하여 크고 복잡한 수를 정확하게 계산할 수 있는지 평가한다.
- 괄호연산을 올바른 순서대로 적용하여 주어진 식을 풀이할 수 있는지 평가한다.
- ⊕ 응용문제 : 분수와 소수를 활용한 문제

다음 식을 계산한 값으로 옳은 것은?

$$15 \times 108 - 303 \div 3 + 7$$
$$\quad 1{,}620 \qquad 101$$
$$1{,}620 - 101 + 7 = 1{,}526$$

① 131
② 446
③ 784
④ 1,526
⑤ 1,589

정답 ④

유형풀이 TIP

- 사칙연산($+$, $-$, $\times$, $\div$) 계산 시 왼쪽을 기준으로 순서대로 계산하되, $\times$와 $\div$를 먼저 계산한 뒤 $+$와 $-$를 계산한다.

이론 더하기

1) 괄호연산 : ( ), { }, [ ]
   소괄호 ( ) → 중괄호 { } → 대괄호 [ ]의 순서대로 계산한다.
   예 $[\{(1+2) \times 3 - 4\} \div 5] \times 6$
   → $\{(3 \times 3 - 4) \div 5\} \times 6$
   → $\{(9 - 4) \div 5\} \times 6$
   → $(5 \div 5) \times 6$
   → $1 \times 6 = 6$
2) 곱셈공식
   다항식의 곱들을 공식화한 것으로, 중간 단계의 복잡한 계산을 생략하고 바로 답을 도출하기 위해 사용한다.
   - $a^b \times a^c \div a^d = a^{b+c-d}$
   - $ab \times cd = ac \times bd = ad \times bc$
   - $a^2 - b^2 = (a+b)(a-b)$
   - $(a+b)(a^2 - ab + b^2) = a^3 + b^3$
   - $(a-b)(a^2 + ab + b^2) = a^3 - b^3$

| 유형분석 |

- 거리 · 속력 · 시간 공식을 활용하여 문제를 해결할 수 있는지 평가한다.
- 시간차를 두고 출발하는 경우, 마주 보고 걷거나 둘레를 도는 경우 등 추가적인 조건을 꼼꼼히 살펴보아야 한다.
- ⊕ 응용문제 : 기차와 터널의 길이를 구하는 문제, 물과 같이 속력이 있는 장소가 조건으로 주어진 문제

시속 300km/h ⓐ로 달리는 KTX 열차가 있다. **목적지까지 400km** ⓑ 떨어져 있으며, **정차해야 하는 역이 7개** ⓒ 있다. 각 **정차역에서 10분간 대기 후 출발** ⓓ한다고 할 때, 목적지에 도착하는 데까지 소요되는 시간은?(단, 일정한 속도로 달리는 것으로 가정한다)

① 1시간 10분   ② 1시간 20분
③ 2시간 20분   ④ 2시간 30분
⑤ 3시간

ⓐ 열차의 속력 : 300km/h, ⓑ 목적지까지의 거리 : 400km

→ 목적지까지 달리는 시간 : $\frac{400}{300}=1\frac{1}{3}$=1시간 20분

ⓒ · ⓓ 정차시간 : 10×7=1시간 10분

∴ 1시간 20분+1시간 10분=2시간 30분

정답 ④

유형풀이 TIP

- 문제에서 요구하는 답을 미지수로 하여 방정식을 세우고, (시간)=$\frac{(거리)}{(속력)}$ 공식을 통해 필요한 값을 계산한다.

이론 더하기

- (거리)=(속력)×(시간), (속력)=$\frac{(거리)}{(시간)}$, (시간)=$\frac{(거리)}{(속력)}$

02 수리능력 농도

| 유형분석 |

- 농도 공식을 활용하여 문제를 해결할 수 있는지 평가한다.
- 소금물 대신 설탕물로 출제될 수 있으며, 정수나 분수뿐 아니라 비율 등 다양한 조건이 제시될 가능성이 있다.
- ⊕ 응용문제 : 증발된 소금물 문제, 농도가 다른 소금물 간 계산 문제

농도 8%의 소금물 400g ⓐ에 농도 3%의 소금물 ⓑ 몇 g을 넣으면 농도 5%의 소금물 ⓒ이 되는가?

① 600g
② 650g
③ 700g
④ 750g
⑤ 800g

ⓐ 농도 8%인 소금물 400g에 들어있는 소금의 양 : $\dfrac{8}{100} \times 400$g

ⓑ 농도 3%인 소금물의 양 : xg

→ 농도 3%인 소금물 xg에 들어있는 소금의 양 : $\dfrac{3}{100}x$g

ⓒ 농도 5%인 소금물 $(400+x)$g에 들어있는 소금의 양 : $\dfrac{5}{100}(400+x)$g

$$\dfrac{8}{100} \times 400 + \dfrac{3}{100}x = \dfrac{5}{100}(400+x)$$

$$\therefore x = 600$$

정답 ①

유형풀이 TIP

- 정수와 분수가 같이 제시되므로, 통분이나 약분을 통해 최대한 수를 간소화시켜 계산 실수를 줄일 수 있도록 한다.
- 항상 미지수를 정하고 그 값을 계산하여 답을 구해야 하는 것은 아니다. 문제에서 원하는 값은 정확한 미지수를 구하지 않아도 풀이 과정 속에서 제시되는 경우가 있으므로, 문제에서 묻는 것을 명확히 해야 한다.

이론 더하기

- (농도)$= \dfrac{(용질의\ 양)}{(용액의\ 양)} \times 100$, (소금물의 양)$=$(물의 양)$+$(소금의 양)

| 유형분석 |

- 합의 법칙과 곱의 법칙을 구분하여 활용할 수 있는지 평가한다.
- ⊕ 응용문제 : 벤 다이어그램을 활용한 문제

10명의 학생 중에서 **1명의 회장** ⓐ과 **2명의 부회장** ⓑ을 뽑는 경우의 수는?

① 320가지   ② 330가지

③ 340가지   ④ 350가지

⑤ 360가지

ⓐ 10명의 학생 중에서 1명의 회장을 뽑는 경우의 수 : $_{10}C_1 = 10$가지

ⓑ 나머지 9명의 학생 중 2명의 부회장을 뽑는 경우의 수 : $_9C_2 = \dfrac{9 \times 8}{2 \times 1} = 36$가지

∴ $10 \times 36 = 360$가지

정답 ⑤

유형풀이 TIP

- 두 개 이상의 사건이 동시에 일어나는 연속적인 사건인 경우 곱의 법칙을 활용한다.

이론 더하기

1) 합의 법칙
 ① 서로 다른 경우의 수를 각각 독립적으로 선택할 때 전체 경우의 수를 계산하는 방법이다.
 ② '또는', '~이거나'라는 말이 나오면 합의 법칙을 사용한다.
 ③ 두 사건 A, B가 동시에 일어나지 않을 때, A가 일어나는 경우의 수를 p, B가 일어나는 경우의 수를 q라고 하면, 사건 A 또는 B가 일어나는 경우의 수는 $p+q$이다.
2) 곱의 법칙
 ① 서로 연속적인 사건이 발생할 때 각 사건이 일어날 확률을 곱하여 전체 경우의 수를 계산하는 방법이다.
 ② '그리고', '동시에'라는 말이 나오면 곱의 법칙을 사용한다.
 ③ A가 일어나는 경우의 수를 p, B가 일어나는 경우의 수를 q라고 하면, 사건 A와 B가 동시에 일어나는 경우의 수는 $p \times q$이다.

| 유형분석 |

> • 조건부 확률과 독립 사건을 구분하여 문제를 해결할 수 있는지 평가한다.
> ⊕ 응용문제 : 최단 경로 수 구하는 문제, 여사건 또는 조건부 확률 문제

남자 4명, 여자 4명으로 이루어진 팀에서 **2명의 팀장** ⓐ을 뽑으려고 한다. 이때 **팀장 2명이 모두 남자** ⓑ로만 구성될 확률은?

① $\dfrac{3}{14}$

② $\dfrac{2}{7}$

③ $\dfrac{5}{14}$

④ $\dfrac{3}{7}$

⑤ $\dfrac{4}{7}$

ⓐ 8명 중 팀장 2명을 뽑는 경우의 수 : $_8C_2=28$가지
ⓑ 남자 4명 중 팀장 2명을 뽑는 경우의 수 : $_4C_2=6$가지

∴ $\dfrac{6}{28}=\dfrac{3}{14}$

정답   ①

▌ 유형풀이 TIP

> • 한 개의 사건이 다른 한 사건의 조건하에 일어날 경우 조건부 확률을 활용한다.

▌ 이론 더하기

> 1) 여사건 확률
>   ① '적어도'라는 말이 나오면 주로 사용한다.
>   ② 사건 A가 일어날 확률이 p일 때, 사건 A가 일어나지 않을 확률은 $(1-p)$이다.
> 2) 조건부 확률
>   ① 확률이 0이 아닌 두 사건 A, B에 대하여 사건 A가 일어났다는 조건하에 사건 B가 일어날 확률로, A 중에서 B인 확률을 의미한다.
>   ② $P(B \mid A)=\dfrac{P(A\cap B)}{P(A)}$ 또는 $P_A(B)$로 나타낸다.

| 유형분석 |

- 주어진 수치를 토대로 비율·증감폭·증감률·수익(손해)율 등을 계산할 수 있는지 평가한다.
- 경영·경제·산업 등 최신 이슈 관련 수치가 막대 그래프, 꺾은선 그래프 등 다양한 형태로 제시된다.
- ⊕ 응용문제 : 자료의 일부 수치가 비워진 문제, 표의 내용을 그래프로 변환하는 문제

다음은 지난해 주요 자영업 10가지 업종에 대한 자료이다. 이에 대한 설명으로 옳은 것은?(단, 변화율은 증감률의 절댓값으로 비교한다)

〈주요 자영업 업종별 지표〉

(단위 : 명, %)

구분	창업자 수	폐업자 수	월평균 매출액 증감률	월평균 대출액 증감률	월평균 고용인원
병원 및 의료서비스	1,828	556	❷ 6.5	12.8	❺ 15
변호사	284	123	1.8	1.2	4
학원	682	402	-3.7	5.8	❺ 8
음식점	❶ 3,784	1,902	1.3	11.2	❺ 6
PC방	335	183	❹ -8.4	1.1	2
여행사	❸ 243	184	-6.6	0.4	3
카페	❶ 5,740	3,820	2.4	❷ 15.4	❺ 5
숙박업	1,254	886	-0.7	7.8	2
소매업	❶ 2,592	1,384	❹ 0.5	4.8	3
농사	562	❸ 122	4.1	2.4	❸ 1
합계	17,304	9,562	-	-	-

① 창업자 수 상위 3위 업종의 창업자 수의 총합은 전체 창업자 수의 절반 이상이다.

$$\frac{5,740+3,784+2,592}{17,304}\times100 ≒ 70\%$$

② 월평균 매출액 증가율이 가장 높은 업종은 월평균 대출액 증가율 또한 가장 높다.

　　병원 및 의료서비스(6.5%)　　　　　　　　　카페(15.4%)

③ 월평균 고용인원이 가장 적은 업종은 창업자 수와 폐업자 수도 가장 적다.

　　　　농사(1명)　　　　　　　여행사(243명)　　농사(122명)

④ 월평균 매출액 변화율이 가장 높은 업종과 가장 낮은 업종의 변화율의 차이는 6.0%p이다.

　　　　　　　PC방(−8.4%)　　　소매업(0.5%)　　　　　　　　8.4−0.5=7.9%p

⑤ 자영업 업종 중 '카페'는 증감률을 제외한 모든 항목에서 상위 3위 안에 든다.

　　월평균 고용인원 상위 4위 : 병원 및 의료서비스(15명) − 학원(8명) − 음식점(6명) − 카페(5명)

정답　①

유형풀이 TIP

- 각 선택지의 진위 여부를 파악하는 문제이므로, 수치 계산이 필요 없는 선택지부터 소거해 나간다.
- 선택지별로 필요한 정보가 무엇인지 빠르게 파악하고, 자료에서 필요한 부분을 체크하여 계산해야 한다.

이론 더하기

- 백분율(%) : $\dfrac{(비교량)}{(기준량)}\times100$

- 증감률(%) : $\dfrac{(비교값)-(기준값)}{(기준값)}\times100$

- 증감량 : (비교대상의 값 A)−(또 다른 비교대상의 값 B)

02 수리능력 금융상품 활용

| 유형분석 |

- 금융상품을 정확하게 이해하고 문제에서 요구하는 답을 도출해낼 수 있는지 평가한다.
- 단리식, 복리식, 이율, 우대금리, 중도해지, 만기해지 등 부가적인 조건에 유의해야 한다.
- ⊕ 응용문제 : 상품별 이자·만기액 등을 계산한 후 고객에게 가장 적합한 상품을 선택하는 문제

N은행은 적금 상품 '더 커지는 적금'을 새롭게 출시하였다. K씨는 이 적금의 **모든 우대금리 조건을 만족**하여 이번 달부터 이 상품에 가입하려고 한다. 만기 시 K씨가 얻을 수 있는 이자 금액은 얼마인가?

(단, $1.024^{\frac{1}{12}}=1.0019$ 로 계산하고, 금액은 백의 자리에서 반올림한다)

〈더 커지는 적금〉

- 가입기간 : **12개월**
- 가입금액 : 매월 초 **200,000원** 납입
- 적용금리 : 기본금리(**연 2.1%**)+우대금리(**최대 연 0.3%p**)
  ⇒ 모든 우대금리 조건 만족 → 적용금리 : 2.1+0.3=2.4%
- 저축방법 : 정기적립식, **연복리식**
- 우대금리 조건
  – 당행 입출금 통장 보유 시 : +0.1%p
  – 연 500만 원 이상의 당행 예금상품 보유 시 : +0.1%p
  – 급여통장 지정 시 : +0.1%p
  – 이체실적 20만 원 이상 시 : +0.1%p

---

① 131,000원 ② 132,000원
③ 138,000원 ④ 141,000원
⑤ 145,000원

- n개월 후 연복리 이자 : (월납입금)$\times\dfrac{(1+r)^{\frac{n+1}{12}}-(1+r)^{\frac{1}{12}}}{(1+r)^{\frac{1}{12}}-1}$ -(적립원금) (단, r : 적용금리)

- K씨의 연복리 적금 이자 금액 : $200{,}000\times\dfrac{(1.024)^{\frac{13}{12}}-(1.024)^{\frac{1}{12}}}{(1.024)^{\frac{1}{12}}-1}-200{,}000\times12$

$$=200{,}000\times1.0019\times\frac{1.024-1}{0.0019}-2{,}400{,}000$$

$$\fallingdotseq2{,}531{,}000-2{,}400{,}000=131{,}000원$$

정답 ①

유형풀이 TIP

• 금융상품의 이자액을 묻는 문제이므로 주어진 이자지급방식과 이자율을 확인한 후 그에 맞는 계산 공식에 해당하는 값들을 대입하여 문제를 해결해야 한다.
• 금융상품의 단리·복리 등 공식을 반드시 숙지해 두어야 한다.

이론 더하기

1) 단리
  ① 개념 : 원금에만 이자가 발생
  ② 계산 : 이율이 $r\%$인 상품에 원금 a를 총 n번 이자가 붙는 동안 예치한 경우 $a(1+nr)$
2) 복리
  ① 개념 : 원금과 이자에 모두 이자가 발생
  ② 계산 : 이율이 $r\%$인 상품에 원금 a를 총 n번 이자가 붙는 동안 예치한 경우 $a(1+r)^n$
3) 이율
  ① $(월이율) = \dfrac{(연이율)}{12}$
  ② 계산
  　원금 a원, 연이율 $r\%$, 예치기간 n개월일 때,
  　• 월단리 예금의 원리금 합계 : $a\left(1 + \dfrac{r}{12}n\right)$
  　• 월복리 예금의 원리금 합계 : $a\left(1 + \dfrac{r}{12}\right)^n$
4) 기간
  ① n개월$= \dfrac{n}{12}$년
  ② 계산
  　원금 a원, 연이율 $r\%$, 예치기간 n개월일 때,
  　• 연단리 예금의 원리금 합계 : $a\left(1 + \dfrac{n}{12}r\right)$
  　• 연복리 예금의 원리금 합계 : $a(1+r)^{\frac{n}{12}}$
5) 적금의 원리금 합계
  　월초 a원, 연이율 $r\%$일 때,
  　• 단리 적금의 n개월 후 원리금 합계 : $an + a \times \dfrac{n(n+1)}{2} \times \dfrac{r}{12}$
  　• 월복리 적금의 n개월 후 원리금 합계 : $\dfrac{a\left(1 + \dfrac{r}{12}\right)\left\{\left(1 + \dfrac{r}{12}\right)^n - 1\right\}}{\dfrac{r}{12}}$
  　• 연복리 적금의 n개월 후 원리금 합계 : $\dfrac{a(1+r)\left\{(1+r)^{\frac{n}{12}} - 1\right\}}{(1+r)^{\frac{1}{12}} - 1}$

03 문제해결능력 명제

| 유형분석 |

- 연역추론을 활용해 주어진 문장을 치환하여 성립하지 않는 내용을 찾는 문제이다.
- ⊕ 응용문제 : 빈칸에 들어갈 명제를 찾는 문제

다음 명제가 모두 참일 때, 반드시 참인 것은?

	대우 명제
• **마케팅 팀**의 사원은 **기획 역량**이 있다.	
마케팅 팀 ○ → 기획 역량 ○	기획 역량 × → 마케팅 팀 ×
• **마케팅 팀**이 아닌 사원은 **영업 역량**이 없다.	
마케팅 팀 × → 영업 역량 ×	영업 역량 ○ → 마케팅 팀 ○
• **기획 역량**이 없는 사원은 **소통 역량**이 없다.	
기획 역량 × → 소통 역량 ×	소통 역량 ○ → 기획 역량 ○

① 마케팅 팀의 사원은 영업 역량이 있다.
② 소통 역량이 있는 사원은 마케팅 팀이다.
③ 영업 역량을 가진 사원은 기획 역량이 있다. ⇒ 영업 역량 ○ → 마케팅 팀 ○ → 기획 역량 ○
④ 기획 역량이 있는 사원은 소통 역량이 있다.
⑤ 영업 역량이 없으면 소통 역량도 없다.

정답 ③

유형풀이 TIP

- 주어진 명제가 모두 참이면 명제의 대우도 모두 참이 되므로, 명제와 대우 명제를 정리한 다음 선택지에 접근한다.
- 각 명제의 핵심 단어 또는 문구를 기호화하여 정리한 후 선택지와 비교하여 참 또는 거짓을 판단한다.

03 문제해결능력 참 · 거짓

| 유형분석 |

• 주어진 문장을 토대로 논리적으로 추론하여 참 또는 거짓을 구분하는 문제이다.
⊕ 응용문제 : 거짓을 말하는 범인을 찾는 문제

다음 A ~ E 5명 중 단 **1명만 거짓**을 말하고 있을 때, 범인은 누구인가?

• A : C가 범인입니다.
• B : A는 거짓말을 하고 있습니다. ⌐
                              모순
• C : B는 거짓말을 하고 있습니다. ⌐
    ⇒ 거짓인 경우 : B−진실 → A−거짓 → 1명만 거짓을 말한다는 조건에 위배
    ∴ C는 진실, B는 거짓을 말함
• D : 저는 범인이 아닙니다.
• E : A가 범인입니다.

① A, B
② A, C → 범인
③ B, C
④ C, D
⑤ D, E

정답 ②

유형풀이 TIP

• 모순이 되는 발언을 한 2명의 진술을 대조하며, 가능한 경우의 수를 모두 찾아 비교한다.
• 범인의 숫자가 맞는지, 진실 또는 거짓을 말한 인원수가 조건과 맞는지 등 주어진 조건과 비교하며 문제를 해결한다.

03 문제해결능력 문제처리

| 유형분석 |

- 주어진 상황과 정보를 종합적으로 활용하여 풀어가는 문제이다.
- 비용, 시간, 순서, 해석 등 다양한 주제를 다루고 있어 유형을 한 가지로 단일화하기 어렵다.

S통신, L통신, K통신 3사는 A ~ G카드와의 제휴를 통해 **전월에 일정 금액 이상 카드 사용 시 통신비**를 할인해주고 있다. 통신비의 최대 할인금액과 할인조건이 다음과 같을 때, 이에 대한 내용으로 옳은 것은?

〈제휴카드별 통신비 최대 할인금액 및 할인조건〉

구분	통신사	최대 할인금액	할인조건
A카드	S통신	20,000원	• 전월 카드 사용 100만 원 이상 시 2만 원 할인 • 전월 카드 사용 50만 원 이상 시 1만 원 할인
	L통신	9,000원	• 전월 카드 사용 30만 원 이상 시 할인
	K통신	8,000원	• 전월 카드 사용 ❺ 30만 원 이상 시 할인
B카드	S통신	20,000원	• 전월 카드 사용 100만 원 이상 시 2만 원 할인 • 전월 카드 사용 50만 원 이상 시 1만 원 할인
	L통신	9,000원	• 전월 카드 사용 30만 원 이상 시 할인
	K통신	9,000원	• 전월 카드 사용 50만 원 이상 시 9천 원 할인 • 전월 카드 사용 ❺ 30만 원 이상 시 6천 원 할인
C카드	S통신	❶ 22,000원	• 전월 카드 사용 100만 원 이상 시 2.2만 원 할인 • 전월 카드 사용 50만 원 이상 시 1만 원 할인 • 전월 카드 ❹ 1회 사용 시 5천 원 할인
D카드	L통신	❷ 9,000원	• 전월 카드 사용 ❷ 30만 원 이상 시 할인
	K통신	9,000원	• 전월 카드 사용 ❺ 30만 원 이상 시 할인
E카드	K통신	8,000원	• 전월 카드 사용 ❺ 30만 원 이상 시 할인
F카드	K통신	❸ 15,000원	• 전월 카드 사용 ❸ · ❺ 50만 원 이상 시 할인
G카드	L통신	15,000원	• 전월 카드 사용 70만 원 이상 시 1.5만 원 할인 • 전월 카드 사용 ❷ 30만 원 이상 시 1만 원 할인

① S통신을 이용할 경우 가장 많은 통신비를 할인받을 수 있는 제휴카드는 A카드이다.

   → C카드 : 22,000원

② 전월에 33만 원을 사용했을 경우 L통신에 대한 할인금액은 G카드보다 D카드가 더 많다.

   → G카드 : 1만 원 > D카드 : 9천 원

③ 전월에 52만 원을 사용했을 경우 K통신에 대한 할인금액이 가장 많은 제휴카드는 F카드이다.

   → F카드 : 15,000원

④ S통신의 모든 제휴카드는 전월 실적이 50만 원 이상이어야 통신비 할인이 가능하다.

   → C카드 : 전월 카드 1회 사용 시 5천 원 할인

⑤ 전월에 23만 원을 사용했을 경우 K통신에 대해 통신비를 할인받을 수 있는 제휴카드는 1곳이다.

   → A·B·D·E·F카드 : 30만 원 이상 시 통신비 할인 가능

   → C·G카드 : 통신비 할인 불가

정답　③

유형풀이 TIP

• 문제에서 묻는 것을 정확히 파악한 후 필요한 상황과 정보를 찾아 이를 활용하여 문제를 해결한다.

• 선택지별로 필요한 정보가 무엇인지 빠르게 파악하고, 자료에서 필요한 부분을 체크하여 실수를 방지해야 한다.

03 문제해결능력 환경분석

| 유형분석 |

- 상황에 대한 환경분석 결과를 통해 주요 과제 또는 목표를 도출하는 문제이다.
- 주로 3C 분석 또는 SWOT 분석을 활용한 문제들이 출제되고 있으므로 해당 분석도구에 대한 사전 학습이 요구된다.

금융기업에 지원하여 최종 면접을 앞둔 K씨는 성공적인 PT 면접을 위해 기업 관련 정보를 파악하고 그에
따른 효과적인 전략을 알아보고자 한다. K씨의 SWOT 분석 결과가 다음과 같을 때, 분석 결과에 대응하는
전략과 그 내용이 바르게 연결되지 않은 것은?

<table>
<tr><td colspan="2" align="center">〈SWOT 분석 결과〉</td></tr>
<tr><td align="center">강점(Strength)</td><td align="center">약점(Weakness)</td></tr>
<tr><td>• 우수한 역량의 인적자원 보유
• 글로벌 네트워크 기반 다수의 해외 지점 보유
• 다년간 축적된 풍부한 거래 실적</td><td>• 고객 니즈 대응에 필요한 특정 분야별 전문성 미흡
• 핀테크 기업 증가에 따른 경영 리스크</td></tr>
<tr><td align="center">기회(Opportunity)</td><td align="center">위협(Threat)</td></tr>
<tr><td>• 융·복합화를 통한 정부의 일자리 창출 사업
• 해외 사업을 위한 협업 수요 확대
• 수요자 맞춤식 서비스 요구 증대</td><td>• 타사와의 경쟁 심화
• 정부의 정책적 지원 감소
• 금융기업에 대한 일부 부정적 인식 존재</td></tr>
</table>

① SO전략 : 우수한 인적자원을 활용한 금융시스템의 융·복합 사업 추진
② WO전략 : 분야별 전문 인력 충원을 통한 고객 맞춤형 서비스 제공 확대
③ ST전략 : 글로벌 네트워크를 통한 해외 시장 진출 → SO전략
④ ST전략 : 풍부한 거래 실적을 바탕으로 시장에서의 경쟁력 확보
⑤ WT전략 : 리스크 관리를 통한 시장 우위 선점

유형풀이 TIP

- 강점(Strength)과 약점(Weakness)은 기업의 내부환경에 대한 요인이며, 기회(Opportunity)와 위협(Threat)은 기업의 외부환경에 대한 요인임을 염두에 두어야 한다.
- 문제에 제시된 분석 결과를 종합적으로 판단하여 각 선택지의 전략 과제와 일치 여부를 판단해야 한다.

이론 더하기

- SWOT 분석

  기업의 내부환경과 외부환경을 분석하여 강점(Strength), 약점(Weakness), 기회(Opportunity), 위협(Threat) 요인을 규정하고 이를 토대로 경영전략을 수립하는 기법으로, 미국의 경영컨설턴트인 알버트 험프리(Albert Humphrey)에 의해 고안되었다. SWOT 분석의 가장 큰 장점은 기업의 내·외부환경 변화를 동시에 파악할 수 있다는 것이다. 기업의 내부환경을 분석하여 강점과 약점을 찾아내며, 외부환경 분석을 통해서는 기회와 위협을 찾아낸다. SWOT 분석은 외부로부터의 기회는 최대한 살리고 위협은 회피하는 방향으로 자신의 강점은 최대한 활용하고 약점은 보완한다는 논리에 기초를 두고 있다. SWOT 분석에 의한 경영전략은 다음과 같이 정리할 수 있다.

Strength 강점 기업 내부환경에서의 강점	S	W	Weakness 약점 기업 내부환경에서의 약점
Opportunity 기회 기업 외부환경으로부터의 기회	O	T	Threat 위협 기업 외부환경으로부터의 위협

- 3C 분석

자사(Company)	고객(Customer)	경쟁사(Competitor)
• 자사의 핵심역량은 무엇인가? • 자사의 장단점은 무엇인가? • 자사의 다른 사업과 연계되는가?	• 주 고객군은 누구인가? • 그들은 무엇에 열광하는가? • 그들의 정보 습득/교환은 어디에서 일어나는가?	• 경쟁사는 어떤 회사가 있는가? • 경쟁사의 핵심역량은 무엇인가? • 잠재적인 경쟁사는 어디인가?

04 자원관리능력 시간계획

| 유형분석 |

- 시간 자원과 관련된 다양한 정보를 활용하여 풀어가는 문제이다.
- 대체로 교통편 정보나 국가별 시차 정보가 제공되며, 이를 근거로 '현지 도착시간 또는 약속된 시간 내에 도착하기 위한 방안'을 고르는 문제가 출제된다.

프랑스 파리 지부에 있는 K부장은 서울에 있는 국내 본사로 인사발령을 받아서 다음 달 2일 9시 30분에 파리에서 인천으로 가는 비행기를 예약했다. 파리에서 인천까지 비행시간은 총 13시간이 걸린다고 할 때, K부장이 인천에 도착할 때 현지 시각은 몇 시인가?(단, 한국은 파리보다 7시간이 더 빠르다)

① 3일 2시 30분
② 3일 3시 30분
③ 3일 4시 30분
④ 3일 5시 30분
⑤ 3일 6시 30분

파리 : 2일 9시 30분 → +7시간 → 서울 : 2일 16시 30분
∴ 2일 16시 30분 +13시간(∵ 비행시간)=3일 5시 30분

정답 ④

유형풀이 TIP

- 문제에서 묻는 것을 정확히 파악한 후 제시된 상황과 정보를 활용하여 문제를 풀어간다.
- 추가 조건이나 제한 사항은 문제를 해결하는 데 중요한 변수가 될 수 있으므로 유의한다.

04 자원관리능력 비용계산

| 유형분석 |

- 예산 자원과 관련된 다양한 정보를 활용하여 풀어가는 문제이다.
- 대체로 한정된 예산 내에서 수행할 수 있는 업무 및 예산 가격을 묻는 문제가 출제된다.

다음은 R대리가 부산 출장 시 이용할 수 있는 교통편에 대한 정보이다. R대리가 출장 시 이용할 하나의
교통편을 선택하여 **모바일**로 **왕복** 티켓을 예매하고자 할 때, 가장 저렴한 교통편은 무엇인가?

〈부산 출장 시 이용 가능한 교통편 정보〉

구분	교통편	금액	기타
버스	일반버스	24,000원	–
	우등버스	32,000원	모바일 예매 1% 할인
기차	무궁화호	28,000원	왕복 예매 시 15% 할인
	새마을호	36,000원	왕복 예매 시 20% 할인
	KTX	58,000원	1+1 이벤트(편도 금액으로 왕복 예매 가능)

① 일반버스   ② 우등버스
③ 무궁화호   ④ 새마을호
⑤ KTX

- 일반버스 : 24,000원×2=48,000원
- 우등버스 : 32,000원×2×0.99=63,360원
- 무궁화호 : 28,000원×2×0.85=47,600원 → 가장 저렴한 교통편
- 새마을호 : 36,000원×2×0.8=57,600원
- KTX : 58,000원

정답 ③

유형풀이 TIP

- 할인 정보 등 추가 사항을 고려하여 문제를 해결하기 위한 정보를 선별한다.

04 자원관리능력 품목확정

| 유형분석 |

- 물적 자원과 관련된 다양한 정보를 활용하여 풀어가는 문제이다.
- 주로 제품·공정도·시설 등에 대한 가격·특징·시간 정보가 제시되며, 이를 종합적으로 고려하는 문제가 출제된다.

비품 담당자인 귀하는 지폐 계수기 구매 사업을 진행해야 한다. 구매 가능한 지폐 개수기는 A ~ D제품 4개이고, 제품별 비교 평가 결과 및 구매 지침이 다음과 같을 때, 선정해야 할 제품은?(단, **모든 구매 지침을 만족하는** 제품 중 **가장 저렴한 제품**을 선택한다)

〈지폐 계수기 비교 평가 결과〉

구분	위폐 감별	분당 계수 속도	투입구 용량	외화 계수 여부	가격	A/S
A제품	UV	1,400장	250장	가능	20만 원	방문
B제품	IR	1,500장	250장	가능	25만 원	1일 소요
C제품	UV / IR	1,500장	250장	가능	35만 원	방문
D제품	UV	1,300장	230장	불가능	18만 원	방문
E제품	UV	1,500장	250장	가능	22만 원	방문

〈구매 지침〉

- 위폐 감별 방식은 UV 방식이나 IR 방식이어야 한다. → A, B, C, D, E제품
- 방문 A/S가 가능해야 하나 불가능한 경우 수리 기일이 3일 이내여야 한다. → A, B, C, D, E제품
- 원화와 규격이 다른 외화 또한 계수가 가능해야 한다. → A, B, C, E제품
- 투입구 용량이 크고, 계수 속도가 가능한 한 빠른 것이 좋다. → B, C, E제품
  ↳ 가장 저렴한 제품

① A제품　　　　　　　　　　② B제품
③ C제품　　　　　　　　　　④ D제품
⑤ E제품

정답 ⑤

유형풀이 TIP

- 문제에서 제시한 물적 자원의 정보를 조건에 맞게 선별하면서 풀어간다.

자원관리능력 인원선발

| 유형분석 |

- 인적 자원과 관련된 다양한 정보를 활용하여 풀어가는 문제이다.
- 주로 근무명단, 휴무일, 업무할당 등의 주제로 다양한 정보를 활용하여 종합적으로 풀어가는 문제가 출제된다.

금융기업 인사부에 근무 중인 귀하는 고객 신용정보 조사를 위해 계약직 한 명을 채용하려고 한다. 지원 자격이 다음과 같을 때 지원자 중 업무에 가장 적절한 사람은?(단, 채용공고일은 2024. 04. 15이다)

〈지원 자격〉

1. 학력 : 고졸 이상
2. 전공 : 제한 없음
3. 기타 : 1) 금융기관 퇴직자 중 1960년 이전 출생자
   2) 신용부문 근무경력 10년 이상인 자 → ① 이도영 · ④ 홍도경 · ⑤ 최인하
      ※ 검사역 경력 및 민원처리 업무 경력 우대
   3) 채용공고일 현재 퇴직일로부터 2년을 초과하지 아니한 자 → ① 이도영 · ④ 홍도경
   4) 퇴직일로부터 최근 3년 이내 감봉 이상의 징계를 받은 사실이 없는 자 → ④ 홍도경
   5) 신원이 확실하고 업무수행 및 당사 채용에 결격사유가 없는 자

	성명(출생연도)	경력 사항	근무 기간	비고
①	이도영(1958)	Y은행 여신관리부	1995. 04. 10 ~ 2022. 08. 21	2014. 11 1개월 감봉
②	김춘재(1959)	M보험사 마케팅부	1997. 03. 03 ~ 2022. 07. 07	–
③	박영진(1947)	C신용조합 영업부	1977. 11. 12 ~ 2019. 10. 27	2010. 03 견책 처분
④	홍도경(1956)	P은행 신용부서	1987. 09. 08 ~ 2022. 04. 28	–
⑤	최인하(1953)	Z캐피탈 신용관리부	1987. 02. 15 ~ 2021. 12. 10	–

정답 ④

유형풀이 TIP

- 주어진 자격 혹은 규정을 근거로 하여 선택지를 하나씩 검토하며 소거해 나간다.

05 조직이해능력 농협·농업 상식

| 유형분석 |

- 농협과 농업에 대한 기본적인 상식을 갖추고 있는지 평가한다.
- 주로 농협 홈페이지에서 찾아볼 수 있는 내용이 출제된다.
- ⊕ 응용문제 : 농협 관련 최신 이슈, AI농업 관련 문제

다음 중 농협이 비전 2030에서 제시한 혁신전략으로 옳지 않은 것은?

① 「미래 경영」과 「조직문화 혁신」을 통해 새로운 농협으로 도약
② 중앙회 지배구조 혁신과 지원체계 고도화로 「농축협 중심」의 농협 구현
③ 디지털 기반 「생산·유통 혁신」으로 미래 농산업 선도, 농업소득 향상
④ 「금융부문 혁신」과 「디지털 경쟁력」을 통해 농축협 성장 지원
⑤ 농업인·국민과 함께 「신토불이(身土不二)운동」 전개
↳ 농협 주도 우리 농산물 소비 촉진 운동(1989년)

정답 ⑤

유형풀이 TIP

- 농협 홈페이지에 주기적으로 방문하며, 최근 업데이트된 내용이 있는지 살펴본다.
- 평소 농협·농업 관련 기사 및 이슈를 틈틈이 찾아보면 효율적으로 대처할 수 있다.

이론 더하기

농협 비전 2030
1) 핵심가치
   ① 국민에게 사랑받는 농협
   ② 농업인을 위한 농협
   ③ 지역 농축협과 함께하는 농협
   ④ 경쟁력 있는 글로벌 농협
2) 혁신전략
   ① 「미래 경영」과 「조직문화 혁신」을 통해 새로운 농협으로 도약
   ② 중앙회 지배구조 혁신과 지원체계 고도화로 「농축협 중심」의 농협 구현
   ③ 디지털 기반 「생산·유통 혁신」으로 미래 농산업 선도, 농업소득 향상
   ④ 「금융부문 혁신」과 「디지털 경쟁력」을 통해 농축협 성장 지원
   ⑤ 농업인·국민과 함께 「농사같이(農四價値)운동」 전개

조직이해능력 경영전략

| 유형분석 |

- 제시된 상황에 나타난 경영전략의 특징을 구분하고 판단할 수 있는지 평가한다.
- ⊕ 응용문제 : 본원적 경쟁전략의 구조 및 전략별 특징 관련 문제

마이클 포터(M. Porter)는 경쟁우위 전략으로 차별화 전략, 집중화 전략, 원가우위 전략을 제시하였다.
다음 사례에 나타난 전략의 특징으로 옳은 것은?

A사의 제품은 일반적으로 경쟁사에 비해 가격이 비싸다. 하지만 소비자들은 A사 제품의 품질, 디자인, 브랜
드 이미지에 대해 기꺼이 높은 가격을 지불하고 제품을 구매하기 때문에 경쟁사들보다 영업이익률이 높다.
↳ 경쟁사와 차별화하여 이익을 올리는 '차별화 전략'

① 한정된 영역에 경영자원을 집중한다. → 집중화 전략

② 비용우위를 통한 가격 정책으로 매출을 올린다. → 원가우위 전략

③ 광고는 브랜드 이미지를 위한 경쟁의 수단으로 작용한다.
　↳ 회사의 브랜드 이미지를 상승시킬 수 있는 주요 전략

④ 제품을 더 저렴하게 제공하는 경쟁사가 등장하면 고객을 잃게 된다. → 원가우위 전략

⑤ 급격한 기술 변화가 이전의 시설이나 노하우를 필요 없게 만들 수 있다. → 원가우위 전략

정답 ③

유형풀이 TIP

- 경영전략 형태 및 특징을 구분하여 알아 두어야 한다.

이론 더하기

마이클 포터(M. Porter)의 본원적 경쟁전략

1) 차별화 전략
　조직이 생산품이나 서비스를 차별화하여 고객에게 가치 있고 독특하게 인식되도록 하는 전략으로, 이를 활용하기 위해서는
　연구개발이나 광고를 통하여 기술, 품질, 서비스, 브랜드 이미지를 개선할 필요가 있다.

2) 원가우위 전략
　원가절감을 통해 해당 산업에서 우위를 점하는 전략으로, 이를 위해서는 대량생산을 통해 단위 원가를 낮추거나 새로운
　생산기술을 개발할 필요가 있다.

3) 집중화 전략
　특정 시장이나 고객에게 한정된 전략으로, 특정 산업을 대상으로 한다. 즉, 경쟁 조직들이 소홀히 하고 있는 한정된 시장을
　원가우위나 차별화 전략을 써서 집중 공략하는 방법이다.

05 조직이해능력 조직문화

| 유형분석 |

- 조직문화 유형별 특징을 이해하고 구분할 수 있는지 평가한다.
- ⊕ 응용문제 : 조직문화 구성요소를 구분하는 문제

맥킨지 7-S 모델(McKinsey 7-S Model)은 조직문화가 어떻게 구성되는지 이해하는 데 유용하다. 이에 대한 설명으로 적절하지 않은 것은?

① 리더십 스타일(Style)은 관리자에 따라 민주적, 독선적, 방임적 등 다양하게 나타날 수 있다.

② 제도・절차(System)는 성과관리, 보상제도, 경영정보시스템 등 관리제도나 절차 등을 수반한다.

③ 조직구조(Structure)는 구성원들이 보유하고 있는 능력, 스킬, 욕구, 태도 등을 의미한다.
  ↳ 구성원(Staff)

④ 전략(Strategy)에 따라 사업의 방향성이 달라질 수 있으며, 자원배분 과정도 결정될 수 있다.

⑤ 공유가치(Shared Value)는 구성원뿐 아니라 고객・투자자 등 다양한 이해관계자들에게 영향을 미친다.

> 정답 ③

유형풀이 TIP

- 조직문화 유형 및 특징을 사전에 학습해 두어야 한다.

이론 더하기

맥킨지 7-S 모델(McKinsey 7-S Model)

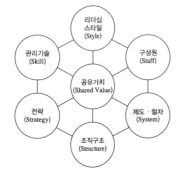

1) 공유가치(Shared Value) : 모든 조직구성원들이 공유하는 기업의 핵심 이념이나 가치관, 목적 등
2) 전략(Strategy) : 조직의 장기적 계획 및 목표를 달성하기 위한 수단, 방법
3) 제도・절차(System) : 조직의 관리체계나 운영절차, 제도 등
4) 조직구조(Structure) : 전략을 실행해가기 위한 틀, 조직도
5) 리더십 스타일(Style) : 조직을 이끄는 관리자의 경영 방식
6) 관리기술(Skill) : 전략을 실행하는 데 필요한 구체적 요소
7) 구성원(Staff) : 조직 내 인력 구성으로, 구성원들의 단순한 인력 구성 현황이라기보다 구성원들이 보유하고 있는 능력, 스킬, 욕구, 태도 등을 의미

05 조직이해능력 조직구조

| 유형분석 |

- 조직구조 유형별 특징을 이해하고 구분할 수 있는지 평가한다.
- ⊕ 응용문제 : 기계적 조직과 유기적 조직을 구분하는 문제

다음과 같은 조직도 형태를 가지고 있는 기업의 조직구조 특징으로 옳지 않은 것은?
                  ↳ 기능적 조직구조

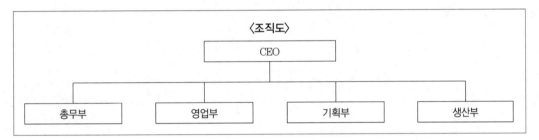

〈조직도〉

CEO — 총무부 / 영업부 / 기획부 / 생산부

① 환경이 안정적이다.
② 일상적인 기술을 중요시한다.
③ 조직 내부 효율성을 중요시한다.
④ 유사하고 관련 있는 업무를 결합한다.
⑤ 급변하는 환경변화에 효과적으로 대응한다. → 사업별 조직구조

정답 ⑤

유형풀이 TIP

- 조직구조 형태 및 특징을 구분하여 알아 두어야 한다.

이론 더하기

기능적 조직구조와 사업별 조직구조

기능적 조직구조	사업별 조직구조
안정적인 환경	급변하는 환경에 효과적으로 대처함
일상적인 기술과 조직의 내부 효율성을 중시함	제품·지역·고객별 차이에 신속하게 적응함
기업의 규모가 작을 때에는 관련 있는 업무를 결합함	분권화된 의사결정이 가능함

우리가 해야 할 일은 끊임없이 호기심을 갖고
새로운 생각을 시험해 보고 새로운 인상을 받는 것이다.

- 월터 페이터 -

PART

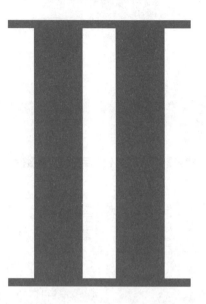

기출복원문제

01 2024년 상반기 기출복원문제

정답 및 해설 p.002

01 70문항 유형

※ 다음 제시된 단어에서 공통으로 연상할 수 있는 단어로 가장 적절한 것을 고르시오. [1~5]

01

• 꿀벌	• 수액
• 항생제	• 알레르기

① 독침   ② 땅콩

③ 벌목   ④ 프로폴리스

⑤ 미네랄

02

• 독성	• 구황작물
• 전지	• 알뿌리

① 감자   ② 보리

③ 옥수수   ④ 버섯

⑤ 고구마

03

• 유기물	• 넷제로
• 그래핀	• 다이아몬드

① 리튬   ② 산소

③ 질소   ④ 수소

⑤ 탄소

04

• 힘차다	• 작다
• 다부지다	• 억세다

① 암팡지다　　　　　　　　② 옴팡지다
③ 총명하다　　　　　　　　④ 대담하다
⑤ 명랑하다

05

• 퇴사	• 유모차
• 이유식	• 휴직

① 휴가　　　　　　　　　　② 육아
③ 교육　　　　　　　　　　④ 여행
⑤ 회사

06 다음 중 빈칸 ㉠에 들어갈 한자성어로 가장 적절한 것은?

> 한 치 앞도 못 내다보는 이 오리무중 같은 시국에 충신과 역신이 뒤바뀌기가 ___㉠___ (이)라는 걸 이곳 벼슬아치들이 모르겠소?

① 장광설(長廣舌)　　　　　　② 유분수(有分數)
③ 등한시(等閒視)　　　　　　④ 도외시(度外視)
⑤ 여반장(如反掌)

07 다음 중 밑줄 친 부분의 어휘가 적절하지 않은 것은?

① 회의실에서 한 경솔한 발언이 큰 걸림돌로 다가왔다.
② 한밤중의 소요에 많은 사람들이 밖으로 나와 있었다.
③ 위기에 빠진 재정 상태를 타개하기 위한 자구책이었다.
④ 며칠 동안 고생을 한 탓에 그의 모습은 매우 남루하였다.
⑤ 그는 중요한 순간마다 미더운 결정을 내려서 모두를 당황하게 만들었다.

08 다음 글에 대한 추론으로 가장 적절한 것은?

고령화는 인구 중 65세 이상 노인의 비율이 증가하는 현상을 의미한다. 한 사회의 모든 인구 중 65세 이상의 인구 비율이 7% 이상이면 고령화 사회, 14% 이상이면 고령 사회, 20% 이상이면 초고령 사회로 구분된다.

압축적인 사회 발전을 이룬 한국은 서구사회에서 100여 년에 걸쳐 진행된 고령화를 유례없이 빠른 속도로 경험하고 있으며, 저출산 문제와 맞물려 세계에서 가장 빠르게 고령화가 진행되고 있다. 2023년 기준 65세 이상 인구는 전체 인구의 18.4%를 차지하고 있으며, 2025년에는 20.6%로 초고령 사회에 진입할 것으로 전망되고 있다. 이와 같이 급속한 고령화로 인해 노동력 감소, 경제 성장 둔화, 사회 복지 비용 증가 등 여러 사회 문제가 발생할 것으로 예상된다.

고령화는 여러 나라에서 일반적으로 발생하고 있으며 세계 각국은 고령화로 인한 사회 문제를 해결하기 위해 다양한 노력을 기울이고 있다. 유럽에서 이탈리아에 이어 두 번째로 초고령 사회에 진입한 독일은 2011년부터 노인에 대한 직접적인 지원 정책 외에도 교육, 고용, 도시개발 등의 과제까지 포괄적으로 고려하는 인구전략을 실시하고 있으며, 노인의 생활상, 주기, 디지털화 등 다방면의 주제에 대한 노인보고서를 작성하여 노인 정책의 기본 방향 및 관련 지식 확산에 힘쓰고 있다. 베이비붐 세대의 본격적인 은퇴와 지속적인 출산율 감소로 급속도로 초고령 사회가 된 핀란드의 경우 노후소득보장 정책, 국가연금제도, 고령자 고용정책 등 다양한 노인복지 정책을 실시하고 있다. 우리나라와 가장 비슷한 양상을 보이는 일본은 2017년 기준 고령화율이 27%를 넘기는 초고령 사회이다. 사회보장급부비의 폭발적인 증가로 인해 일본은 고령화 대응 정부 기본계획으로서 고령사회 대책 대강을 실시하여 취업과 소득, 건강과 복지, 학습과 사회참가 등을 기본시책으로 삼아 노인이 계속해서 일할 수 있는 환경을 조성하는 등 다양한 대응책을 실시하고 있다.

이처럼 고령화는 전 세계적인 현상이며 각국은 이를 해결하기 위한 다양한 정책과 전략을 도입하고 있다. 우리나라의 경우 독일, 핀란드, 일본 등 고령화가 높은 수준으로 진행된 국가의 정책을 참고할 기회가 있으므로 각국의 고령화 대응정책에 대한 면밀한 연구를 통해 고령화 대응책 마련에 기초 자료로 활용하면 추후에 발생할 사회 문제들을 완화하고 해소할 수 있을 것이다.

① 고령화의 직접적인 원인은 수명 증가와 저출산이다.
② 고령화는 모든 국가에서 공통적으로 발생하는 현상이다.
③ 각국 고령화 대응 정책의 기본은 고령화 비율의 감소이다.
④ 독일의 주요 고령화 대응 정책은 노인에 대한 금전적 지원이다.
⑤ 1억 명의 인구 중 65세 이상 인구가 1,500만 명이라면 고령화 사회에 해당한다.

09 다음 글의 내용으로 가장 적절한 것은?

건강식품, 필수 영양소 등 많은 사람들이 건강과 웰빙에 대해 관심을 가지게 되면서 식품, 영양이라는 단어는 많은 곳에서 쓰이고 있다. 식품과 영양은 밀접한 관계의 단어로서 비슷한 의미로 사용되곤 하는데, 이 두 개념은 서로 다른 의미와 역할을 가지고 있다.

먼저 식품은 우리가 먹고 마시는 모든 것을 의미한다. 과일, 채소, 고기 등 자연 상태의 음식뿐만 아니라 빵, 치즈, 소스 등 가공된 음식까지 포함한다. 식품은 우리의 생명을 유지하고 건강을 증진시키기 위해 필요한 영양소를 제공하는데, 과일과 채소는 비타민과 무기질이 풍부하며, 고기와 유제품은 단백질과 칼슘을 제공한다. 이러한 영양소는 신체의 성장과 발달, 에너지 생산, 세포 복구 및 유지에 필수적이다.

반면, 영양은 식품을 섭취한 후, 우리 몸이 그 식품에서 영양소를 흡수하고 사용하는 과정을 의미한다. 영양소는 탄수화물, 단백질, 지방, 비타민, 무기질 등으로 구성되며, 이들은 각각 신체의 다양한 기능을 지원한다. 예를 들어, 탄수화물은 에너지를 제공하고, 단백질은 근육과 조직을 형성하며, 지방은 세포막을 구성하고 비타민의 흡수를 돕는다. 또한 비타민과 무기질은 신체의 대사 과정과 면역 기능을 지원한다.

식품과 영양의 차이점을 살펴보면, 먼저 식품은 우리가 섭취하는 구체적인 물질을 의미하며, 영양은 그 물질이 우리 몸에서 어떻게 사용되는지를 설명한다. 또한 식품은 물리적 형태를 가지고 있지만, 영양은 생리학적·생화학적 과정에 초점을 맞춘다. 마지막으로 식품은 다양한 형태와 맛을 가지고 있지만, 영양은 신체의 필수적인 요구를 충족시키는 데 중점을 둔다.

식품과 영양은 상호작용을 통해 우리의 건강에 중요한 영향을 미친다. 균형 잡힌 식단은 다양한 식품을 포함하여 모든 필수 영양소를 제공함으로써 최적의 건강을 유지하는 데 도움이 된다. 반면, 영양 결핍이나 과잉은 건강 문제를 초래할 수 있다. 예를 들어, 비타민 C 결핍은 괴혈병을 유발할 수 있으며, 과도한 지방 섭취는 비만과 심혈관 질환의 위험을 증가시킬 수 있다.

따라서 건강한 식습관을 유지하기 위해서는 식품과 영양에 대한 이해와 함께 다양한 식품을 섭취하여 모든 필수 영양소를 균형 있게 섭취해야 한다. 또한, 가공식품과 당분이 많은 식품의 섭취를 줄이고, 신선한 과일과 채소, 단백질이 풍부한 음식을 선택하는 것이 중요하다. 이러한 식습관은 건강을 증진시키고, 질병을 예방하는 데 도움이 된다.

① 영양은 먹고 마시는 모든 것을 의미한다.
② 식품은 인간이 섭취하는 구체적인 물질을 의미한다.
③ 영양의 과잉은 일반적으로 건강에 문제가 되지 않는다.
④ 비타민 C의 결핍은 비만과 심혈관 질환의 위험을 증가시킨다.
⑤ 에너지를 만들고, 면역력을 높이는 것은 식품으로 설명할 수 있다.

국민들에게 식량을 공급하는 농촌이 갈수록 고령화되고 있다. 통계청 조사 결과 농가인구 가운데 65세 이상 고령 인구 비율은 50%에 달한다. 농촌이 도시보다 초고령 사회 진입이 빨라지고 있는 것이다.

농촌 소멸을 막고, 식량 안보를 확보하기 위해서는 농업후계자 육성이 절실하다. 농업후계자 가운데서도 청년들의 농업 진출이 중요해졌다. 그래서 정부는 청년농업인 육성에 본격적으로 나섰다. 청년농업인 유입과 안정적인 영농 정착을 위해 '청년농어업인 육성·지원법'이 제정됐고, '후계·청년농 육성 기본 계획'도 수립됐다.

농림축산식품부는 농림수산식품교육문화정보원과 함께 청년농업인 선발을 5,000명으로 늘려 영농창업과 정착을 체계적으로 지원한다. 청년 창업농 선발, 초기 정착, 농지·자금 등 영농창업 기반, 교육·컨설팅 지원과 스마트팜 창업 생태계 조성 등을 통해 농업 분야 신규 인력을 육성하고 있다.

이러한 정책 등에 힘입어 청년농업인 감소세는 둔화되고 있다. 통계청 조사에 따르면 2010 ~ 2015년에는 청년농업인 수가 56.6%나 감소했지만, 2015 ~ 2020년은 13.5% 줄어드는 데 그쳤다.

청년농업인의 유입과 영농 정착을 더욱 활성화하기 위해서는 우선 청년농업인들이 겪는 창업 초기의 소득 불안을 완화하기 위한 정책이 필요하다. 이를 위해 농식품부는 영농정착 지원사업의 예산을 943억 원으로 대폭 늘려 최장 3년간 월 최대 110만 원의 영농정착지원금을 지급한다.

창업기반 강화도 중요하다. 청년농업인의 수요에 맞는 농지와 정보를 제공해 주고, 금융지원 문턱을 낮추는 동시에 민간투자도 확대할 필요가 있다. 그래서 농식품부는 청년농업인들에게 공급 가능한 농지 물량을 대폭 확대하고, 영파머스펀드(Young Farmers Fund)도 증액했다. 또 청년농업인에 대한 우대보증을 지원하는 농림수산업자신용보증기금의 정부 출연금을 증액해 보증지원이 더욱 원활해질 것으로 기대된다.

농촌 거주에 필수적인 주택 및 자녀 보육 등에 대한 지원도 빼놓을 수 없다. 농식품부가 '청년농촌보금자리조성 사업' 예산을 큰 폭으로 확대한 것은 청년들의 안정적 농촌 정착에 많은 도움이 될 것이다. 이와 함께 청년농업인 영농정착 지원 사업 대상자 연령의 상한을 현재의 40세 미만에서 45세 이하 등으로 상향 조정할 필요가 있다.

젊고 유능한 인재의 농업 분야 진출을 촉진하는 선순환 체계 구축은 튼튼한 농업, 활기찬 농촌 실현으로 이어질 것이다. 앞으로 농업에 도전하는 청년들이 늘어나고, 농촌에서 값진 삶을 사는 청년들이 많아지기를 기대한다.

① 농업 기술 발전과 스마트팜의 미래
② 농업 생산성 향상을 위한 기계화 전략과 그 효과
③ 도시 청년들의 농업 진출 현황과 그에 따른 경제적 영향
④ 농촌 관광 활성화를 위한 방안과 지역 경제에 미치는 영향
⑤ 농촌 고령화와 식량 안보를 위한 청년농업인 육성 정책의 중요성

11 부장 2명, 대리 4명, 사원 3명으로 구성된 부서에서 부장 1명, 대리 1명, 사원 1명을 뽑아 팀을 만들 때, 가능한 경우의 수는?

① 3가지　　　　　　　　　　② 9가지

③ 18가지　　　　　　　　　④ 24가지

⑤ 36가지

12 다음은 1,100명을 대상으로 실시한 설문조사 응답자의 거주지역 및 성별 비율에 대한 자료이다. 인천에 사는 응답자 중 여성의 비율이 전체 응답자 중 여성의 비율과 같을 때, 전체 응답자 중 대구에 사는 여성은 몇 명인가?

〈응답자의 거주지역 및 성별 비율〉

구분	서울	경기	인천	부산	광주	대구	대전	울산	기타	계
남성	0.18	0.17		0.03	0.05		0.02	0.04	0.02	0.6
여성	0.07	0.03		0.07	0.05	( )	0.03	0.01	0.08	0.4
계		0.2		0.1	0.1	0.05	0.05	0.05	0.1	1

① 20명　　　　　　　　　　② 22명

③ 24명　　　　　　　　　　④ 26명

⑤ 28명

13 연이율 2.4%가 적용되는 만기 2년 단리 적금 상품에 만기 때까지 매월 초 80만 원씩 납입하였을 때 만기 시 받는 이자와 연이율 2.4%가 적용되는 만기 2년 월복리 적금 상품에 만기 때까지 매월 초 100만 원씩 납입하였을 때 만기 시 받는 이자의 차이는?(단, $1.002^{24}=1.0491$로 계산하며, 이자 소득에 대한 세금은 고려하지 않는다)

① 107,900원　　　　　　　② 119,100원

③ 128,600원　　　　　　　④ 135,700원

⑤ 143,500원

※ 다음은 N은행에서 판매하는 체크카드 상품에 대한 자료 및 A씨에 대한 정보이다. 이어지는 질문에
  답하시오. [14~15]

〈체크카드별 혜택〉

구분	혜택
A체크카드	• 전월 실적에 따라 온라인 및 오프라인 결제 할인 제공 (단위 : 원) <table><tr><td>구분＼전월 실적</td><td>300,000 ~ 499,999</td><td>500,000 ~</td></tr><tr><td>모바일 페이[1]</td><td>3,000</td><td>6,000</td></tr><tr><td>카페 및 미용용품[2]</td><td>3,000</td><td>6,000</td></tr><tr><td>OTT 서비스[3]</td><td colspan=2>1,000</td></tr></table> 1) 모바일 페이로 온라인 결제 시 3% 할인 제공 2) 카페 및 미용용품 오프라인 결제 시 4% 할인 제공 3) OTT서비스 결제 시 5% 할인 제공
H체크카드	• 전월 실적에 따라 온라인 및 오프라인 결제 할인 제공 (단위 : 원) <table><tr><td>구분＼전월 실적</td><td>200,000 ~ 399,999</td><td>400,000 ~ 599,999</td><td>600,000 ~ 999,999</td><td>1,000,000 ~</td></tr><tr><td>온라인[1]</td><td>4,000</td><td>8,000</td><td>15,000</td><td>25,000</td></tr><tr><td>오프라인[2]</td><td>3,000</td><td>5,000</td><td>7,000</td><td>10,000</td></tr><tr><td>총할인 한도</td><td>7,000</td><td>13,000</td><td>22,000</td><td>35,000</td></tr></table> 1) 온라인 쇼핑몰, 온라인 서점, 어학시험, 배달앱 5% 및 C영화관 2,000원 적용 2) 카페 20%, 대중교통 10%, 편의점 5%, 통신비 자동납부 2,500원 적용

K체크카드	• 전월 실적에 따라 모빌리티 서비스 할인 제공
	  – 대중교통 10%
	  – 카쉐어링 서비스 5%
	  – 전기차 충전 5%
	
	(단위 : 원)
	<table><tr><td>전월 실적</td><td>200,000 ~ 799,999</td><td>800,000 ~</td></tr><tr><td>할인 한도</td><td>3,000</td><td>5,000</td></tr></table>
	• 전월 실적 200,000원 이상일 때 결제 시 캐시백 제공
	  – 이동통신 요금 5%(월 최대 3,000원)
	  – 카페(월 최대 2,000원)
	  – 편의점 5%(월 최대 1,000원)

M체크카드	• 전월 실적 100,000원 이상일 때 다음과 같은 혜택 제공 <table><tr><td>항목</td><td>내용</td></tr><tr><td>일반 할인</td><td>– 전월 실적 100,000 ~ 299,999원 : 0.2% 적용 – 전월 실적 300,000 ~ 999,999원 : 0.3% 적용 – 전월 실적 1,000,000원 이상 : 0.5% 적용</td></tr><tr><td>주유 할인</td><td>– 리터당 40원 할인(일 최대 2회, 월 최대 6회)</td></tr><tr><td>가맹점</td><td>– 마트 2% 할인(월 최대 10,000원)</td></tr></table>
N체크카드	• 전월 실적 조건 없이 사용금액의 0.2% 할인 제공

> 〈정보〉
> • A씨는 매월 500,000원을 사용한다.
> • A씨는 자가용 차를 이용하지 않고, 대중교통을 이용한다.
> • A씨는 카페를 이용하지 않는다.

14 A씨에게 월 할인 금액이 가장 많은 체크카드를 추천하고자 할 때, 추천해 줄 수 있는 카드로 가장 적절한 것은?(단, A씨가 이용하지 않는 혜택까지 포함하며, M체크카드의 주유 할인은 리터당 1,600원의 100,000원어치 월 1회 주유로 가정한다)

① A체크카드
② H체크카드
③ K체크카드
④ M체크카드
⑤ N체크카드

15 A씨는 K체크카드를 이용하기로 하였다. 매월 대중교통으로 사용하는 비용이 120,000원이고, 이동통신 요금이 100,000원일 때, A씨가 편의점 할인 혜택을 포함하여 받는 월 할인 금액은 최대 얼마인가?

① 7,000원
② 9,000원
③ 17,000원
④ 18,000원
⑤ 19,000원

16 다음은 어느 지역에서 2014 ~ 2023년에 출하한 쌀과 고추의 연도별 10kg당 가격 변화 추이에 대한 자료이다. 이에 대한 설명으로 옳은 것은?

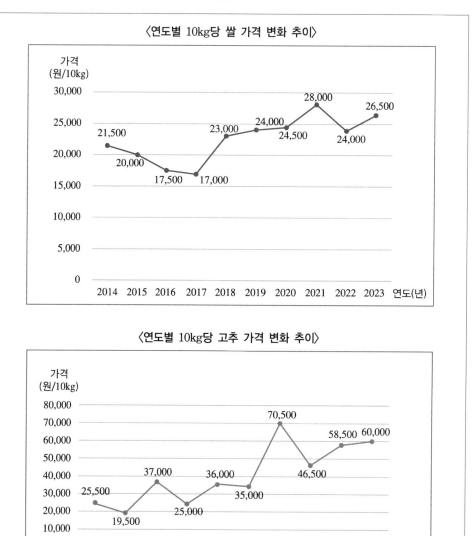

① 2014 ~ 2023년 동안 10kg당 쌀 가격은 항상 고추 가격보다 낮았다.

② 2014 ~ 2023년 동안 10kg당 쌀 가격이 가장 높은 연도와 고추 가격이 가장 높은 연도는 같다.

③ 2014 ~ 2023년 동안 10kg당 쌀 가격이 가장 낮은 연도와 고추 가격이 가장 낮은 연도는 같다.

④ 2015 ~ 2023년 동안 10kg당 쌀 가격과 고추 가격의 전년 대비 증감 추이는 같다.

⑤ 2015 ~ 2023년 동안 10kg당 쌀 가격과 고추 가격이 전년 대비 동시에 오른 연도는 3개이다.

17 국제영화제 행사에 참석한 N씨는 A, B, C, D, E, F영화를 다음 〈조건〉에 맞춰 5월 1일부터 5월 6일까지 하루에 한 편씩 보려고 한다. 다음 중 항상 옳은 것은?

조건
- F영화는 3일과 4일 중 하루만 상영된다.
- D영화는 C영화가 상영된 날 이틀 후에 상영된다.
- B영화는 C, D영화보다 먼저 상영된다.
- 첫째 날 B영화를 본다면, 5일에 반드시 A영화를 본다.

① A영화는 C영화보다 먼저 상영될 수 없다.
② C영화는 E영화보다 먼저 상영된다.
③ D영화는 5일이나 폐막작으로 상영될 수 없다.
④ B영화는 1일 또는 2일에 상영된다.
⑤ E영화는 개막작이나 폐막작으로 상영된다.

18 N고등학교는 부정행위 방지를 위해 1 ~ 3학년이 한 교실에서 같이 시험을 본다. 다음 〈조건〉을 참고할 때, 항상 거짓인 것은?

조건
- 교실에는 책상이 세로로 여섯 줄 놓여 있다.
- 같은 학년은 바로 옆줄에 앉지 못한다.
- 첫 번째 줄과 다섯 번째 줄에는 3학년이 앉는다.
- 3학년이 앉은 줄의 수는 1학년과 2학년이 앉은 줄의 수의 합과 같다.

① 2학년은 네 번째 줄에 앉는다.
② 첫 번째 줄과 세 번째 줄의 책상 수는 같다.
③ 3학년의 학생 수가 1학년의 학생 수보다 많다.
④ 여섯 번째 줄에는 1학년이 앉는다.
⑤ 1학년이 두 번째 줄에 앉으면 2학년은 세 번째 줄에 앉는다.

※ 다음은 예금거래기본약관의 제14조 사고·변경사항 신고 및 제17조 면책에 대한 내용이다. 이어지는 질문에 답하시오. [19~20]

〈예금거래기본약관〉

제14조 사고·변경사항의 신고

① 거래처는 통장·도장·카드 또는 증권이나 그 용지를 분실·도난·멸실·훼손했을 때에는 즉시 서면으로 신고하여야 한다. 다만, 긴급하거나 부득이할 때는 영업시간 중에 전화 등으로 신고할 수 있으며, 이 때는 다음 영업일 안에 서면으로 신고하여야 한다.

② 거래처가 인감 또는 서명, 비밀번호, 성명, 상호, 대표자명, 대리인명, 주소, 전화번호, 기타 신고사항을 바꿀 때는 서면으로 신고하여야 한다. 다만, 비밀번호는 서면 신고 없이 전산통신기기를 이용하여 바꿀 수 있으며, 이 경우 계좌번호, 주민등록번호, 비밀번호 등 은행이 정한 요건에 맞으면 은행은 새로운 비밀번호로 변경 처리한다.

③ 거래처는 주소, 전화번호 등의 일부 신고 사항에 대하여 은행이 정한 방법에 따라 전산통신기기를 이용하여 변경할 수 있다.

④ 제1항 및 제2항의 신고는 은행이 이를 접수한 뒤 전산입력 등 필요한 조치를 하는 데 걸리는 합리적인 시간이 지나면 그 효력이 생기며 전산장애 등 불가항력적인 사유로 처리하지 못한 때는 복구 등 사유 해제 시 즉시 처리하여야 한다.

⑤ 제1항의 신고를 철회할 때에는 거래처 본인이 서면 또는 전산통신기기 등으로 하여야 한다.

제17조 면책

① 은행은 예금지급청구서, 증권(어음교환소에서 전자적 정보의 형태로 제시된 어음·수표 등 포함) 또는 신고서 등에 찍힌 인영(또는 서명)을 신고한 인감(또는 서명감)과 육안으로 주의 깊게 비교·대조하여 틀림없다고 여기고, 은행이 정한 방법에 따라 전산통신기기를 이용하여 입력된 비밀번호가 신고 또는 등록한 것과 같아서 예금을 지급하였거나 기타 거래처가 요구하는 업무를 처리하였을 때에는 인감이나 서명의 위조·변조 또는 도용이나 그 밖의 다른 사고로 인하여 거래처에 손해가 생겨도 그 책임을 지지 않는다. 다만, 은행이 거래처의 인감이나 서명의 위조·변조 또는 도용 사실을 알았거나 알 수 있었을 때는 그러하지 아니하다.

② 전산통신기기 등을 이용하거나 거래정보 등의 제공 및 금융거래명세 등 통보와 관련하여 은행이 책임질 수 없는 사유로 계좌번호, 비밀번호 등의 금융정보가 새어나가 거래처에 손해가 생겨도 은행은 그 책임을 지지 않는다.

③ 은행이 거래처의 실명확인증표 등으로 주의 깊게 본인 확인하여 예금을 지급하였거나 기타 거래처가 요구하는 업무를 처리하였을 때에는 위조·변조 또는 도용이나 그 밖의 다른 사고로 인하여 거래처에 손해가 생겨도 그 책임을 지지 않는다. 다만, 은행의 고의 또는 과실로 인한 귀책사유가 있는 경우 은행은 그 책임의 일부 또는 전부를 부담한다.

④ 은행이 주민등록증 등 실명확인증표로 주의 깊게 실명확인하거나 실명 전환한 계좌는 거래처가 실명확인증표 또는 서류의 위조·변조·도용 등을 한 경우, 이로 인하여 거래처가 손해가 생겨도 은행은 그 책임을 지지 않는다.

⑤ 거래처가 제14조 제1항, 제2항, 제4항의 신고나 절차를 미루어 생긴 손해에 대해 은행은 그 책임을 지지 않는다. 다만, 이 경우에도 은행은 거래처에 손해가 발생하지 않도록 선량한 관리자로서의 주의를 다하여야 한다.

19 윗글에 대한 설명으로 옳은 것은?

① 통장 분실사고가 발생하면 반드시 전화로 신고하여야 한다.

② 개인정보 변경, 비밀번호 변경 등의 신고 사항은 반드시 서면으로 신고하여야 한다.

③ 통신장애 등으로 신고 사항의 반영이 지연될 경우 신고자는 해당 사항을 재신고하여야 한다.

④ 개인이 개인 계좌번호와 비밀번호를 타인에게 공유하여 발생한 사고는 은행이 책임지지 않는다.

⑤ 은행 내 강도 등 강력범죄가 발생하였을 때, 은행은 반드시 방문객의 안전을 최우선으로 하여야 한다.

20 N은행 H지점에서 A씨의 명의가 도용되어 개인 동의 없이 계좌가 개설되는 사고가 발생하였다. 조사 결과 A씨가 개인정보 변경 여부를 제때 신고하지 않았던 점과 H지점의 미흡한 본인 확인으로 밝혀졌을 때, 약관에 따른 H지점의 대처로 가장 적절한 것은?

① 도용 사고는 전적으로 A씨의 귀책사유에 해당하므로 A씨와의 계약을 일괄 파기한다.

② A씨의 명의 도용 사고 관련 수사를 위해 수사 종결 때까지 A씨의 변경 전 정보를 유지한다.

③ A씨의 개인정보 확인을 소홀히 한 H지점의 과실이 있으므로 일부 책임을 부담한다.

④ 다른 사유로 A씨의 개인정보가 유출되었음을 의심할 수 있으므로 A씨의 과실을 주장한다.

⑤ A씨가 개인정보 변경 여부를 즉각 알리지 않았으므로 A씨에게 책임의 전체를 부담하게 한다.

21 다음 중 유럽연합(EU)의 회원국이 아닌 나라는?

① 크로아티아   ② 폴란드

③ 루마니아   ④ 스위스

⑤ 벨기에

22 다음 중 지중해 국가가 아닌 나라는?

① 모나코   ② 레바논

③ 모로코   ④ 리비아

⑤ 조지아

23 다음 〈보기〉의 문화재와 관련된 시기로 옳은 것은?

> **보기**
>

① 발해　　　　　　　　　　② 고려
③ 백제　　　　　　　　　　④ 고구려
⑤ 통일신라

24 다음 중 빈칸 ㉠에 들어갈 첨단 기술로 적절하지 않은 것은?

> 농업(Agriculture)과 첨단기술(Technology)을 결합한 합성어로 ___㉠___ 등 첨단 기술을 농작물의 생산, 가공, 유통 전 과정에 적용하여 생산성을 높이고 상품의 질을 향상시키는 산업

① 블록체인　　　　　　　　② 빅데이터
③ 인공지능　　　　　　　　④ 머신러닝
⑤ 사물인터넷

25 다음 중 농협의 인재상으로 옳지 않은 것은?

① 시너지 창출가　　　　　　② 행복의 파트너
③ 진취적 도전가　　　　　　④ 정직과 도덕성을 갖춘 인재
⑤ 친절과 배려로 봉사하는 인재

26 다음 중 지역농협 전용 모바일 애플리케이션 명칭으로 옳은 것은?

① NH올원뱅크
② NH스마트뱅킹
③ NH콕뱅크
④ NH멤버스
⑤ NH With

27 다음 중 농협의 사회공헌단체로 옳지 않은 것은?

① 농협재단
② 농협청년운동본부
③ 나눔축산운동본부
④ 도농상생국민운동본부
⑤ 우리농업지키기운동본부

28 다음 중 빈칸 ㉠에 들어갈 단어로 옳은 것은?

> ___㉠___은/는 범농협 계열사와 농촌진흥청, 농림수산식품교육문화정보원, 축산물품질평가원 등 농업 관련 기관의 데이터를 연계·가공하여 이용자가 쉽고 빠르게 활용할 수 있도록 한 빅데이터 플랫폼이다. 농·축산물 종합정보, 귀농 및 귀촌 메이트 등 다양한 서비스를 제공한다.

① NH Farm
② N-Local
③ NH Info
④ N-Hub
⑤ NH Connect

01 다음 글의 밑줄 친 ㉠~㉡ 중 쓰임이 적절하지 않은 것은?

> 저녁을 먹고 짧은 시간 동안 산책을 하기 위해 집을 나섰다. 수확을 한 뒤 들판에 남은 ㉠ <u>낱알</u>을 쪼아 먹는 새들의 ㉡ <u>지저귐</u>과 저물어 가는 노을이 하루 동안 ㉢ <u>심란했던</u> 마음을 평온하게 보듬어 주었다. 자연의 아름다움과 고요함이 ㉡ <u>비로소</u> 나에게 진정한 휴식을 안겨주었다.

① ㉠   ② ㉡

③ ㉢   ④ ㉡

02 다음 중 A씨의 행동과 가장 적합한 한자성어는?

> A씨는 매일 아침 사과를 먹는다. A씨는 어느 날 심한 감기에 걸리게 되는데, 감기에 걸린 이유가 자신의 건강이 나빠서이며, 건강이 나빠진 이유는 매일 아침에 사과를 먹었기 때문이라고 생각하였다. 이후 A씨는 아침에 사과를 먹으면 심한 감기에 걸릴 수 있다고 사람들에게 주장하기 시작했다.

① 아전인수(我田引水)   ② 견강부회(牽强附會)

③ 지록위마(指鹿爲馬)   ④ 사필귀정(事必歸正)

03 다음 중 밑줄 친 부분의 띄어쓰기가 옳지 않은 것은?

① 이 일을 할 수 있는 사람은 <u>너 밖에</u> 없다.

② 완고한 그를 <u>설득하는 데</u> 며칠이 걸렸다.

③ 저 산이 얼마나 <u>높은지</u> 아무도 모른다.

④ 서울로 떠난 그는 <u>사흘 만에</u> 다시 왔다.

04 다음 제시된 문단을 읽고, 이어질 문단을 논리적 순서대로 바르게 나열한 것은?

> 협동조합운동은 19세기 중엽 영국에서 처음 일어났다. 1844년에 발족한 로치데일 공정선구자 협동조합(Rochidale Society of Equitable Pioneers)이 근대 협동조합의 효시이다. 자본주의의 성립·발달 과정에서 발생한 빈부의 격차·실업·저임금 등 사회문제를 해결하기 위해 등장한 것이다. 10여 년 후에는 프랑스와 독일에서도 협동조합운동이 일어났다.

> (가) 실로 협동조합운동이 이 같은 정치적 색채를 띤 것은 세계 협동조합역사상 찾아보기 드문 일이었는데, 이 때문에 또한 일제의 탄압이 따를 수밖에 없었다. 따라서 이 운동은 1930년대 초반 조선총독부가 벌인 농촌진흥운동이 시작될 무렵 자연 소멸되거나 강제 해산되고 말았다.
>
> (나) 우리나라의 협동조합운동은 서유럽에 비해 약 80년 뒤져서 시작되었다. 1910년대의 금융조합이나 1920년대의 산업조합은 일제 총독부가 한국을 식민지로 지배·통치하기 위한 경제적 보조기관으로 설립한 것이기 때문에 엄밀한 의미에서 협동조합이라고 규정하기에는 이론이 없지 않다.
>
> (다) 이 민간 협동조합은 전통적 협동조직인 계와 향약을 바탕으로 한 우리 농민·노동자·지식인·일반 서민 대중이 주체가 되어 자발적으로 소비조합과 신용조합을 조직함으로써 경제적 자력갱생운동을 벌이는 한편, 계몽활동을 병행함으로써 민족의식 고취와 조국해방을 염원하였다.
>
> (라) 영국의 초기 협동조합이 주로 노동자의 생활상태 개선을 위한 소비조합형태로 출발하였다면, 미처 자본주의가 확립되지 못한 프랑스에서는 산업혁명을 치르기 위해 중소 수공업을 근대적 공장제공업으로 개편하기 위한 생산조합 설립부터 착수하였다. 한편, 독일에서는 도시산업과 농촌농업의 생산력 증대에 무엇보다 시급한 것은 고리채를 추방하고 이자율이 낮은 자금을 공급하는 데 있다고 판단하고 신용조합을 결성·보급하는 데서 출발하였다.
>
> (마) 오히려 1920년대 중반, 우리 한민족에 의해 전개된 조선물산장려운동·외화배척운동·납세거부운동·소작쟁의·민립대학설립운동 등과 함께 일어난 민간 협동조합운동이야말로 최초의 진정한 협동조합운동이었다고 평가해야 옳을 것이다.

① (다) – (라) – (가) – (나) – (마)
② (다) – (라) – (가) – (마) – (나)
③ (라) – (나) – (가) – (다) – (마)
④ (라) – (나) – (마) – (다) – (가)

05 다음 글의 빈칸에 들어갈 접속사로 가장 적절한 것은?

> Newspapers, popular magazines, radio, and television aid consumers. The media play a vital role in warning people about frauds being practiced locally. They also offer useful advice on investing, health and nutrition, housing, and other topics of special interest to consumers. _____, the media help people resolve consumer complaints. Businesses that might ignore a consumer acting alone respond fast and favorably when a reporter gets involved. This is because they want to avoid unfavorable publicity.

① In short
② In contrast
③ In addition
④ As a result

06 N사원은 자동차를 타고 시속 60km의 속력으로 출근하던 중에 15분이 지난 시점에서 중요한 서류를 집에 두고 나온 사실을 알았다. N사원은 처음 출근했을 때의 1.5배의 속력으로 다시 돌아가 서류를 챙긴 후 지각하지 않기 위해 서류를 가지러 갔을 때의 1.2배의 속력으로 다시 회사로 향했다. N사원이 출근하는 데 소비한 전체 시간이 50분이라고 할 때, N사원의 집에서 회사까지의 거리는?(단, 서류를 챙기는 데 걸린 시간은 고려하지 않는다)

① 40km
② 45km
③ 50km
④ 55km

07 남자 4명, 여자 4명으로 이루어진 팀에서 2명의 팀장을 뽑으려고 한다. 이때 팀장 2명이 모두 남자로만 구성될 확률은?

① $\dfrac{3}{14}$
② $\dfrac{2}{7}$
③ $\dfrac{3}{7}$
④ $\dfrac{4}{7}$

08 욕조에 물을 채우는 데 A관은 30분, B관은 40분이 걸리고, 가득 채운 물을 배수하는 데는 20분이 걸린다. A관과 B관을 동시에 틀고, 동시에 배수를 할 때, 욕조에 물이 가득 채워질 때까지 걸리는 시간은?

① 60분
② 80분
③ 100분
④ 120분

※ 일정한 규칙으로 수를 나열할 때, 빈칸에 들어갈 알맞은 수를 고르시오. [9~10]

09

$$\frac{36}{2} \quad \frac{37}{4} \quad \frac{38}{8} \quad \frac{39}{16} \quad (\quad)$$

① $\frac{40}{32}$ ② $\frac{40}{36}$

③ $\frac{40}{48}$ ④ $\frac{40}{52}$

10

350   222   130   ( )   30   10   2

① 104   ② 92

③ 80   ④ 68

11 A기업은 N은행에서 기업희망론을 통해 대출을 받았다. 다음과 같은 조건일 때, A기업이 내야 하는 마지막 달의 비용은 얼마인가?(단, 조건 외의 경우는 고려하지 않는다)

〈기업희망론〉

- 가입대상 : 기업
- 대출기간 : 1년 이내
- 대출한도 : 5천만 원 이내
- 대출금리 : 고정
- 상환방법 : 만기일시상환(대출 기간 중에는 이자만 지불하다가 만기일에 대출 전액을 상환하는 방식)
- 중도상환 : 수수료 없음
- 만기경과 후 기한의 이익상실에 대한 안내
  만기일 경과 후 대출금액을 전액 상환하지 않은 경우 은행여신거래 기본약관 제7조에 따라 기한의 이익이 상실되어 대출잔액에 대한 지연배상금이 부과됩니다.

조건

A기업은 대출기간과 대출한도를 최대로 하였으며, 가입할 당시 금리는 연 3%였다. 중도상환은 하지 않았으며, 만기일을 모두 채워 일시상환을 하였다.

① 50,125,000원   ② 50,145,000원

③ 51,520,000원   ④ 51,535,000원

12 연이율 3.6%가 적용되는 만기 3년 단리 적금 상품에 만기 때까지 매월 초 일정한 금액으로 납입하여 만기 시 받는 이자가 99만 9천 원일 때, 매월 초 납입해야 하는 금액은?(단, 이자 소득에 대한 세금은 고려하지 않는다)

① 50만 원   ② 55만 원
③ 60만 원   ④ 65만 원

13 연이율 6%가 적용되는 만기 3년 월복리 적금 상품에 만기 때까지 매월 초 50만 원씩 납입하였을 때, 만기 시 수령액은?(단, $1.005^{36} = 1.2$로 계산하며, 이자 소득에 대한 세금은 고려하지 않는다)

① 1,920만 원   ② 1,980만 원
③ 2,000만 원   ④ 2,010만 원

14 다음은 일부가 지워진 영수증이다. 이 영수증에서 상품 전체 구매 금액과 부가세액을 합한 합계 금액은?(단, 부가세액은 상품 전체 구매 금액의 10%이다)

상품명	단가	수량	금액
아메리카노	2,000원	3	6,000원
카페라테	3,000원	2	6,00
에스프레소	2,500원	1	2,
생과일주스	4,000원	2	8
조각케이크	6,000원	4	
부가세액			
합계			

① 46,750원   ② 49,500원
③ 51,150원   ④ 52,250원

15

> • 책을 많이 읽으면 어휘력이 풍부하다.
> • 안경을 쓴 어떤 사람은 책을 많이 읽는다.
> • 시력이 나쁜 어떤 사람은 안경을 쓴다.

① 책을 많이 읽은 사람은 시력이 나쁘다.
② 시력이 나빠 안경을 쓴 사람은 책을 많이 읽는다.
③ 책을 많이 읽지 않는 사람은 안경을 쓰지 않는다.
④ 어휘력이 풍부한 어떤 사람은 시력이 좋다.

16

> • 늦잠을 자지 않으면 부지런하다.
> • 늦잠을 자면 건강하지 않다.
> • 비타민을 챙겨먹으면 건강하다.

① 비타민을 챙겨먹으면 부지런하다.
② 부지런하면 비타민을 챙겨먹는다.
③ 늦잠을 자면 비타민을 챙겨먹는다.
④ 늦잠을 자면 부지런하지 않다.

17 지난밤 N금은방에서 절도 사건이 발생하였다. 용의자 A ~ E를 조사한 결과 범인은 모두 2명이었다. 다음의 대화에서 범인 2명 중 1명만 거짓으로 진술하고, 나머지 4명은 진실로 진술하였을 때, 범인은 누구인가?

> • A : D는 범인이 아니에요.
> • B : A는 거짓말을 하고 있어요.
> • C : A는 확실히 범인이 아니에요.
> • D : E는 확실히 범인이에요.
> • E : C의 말은 사실이에요.

① A, C   ② B, D
③ B, E   ④ C, E

18 다음과 같은 좌석에 4쌍의 커플이 〈조건〉에 따라 앉을 때, 항상 참인 것은?

2열	1	2	3	4	5	6
1열	1	2	3	4	5	6

조건

- 모든 커플끼리는 서로 이웃하여 앉지 않아도 된다.
- 각 커플의 남자와 여자는 반드시 같은 열에 이웃하여 앉아야 한다.
  [예] A-a 커플 : 2열 1번, 2열 2번(O) / 2열 1번, 2열 3번(X) / 1열 1번, 2열 1번(X)]
- 서로 다른 커플의 다른 성별끼리는 이웃하여 앉을 수 없다.
- 서로 다른 커플의 다른 성별끼리는 같은 번호에 앉을 수 없다.
- 1열 3번, 1열 4번 자리에는 남자가 앉을 수 없다.
- 모든 열의 6번 자리에는 여성이 앉을 수 없다.

① 1열 1번 자리에 여자가 앉으면 1열 3번, 1열 4번에 앉는 사람은 없다.
② 1열 3번, 1열 4번 자리에 여자가 앉으면 2열 6번 자리에 앉는 사람은 없다.
③ 2열 3번, 2열 4번 자리에 남자가 앉으면 1열 6번 자리에 앉는 사람은 없다.
④ 1열 6번, 2열 6번 자리에 남자가 앉으면 모든 열의 1번 자리에는 반드시 남자가 앉아야 한다.

19 해외영업부 A대리는 B부장과 함께 샌프란시스코에 출장을 가게 되었다. 샌프란시스코의 시각은 한국보다 16시간 느리고, 비행 시간은 10시간 25분일 때 샌프란시스코 현지 시각으로 11월 17일 오전 10시 35분에 도착하는 비행기를 타려면 한국 시각으로 인천공항에 몇 시까지 도착해야 하는가?

구분	날짜	출발 시각	비행 시간	날짜	도착 시각
인천 → 샌프란시스코	11월 17일		10시간 25분	11월 17일	10:35
샌프란시스코 → 인천	11월 21일	17:30	12시간 55분	11월 22일	22:25

※ 단, 비행기 출발 1시간 전에 공항에 도착해 티켓팅을 해야 한다.

① 12:10　　　　　　　　　② 13:10
③ 14:10　　　　　　　　　④ 15:10

20 N은행 총무부에 재직 중인 귀하는 외국인에게 배포할 명함을 제작하고자 한다. 〈조건〉에 따라 다음과 같은 초안을 만들었을 때, 발생한 오류는?

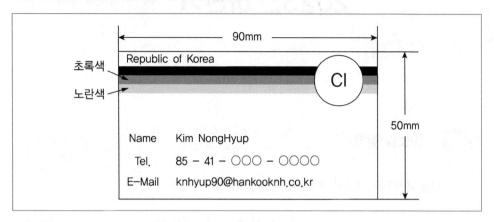

조건

- 명함은 너비 90mm, 높이 50mm로 한다.
- 전화번호를 제외한 모든 정보는 영어로 전달해야 한다.
- 명함 상단에 검은색, 초록색, 노란색 굵은 선을 넣는다.
- 명함 좌측 상단에 대한민국을 넣는다.
- 명함 우측 상단에 회사 CI를 넣는다(단, 굵은 선이 CI 위에 있으면 안 된다).
- 명함 하단에 이름, 전화번호, 이메일 주소를 넣는다.
- 전화번호는 [대한민국의 국가번호(82)] – (0을 제외한 지역번호) – (나머지 전화번호)를 적는다.
- 이메일은 사내메일(id@hankooknh.co.kr)을 적는다.

① 대한민국의 영문명에 오탈자가 발생하였다.
② 검은색, 초록색, 노란색 굵은 선이 회사 CI 위에 있다.
③ 이름이 누락되었다.
④ 전화번호의 국가번호를 잘못 적었다.

02 2023년 하반기 기출복원문제

정답 및 해설 p.013

01 70문항 유형

01 다음 제시된 단어에서 공통으로 연상할 수 있는 것은?

> 바이올린   줄   우쿨렐레

① 건반악기   ② 전자악기

③ 타악기   ④ 관악기

⑤ 현악기

02 다음 중 밑줄 친 어휘의 맞춤법이 옳지 않은 것은?

① 오늘은 <u>웬일인지</u> 은총이가 나에게 웃으며 인사해주었다.

② 그녀의 집은 살림이 <u>넉넉지</u> 않다.

③ 분위기에 <u>걸맞은</u> 옷차림이다.

④ 영희한테 들었는데 이 집 자장면이 그렇게 <u>맛있데</u>.

⑤ 그는 목이 <u>메어</u> 한동안 말을 잇지 못했다.

03 다음 중 밑줄 친 단어를 바꾸어 사용할 수 없는 것은?

> • 그가 하는 이야기는 ㉠ <u>당착</u>이 심하여 도무지 이해할 수가 없었다.
> • 용하다고 소문난 점쟁이는 눈빛부터 ㉡ <u>용인</u>과 달랐다.
> • 마산만은 숱한 ㉢ <u>매립</u>으로 인해 대부분의 해변이 사라졌다.
> • 앞으로 국내에 6개월 이상 ㉣ <u>체류</u>하는 외국인은 건강보험에 가입해야 한다.
> • 공정경제 문화 정착을 위해 공공기관부터 공정경제의 ㉤ <u>모범</u>이 되어야 한다.

① ㉠ – 모순   ② ㉡ – 범인

③ ㉢ – 굴착   ④ ㉣ – 체재

⑤ ㉤ – 귀감

04 다음 글의 내용과 가장 관련 있는 한자성어는?

> 우리나라의 200만 개 일자리를 창출 중인 건설업에서 매년 400여 명이 목숨을 잃고 있는 것으로 나타났다. 이에 고용노동부 장관은 최근 희생자가 발생한 8개의 건설사 대표이사들을 불러 이 문제에 대한 간담회를 가졌다.
> 간담회에서 이 장관은 단순히 안전 구호를 외치며 안전 체조를 하던 과거 방식은 더 이상 사망사고를 막을 수 없다며, 사망사고를 예방하기 위해서는 각 작업장에서의 위험 요소를 파악하고 이에 대한 안전조치를 파악해 현장 자체를 변화시켜야 한다고 주장했다. 또한 특정 건설사에서 계속하여 사망사고가 발생하는 것은 경영자와 본사의 노력이 현장에 미치지 못하고 형식적인 데에서만 그치고 있는 것이라며 안전경영 리더십을 글이 아닌 직접 행동으로 보여줄 것을 촉구하였다.

① 각주구검(刻舟求劍)
② 수주대토(守株待兔)
③ 자강불식(自强不息)
④ 오하아몽(吳下阿蒙)
⑤ 일취월장(日就月將)

05 다음 문단을 논리적 순서대로 바르게 나열한 것은?

> (가) 친환경 농업은 최소한의 농약과 화학비료만을 사용하거나 전혀 사용하지 않은 농산물을 일컫는다. 친환경 농산물이 각광받는 이유는 우리가 먹고 마시는 것들이 우리네 건강과 직결되기 때문이다.
> (나) 사실상 병충해를 막고 수확량을 늘리는 데 있어, 농약은 전 세계에 걸쳐 관행적으로 사용됐다. 깨끗이 씻어도 쌀에 남아있는 잔류농약을 완전히 제거하기는 어렵다. 잔류농약은 아토피와 각종 알레르기를 유발한다. 출산율을 저하하고 유전자 변이의 원인이 되기도 한다. 특히 제초제 성분이 체내에 들어올 경우, 면역체계에 치명적인 손상을 일으킨다.
> (다) 미국 환경보호청은 제초제 성분의 60%를 발암물질로 규정했다. 결국 더 많은 농산물을 재배하기 위한 농약과 제초제 사용이 오히려 인체에 치명적인 피해를 줄지 모를 '잠재적 위험요인'으로 자리매김한 셈이다.

① (가) – (나) – (다)
② (나) – (가) – (다)
③ (나) – (다) – (가)
④ (다) – (가) – (나)
⑤ (다) – (나) – (가)

06 다음 글의 내용으로 적절하지 않은 것은?

지난해 충남도에서 청년농업인의 맞춤형 스마트팜인 '온프레시팜 1호'가 문을 열었다. 이는 청년농업인이 안정적으로 농업을 경영하여 자리 잡아 살아갈 수 있는 영농 터전을 마련하기 위한 맞춤형 사업으로, 이를 통해 농작물 재배 능력이 낮고 영농 기반이 부족한 청년농업인들이 농촌 안에서 안정적으로 농작물을 생산하고 경제적으로 정착할 수 있을 것으로 기대되고 있다.

온프레시팜은 에어로포닉스와 수열에너지를 접목시켜 토양 없이 식물 뿌리와 줄기에 영양분이 가득한 물을 분사해 농작물을 생산하는 방식으로 화석연료 대비 경제적으로 우수할 뿐만 아니라 병해충의 발생이 적고 시설 적으로도 쾌적하다. 또한 토양이 없어 공간 활용에 유리하며 재배관리 자동화가 가능해 비교적 관리도 수월하다. 하지만 초기 시설비용이 많이 들고 재배 기술의 확보가 어려워 접근이 쉽지 않다.

① 온프레시팜 사업은 청년농업인들이 영농활동을 지속할 수 있도록 지원하는 사업이다.

② 온프레시팜은 기존 농업인이 아닌 농촌에 새로 유입되고 있는 청년농업인을 위한 사업이다.

③ 온프레시팜 방식으로 농작물을 재배할 경우 흙 속 병해충으로 인해 발생하는 피해를 예방할 수 있다.

④ 온프레시팜 방식은 같은 재배면적에서 기존 농업방식보다 더 많은 농작물의 재배를 가능하게 한다.

⑤ 청년농업인은 기존의 농업방식보다는 자동화 재배관리가 가능한 온프레시팜 방식의 접근이 더 수월하다.

07 다음 글을 읽고 알 수 있는 내용으로 적절하지 않은 것은?

> 인간은 평생의 3분의 1 정도를 잠으로 보낸다. 잠은 낮에 사용한 에너지를 보충하고, 피로를 회복하는 중요한 과정이다. 하지만 한국인은 잠이 부족하다. 한국인의 수면 시간은 7시간 41분밖에 되지 않으며, 2016년 기준 경제협력개발기구(OECD) 회원국 가운데 꼴찌를 차지했다. 한 조사에 따르면, 전 국민의 17% 정도가 주 3회 이상 불면 증상을 갖고 있으며, 이는 연령이 높아짐에 따라 늘어났다.
>
> 이에 따라 불면증, 기면증, 수면무호흡증 등 수면장애로 병원을 찾는 사람은 2016년 기준 291만 8,976명으로 5년 새 13% 증가했다. 수면장애를 방치하면 삶의 질 저하는 물론 만성 두통, 심혈관계 질환 등이 발생할 수 있다. 불면증은 수면 질환의 대명사로, 가장 흔하고 복합적인 질환이다. 불면증은 면역기능 저하, 인지감퇴뿐만 아니라 일상생활에 장애를 초래할 수 있으며 우울증, 인지장애 등을 유발할 수 있다.
>
> 코를 골며 자다가 몇 초에서 몇 분 동안 호흡을 멈추는 수면무호흡증도 있다. 이 역시 인지기능 저하와 심혈관계질환 등 합병증을 일으킨다. 특히 수면무호흡증은 비만과 관계가 깊고, 졸음운전의 원인이 되기도 한다.
>
> 최근 고령 인구 증가로 뇌 퇴행성 질환인 렘수면 행동장애(RBD; Rem-sleep Behavior Disorder)도 늘고 있다. 이 병은 잠자는 동안 악몽을 꾸면서 소리를 지르고, 팔다리를 움직이고, 벽을 치고, 침대에서 뛰어내리는 등 난폭한 행동을 한다. 이 병을 앓는 상당수는 파킨슨병, 치매 환자로 이어진다. 또한 잠들기 전에 다리에 이상 감각이나 통증이 생기는 하지불안증후군도 수면의 질을 떨어뜨리는 병이다. 낮 동안 졸리는 기면증(嗜眠症) 역시 일상생활에 심각한 장애를 초래한다.
>
> 한 정신건강의학과 교수는 "수면 문제는 결국 심혈관계질환, 치매와 파킨슨병 등의 퇴행성 질환, 우울증, 졸음운전의 원인이 되므로 전문적인 치료를 받아야 한다."고 했다.

① 한국인의 부족한 수면 시간   ② 수면 마취제의 부작용
③ 수면장애의 종류   ④ 수면장애의 심각성
⑤ 전문 치료가 필요한 수면장애

※ 다음과 같이 일정한 규칙으로 수 또는 문자를 나열할 때, 빈칸에 들어갈 알맞은 수 또는 문자를 고르시오.
[8~9]

08

2 5 14 41 122 ( )

① 364   ② 365

③ 366   ④ 367

⑤ 368

09

ㄱ ㄷ ㄴ ( ) ㄹ ㅅ

① ㅁ   ② ㅅ

③ ㅇ   ④ ㅈ

⑤ ㅋ

10 어떤 자동차 경주장의 원형도로의 길이가 6km이다. 경주용 A차가 시속 200km의 일정한 속도를 유지하며 돌고 있고 경주용 B차는 더 빠른 속도로 달리고 있다. 경주용 A차와 경주용 B차가 동시에 출발한 후, 두 시간 만에 처음으로 같은 위치에 있게 된다면 경주용 B차의 속도는?

① 201km/h   ② 202km/h

③ 203km/h   ④ 206km/h

⑤ 208km/h

11 A사원과 B사원이 함께 일하면 이틀 만에 마칠 수 있는 일이 있다. A사원이 하루 동안 작업한 후 나머지를 B사원이 나흘 동안 작업하여 마쳤다고 할 때, B사원이 이 일을 혼자 하면 며칠이 걸리는가?

① 4일   ② 5일

③ 6일   ④ 7일

⑤ 8일

12 영민이가 연이율 2.4%인 3년 만기 월복리 적금 상품에 매월 초 100만 원씩 납입하여 만기 시 받는 금액보다 3년 만기 단리 예금 상품에 3,600만 원을 예치하고 만기 시 받는 금액이 더 많을 때, 단리 예금 상품의 연이율은 최소 몇 % 이상이어야 하는가?(단, $1.002^{36}=1.075$로 계산하며, 이자 소득에 대한 세금은 고려하지 않는다)

① 약 1.1%
② 약 1.2%
③ 약 1.4%
④ 약 1.5%
⑤ 약 1.7%

13 한결이가 연이율 1.8%인 1년 만기 월복리 적금 상품에 매월 초 60만 원씩 납입할 때, 만기 시 받는 이자는?(단, $1.0015^{12}=1.018$로 계산하며, 이자 소득에 대한 세금은 고려하지 않는다)

① 10,000원
② 10,200원
③ 10,400원
④ 10,600원
⑤ 10,800원

14 다음은 G지역의 2013 ~ 2022년 논 면적 및 20kg당 쌀값 변화 추이에 대한 자료이다. 이에 대한 설명으로 옳지 않은 것은?

〈2013 ~ 2022년 논 면적 및 쌀값 변화 추이〉

구분	2013년	2014년	2015년	2016년	2017년
논 면적(ha)	213	193	187	182	179
쌀값(원/20kg)	44,000	42,500	37,500	32,000	39,000
구분	2018년	2019년	2020년	2021년	2022년
논 면적(ha)	173	169	166	159	155
쌀값(원/20kg)	45,000	47,000	50,000	57,000	48,500

※ (전체 쌀값)$=\dfrac{[논\ 1ha당\ 수확한\ 쌀의\ 무게(kg)]\times(논\ 면적)\times(20kg당\ 쌀값)}{20}$

① 조사 기간 동안 논 면적은 매년 감소하였다.
② 논 면적이 가장 많이 감소한 해의 20kg당 쌀값이 가장 비싸다.
③ 5년 연속으로 20kg당 쌀값이 상승하였던 때가 있다.
④ 2013년의 전체 쌀값과 2018년의 전체 쌀값이 같다면 1ha당 수확한 쌀의 양은 2018년이 더 많다.
⑤ 매년 논 1ha당 수확하는 쌀의 양이 일정하다면 2020년의 전체 쌀값은 2015년의 전체 쌀값보다 비싸다.

15 다음은 N지역의 연도별 상·하반기 공립 및 사립 유치원 및 어린이집 수에 대한 자료이다. 이에 대한 설명으로 옳지 않은 것은?

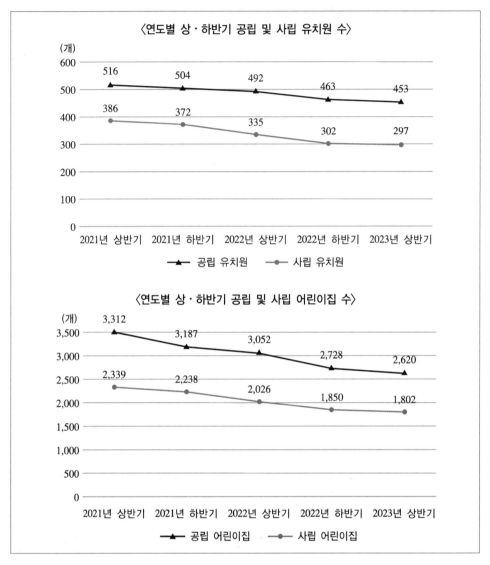

〈연도별 상·하반기 공립 및 사립 유치원 수〉

〈연도별 상·하반기 공립 및 사립 어린이집 수〉

① 전체 유치원 수와 전체 어린이집 수는 감소하는 추세이다.
② 매 시기마다 공립 어린이집 수는 공립 유치원 수의 6배 이상이다.
③ 2021년 상반기 대비 2023년 상반기의 공립 유치원 수 감소율은 20% 미만이다.
④ 2021년 상반기 대비 2023년 상반기의 사립 유치원 수는 70개 이상 감소하였다.
⑤ 공립 어린이집의 감소폭이 가장 클 때와 사립 어린이집의 감소폭이 가장 클 때는 다르다.

16 김대리는 체육대회에 참여할 직원 명단을 작성하고자 한다. A ~ F 6명의 직원들이 다음 〈조건〉에 따라 참여한다고 할 때, 체육대회에 반드시 참여하는 직원의 수는?

조건

• A가 참여하면 F는 참여하지 않고, B는 체육대회에 참여한다.
• C가 체육대회에 참여하면 D가 체육대회에 참여하지 않는다.
• E가 체육대회에 참여하지 않으면 C는 체육대회에 참여한다.
• B와 E중 1명만 체육대회에 참여한다.
• D는 체육대회에 참여한다.

① 2명   ② 3명
③ 4명   ④ 5명
⑤ 6명

17 한 대학교의 기숙사에서는 기숙사에 거주하는 4명(가 ~ 라)을 1층부터 4층에 매년 새롭게 배정하고 있다. 올해도 다음 〈조건〉에 따라 배정할 때, 반드시 참인 것은?(단, 한 층에는 1명만 거주한다)

조건

• 한 번 거주한 층에는 다시 거주하지 않는다.
• 가와 라는 2층에 거주한 적이 있다.
• 나와 다는 3층에 거주한 적이 있다.
• 가와 나는 1층에 거주한 적이 있다.
• 가, 나, 라는 4층에 거주한 적이 있다.

① 다는 4층에 배정될 것이다.
② 라는 3층에 거주한 적이 있을 것이다.
③ 라는 1층에 거주한 적이 있을 것이다.
④ 다는 2층에 거주한 적이 있을 것이다.
⑤ 기숙사에 3년 이상 산 사람은 가밖에 없다.

18 다음은 N은행 탄소Zero챌린지 적금 상품에 대한 설명이다. 이 상품에 가입하고자 하는 고객 A씨에 대한 정보가 〈보기〉와 같을 때, 이에 대한 설명으로 옳지 않은 것은?

〈탄소Zero챌린지 적금〉

- 대상과목 : 정기적금
- 가입방법 : 스마트뱅킹
- 가입금액(계좌당)
  - 초입금 : 1만 원 이상
  - 가입한도 : 월 10만 원, 연 120만 원
  - 회차별 적립금 : 1만 원 이상 ~ 10만 원 이하
- 가입기간 : 12개월 만기(가입기간 연장 불가)
- 기본이율 : 신규 가입일의 정기적금 12개월 이율(세전 연 3.3%) 적용
- 우대이율
  - 최고 우대이율 : 0.25%p

우대조건		우대이율(세전)
조건	충족횟수	
1) 탄소Zero생활 실천 우대	8회	0.1%p
2) 대중교통 이용 우대	10회 이상	0.2%p
3) 종이거래Zero 실천 우대	1회	0.05%p

  1) 탄소중립 생활실천 12개 항목 중 8개 이상의 항목에 '참여동의' 시 우대이율 적용
  2) 본 적금 가입 후 만기전전월 말일까지 N은행 채움카드 후불교통카드(신용 및 체크카드)로 대중교통(버스, 지하철) 이용 실적이 10회 이상일 때 우대이율 적용(단, 실물카드로 결제하는 경우에만 우대이율이 적용되며 각종 페이 및 결재앱 등의 비실물카드의 이용실적은 미인정)
  3) 본 적금 가입 후 만기일까지 종이통장 발급 이력이 없는 경우 우대이율 적용
- 이자지급방식 : 만기일시지급식
- 기타
  - 무통장거래 가능하며, 재예치 불가능
  - 분할해지 등의 중도인출은 불가능하며, 중도해지 시 보통예탁금 금리 적용

- A씨는 N은행 스마트뱅킹을 통해 탄소Zero챌린지 적금 상품에 가입하고자 한다.
- 2023년 9월 5일에 가입하여 10만 원을 초입금으로 하고, 월 9만 원을 납입하고자 한다.
- 가입 시 실물통장을 발급받고자 한다.
- 2023년 10월부터 2024년 6월까지 매월 5회 이상 N은행 채움카드 후불교통카드를 이용할 것이다.
- 탄소중립 생활실천 12개 항목 중 5개 항목은 동의하지 않았다.

① A씨가 받을 수 있는 금리는 연 3.5%이다.
② A씨는 탄소Zero챌린지 적금 상품에 가입할 수 있다.
③ A씨는 재예치를 통해 2025년 9월을 만기로 할 수 있다.
④ A씨는 2024년 5월에 중도인출을 하고자 하더라도 인출할 수 없다.
⑤ A씨가 가입신청 시 종이통장을 발급받지 않는다면 최고 우대이율을 적용받을 수 있다.

19 다음은 고향사랑기부제 특화 카드에 대한 설명이다. 고객의 문의사항에 대한 답변으로 적절한 것은?

〈Zgm.고향으로카드 정보〉

구분	평일(월 ~ 금)	주말(토 ~ 일)
기본서비스	국내 및 해외 0.7% N포인트 적립	국내 1%, 해외 0.7% N포인트 적립
우대서비스	–	1. 기부지역 광역시·도 오프라인 가맹점 1.7% 2. 전국 N판매장(N마트, N주유소) 1.7%
비고	1. 전월실적 조건 및 적립한도 없음 2. 해외이용 시 국제브랜드 및 해외서비스 수수료는 별도로 청구	1. 카드를 발급받은 회원 중 "고향사랑기부제" 참여 또는 기부한 고객에 한하여 우대서비스 제공 2. 전월실적 40만 원 이상일 경우 우대서비스 제공(적립 한도 없음) 3. 카드 사용 등록일로부터 그다음 달 말일까지 전월실적 미달이여도 우대서비스 제공

〈고객 문의사항〉

'Zgm.고향으로카드'는 국내 이용에서 이용할 때, 해외에서 이용할 때보다 더 많은 포인트가 적립되나요? 그리고 사용할 때 우대서비스를 받으려면 전월실적이 있어야 하는지도 궁금합니다.

① 네, 국내에서 이용하시는 경우, 해외에서 이용하시는 것보다 결제금액당 더 많은 포인트가 적립됩니다. 또한 우대서비스는 기본적으로 제공되는 서비스이므로, 전월실적과는 무관하게 혜택을 받으실 수 있습니다.

② 주말에 국내에서 이용하시는 경우 적립 포인트는 해외 이용 시보다 0.3%p 더 많이 적립되지만, 평일에 이용하시는 경우는 국내와 해외의 적립률은 동일합니다. 또한 우대서비스를 적용받으시려면, 전월실적 40만 원 이상을 충족하셔야 합니다. 단, 카드 사용 등록일로부터 그다음 달 말일까지 전월실적과 무관하게 우대서비스를 받으실 수 있습니다.

③ 국내에서 이용하는 경우와 해외에서 이용하는 경우 모두 적립한도는 없습니다. 또한 우대서비스를 적용받으시려면, 전월실적 40만 원 이상을 충족하셔야 합니다. 다만 카드 사용 등록일로부터 그다음 달 말일까지 전월실적과 무관하게 우대서비스를 받으실 수 있습니다.

④ 주말에 국내에서 이용하시는 경우 적립 포인트는 해외 이용 시보다 0.3%p 더 많이 적립되지만, 평일에 이용하시는 경우 국내와 해외의 적립률은 동일합니다. 또한 우대서비스는 기본적으로 제공되는 서비스이므로, 전월실적과는 무관하게 혜택을 받으실 수 있습니다.

⑤ 네, 국내에서 이용하시는 경우, 해외에서 이용하시는 것보다 결제금액당 더 많은 포인트가 적립됩니다. 또한 우대서비스를 받으시려면, 전월실적 40만 원 이상을 충족하셔야 합니다. 다만 카드 사용 등록일로부터 그다음 달 말일까지는 전월실적과 무관하게 우대서비스를 받으실 수 있습니다.

20 다음 중 농협의 사회공헌사업의 중점 과제로 옳지 않은 것은?

① 농업인의 경제·사회·문화적 지위 향상

② 농촌복지·의료·문화·교육서비스 확대

③ 농업의 공익적 가치를 국민과 공유

④ 전통문화 계승·발전, 도시민 힐링

⑤ 이웃사랑·소외계층 나눔 확대

21 다음 중 농업·농촌의 발전을 위해 농협이 시행한 사회 운동을 시대 순으로 바르게 나열한 것은?

① 신토불이 → 또 하나의 마을 만들기 → 食사랑農사랑 → 새농민

② 신토불이 → 새농민 → 食사랑農사랑 → 또 하나의 마을 만들기

③ 새농민 → 食사랑農사랑 → 신토불이 → 또 하나의 마을 만들기

④ 새농민 → 신토불이 → 食사랑農사랑 → 또 하나의 마을 만들기

⑤ 또 하나의 마을 만들기 → 신토불이 → 食사랑農사랑 → 새농민

22 다음 중 구제역과 관련이 없는 동물은?

① 소　　　　　　　　　　　② 말

③ 양　　　　　　　　　　　④ 돼지

⑤ 사슴

01 다음 밑줄 친 단어의 유의어가 쓰인 문장은?

> 그때의 기억이 어제의 일인 것처럼 <u>선연하게</u> 떠오른다.

① 차가운 아스팔트 위에 <u>성긴</u> 눈발이 희끗희끗 날리고 있었다.

② 그는 바닷바람이 <u>선선하게</u> 부는 해변을 걸었다.

③ 매일 등하교를 했던 거리는 <u>뚜렷하게</u> 그의 기억 속에 남아 있었다.

④ 앞으로 살아갈 길이 <u>막연하다</u>.

02 다음 밑줄 친 단어와 반대되는 의미를 가진 것은?

> 순전히 <u>타의</u>에 의해 우리 팀의 목표를 설정하였다.

① 자의   ② 고의

③ 과실   ④ 임의

03 다음과 같은 상황에서 기획팀 직원 A가 가장 먼저 메일을 보내야 할 사람은?

> N은행 기획팀 직원인 A는 사내 행사를 준비하기 위해 경영지원팀 직원 B로부터 사내 행사계획서를 메일로 전달받았다. 그런데 B가 보낸 사내 행사계획서를 살펴보니 사내 행사의 내용과 일정이 바뀌어있었다.

① 총무팀 담당자   ② 경영지원팀 팀장

③ 경영지원팀 직원 B   ④ 사내 행사 기획자

04 다음 중 밑줄 친 ㉠~㉢의 한글 맞춤법상 표기로 옳지 않은 것은?

> 우리나라를 넘어서 세계적인 겨울축제로 자리매김한 '화천산천어축제'가 올해도 어김없이 첫날부터 ㉠ 북적였다. 축제가 열리는 장소인 강원도 화천군 화천읍 화천천 얼음벌판은 축제 시작일 이른 아침부터 두둑한 복장으로 중무장한 사람들로 ㉡ 북새통을 이루기 시작했고, 이곳저곳에서 산천어를 낚는 사람들의 환호성이 끊이질 않고 있다. 또 세계적인 축제답게 많은 외국인 관광객들도 잇달아 ㉢ 낚싯대를 늘어뜨리고 있다.
>
> 이 축제가 이처럼 전 세계적으로 유명세를 타기 시작한 건 지난 2009년 미국의 유명잡지인 'TIME' 지에 축제 사진이 실리면서부터였다. 이후 미국 채널인 'CNN'이 겨울철 7대 ㉣ 불가사이한 축제라며 이 축제를 언급했고 이후 지금까지 매년 100만 명이 찾는 유명 축제로 그 명성을 계속 유지하고 있다.

① ㉠
② ㉡
③ ㉢
④ ㉣

05 다음 중 밑줄 친 ㉠, ㉡의 한자 표기가 바르게 연결된 것은?

> 국보 1호 숭례문은 2층 누각에서 발생한 작은 불씨로 인해 누각을 받치는 석축만 남긴 채 전소하였다. 이는 자신이 소유한 토지보상 문제로 불만을 품은 C씨가 숭례문에 시너를 붓고 불을 지른 사건으로, 원래의 모습을 완벽하게 ㉠ 복구하기는 사실상 불가능할 것으로 판단된다.
>
> 사건 직후 숭례문 ㉡ 복원 작업에 착수하였는데, 2층 문루 정면에 걸려 있던 숭례문 현판도 떼어내는 과정에서 지면으로 떨어져 심하게 손상되었고, 일부 파편은 유실되었다. 실측 도면이 있으나 주요 부분들이 불에 타버렸거나 손상되었기 때문에 원래의 모습을 되찾기는 어렵다는 것이다.

	㉠	㉡
①	복구(復舊)	복원(復元)
②	복구(復舊)	복원(復員)
③	복구(復仇)	복원(復元)
④	복구(復仇)	복원(復員)

06 다음 글의 내용과 가장 관련 있는 한자성어는?

> 우리가 사는 이 세계는 서로가 서로에게 의지하며 살아가는 '상호의존성'의 성질을 갖고 있다. 이 세계는 방송국에서도 존재한다. 제작, 편성, 송출, 광고 등 방송국 내에 여러 부문들은 서로 밀접하게 관련되어 있으며 각각 저마다 자신의 위치에서 그 역할을 다하고 있기 때문에 지금처럼 순탄한 과정이 이어지고 있는 것이다. 하지만 최근 일부 TV홈쇼핑 사업자들이 지역 케이블TV 방송사들을 상대로 송출 수수료를 놓고 접전하다 결국 채널 송출을 중단하겠다고 나섰다.
>
> 홈쇼핑과 케이블TV는 일종의 매장 임차인과 임대인의 관계와 같다. 홈쇼핑은 자신들의 상품을 판매하기 위해 일종의 매장 임대료와 같은 성격의 송출 수수료를 케이블TV에 지불하고 채널을 확보한다. 또한 목 좋은 위치의 매장의 임대료가 높듯 케이블TV에서도 드라마, 종편과 같은 시청률이 높은 채널의 옆자리 송출 수수료가 높게 책정되어진다. 이는 오랜 시간에 걸쳐 이어져 온 체계이다. 그런데 홈쇼핑들이 이러한 송출 수수료를 두고 케이블TV와 협상을 시도하다가 뜻대로 안 되자 더 이상 채널 송출을 하지 않겠다고 나선 것이다. 만일 홈쇼핑이 통상적인 매장이고 그들이 철수한다면 그들을 내보내고 다른 매장을 다시 구하면 된다. 하지만 홈쇼핑 채널은 엄격한 규정을 통해 승인되는 채널이기 때문에 그들이 철수한다면 케이블TV로서는 이를 대체할 자를 구할 수 없는 상황에 놓이게 되는 것이다.
>
> 이 상황은 홈쇼핑 입장에서도 악순환을 초래하는 행태이다. 이들이 당장의 송출 수수료를 이유로 채널 송출을 중단한다면 그만큼 소비자에게 상품을 알릴 수 있는 기회가 줄어들 것이고, 매출 또한 줄어들게 될 수밖에 없는 구조이기 때문이다. 즉, 채널 송출을 중단하는 행위는 홈쇼핑과 케이블TV 쌍방 모두를 망하게 하는 지름길이 될 것이다.

① 간난신고(艱難辛苦)　　　　　　② 견원지간(犬猿之間)
③ 난형난제(難兄難弟)　　　　　　④ 순망치한(脣亡齒寒)

07 다음 대화에서 빈칸에 들어갈 표현으로 가장 적절한 것은?

> A : Good evening. Can I help you?
> B : Yes. _____ My name is John Smith. I have a reservation for three nights.

① How much is the charge?

② I'd like to check in, please.

③ I'd like to check out, please.

④ Can I deposit valuables here?

08 다음 제시된 글 뒤에 이어질 문단을 논리적 순서대로 바르게 나열한 것은?

Past research has shown that experiencing frequent psychological stress can be a significant risk factor for cardiovascular disease, a condition that affects almost half of those aged 20 years and older in the United States.

(A) Does this mean, though, that people who drive on a daily basis are set to develop heart problems, or is there a simple way of easing the stress of driving?

(B) According to a new study, there is. The researchers noted that listening to music while driving helps relieve the stress that affects heart health.

(C) One source of frequent stress is driving, either due to the stressors associated with heavy traffic or the anxiety that often accompanies inexperienced drivers.

① (A) − (C) − (B)
② (B) − (A) − (C)
③ (C) − (A) − (B)
④ (C) − (B) − (A)

09 다음 글의 내용으로 적절하지 않은 것은?

2022년 기초생활보장 생계급여는 1인 기준 중위소득(194만 4,812원)의 30%인 58만 3,444원으로 국민기초생활수급자의 수급비가 현실을 반영하지 못한 채 여전히 불충분한 상황에 놓여있다. 여기에 애초 신청조차 할 수 없도록 한 복지제도가 많아 역차별 논란까지 빚고 있다.

통계청에 따르면 전국의 만 18세 이상 34세 이하 청년들의 생활비는 월 84만 9,222원인 것으로 나타났으며, 나이가 많아질수록 생활비는 더 늘어났다.

하지만 생계급여 수급비 액수 자체가 물가인상률 등 현실적인 요소를 제대로 반영하지 못하고 있는 데다가, 수급자들의 근로소득 공제율이 낮아 근로를 하고 싶어도 수급자 탈락을 우려해 일을 하지 않거나 일부러 적게 하는 경우도 생겨나고 있다.

특히 현 제도하에서의 소득하위 20%인 수급자들은 생필품조차 제대로 구입하지 못하고 있는 것으로 나타났으며, 이들은 취업시장과도 거리가 멀어져 탈수급도 요원해지는 상황이다. 여기에다 기초수급자들은 생계급여를 받는다는 이유로 긴급복지지원제도·국민내일배움카드·노인일자리사업·구직촉진수당·연금(기초·공적연금) 등 5가지 복지제도에 신청조차 할 수 없다. 기초수급비가 충분한 금액이 아니기 때문에 조그마한 일이 생겨도 위기상황에 처하는 등 위험에 노출돼 있어 극단적 선택을 하는 경우가 많아지고 있다.

① 복지혜택이 가장 시급한 이들이 일부 복지제도에서 제외되고 있다.
② 수급자들이 근로를 할 경우 오히려 근로 이전보다 생계가 어려워질 수도 있다.
③ 근로소득 공제율을 높이면 탈수급을 촉진할 수 있다.
④ 현 생계급여 수급비로는 생계 유지가 곤란한 상황이다.

10 N기업은 담수화 플랜트 관련 사업을 추진하며 현 실태를 파악하기 위해 담수화 과정을 도입하고 있는 나라와 그 배경을 조사하였다. 조사 중 한 신문에서 다음과 같은 글을 보았을 때, 알 수 있는 내용으로 적절하지 않은 것은?

> 최근 세계적으로 사막화가 빠른 속도로 진행되고 있다. 이러한 사막화가 인류에게 심각한 위협이라는 인식을 전 세계가 공유해야만 한다. 유엔의 조사결과 이대로 가면 지구 육지 면적의 3분의 1이 사막화될 것으로 예상된다.
>
> 사막화란 건조 지대에서 일어나는 토지 황폐화 현상으로, 지구 온난화를 비롯한 지구 환경의 변화 때문에 발생한다. 과도한 경작으로 땅을 혹사시키거나 무분별한 벌목으로 삼림을 파괴하는 인간의 잘못된 활동에 의해서도 일어날 수 있다. 사막화는 많은 나라에서 진행되기 때문에 심각한 문제이다. 그중 특히 심각한 곳은 아프리카이고 중동이나 호주, 중국도 심각한 수준이다.
>
> 사막화의 피해는 눈에 띌 정도로 뚜렷하게 나타난다. 우선 생산력을 잃은 토지에서 식물이 자랄 수 없게 되고 농경이 불가능해진다. 이것은 식량 생산의 감소를 의미한다. 또한 식수가 부족하게 될 것이다. 최근 중동 지역이나 호주 같은 나라들은 이 문제를 해결하기 위해 바닷물을 담수화 과정을 거쳐 식수로 만들고 있다.

① 사막화를 막는 방안　　　　　　　② 사막화가 심한 지역
③ 사막화 진행 이유　　　　　　　　④ 사막화의 정의

11 다음 글을 논리적 순서대로 바르게 나열한 것은?

> (가) 이에 대하여 다른 쪽은 그것은 하나만 알고 둘은 모르는 소리라고 반박한다. 자연에 손을 대 편의 시설을 만들면 지금 당장은 편리하겠지만, 나중에는 인간이 큰 손해가 될 수 있다는 것이다.
> (나) 한쪽에서는 현재 인간이 겪고 있는 상황을 고려해 볼 때 자연에 손을 대는 일은 불가피하며, 그 과정에서 생기는 일부 손실은 감내해야 한다고 주장한다.
> (다) 최근 들어 나라 곳곳에서 큰 규모로 이루어지는 여러 가지 '자연 개발'에 대하여 상반된 주장이 맞서고 있다.
> (라) 한편으로는 이 두 주장 모두 편향적인 시각이라는 비판도 있다. 두 주장 모두 어디까지나 인간을 모든 것의 중심에 놓고, 막상 그 대상인 자연의 입장은 전혀 고려하지 않았다는 것이다.

① (나) – (가) – (라) – (다)　　　　② (나) – (라) – (가) – (다)
③ (다) – (나) – (가) – (라)　　　　④ (라) – (가) – (다) – (나)

※ 다음과 같이 일정한 규칙으로 수 또는 문자를 나열할 때, 빈칸에 들어갈 알맞은 수 또는 문자를 고르시오.
[12~14]

12

1	2	2	6	4	18	( )	

① 8 　　　　　　　　　　　　　　　　② 9
③ 10 　　　　　　　　　　　　　　　　④ 12

13

1	2	3	5	8	( )

① 12 　　　　　　　　　　　　　　　　② 13
③ 14 　　　　　　　　　　　　　　　　④ 15

14

J	L	N	( )	R	T

① M 　　　　　　　　　　　　　　　　② O
③ P 　　　　　　　　　　　　　　　　④ Q

15 N회사에 근무하는 A씨는 2일마다 쉬고, B씨는 3일마다 쉰다. A씨는 월요일에 쉬었고, B씨는 그다음 날에 쉬었다면 처음으로 A씨와 B씨가 동시에 쉬는 날은 무슨 요일인가?

① 수요일   ② 목요일
③ 금요일   ④ 토요일

16 어떤 일을 준희가 하면 14시간, 민기가 하면 35시간이 걸린다고 할 때, 준희와 민기가 동시에 일한다면 총 몇 시간이 걸리겠는가?

① 10시간   ② 10시간 30분
③ 11시간   ④ 11시간 30분

17 농도 5%의 소금물 320g에 물 80g을 섞으면 농도 몇 %의 소금물이 되는가?

① 3%   ② 3.5%
③ 4%   ④ 4.5%

18 사고 난 차를 견인하기 위해 A, B 두 견인업체에서 견인차를 보내려고 한다. 사고지점은 B업체보다 A업체와 40km 더 가깝고, A업체의 견인차가 시속 63km의 일정한 속력으로 달리면 40분 만에 사고지점에 도착한다. B업체에서 보낸 견인차가 A업체의 견인차보다 늦게 도착하지 않으려면 B업체의 견인차가 내야 하는 최소 속력은?

① 120km/h   ② 121km/h

③ 122km/h   ④ 123km/h

19 성호는 가격이 100만 원인 컴퓨터를 이달 초에 먼저 20만 원을 지불하고 구매했으며, 남은 금액은 6개월 할부로 지불하고자 한다. 이자는 월이율 3%로 1개월마다 복리로 적용할 때 남은 금액을 한 달 후부터 일정한 금액으로 갚는다면, 매달 얼마씩 갚아야 하는가?(단, $1.03^6 = 1.2$로 계산한다)

① 12.6만 원   ② 14.4만 원

③ 16.2만 원   ④ 18만 원

20 현수가 연이율 2.4%인 월복리 적금 상품에 원금 총 2,400만 원을 납입하고자 한다. 2년 만기 적금 상품에 매월 초 100만 원씩 납입할 때 만기 시 원리합계와 1년 만기 적금 상품에 매월 초에 200만 원씩 납입할 때 만기 시 원리합계의 차이는?(단, $1.002^{12} = 1.024$, $1.002^{24} = 1.049$로 계산하며, 이자 소득에 대한 세금은 고려하지 않는다)

① 50.1만 원   ② 50.2만 원

③ 50.3만 원   ④ 50.4만 원

21 다음은 1972 ~ 2022년의 도시 및 농촌 인구수에 대한 자료이다. 이에 대한 설명으로 옳지 않은 것은?

〈1972 ~ 2022년 도시 및 농촌 인구수〉

(단위 : 천 명)

구분	1972년	1982년	1992년	2002년	2012년	2022년
도시	6,816	16,573	32,250	35,802	36,784	33,561
농촌	28,368	18,831	14,596	12,763	12,402	12,415

① 1972년 농촌 인구수는 도시 인구수의 4배 이상이다.

② 2012년 대비 2022년의 도시 인구수는 감소하였고, 농촌 인구수는 증가하였다.

③ 조사 연도별 도시 인구수와 농촌 인구수의 합은 1982년부터 2012년까지는 증가하는 추세였다.

④ 1972년 대비 1982년의 도시 인구수는 100% 이상 증가하였고, 농촌 인구수는 25% 미만 감소하였다.

22 다음 명제가 모두 참일 때, 옳지 않은 것은?

> • 사과 수확량이 감소하면, 사과 가격이 상승한다.
> • 사과 소비량이 감소하면, 사과 수확량이 감소한다.
> • 사과 수확량이 감소하지 않으면, 사과 주스 가격이 상승하지 않는다.

① 사과 주스의 가격이 상승하면, 사과 가격이 상승한다.

② 사과 가격이 상승하지 않으면, 사과 수확량이 감소하지 않는다.

③ 사과 소비량이 감소하지 않으면, 사과 주스 가격이 상승하지 않는다.

④ 사과 수확량이 감소하지 않으면, 사과 소비량이 감소하지 않는다.

23 다음은 농민·농촌을 사업 근거로 하는 특수은행인 N은행의 SWOT 분석 결과를 정리한 것이다. ㉠~㉣ 중 SWOT 분석 결과에 들어갈 내용으로 적절하지 않은 것은?

〈SWOT 분석 결과〉	
강점 (Strength)	• 공적 기능을 수행하는 농민·농촌의 은행이라는 위상은 대체 불가능함 • 전국에 걸친 국내 최대의 영업망을 기반으로 안정적인 사업 기반 및 수도권 이외의 지역에서 우수한 사업 지위를 확보함 • 지자체 시금고 예치금 등 공공금고 예수금은 안정적인 수신 기반으로 작용함 • ㉠ 은행권 최초로 보이스피싱 차단을 위해 24시간 '대포통장 의심 계좌 모니터링' 도입 • BIS자기자본비율, 고정이하여신비율, 고정이하여신 대비 충당금커버리지비율 등 자산 건전성 지표가 우수함 • 디지털 전환(DT)을 위한 중장기 전략을 이행 중이며, 메타버스·인공지능(AI)을 활용한 개인 맞춤형 상품 등 혁신 서비스 도입 추진
약점 (Weakness)	• 수수료 수익 등 비이자 이익의 감소 및 이자 이익에 편중된 수익 구조 • N중앙회에 매년 지급하는 농업지원 사업비와 상존하는 대손 부담으로 인해 시중은행보다 수익성이 낮음 • ㉡ 인터넷전문은행의 활성화 및 빅테크의 금융업 진출 확대 추세 • 금리 상승, 인플레이션, 경기 둔화 등의 영향으로 차주의 상환 부담이 높아짐에 따라 일정 수준의 부실여신비율 상승이 불가피할 것으로 예상
기회 (Opportunity)	• ㉢ 마이데이터(Mydata)로 제공할 수 있는 정보 범위의 확대 및 암호화폐 시장의 성장 • 2023년 홍콩, 중국, 호주, 인도에서 최종 인가를 획득하는 등 해외 영업망 확충 • 금융 당국의 유동성 지원 정책과 정책자금 대출을 기반으로 유동성 관리가 우수함 • 법률에 의거해 농업금융채권의 원리금 상환을 국가가 전액 보증하는 등 유사시 정부의 지원 가능성이 높음 • 귀농·귀촌 인구의 증가 및 농촌에 대한 소비자의 인식 변화로 새로운 사업 발굴 가능
위협 (Threat)	• 자산관리 시장에서의 경쟁 심화 • 사이버 위협에 대응해 개인정보 보안 대책 및 시스템 마련 시급 • ㉣ 이자 이익 의존도가 높은 은행의 수익 구조에 대한 비판 여론 • 금리 및 물가 상승 영향에 따른 자산 건전성 저하 가능성 존재 • 주택 시장 침체, 고금리 지속 등으로 가계여신 수요 감소 전망 • 경기 침체, 투자 심리 위축으로 기업여신 대출 수요 감소 전망 • 보험사, 증권사, 카드사 등의 은행업(지급 결제, 예금·대출) 진입 가능성 • 은행에 있던 예금·적금을 인출해 주식·채권으로 이동하는 머니무브의 본격화 조짐

① ㉠

② ㉡

③ ㉢

④ ㉣

24 SCAMPER 방법론에 따라 다음 제시된 상품의 마케팅 사례를 분석할 때, 가장 연관성이 높은 기법은?

> • 제품명 : 텀블러 블렌더
> • 제품 특징 : 텀블러를 들고 다니며 내용물을 마실 수 있으며, 텀블러의 뚜껑에 블렌더 날과 모터가 내장되어 있으므로 텀블러를 뒤집고 버튼을 누르면 모터가 작동되어 블렌더로 텀블러 내부의 내용물을 분쇄한다.

① Substitute   ② Combine

③ Adapt   ④ Eliminate

25 다음은 N은행에서 판매하는 신용카드에 대한 정보이다. 고객 A와 B에 대한 정보가 〈보기〉와 같을 때, A와 B에게 추천할 카드를 바르게 짝지은 것은?

〈신용카드 정보〉

구분	휴가중카드	Thepay카드	Play++카드
연회비	국내전용 : 23,000원 해외겸용 : 25,000원	국내전용 : 10,000원 해외겸용 : 12,000원	국내전용 : 63,000원 해외겸용 : 65,000원
혜택 내용	해외 이용 금액에 따른 N포인트 적립 우대 1. 전월실적 없음 : 기본적립 2% 2. 전월실적 50만 원 이상 150만 원 미만 : 추가적립 1% 3. 전월실적 150만 원 이상 : 추가적립 3% * 월 적립한도 : 10만 포인트	1. 국내 및 해외 온・오프라인 결제에 대하여 1% 할인 제공 * 월 할인한도 : 제한 없음 2. 온라인 간편결제 등록 후 결제 시 1.2% 할인 제공 * 월 통합할인한도 : 10만 원	1. 앱 결제 10% 청구 할인 　－ 이용 건당 1만 원 이상 결제 시 제공 　－ 앱 결제 합산 일 1회 및 월 2회 최대 5천 원 할인 제공 (단, Y앱 관련 결제 제외) 2. 이동통신요금 10% 청구할인 　－ 월 1회 최대 5천 원 할인 제공 　－ 이동통신요금 자동납부 건에 한하여 제공(단, 알뜰폰 통신사 제외)

보기

구분	정보
A고객	• Y앱 구독서비스 이용자이므로 국내 결제금액에 대해 할인을 받고자 한다. • 국내 알뜰폰 통신사를 이용하고 있다. • 통신요금에서도 할인받기를 희망한다.
B고객	• 해외여행 및 해외출장이 잦다. • 간편결제 서비스를 이용하지 않는다. • 적립 혜택보다는 할인 혜택을 희망한다.

	A고객	B고객		A고객	B고객
①	휴가중카드	휴가중카드	②	Thepay카드	휴가중카드
③	Thepay카드	Thepay카드	④	Play++카드	Thepay카드

26 다음 중 농협 윤리경영위원회의 업무가 아닌 것은?

① 농업인의 강령 실천에 관한 사항

② 윤리경영 관련 규정의 제정 및 개정

③ 윤리경영 추진에 관한 중요정책 결정

④ 윤리경영 관련 중요규정에 대한 유권해석

27 다음 기사의 빈칸 ㉠에 공통으로 들어갈 사업은?

> 농협중앙회 농협경제연구소는 D시에 위치한 농업기술센터에서 '___㉠___ 현장설명회'를 개최했다고 밝혔다.
> ___㉠___ 은/는 미래에 부담해야 하는 의료비 등 사회적 비용 감소를 위해 경제적 취약계층을 대상으로 영양 보충적 지원을 하기 위해 시작되었으며, 채소·과일 등 농식품을 구입할 수 있는 정부 상품권을 전자카드 형태로 지원하는 사업이다. 이 사업은 지난해 10월 예비타당성 조사 대상 과제로 선정돼 현재 조사 진행 중이며 국정과제로도 지정되었고, 올해 276억 원 규모의 예산으로 달성군을 포함한 18개 지자체가 시범사업을 진행하고 있다.
> 이날 설명회에는 농협 관내 조합장과 농림축산식품부 식생활소비정책과장, 농협경제연구소 부장을 비롯한 농협 임직원 등 30여 명이 참석했다. D시의 관내 농협 조합장을 대상으로 ___㉠___ 운영현황과 정부의 향후 진행 방향을 공유했다.
> 농식품부 식생활소비정책과장은 "국내산 농산물에 대한 관심 증가 및 소비 확대, 취약계층의 식생활 개선 등 지원에 따른 긍정적 효과가 뚜렷하다."고 설명했다.
> 농협경제연구소 부장은 "취약계층의 건강한 식생활을 지원하고 농가경제 활성화를 도모하는 ___㉠___ 이/가 확대되고 본 사업으로 지정될 수 있도록 힘을 모아주시길 바란다."고 밝혔다.

① 방방곡곡 온기나눔 RUN

② 농식품바우처

③ 하나로 행복나눔

④ 농식품올바로

03 2023년 상반기 기출복원문제

정답 및 해설 p.025

01 70문항 유형

01 다음 중 짝지어진 단어 사이의 관계가 나머지와 다른 하나는?

① 밀집 – 산재
② 좌시 – 방관
③ 훼방 – 협조
④ 방만 – 절연
⑤ 옹색 – 윤택

02 다음 중 제시된 단어에서 공통으로 연상할 수 있는 단어는?

갤런   배럴   온스

① 무게
② 부피
③ 온도
④ 압력
⑤ 넓이

03 다음 중 빈칸에 들어갈 한자성어로 가장 적절한 것은?

최근 1명의 사망자와 1명의 부상자를 낸 ○○교 붕괴사고에 대한 뒤늦은 사태파악이 이루어지고 있다. 지반 약화 또는 불법·부실 시공이 있었는지 파악 중이지만, 30년도 더 된 자료와 당시 관계자의 진술을 확보하는 데 어려움을 겪는 것으로 알려졌다.
즉, 어떤 건물이든지 기초를 튼튼히 하기 위하여 지질을 검사하고, 지반부터 다져야 한다. 만약 _____ 한다면 오래가지 못할 것이며, 완성되기도 전에 무너질 수 있다.

① 혼정신성
② 표리부동
③ 철저성침
④ 격화소양
⑤ 사상누각

04 다음 밑줄 친 단어와 같은 의미로 사용된 것은?

> 아무래도 말을 꺼내기가 조심스럽다.

① 아이가 말을 배우기 시작했다.
② 빈칸에 들어갈 적절한 말을 찾으시오.
③ 민지와 슬기는 서로 말을 놓기로 하였다.
④ 주영이가 떠난다는 말이 퍼지기 시작했다.
⑤ 경서는 무료해 보이는 연주에게 말을 건넸다.

05 다음 글을 읽고 추론한 내용으로 적절하지 않은 것은?

> 우리는 도시화, 산업화, 고도성장 과정에서 우리 경제의 뒷방살이 신세로 전락한 한국 농업의 새로운 가치에 주목해야 한다. 농업은 경제적 효율성이 뒤처져서 사라져야 할 사양 산업이 아니다. 전 지구적인 기후 변화와 식량 및 에너지 등 자원 위기에 대응하여 나라와 생명을 살릴 미래 산업으로서 농업의 전략적 가치가 크게 부각되고 있다. 농본주의의 가치를 앞세우고 농업 르네상스 시대의 재연을 통해 우리 경제가 당면한 불확실성의 터널을 벗어나야 한다.
> 우리는 왜 이런 주장을 하는가? 농업은 자원 순환적이고 환경 친화적인 산업이기 때문이다. 땅의 생산력에 기초해서 한계적 노동력을 고용하는 지연(地緣) 산업인 동시에 식량과 에너지를 생산하는 원천적인 생명 산업이기 때문이다. 물질적인 부의 극대화를 위해서 한 지역의 자원을 개발하여 이용한 뒤에 효용 가치가 떨어지면 다른 곳으로 이동하는 유목민적 태도가 오늘날 위기를 낳고 키워 왔는지 모른다. 급변하는 시대의 흐름에 부응하지 못하는 구시대의 경제 패러다임으로는 오늘날의 역사에 동승하기 어렵다. 이런 맥락에서 지키고 가꾸어 후손에게 넘겨주는 문화적 지속성을 존중하는 농업의 가치가 새롭게 조명받는 이유에 주목할 만하다. 과학 기술의 눈부신 발전성과를 수용하여 새로운 상품과 시장을 창출할 수 있는 녹색성장 산업으로서 농업의 잠재적 가치가 중시되고 있는 것이다.

① 산업화를 위한 국가의 정책 추진 과정에서 농업은 소외되어 왔다.
② 농업의 성장을 위해서는 먼저 과학 기술의 문제점을 성찰해야 한다.
③ 지나친 경제적 효율성 추구로 세계는 현재 자원 위기에 처해 있다.
④ 자원 순환적·환경 친화적 산업의 가치가 부각되고 있다.
⑤ 기존의 경제 패러다임으로는 미래 사회에 적응할 수 없다.

06 다음 글에 나타난 '라이헨바흐의 논증'을 평가·비판한 내용으로 적절하지 않은 것은?

귀납은 현대 논리학에서 연역이 아닌 모든 추론, 즉 전제가 결론을 개연적으로 뒷받침하는 모든 추론을 가리킨다. 귀납은 기존의 정보나 관찰 증거 등을 근거로 새로운 사실을 추가하는 지식 확장적 특성을 지닌다. 이 특성으로 인해 귀납은 근대 과학 발전의 방법적 토대가 되었지만, 한편으로 귀납 자체의 논리적 한계를 지적하는 문제들에 부딪히기도 한다.

먼저 흄은 과거의 경험을 근거로 미래를 예측하는 귀납이 정당한 추론이 되려면 미래의 세계가 과거에 우리가 경험해 온 세계와 동일하다는 자연의 일양성(一樣性), 곧 한결같음이 가정되어야 한다고 보았다. 그런데 자연의 일양성은 선험적으로 알 수 있는 것이 아니라 경험에 기대어야 알 수 있는 것이다. 즉, "귀납이 정당한 추론이다."라는 주장은 "자연은 일양적이다."라는 다른 지식을 전제로 하는데, 그 지식은 다시 귀납에 의해 정당화되어야 하는 경험적 지식이므로 귀납의 정당화는 순환 논리에 빠져 버린다는 것이다. 이것이 귀납의 정당화 문제이다.

귀납의 정당화 문제로부터 과학의 방법인 귀납을 옹호하기 위해 라이헨바흐는 이 문제에 대해 현실적 구제책을 제시한다. 라이헨바흐는 자연이 일양적일 수도 있고 그렇지 않을 수도 있음을 전제한다. 먼저 자연이 일양적일 경우, 그는 지금까지의 우리의 경험에 따라 귀납이 점성술이나 예언 등의 다른 방법보다 성공적인 방법이라고 판단한다. 자연이 일양적이지 않다면, 어떤 방법도 체계적으로 미래 예측에 계속해서 성공할 수 없다는 논리적 판단을 통해 귀납은 최소한 다른 방법보다 나쁘지 않은 추론이라고 확언한다. 결국 자연이 일양적인지 그렇지 않은지 알 수 없는 상황에서는 귀납을 사용하는 것이 옳은 선택이라는 라이헨바흐의 논증은 귀납의 정당화 문제를 현실적 차원에서 해소하려는 시도로 볼 수 있다.

① 귀납이 지닌 논리적 허점을 완전히 극복한 것은 아니라는 비판의 여지가 있다.
② 귀납을 과학의 방법으로 사용할 수 있음을 지지하려는 목적에서 시도하였다는 데 의미가 있다.
③ 귀납과 다른 방법을 비교하기 위해 경험적 판단과 논리적 판단을 모두 활용한 것이 특징이다.
④ 귀납과 견주어 미래 예측에 더 성공적인 방법이 없다는 판단을 근거로 귀납의 가치를 보여 주고 있다.
⑤ 귀납이 현실적으로 옳은 추론 방법임을 밝히기 위해 자연의 일양성이 선험적 지식임을 증명한 데 의의가 있다.

07 다음 중 제시된 문단을 논리적 순서대로 바르게 나열한 것은?

(가) 애그테크는 농업 산업의 생산성과 효율성을 높이고, 자원 사용을 최적화하며, 작물의 품질과 수량을 향상시키는 것을 목표로 한다. 다양한 기술을 활용하여 농작물 재배, 가축 사육, 작물 보호, 수확 및 포장 등 농업에 관련한 모든 단계에서 다양한 첨단 기술이 적용된다.

(나) 애그테크는 농업의 효율화, 자동화 등을 위해 다양한 기술을 활용한다. 첫째, 센서 기술을 통해 토양 상태, 기후 조건, 작물 성장 등을 모니터링한다. 이를 통해 작물의 생장 상태를 실시간으로 파악하고 작물에 필요한 물과 비료의 양을 조절할 수 있다. 둘째, 드론과 로봇기술을 통해 농지 상태를 파악하고 작물을 자동으로 식별하여 수확할 수 있다. 이를 통해 농업에 필요한 인력을 절감하고 생산성을 높일 수 있다. 셋째, 센서나 로봇으로 수집한 데이터를 분석하는 빅데이터 분석 기술을 통해 작물의 성장 패턴, 질병 예측, 수확 시기 등 최적의 정보를 얻을 수 있다. 이를 통해 농부는 더 효과적으로 작물을 관리하고 의사 결정을 내릴 수 있다. 넷째, 수직 농장, 수경 재배, 조직 배양 등 혁신적인 재배 기술을 통해 더 많은 작물을 작은 공간에서 생산하고 최적의 자원을 투입하여 낭비를 막을 수 있다. 마지막으로 생명공학 및 유전자 기술을 통해 작물의 생산성, 내구성 등을 개선할 수 있다. 이를 통해 수확량을 증대시키고, 재해에 대한 저항력을 향상시킬 수 있다.

(다) 농협경제연구소는 2023년 주목해야 할 농업·농촌 이슈 중의 하나로 "애그테크(Ag-tech)의 성장"을 선정하였다. 애그테크는 농업(Agriculture)과 기술(Technology)의 융합을 뜻하는 것으로 정보기술(ICT), 생명과학, 로봇공학, 센서 기술 등 다양한 기술을 농업 분야에 적용하는 기술이다.

(라) UN 식량농업기구(FAO)는 2050년에는 세계 인구가 90억 명으로 급증하여 식량부족현상이 일어날 수 있다고 경고한다. 농업에 종사하는 사람은 점점 적어지고 있으므로 애그테크는 자동화, 최적화, 효율화를 통해 급증하는 인구에 식량을 제공하고, 환경 문제를 해결하는 등 미래 사회를 위해 반드시 필요한 기술이다.

① (나) – (가) – (다) – (라)
② (나) – (다) – (가) – (라)
③ (다) – (가) – (나) – (라)
④ (다) – (나) – (가) – (라)
⑤ (다) – (라) – (가) – (나)

※ 다음과 같이 일정한 규칙으로 수를 나열할 때, 빈칸에 들어갈 알맞은 수를 고르시오. [8~11]

08

$$2 \quad 1 \quad 3 \quad 4 \quad 0 \quad 5 \quad 1 \quad 4 \quad 1.5 \quad 3.5 \quad 3 \quad (\quad)$$

① 0   ② 0.5

③ 1   ④ 1.5

⑤ 2

09

$$-23 \quad 1 \quad -\frac{13}{2} \quad -10 \quad \frac{7}{4} \quad 100 \quad (\quad) \quad -1{,}000$$

① -13 ② $\dfrac{3}{8}$

③ $\dfrac{47}{8}$ ④ -500

⑤ $\dfrac{67}{8}$

10

$$4 \quad 36 \quad 9 \quad \frac{1}{4} \quad \frac{1}{36} \quad \frac{1}{9} \quad (\quad)$$

① 4   ② 9

③ 36   ④ $\dfrac{1}{9}$

⑤ $\dfrac{1}{36}$

11

$$\frac{101}{399} \quad \frac{126}{374} \quad (\quad) \quad \frac{221}{279} \quad \frac{284}{216}$$

① $\dfrac{112}{578}$ ② $\dfrac{67}{312}$

③ $\dfrac{19}{481}$ ④ $\dfrac{77}{223}$

⑤ $\dfrac{572}{644}$

12 자산 운용가 갑돌이는 원금 4,000,000원으로 작년 말에 수익률 200%를 달성하였으나, 올해 재투자에 실패하여 올해 말에는 수익률이 −60%가 되었다. 2년간의 누적 수익률은 얼마인가?(단, 재투자의 경우 작년 원금과 투자수익 모두 투자하였다)

① 5%   ② 10%
③ 20%   ④ 25%
⑤ 30%

13 어느 회사 서버 비밀번호는 0에서 9까지 10개의 숫자를 사용하여 4자리로 설정할 수 있다. 동일 숫자를 2번 중복 사용하여 설정할 수 있는 비밀번호는 모두 몇 가지인가?

① 3,260가지   ② 3,680가지
③ 4,590가지   ④ 4,620가지
⑤ 4,820가지

14 서주임과 김대리는 공동으로 프로젝트를 끝내고 보고서를 제출하려고 한다. 이 프로젝트를 혼자 할 때 서주임은 24일이 걸리고, 김대리는 16일이 걸린다. 처음 이틀은 같이 하고, 이후에는 김대리 혼자 프로젝트를 하다가 보고서 제출 하루 전날에는 같이 하였다고 할 때, 보고서를 제출할 때까지 총 며칠이 걸렸는가?

① 11일   ② 12일
③ 13일   ④ 14일
⑤ 15일

※ 다음은 NH진짜사나이적금 상품 설명과 2021년 1월 1일에 24개월 만기로 가입한 간부 A ~ D의 NH농협은행 금융거래 실적에 대한 자료이다. 이어지는 질문에 답하시오. [15~16]

〈NH진짜사나이적금〉

- 상품특징 : 군간부 및 간부후보생 급여실적 및 교차거래에 따른 우대금리 제공 적립식 상품
- 가입대상 : 군간부(장교, 부사관, 군의관, 법무관 등) 및 간부후보생(사관생도 등)과 복무중인 병역법 제5조 제1항 제3호 나목의 보충역(사회복무요원 제외) 대상(*1인 1계좌)
- 가입기간 : 12개월 이상 24개월 이내(월 단위)
- 가입금액 : 초입금 / 매회 1만 원 이상, 매월 50만 원 이하(1인당) 금액을 만기일 전까지 자유 적립
- 저축방법 : 자유적립식, 비과세
- 이자지급방식 : 만기일시지급식, 월복리식
- 적용금리 : 기본금리 연 3.1%+우대금리
- 우대금리 : 최대 연 3.7%p(우대조건을 충족하는 경우 만기해지 시 적용)

우대조건	우대금리
이 적금 가입기간 중 만기 전전월까지 6개월 이상 NH농협은행에 급여이체 시	3.0%p
가입 월부터 만기 전전월까지 은행에서 발급한 NH농협은행 개인신용카드 및 체크카드(채움) 월 평균 20만 원 이상 이용 시	0.2%p
만기일 전전월 말 기준으로 NH농협은행의 주택청약종합저축(청약저축 및 청년우대형 포함) 가입 시	0.2%p
만기일 전전월 말 기준으로 NH농협은행의 적립식(임의식) 펀드 중 1개 이상 가입 시	0.1%p
만기일 전전월 말 기준으로 NH농협은행의 대출 실적 보유 시	0.2%p

〈간부 A ~ D NH농협은행 금융거래 실적〉

A	• 월 30만 원 적립 • 2021년 1월부터 2022년 12월까지 NH농협은행에 급여 입금 내역 존재 • 2021년 1월부터 2022년 12월까지 NH농협은행 개인신용카드 및 체크카드(채움) 월 평균 50만 원 사용 • NH농협은행의 주택청약종합저축 미가입 • NH농협은행의 적립식 펀드 미가입 • 2022년 12월 NH농협은행 대출 실적 보유
B	• 월 50만 원 적립 • 2021년 1월부터 2022년 12월까지 NH농협은행에 급여 입금 내역 없음 • 2021년 1월부터 2022년 12월까지 NH농협은행 개인신용카드 및 체크카드(채움) 사용 내역 없음 • 2022년 12월 NH농협은행의 주택청약종합저축 가입 • NH농협은행의 적립식 펀드 미가입 • NH농협은행 대출 실적 미보유
C	• 월 20만 원 적립 • 2022년 9월부터 2022년 12월까지 NH농협은행에 급여 입금 내역 존재 • 2021년 1월부터 2022년 12월까지 NH농협은행 개인신용카드 및 체크카드(채움) 평균 월 70만 원 사용 • 2022년 6월 NH농협은행의 주택청약종합저축 가입 • 2022년 12월 NH농협은행의 적립식 펀드 가입 • 2021년 8월 NH농협은행 대출 실적 보유
D	• 월 40만 원 적립 • 2022년 1월부터 2022년 12월까지 NH농협은행에 급여 입금 내역 존재 • 2021년 1월부터 2022년 12월까지 NH농협은행 개인신용카드 및 체크카드(채움) 월 평균 15만 원 사용 • 2021년 3월 NH농협은행의 주택청약종합저축 가입 • 2021년 6월 NH농협은행의 적립식 펀드 가입 • 2021년 3월 NH농협은행 대출 실적 보유

15 간부 A ~ D의 적금 만기 시 적용되는 금리가 작은 사람부터 순서대로 나열한 것은?

① B - A - C - D
② B - A - D - C
③ B - C - A - D
④ B - C - D - A
⑤ B - D - C - A

16 간부 A ~ D의 적금 만기 시 원리합계 금액이 바르게 연결된 것은?(단, 근삿값은 주어진 표를 따르고 소수점 셋째 자리에서 반올림하며, 이자는 월말에 발생한다)

$\left(1+\dfrac{0.031}{12}\right)^{24}$	1.064	$\left(1+\dfrac{0.062}{12}\right)^{24}$	1.131
$\left(1+\dfrac{0.033}{12}\right)^{24}$	1.068	$\left(1+\dfrac{0.063}{12}\right)^{24}$	1.133
$\left(1+\dfrac{0.036}{12}\right)^{24}$	1.075	$\left(1+\dfrac{0.066}{12}\right)^{24}$	1.141
$\left(1+\dfrac{0.037}{12}\right)^{24}$	1.077	$\left(1+\dfrac{0.068}{12}\right)^{24}$	1.145

	A	B	C	D
①	723.67만 원	1,206.38만 원	480.64만 원	970.15만 원
②	731.65만 원	1,224.68만 원	492.13만 원	1,017.25만 원
③	763.99만 원	1,241.91만 원	501만 원	1,031.09만 원
④	765.36만 원	1,237.2만 원	497.76만 원	1,023.36만 원
⑤	781.61만 원	1,295.94만 원	501.15만 원	1,051.66만 원

17 제시된 명제가 모두 참일 때, 다음 중 빈칸에 들어갈 명제로 가장 적절한 것은?

> • 서로를 사랑하면 세계에 평화가 찾아온다.
> • _____
> • 그러므로 타인을 사랑하면 세계에 평화가 찾아온다.

① 서로를 사랑하지 않는다는 것은 타인을 사랑하지 않는다는 것이다.
② 세계가 평화롭지 않으면 서로를 싫어한다는 것이다.
③ 서로를 사랑하면 타인을 사랑하지 않게 된다.
④ 세계에 평화가 찾아오면 서로를 사랑하게 된다.
⑤ 세계에 평화가 찾아오면 서로를 미워하게 된다.

18 N은행 A대리는 상반기 신입사원들을 위한 시간관리 워크숍 자료를 제작하던 중 커피를 흘려 자료의 일부가 지워졌다. 빈칸 (가)에 들어갈 내용으로 가장 적절한 것은?

〈시간관리 매트릭스〉

구분	긴급한 일	긴급하지 않은 일
중요한 일	긴급하면서 중요한 일 • _____(가)_____	긴급하지 않지만, 중요한 일 • _____
중요하지 않은 일	긴급하지만, 중요하지 않은 일 • _____	긴급하지 않고, 중요하지 않은 일 • _____

① 사무용품 사용 현황 보고
② 내년도 사업계획 수립
③ 지난주 매출 실적 및 결과 보고
④ 전 사원 하계 휴가 일정 정리
⑤ 동계 사내 야유회 예산안 작성

19 N씨는 다음 〈조건〉에 따라 금융상품에 가입하고자 한다. 〈조건〉의 명제가 모두 참일 때, 반드시 거짓인 것은?

조건

- N씨는 햇살론, 출발적금, 희망예금, 미소펀드, 대박적금 중 세 개의 금융상품에 가입한다.
- 햇살론에 가입하면 출발적금에는 가입하지 않으며, 미소펀드에도 가입하지 않는다.
- 대박적금에 가입하지 않으면 햇살론에 가입한다.
- 미소펀드에 반드시 가입한다.
- 미소펀드에 가입하거나 출발적금에 가입하면 희망예금에 가입한다.

① 희망예금에 가입한다.
② 대박적금에 가입한다.
③ 미소펀드와 햇살론 중 하나의 금융상품에만 가입한다.
④ 출발적금에 가입한다.
⑤ 햇살론에는 가입하지 않는다.

20 N지방자치단체는 농민수당 지급사업을 시행하고 있다. 다음 공고문을 보고 농민수당 신규 신청 시 제출해야 할 서류를 모두 고르면?

〈농민수당 지급사업 시행지침〉

1. 사업목적
   - ○ 농업 활동이 창출하는 공익적 가치 보장 및 증진을 통하여 지속 가능한 농업·농촌 환경을 조성하고 지역경제 활성화에 기여하고자 함
2. 지급개요(조례 제8~10조)
   - ○ 지급대상 : 3년 이상 계속 N지자체에 주소를 두고 실제 거주하며, 2년 이상 계속 농업경영정보를 등록하고 실제 농업에 종사하는 전업 농민
   - ○ 지급액 및 지급방법 : 농민 1인당 연 40만 원(지역화폐 충전)
   - ○ 지급 제외대상
     - – 「국민건강보험법」상 직장가입자
     - – 농업 외 종합소득금액이 3,700만 원 이상인 자
     - – 최근 2년 내 각종 보조금을 부정 수급하였거나 지급 제한기간 내에 있는 자
     - – 최근 2년 내 농지법, 산지관리법, 가축전염병 예방법을 위반하여 행정처분을 받은 자
     - – 지방세 체납자
     - – 어업인수당 지급 대상자(중복 수급 제외)
3. 지급신청
   - 가. 온라인 신청 또는 방문 신청
   - 나. 신청서, 신규 신청 시 경작사실 확인서(이·통장 확인)를 첨부 또는 주소지 읍·면·동장에게 제출
   - 다. 사업 신청 전 지역화폐 카드를 발급받은 사람은 지참, 미발급자인 경우 공카드 지급(신청서에 카드번호 기재)
4. 지급대상자 선정
   - 가. 지급대상자 요건 충족 여부 확인 : '22. 4. 1. ~ 4. 28.
     - – 확인방법 : Agrix시스템, 행정정보공동이용시스템, 농민수당전산시스템 및 제출서류로 확인
   - 나. 지급대상자 선정 결과 제출 : '22. 4. 28.
     - – 지원대상자 1차 선정결과 수합 제출 : '22. 5. 1.
     - ※ 농민수당 지급요건을 충족하고, 지급신청 시 농민수당 수급권자 이행서약서(별지 제3호 서식)에 날인한 경우 대상자로 선정
5. 지급대상자 최종선정
   - ○ 지급대상자 선정결과 안내 : '22. 5. 1. ~ 5. 19.
6. 지급대상자 확정 및 지급
   - ○ 지역화폐 사용기간 : 지급일 ~ '22. 12. 31.

ㄱ. 경작사실 확인서

ㄴ. 지역화폐 카드발급 신청서

ㄷ. 농민수당 지급 신청서

ㄹ. 기존 보조금 수령내역 증명서

ㅁ. 농민수당 수급권자 이행서약서

① ㄱ, ㄷ, ㅁ

② ㄴ, ㄷ, ㄹ

③ ㄱ, ㄴ, ㄹ, ㅁ

④ ㄱ, ㄴ, ㄷ, ㄹ

⑤ ㄱ, ㄴ, ㄷ, ㄹ, ㅁ

01 다음 제시된 단어의 유의어는?

창출

① 발췌   ② 추출

③ 구출   ④ 창조

02 다음 밑줄 친 단어의 유의어로 옳은 것은?

이렇게 만나게 되어 더할 <u>나위</u> 없는 영광입니다.

① 유용   ② 여지

③ 자취   ④ 지경

03 다음 중 밑줄 친 부분의 띄어쓰기가 옳은 것은?

① 내가 믿을 사람은 <u>너 뿐이야</u>.

② 날씨를 보니 다음 주부터 비가 <u>올 성싶다</u>.

③ 강당은 숨소리가 <u>들릴만큼</u> 조용했다.

④ <u>선생님께 만큼은</u> 솔직하게 말하고 싶었다.

04 다음 상품 설명서에서 잘못 쓰인 글자는 모두 몇 개인가?(단, 띄어쓰기는 무시한다)

이 설명서는 은행 이용자의 상품에 대한 이해를 돕고 약관의 중요내용을 알려드리기 위한 참고자료이며, 실제 계약은 대출거래약정서(가게용), 여신거래기본약관이 적용됩니다. 계약을 신청하는 경우 약관이, 계약을 체결하는 경우 계약서류가 교부됩니다.

• 대출 이자율
 – 고정금리 : 여신실행 시 결정한 금리가 약정기간 동안 동일하게 적용되는 금리입니다. 다만, 여신실행일 현재 은행에서 고시하는 기준금리의 변동에 따라 금리 차이가 발생할 수 있습니다.
 – 변동금리 : 대출약정 기간 내에 기준금리가 변경될 경우 당해 대출금리가 변경되는 금리로서 기준금리가 인상될 경우 고객의 이자 부담이 증가될 수 있습니다.
 – 금리인하요구권 : 채무자인 고객은 본인의 신용상태에 현저한 변동이 있는 경우(승진, 직장의 변동, 연 소득 증가, 국가고시 합격, 은행의 우수고객으로 선정, 신용등급 개선, 자산 증가, 부채 감소 등)에는 증빈자료를 첨부한 금리인하 신청서를 은행에 재출, 금리변경을 요구할 수 있습니다.

• 수수료 등 비용
 – 중도상환수수료 : (   )%
  ▶ (중도상환대출금액)×(중도상환수수료)×[(대출잔여일수)÷(대출기간)]=(중도상환수수료)
 – 한도약정수수료 : 대출한도 금액의 (   )%
  ▶ (대출한도 금액)×(한도약정수수료율)=(한도약정수수료)
 – 인지세
  ▶ 인지세법에 의해 대출약정 체결 시 납부하는 세금으로 대출금액에 따라 세액이 차등 적용되며, 각 50%씩 고객과 은행이 가담합니다.

① 1개 ② 2개
③ 3개 ④ 4개

05 다음 중 공문서의 특징에 대한 설명으로 가장 적절한 것은?

① 회사 내부로 전달되는 글이므로 육하원칙이 드러나지 않아도 된다.
② 날짜 다음에 괄호를 사용할 경우 반드시 마침표를 찍어야 한다.
③ 복잡한 내용은 도표를 통해 시각화하여 이해도를 높인다.
④ 반드시 일정한 양식과 격식을 갖추어 작성하여야 한다.

06 다음 대화 중 적절하지 않은 것은?

① A : What time are we having lunch?

  B : It'll be ready before noon.

② A : I called you several times. Why didn't you answer?

  B : Oh, I think my cell phone was turned off.

③ A : Are you going to take a vacation this winter?

  B : I might. I haven't decided yet.

④ A : Hello. Sorry I missed your call.

  B : Would you like to leave a message?

07 다음 주어진 문장에 이어질 글을 순서대로 바르게 나열한 것은?

> The population explosion gives rise to a number of problems.

> (A) Also, this concerns getting proper medical care for all of them, especially the aged.
> (B) Thus, we come face to face with more and more difficult problems.
> (C) One of them has to do with finding enough food for all the people in the world.

① (A) − (B) − (C)　　　　　　② (B) − (C) − (A)

③ (C) − (A) − (B)　　　　　　④ (C) − (B) − (A)

08 다음 글에서 〈보기〉의 문단이 들어갈 위치로 가장 적절한 곳은?

농림축산식품부는 농업·농촌의 공익기능 증진과 농업인의 소득 안정을 위해 '공익직불제'를 시행하고 있다. 공익직불제는 농업활동을 통해 환경보전, 농촌 공동체 유지, 먹거리 안전 등 공익을 창출할 수 있도록 농업인에게 보조금을 지원하는 제도이다.

(가) 공익직불제는 기존 직불제의 한계점을 해결하기 위해 시행되었다. 먼저 모든 작물을 대상으로 동일금액을 지급하여 작물 간의 형평성을 제고하고 쌀 중심의 농정 패러다임을 전환하도록 유도하였다. 또한 경영규모가 작을수록 높은 단가를 적용하는 등 중·소규모 농가에 대한 소득안정기능을 강화하여 농가 간 형평성을 제고하였다. 마지막으로 다양한 준수사항을 설정하여 농업인의 공익 준수의무를 강화하였다.

(나) 직불금을 받는 농업인은 공익을 위해 다음의 준수사항을 실천해야 한다. 첫째, 농지의 형상 및 기능을 유지하는 등 생태계 보전을 위해 노력해야 한다. 둘째, 농약 안전사용기준이나 농산물 출하제한 명령 등을 준수하여 먹거리 안전을 실현해야 한다. 셋째, 마을 공동체 활동 참여 등 공동체 활성화에 이바지해야 한다. 넷째, 영농일지 작성, 농업 증진 교육 이수 등 영농활동을 준수해야 한다. 다섯째, 화학비료, 하천·지하수 이용 기준을 준수하는 등 환경보호에 힘써야 한다. 이러한 준수사항을 위반할 경우 직불금의 총액이 감액될 수 있다.

(다) 공익직불제는 실제 농사를 짓는 농업인이 직불금을 받을 수 있도록 규정되어 있다. 위조, 거짓신청, 농지분할, 무단점유 등 부정수급을 막기 위하여 사업신청정보 통합관리 시스템으로 직불금 자격요건 검증 및 심사를 강화하고 있으며, 특별사법경찰관·명예감시원 등을 통해 관리·감독을 시행하고 있다. 이를 위반한 경우 부당이익금 전액이 환수되며, 최대 5배까지 제재부가금이 부과된다. 이 밖에도 부정수급 적발을 위해 신고포상금제도도 운영하고 있다.

(라) 2023년 현재 공익직불제는 시행 4년 차를 맞아 더욱 다양한 농업인에게 폭넓은 혜택을 제공할수 있도록 확대되었다. 공익직불제는 부정수급 관련 문제나, 제도 사각지대 등 여러 문제점이 아직존재하지만 점차 개선 중에 있으며 농업의 다원적 기능과 공익적 역할을 유도하는 데 많은 도움을주고 있다.

보기

2004년 WTO 재협상 이후 수입쌀이 값싼 가격에 들어오면서 정부는 농가 피해보전을 위해 쌀 소득보전 직불제를 도입하여 농가소득안정과 규모화 및 생산구조 효율화에 기여하였다. 그러나 이는 쌀의 과잉공급을 초래하였고 다른 작물을 재배하는 소규모 농가에 대한 소득안전망 기능 미흡 등 다양한 문제점이 있었다.

① (가)
② (나)
③ (다)
④ (라)

09 다음 글의 내용으로 적절하지 않은 것은?

생각만으로도 따뜻해지는 나의 고향에 힘을 보태주기 위한 고향사랑기부제가 2023년 1월 1일부터 행정안전부 주재로 시작되었다. 고향사랑기부제는 개인이 주소지 이외의 지방자치단체에 일정 금액을 기부하면 세액공제와 함께 답례품을 받는 제도이다. 행정안전부는 「고향사랑 기부금에 관한 법률」 및 같은 법 시행령, 지자체 조례에 따라 고향사랑기부제를 시행하고 있다.

기부금 한도는 개인당 연간 500만 원으로 주민등록상 주소지를 제외한 모든 지자체에 기부할 수 있다. 기부금액 10만 원 이하는 전액 세액공제가 되며, 10만 원 초과 시에는 16.5%를 공제받을 수 있다. 또 기부자에게는 기부금액의 30% 이내에 해당하는 답례품이 제공된다. 예를 들어 10만 원을 기부하면 세액공제 10만 원, 답례품 3만 원을 합해 13만 원의 혜택을 돌려받을 수 있다. 100만 원을 기부하면 54만 8,500원(세액공제 24만 8,500원, 답례품 30만 원)의 혜택을 받게 된다.

답례품은 해당 지역에서 생산되는 지역특산품 등으로, 지자체 간 과도한 경쟁이 일어나지 않도록 개인별 기부금 총액의 30% 이내로 정해져있다. 지자체는 답례품 및 답례품 공급업체의 공정한 선정을 위해 답례품선정위원회를 운영하여 농ㆍ축ㆍ수산물, 가공식품, 생활용품, 관광ㆍ서비스, 지역 상품권 등 2,000여 종의 답례품을 선정하여 기부자에게 증정하고 있다.

각 지자체는 정부 광고매체를 활용해 모금할 수 있다. 다만 법령에서는 개별적인 전화ㆍ서신, 호별 방문, 향우회ㆍ동창회 등 사적 모임을 통한 모금의 강요나 권유ㆍ독려, 지자체가 주최ㆍ주관ㆍ후원하는 행사에 참석ㆍ방문해 적극적으로 권유ㆍ독려하는 방법을 금지하고 있으며 이를 위반했을 경우에는 최대 8개월까지 기부금 모금이 제한되고, 지자체의 모금이 제한된 경우에는 해당 기관의 누리집 등을 통해 알려야 한다.

고향사랑기부제는 국내에서는 올해 처음 시행된 제도로 모인 기부금은 지자체를 통해 주민복리 증진과 지역활성화에 사용된다. 지자체는 기부금으로 조성된 고향사랑기금을 투명하게 사용할 수 있도록 지방기금법에 따라 관리ㆍ운용하고 있으며, 여기서 기부금의 모집ㆍ운용 등에 쓸 수 있는 기금의 범위는 전년도 기부금의 15% 이내이다.

행정안전부는 기부자가 쉽고 편리하게 해당 제도를 이용할 수 있도록 원스톱 정보시스템인 '고향사랑e음'을 구축하여 운용하고 있다. 기부자는 고향사랑e음에서 전국 243개 지자체에 편리하게 기부할 수 있고, 국세청 연말정산시스템과 연계하여 자동으로 세액공제 혜택을 받을 수 있다. 또한 기부자가 원하는 시기에 원하는 답례품을 선택할 수 있도록 기부금의 30%를 포인트로 적립해 준다. '고향사랑e음' 시스템 외에도 전국 5,900여 개 농협 창구를 직접 방문해 기부할 수도 있다. 창구를 이용할 경우 본인 신분증(주민등록증ㆍ운전면허증 등)을 가지고 농협 근무시간(오전 9시 ~ 오후 3시 30분)에 방문해 현장에서 기부할 수 있다. 기부금액에 따른 답례품 선택 등도 안내받을 수 있다.

① 온라인 이외에도 은행에 방문하여 현장에서 기부할 수 있다.
② 고향사랑e음을 통해 기부하면 자동으로 세액공제 혜택을 받을 수 있다.
③ 기부금 모금 독려는 지자체가 주관하는 지방행사에서 가능하다.
④ 고향사랑e음을 통해 기부자는 답례품을 자신이 원하는 시기에 원하는 물건으로 받을 수 있다.

※ 다음과 같이 일정한 규칙으로 수 또는 문자를 나열할 때, 빈칸에 들어갈 알맞은 수 또는 문자를 고르시오.
[10~11]

10

$$\underline{2 \quad 1 \quad 3 \quad 6} \quad \underline{4 \quad 5 \quad 2 \quad 11} \quad \underline{5 \quad 6 \quad 2 \quad (\quad)}$$

① 10 ② 11
③ 12 ④ 13

11

$$c \quad A \quad (\quad) \quad D \quad g \quad P$$

① b ② c
③ d ④ e

12 판매자 A씨는 원가가 400원인 포도에 x원만큼의 금액을 가산한 정가로 80개를 판매하여 원가로 판매했을 때보다 9,600원의 이익을 남겼다고 할 때, 가산한 금액 x는?

① 120원 ② 220원
③ 320원 ④ 420원

13 현재 1,000만 원을 보유한 A씨는 매년 이자가 10%인 N예금상품에 3년 동안 전액을 예치하려고 한다. 예금방식에는 단리식과 복리식이 있을 때, 두 경우의 원리합계 금액의 합은?(단, 연 복리를 적용하고, $1.1^3 = 1.331$로 계산한다)

- 단리예금 : 목돈을 원하는 만큼 맡기고, 원금에 대해서만 이자를 산정하여 만기 시까지 추가 입금이 불가한 금융상품
- 복리예금 : 원금과 이자에 대한 이자를 받을 수 있고, 만기 시까지 추가 입금이 불가하며, 이자 지급기간에 따라 연 복리, 월 복리, 일 복리로 구분하는 금융상품

① 2,122만 원 ② 2,482만 원
③ 2,631만 원 ④ 2,896만 원

14 $a_1 = 3$인 타일이 다음과 같이 놓여 있다. 이 타일에 그림과 같이 $1 \times k$(k는 자연수)인 타일을 시계방향대로 순서대로 놓았을 때, n번째 타일의 크기를 a_n이라 하면, a_{2023}의 값은?

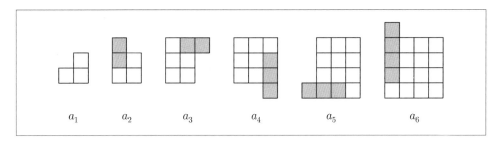

$a_1 \qquad a_2 \qquad a_3 \qquad a_4 \qquad a_5 \qquad a_6$

① $1{,}012^2$

② $1{,}012^2 + 1{,}012$

③ $1{,}012^2 + 1{,}013$

④ $1{,}012^2 + 2{,}024$

---

15 다음은 N사의 간이재무제표이다. 해당 재무제표에서 2021년과 2022년 중 이자보상비율이 더 높은 연도와 그 비율을 바르게 연결한 것은?(단, 이자보상배율은 소수점 둘째 자리에서 반올림한다)

〈N사 간이재무제표〉

(단위 : 억 원)

구분		2021년	2022년
재무상태표	유동자산	1,400	1,700
	유동부채	160	200
	자산총계	5,000	5,200
	부채총계	3,000	3,700
	자본총계	2,000	1,500
손익계산서	영업이익	485	525
	이자비용	320	540
	당기순이익	125	10

• (이자보상배율) $= \dfrac{(영업이익)}{(이자비용)}$

• (이자보상비율) $= \dfrac{(영업이익)}{(이자비용)} \times 100$

① 2021년, 150%

② 2021년, 125%

③ 2022년, 150%

④ 2022년, 125%

16 제시된 명제가 모두 참일 때, 다음 중 항상 참인 것은?

> • 창조적인 기업은 융통성이 있다.
> • 오래 가는 기업은 건실하다.
> • 오래 가는 기업이라고 해서 모두가 융통성이 있는 것은 아니다.

① 융통성이 있는 기업은 건실하다.
② 창조적인 기업이 오래 갈지 아닐지 알 수 없다.
③ 융통성이 있는 기업은 오래 간다.
④ 어떤 창조적인 기업은 건실하다.

17 N과장은 사무실의 복합기가 고장이 나서 교체하려고 한다. 복합기의 성능 및 복합기 선택 조건이 다음과 같을 때, 어떤 복합기로 교체해야 하는가?(단, 기간에 따른 월 이자는 고려하지 않는다)

<복합기 성능 비교 분석>

구분	사용 가능 용지	분당 출력 매수	비용
A복합기	A3, A4, A5, B4, B5	흑백 : 8매/분 컬러 : 22매/분	(판매) 300만 원
B복합기	A4, A5, B4, B5	흑백 : 30매/분 컬러 : (미지원)	(판매) 270만 원
C복합기	A3, A4, B4, B5	흑백 : 20매/분 컬러 : (미지원)	(판매) 250만 원
D복합기	A3, A4, A5, B4, B5	흑백 : 22매/분 컬러 : 10매/분	(판매) 200만 원
E복합기	A3, A4, A5, B4	흑백 : 33매/분 컬러 : 27매/분	(대여) 23만 원/월
F복합기	A3, A4, A5	흑백 : 29매/분 컬러 : 17매/분	(대여) 15만 원/월
G복합기	A3, A4, A5, B5	흑백 : 35매/분 컬러 : 20매/분	(대여) 12만 원/월
H복합기	A4, A5, B4, B5	흑백 : 20매/분 컬러 : 15매/분	(대여) 10만 원/월

<복합기 선택 조건>

• 사무실에서 주로 사용하는 용지는 A3, A4, B5이다.
• 사무실에서 주로 컬러 인쇄를 사용한다.
• 분당 출력 매수가 적어도 15매는 넘어야 한다.
• 24개월 기준으로 비용이 최소인 것을 선택한다.

① A복합기   ② D복합기
③ F복합기   ④ G복합기

※ 다음은 NH농협에서 판매하고 있는 주택화재보험 약관의 일부와 2022년 8월에 내린 폭풍우로 피해를 입은 A ~ D농가의 피해 산정액에 대한 자료이다. 이어지는 질문에 답하시오. [18~19]

〈특수건물 풍수재위험담보 특별약관〉

제1조(보상하는 손해)

회사는 보통약관 제3조(보상하는 손해) 외에 화재로 인한 재해보상과 보험가입에 관한 법률 제2조 제3호와 동법 시행령 제2조 제1항에서 정하는 특수건물(동산은 제외합니다. 이하 「특수건물」이라 합니다)에 대하여는 아래의 위험으로 인하여 보험의 목적에 생긴 손해를 보상하여 드립니다.

– 태풍, 회오리바람, 폭풍, 폭풍우, 홍수, 해일, 범람 및 이와 비슷한 풍재 또는 수재

제2조(보상하지 않는 손해)

회사는 아래와 같은 손해는 보상하여 드리지 않습니다.

1. 보험의 목적에 생긴 분실 또는 도난 손해
2. 지진 또는 분화로 생긴 손해
3. 풍재 또는 수재와 관계없이 댐 또는 제방이 터지거나 무너져 생긴 손해
4. 바람, 비, 눈, 우박 또는 모래, 먼지가 들어옴으로써 생긴 손해. 그러나 보험의 목적인 건물이 풍재 또는 수재로 직접 파손되어 보험의 목적에 생긴 손해는 보상하여 드립니다.
5. 추위, 서리, 얼음, 눈으로 생긴 손해
6. 풍재의 직접, 간접에 관계없이 보험의 목적인 네온사인 장치에 전기적 사고로 생긴 손해 및 건식 전구의 필라멘트에(만) 생긴 손해

제3조(지급보험금의 계산)

회사가 특수건물에 생긴 손해에 대하여 지급할 보험금은 아래에 따라 계산합니다.

1. 보험가입금액이 보험가액의 80% 해당액과 같거나 클 때 : 보험가입금액을 한도로 손해액 전액을 지급합니다(단, 보험가입금액이 보험가액보다 많을 때에는 보험가액을 한도로 합니다).
2. 보험가입금액이 보험가액의 80% 해당액보다 작을 때 : 보험가입금액을 한도로 아래의 금액을 지급합니다.

$$(손해액) \times \frac{(보험가입금액)}{(보험가액의\ 80\%\ 해당액)}$$

3. 동일한 계약의 목적과 동일한 사고에 관하여 보험금을 지급하는 다른 계약(공제계약을 포함합니다)이 있는 경우에는 제1항 내지 제2항에 추가하여 보통약관 제9조(지급보험금의 계산) 제2항의 계산방식을 따릅니다.

제4조(준용규정)

이 특별약관에 정하지 않은 사항은 보통약관을 따릅니다.

〈2022년 8월 폭풍우로 인한 A ~ D농가의 피해 산정액〉

(단위 : 백만 원)

구분	A농가	B농가	C농가	D농가
손해액	20	24	5	25
보험가액	500	400	800	300
보험가입금액	450	300	600	500

18 A∼D농가 중 지급받는 보험금액이 가장 많은 농가는?

① A농가   ② B농가

③ C농가   ④ D농가

19 A∼D농가 중 보험료율이 가장 높은 농가는?(단, 보험료율은 보험가입금액에 대한 보험지급액의 백분율이다)

① A농가   ② B농가

③ C농가   ④ D농가

20 다음 중 브레인스토밍(Brainstorming) 방식으로 회의를 진행할 때의 내용으로 옳지 않은 것은?

① 아이디어가 많을수록 질적으로 우수한 아이디어가 나온다.

② 다수의 의견을 도출해낼 수 있는 사람을 회의의 리더로 선출한다.

③ 논의하고자 하는 주제를 구체적이고 명확하게 정한다.

④ 다른 사람과 자유롭게 의견을 공유하고 비판한다.

21 다음은 MECE(Mutually Exclusive, Collectively Exhaustive)의 적용 절차이다. 〈보기〉 중 (가) ~ (마)에 들어갈 절차를 순서대로 바르게 나열한 것은?

1. 문제 파악(문제의 핵심)
2. _____(가)_____
3. _____(나)_____
4. _____(다)_____
5. _____(라)_____
6. _____(마)_____
7. 메시지 전달(결과 보고)

보기

ㄱ. 불필요한 문제 제거하기
ㄴ. 계획 수립하기(세부 내용)
ㄷ. 문제 분해하기(중복과 누락 검사 등)
ㄹ. 분석하고 종합하기(검증)
ㅁ. 가설 세우기(실행 가능 요소)

① ㄱ – ㄴ – ㅁ – ㄷ – ㄹ
② ㄱ – ㄷ – ㅁ – ㄴ – ㄹ
③ ㄷ – ㄱ – ㅁ – ㄴ – ㄹ
④ ㄷ – ㅁ – ㄱ – ㄴ – ㄹ

22 다음은 농협의 마스코트 아리(Ari)이다. 이에 대한 설명으로 옳지 않은 것은?

① 2000년 농협과 축협이 통합하면서 달걀에서의 '알'을 따와서 이름 지었다.
② 전통 음율 아리랑을 연상하게 하여 '흥', '어깨춤' 등 동적인 이미지를 지닌다.
③ 곡식을 담을 '항아리'를 연상하게 하여 '풍요'와 '결실'의 의미를 지닌다.
④ 통합 농협으로 새 출발하는 미래지향적 기업 이미지를 뜻한다.

23 다음 중 농협중앙회 총회로부터 독립적으로 운영되는 부서는?

① 조합감사위원회사무처
② 경영감사부
③ 준법지원부
④ 조합구조개선부

24 다음 중 농협의 5대 핵심가치에 대한 설명이 바르게 연결되지 않은 것은?

① 농업인과 소비자가 함께 웃는 유통 대변화 : 소비자에게 합리적인 가격으로 더 안전한 먹거리를, 농업인에게 더 많은 소득을 제공하는 유통개혁 실현
② 미래 성장 동력을 창출하는 디지털 혁신 : 4차 산업혁명 시대에 부응하는 디지털 혁신으로 농업·농촌·농협의 미래 성장 동력 창출
③ 정체성이 살아 있는 든든한 농협 : 농업인 영농지원 강화 등을 통한 농업경쟁력 제고로 농업인 소득 증대 및 삶의 질 향상
④ 지역과 함께 만드는 살고 싶은 농촌 : 지역사회의 구심체로서 지역사회와 협력하여 살고 싶은 농촌 구현 및 지역경제 활성화에 기여

25 다음 중 농약의 포장지 앞면에 표시하는 사항과 그 위치가 바르게 연결되지 않은 것은?

① '농약' 문자 표기 : 최상단 중앙
② 독성·행위금지 등 그림문자 : 정중앙
③ 해독·응급처치 방법 : 그림문자 상단
④ 품목명 : 상표명 하단

04 2022년 하반기 기출복원문제

정답 및 해설 p.035

01 70문항 유형

01 다음 한자성어 중 의미가 다른 하나는?

① 군계일학(群鷄一鶴)
② 철중쟁쟁(鐵中錚錚)
③ 태산북두(泰山北斗)
④ 낭중지추(囊中之錐)
⑤ 천재일우(千載一遇)

02 다음 상황에 어울리는 한자성어로 가장 적절한 것은?

> 대규모 댐 건설 사업 공모에 ○○건설회사가 참여하였다. 해당 사업은 막대한 자금과 고도의 건설
> 기술이 필요했기에 ○○건설회사가 감당하기 어려운 것이었다. 많은 사람들은 무리하게 공모에 참
> 여한 ○○건설회사에 대해 무모하다고 여겼다.

① 각골난망(刻骨難忘)
② 난공불락(難攻不落)
③ 토사구팽(兔死狗烹)
④ 당랑거철(螳螂拒轍)
⑤ 파죽지세(破竹之勢)

03 다음 중 왼쪽 문장의 의미를 잘못 해석한 것은?

① 가슴을 태우다. – 마음에 상처를 입다.
② 가슴을 열다. – 속마음을 털어놓거나 받아들이다.
③ 가슴이 미어지다. – 마음이 슬픔이나 고통으로 가득 차 견디기 힘들다.
④ 가슴이 뜨끔하다. – 양심의 가책을 받다.
⑤ 가슴이 뜨겁다. – 깊고 큰 사랑과 배려를 받아 고마움으로 마음의 감동이 크다.

04 다음 단어 중 의미가 다른 하나는?

① 어렵다

② 난해하다

③ 복잡하다

④ 까다롭다

⑤ 수난하다

05 다음 밑줄 친 부분과 반대되는 의미를 가진 단어는?

> 경서는 생긴 것과 다르게 호들갑을 떤다.

① 관람

② 관찬

③ 관상

④ 관조

⑤ 관망

06 다음 밑줄 친 단어를 한자로 바꾼 것으로 옳은 것은?

> 이번 월드컵에서 선전하면 한국 축구는 세계 무대로 도약할 수 있을 것입니다.

① 圖謀

② 挑戰

③ 跳躍

④ 倒置

⑤ 到來

07 다음 밑줄 친 부분과 바꾸어 사용할 수 있는 단어는?

> 이 병원은 심장 질환 수술을 전문적으로 <u>다룬다</u>.

① 사고팔다　　　　　　　　② 사용하다
③ 취급하다　　　　　　　　④ 상대하다
⑤ 부리다

08 다음 중 밑줄 친 부분의 맞춤법이 옳지 않은 것은?

① 말뚝에 <u>매인</u> 배들이 태풍에 심하게 흔들렸다.
② 아버지는 일꾼에게 논을 <u>매이기</u>로 하였다.
③ 어깨에 <u>메인</u> 핸드백이 걸을 때마다 움직인다.
④ 젊은이는 나라의 장래를 <u>메고</u> 나갈 사람이다.
⑤ 나는 요즘 업무에 <u>메여서</u> 꼼짝도 할 수가 없다.

09 다음 문단을 논리적 순서대로 바르게 나열한 것은?

> (가) 그러나 이러한 현상에 대해 비판적인 시각도 생겨났다. 대량 생산된 복제품은 예술 작품의 유일무이(唯一無二)한 가치를 상실케 하고 예술적 전통을 훼손한다는 것이다.
> (나) MP3로 대표되는 복제 기술이 어떻게 발전할 것이며 그에 따라 음악은 어떤 변화를 겪을지, 우리가 누릴 수 있는 새로운 전통은 우리 삶을 어떻게 변화시킬지 생각해 보는 것은 매우 흥미로운 일이다.
> (다) 근래에는 음악을 컴퓨터 파일의 형태로 바꾸는 기술이 개발되어 작품을 나누고 섞고 변화시키는 것이 훨씬 자유로워졌다. 이에 따라 낯선 곡은 반복을 통해 친숙한 음악으로, 친숙한 곡은 디지털 조작을 통해 낯선 음악으로 변모시킬 수 있게 되었다.
> (라) 그러나 복제품은 자신이 생겨난 환경에 매여 있지 않기 때문에 새로운 환경에서 새로운 예술적 전통을 만들어 낸다. 최근 음악 환경은 IT 기술의 발달과 보급에 따라 매우 빠르게 변화하고 있다.

① (가) - (다) - (라) - (나)　　　② (다) - (가) - (라) - (나)
③ (다) - (라) - (가) - (나)　　　④ (라) - (가) - (나) - (다)
⑤ (라) - (다) - (가) - (나)

10

$$414-13\times32+323$$

① 311　　　　　　　　　② 321

③ 331　　　　　　　　　④ 341

⑤ 351

11

$$\frac{35}{77}\times11^2+25$$

① 70　　　　　　　　　② 75

③ 80　　　　　　　　　④ 85

⑤ 90

※ 다음과 같이 일정한 규칙으로 수 또는 문자를 나열할 때, 빈칸에 들어갈 알맞은 수 또는 문자를 고르시오. [12~13]

12

360　　60　　300　　75　　(　)

① 160　　　　　　　　　② 185

③ 200　　　　　　　　　④ 225

⑤ 240

13

F　G　E　H　D　(　)　C

① B　　　　　　　　　② I

③ J　　　　　　　　　④ K

⑤ M

14 다음은 N헬스장의 2019년 4분기 운동 프로그램 회원 수와 2020년도 1월 예상 회원 수에 대한 자료이다. 〈조건〉에 따라 방정식 $2a+b=c+d$가 성립할 때, b에 들어갈 알맞은 회원 수는?

〈N헬스장 운동 프로그램 회원 현황〉

(단위 : 명)

구분	2019년 10월	2019년 11월	2019년 12월	2020년 1월
요가	50	a	b	–
G.X	90	98	c	–
필라테스	106	110	126	d

조건

• 2019년 11월 요가 회원은 전월 대비 20% 증가했다.
• 2019년 4분기 필라테스 총회원 수는 동분기의 G.X 총회원 수보다 37명 더 많다.
• 2020년 1월 필라테스의 예상 회원 수는 2019년 4분기 필라테스의 월 평균 회원 수이다.

① 110명   ② 111명

③ 112명   ④ 113명

⑤ 114명

15 육상선수 갑, 을, 병이 운동장을 각각 8분에 4바퀴, 9분에 3바퀴, 4분에 1바퀴를 돈다. 세 사람이 4시 30분에 같은 방향으로 동시에 출발하였다면, 출발점에서 다시 만나는 시각은?

① 4시 39분   ② 4시 40분

③ 4시 41분   ④ 4시 42분

⑤ 4시 43분

16 다음은 연도별 뺑소니 교통사고 통계현황을 나타낸 자료이다. 이에 대한 〈보기〉의 설명 중 옳은 것을 모두 고르면?

〈연도별 뺑소니 교통사고 통계현황〉

(단위 : 건, 명)

구분	2016년	2017년	2018년	2019년	2020년
사고건수	15,500	15,280	14,800	15,800	16,400
검거 수	12,493	12,606	12,728	13,667	14,350
사망자 수	1,240	1,528	1,850	1,817	1,558
부상자 수	9,920	9,932	11,840	12,956	13,940

- $[검거율(\%)] = \dfrac{(검거\ 수)}{(사고건수)} \times 100$

- $[사망률(\%)] = \dfrac{(사망자\ 수)}{(사고건수)} \times 100$

- $[부상률(\%)] = \dfrac{(부상자\ 수)}{(사고건수)} \times 100$

보기

ㄱ. 사고건수는 매년 감소하지만 검거 수는 매년 증가한다.
ㄴ. 2018년의 사망률과 부상률이 2019년의 사망률과 부상률보다 모두 높다.
ㄷ. 2019 ~ 2020년 사망자 수와 부상자 수의 전년 대비 증감추이는 반대이다.
ㄹ. 2017 ~ 2020년 검거율은 매년 높아지고 있다.

① ㄱ, ㄴ
② ㄴ, ㄷ
③ ㄷ, ㄹ
④ ㄱ, ㄴ, ㄷ
⑤ ㄱ, ㄷ, ㄹ

17 10월 15일 체육의 날을 맞이하여 기획개발팀 5명은 다른 팀 사원들과 각각 15회 배드민턴 경기를 하였다. 팀원들은 점수계산방법에 따라 각자 자신의 경기 결과를 종합하여 〈보기〉와 같이 발표하였다. 이를 근거로 판단할 때, 기획개발팀의 팀원 중 거짓을 말한 사람은?

> **보기**
>
> • 점수계산방법 : 각 경기에서 이길 경우 7점, 비길 경우 3점, 질 경우 −4점을 받는다.
> • 각자 15회의 경기를 한 후 자신의 합산 점수를 다음과 같이 발표하였다.
> 'A팀장 : 93점, B대리 : 90점, C대리 : 84점, D연구원 : 79점, E연구원 : 64점'

① A팀장 ② B대리
③ C대리 ④ D연구원
⑤ E연구원

18 다음 명제가 모두 참일 때, 반드시 참인 것은?

> • 물을 녹색으로 만드는 조류는 냄새 물질을 배출한다.
> • 독소 물질을 배출하는 조류는 냄새 물질을 배출하지 않는다.
> • 물을 황색으로 만드는 조류는 물을 녹색으로 만들지 않는다.

① 독소 물질을 배출하는 조류는 물을 녹색으로 만들지 않는다.
② 물을 녹색으로 만들지 않는 조류는 냄새 물질을 배출하지 않는다.
③ 독소 물질을 배출하지 않는 조류는 물을 녹색으로 만든다.
④ 냄새 물질을 배출하지 않는 조류는 물을 황색으로 만들지 않는다.
⑤ 냄새 물질을 배출하는 조류는 독소 물질을 배출한다.

19 다음 〈조건〉을 바탕으로 추론한 내용으로 옳은 것은?

- 분야별 인원 구성
  - A분야 : a(남자), b(남자), c(여자)
  - B분야 : 가(남자), 나(여자)
  - C분야 : 갑(남자), 을(여자), 병(여자)
- 4명씩 나누어 총 2팀(1팀, 2팀)으로 구성한다.
- 같은 분야의 같은 성별인 사람은 한 팀이 될 수 없다.
- 각 팀에는 분야별로 적어도 1명 이상이 들어가야 한다.
- 한 분야의 모든 사람이 한 팀에 들어갈 수는 없다.

① 갑과 을이 한 팀이 된다면 가와 나도 한 팀이 될 수 있다.

② 4명으로 나뉜 두 팀에는 남녀가 각각 2명씩 들어간다.

③ a가 1팀으로 간다면 c는 2팀으로 가야 한다.

④ 가와 나는 한 팀이 될 수 없다.

⑤ c와 갑은 한 팀이 될 수 있다.

20 다음은 2018 ~ 2021년 N국 기업의 남성육아휴직제 시행 현황에 대한 자료이다. 이에 대한 설명으로 옳은 것은?

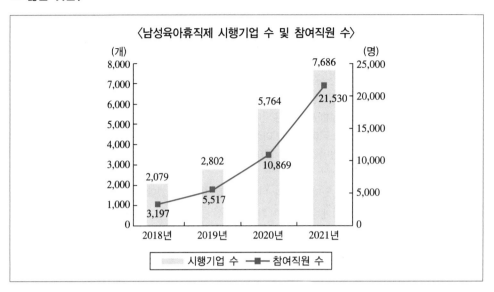

〈남성육아휴직제 시행기업 수 및 참여직원 수〉

① 2019년 이후 전년보다 참여직원 수가 가장 많이 증가한 해와 시행기업 수가 가장 많이 증가한 해는 동일하다.
② 2021년 남성육아휴직제 참여직원 수는 2018년의 7배 이상이다.
③ 시행기업당 참여직원 수가 가장 많은 해는 2021년이다.
④ 2021년 시행기업 수의 2019년 대비 증가율은 참여직원 수의 증가율보다 높다.
⑤ 2018 ~ 2021년 참여직원 수의 연간 증가인원의 평균은 6,000명 이하이다.

21 다음 사례에 나타난 N씨의 자원낭비 요인은?

> N씨는 요즘 밤늦게까지 게임을 하느라 잠이 부족하다. 어젯밤에도 다음 날 오전에 친구와 약속이 있다는 것을 알면서도 새벽까지 게임을 하느라 아침이 다 되어 잠이 들었다. 알람이 울려 잠시 눈을 떴지만, 잠을 더 자야겠다는 생각에 알람을 끄고 다시 눈을 감았다. 결국 해가 중천에 뜨고 나서야 일어난 A씨는 잔뜩 화가 난 친구의 문자를 확인하고 친구에게 전화를 걸었지만, 친구는 전화를 받지 않았다.

① 비계획적 행동
② 편리성 추구
③ 자원에 대한 인식 부재
④ 노하우 부족
⑤ 잘못된 가치 판단

22 N사원은 인적자원의 효과적 활용에 대한 강연을 듣고, 인맥을 활용하였을 때의 장점에 대해 다음과 같이 정리하였다. 밑줄 친 ㉠ ~ ㉣ 중 N사원이 잘못 메모한 내용은 모두 몇 개인가?

> **〈인적자원의 효과적 활용〉**
>
> • 인적자원이란?
>
> … 중략 …
>
> • 인맥 활용 시 장점
>   – ㉠ <u>각종 정보와 정보의 소스 획득</u>
>   – ㉡ <u>'나' 자신의 인간관계나 생활에 대해서 알 수 있음</u>
>   ↳ ㉢ <u>자신의 인생에 탄력이 생김</u>
>   – ㉣ <u>'나' 자신만의 사업을 시작할 수 있음 ← 참신한 아이디어 획득</u>

① 0개
② 1개
③ 2개
④ 3개
⑤ 4개

23 다음 중 조직의 유형에 대한 설명으로 옳은 것은?

① 공식조직은 비공식조직에 비해 규모가 거대한 조직을 가리킨다.

② 조직발달사에 따르면, 공식조직의 내부집단으로서 비공식조직들이 발생하였다.

③ 환경보존을 홍보하는 상품을 직접 판매하고, 그 수익을 극대화하기 위해 운영되는 조직은 비영리
조직에 해당한다.

④ 비공식조직 내에서의 행동유형 공유는 공식조직의 기능을 지원하기도 한다.

⑤ 정부조직은 비영리조직이자 비공식조직에 해당한다.

24 다음 중 농협 조합원으로 가능한 사람을 모두 고르면?

> ㄱ. 조합의 구역에 주소, 거소나 사업장이 있는 농업인
> ㄴ. 1천 제곱미터 이상의 농지를 경영 또는 경작하는 자
> ㄷ. 1년 중 60일 이상 농업에 종사하는 자

① ㄱ   ② ㄱ, ㄴ

③ ㄱ, ㄷ   ④ ㄴ, ㄷ

⑤ ㄱ, ㄴ, ㄷ

25 다음 중 농협조합원의 당연 탈퇴 사유로 옳지 않은 것은?

① 성년후견개시의 심판을 받은 경우

② 조합원인 법인이 해산한 경우

③ 조합원의 자격이 없는 경우

④ 파산한 경우

⑤ 고의 또는 중대한 과실로 조합에 손실을 끼치거나 조합의 신용을 잃게 한 경우

01 다음 중 '중도에 그만 둘 수 없는 형세'를 나타내는 한자성어는?

① 기호지세 ② 우공이산
③ 노갑이을 ④ 곡학아세

02 다음 중 밑줄 친 부분의 맞춤법이 옳지 않은 것은?

① 어린아이를 눈덩이로 맞히다니 너무 <u>짖궂다</u>.
② 그 이야기를 듣자 <u>왠지</u> 불길한 예감이 들었다.
③ 그 남자의 굳은살 <u>박인</u> 발을 봐.
④ 약을 먹은 효과가 <u>금세</u> 나타났다.

03 다음 문장의 빈칸에 들어갈 단어로 가장 적절한 것은?

다시 잘못하면 크게 혼날 테니 ____하여라.

① 주도 ② 고소
③ 각심 ④ 조장

04 다음 중 이불을 뜻하는 단어가 아닌 것은?

① 천금 ② 침금
③ 해금 ④ 금구

05 다음 중 띄어쓰기가 적절하지 않은 문장은?

① 나는 책을 읽어도 보고 했으나 머릿속에 들어오지 않았다.
② "어디, 나한테 덤벼들어 봐라!"
③ 신발이 그만 물에 떠내려가 버렸다.
④ 하늘을 보니 비가 올듯도 하다.

06 다음 중 빈칸에 들어갈 접속어를 바르게 연결한 것은?

하늘을 이용해 길을 찾는 곤충이 있다. 나방은 달이 없는 밤 북극성을 따르고, 쇠똥구리는 안전한 곳으로 가기 위해 은하수를 보고 방향을 찾는다. ___㉠___ 인간이 크고 밝은 조명을 선호하게 되면서 이러한 곤충의 시스템이 흔들리고 있다. 우리는 파리가 가로등에 부딪히거나 나방이 불빛 앞에서 멍하게 있는 모습을 본 경험이 있다. 한 보고서에 따르면 가로등에 몰려드는 곤충의 30 ~ 40%는 충돌과 과열 등으로 죽는다고 한다. 북미의 반딧불이는 은은한 불빛을 내며 짝짓기 상대를 유혹한다. ___㉡___ 이들의 짝짓기 신호가 이제 거리의 불빛에 묻혀버리면서 암컷과 수컷은 서로를 찾기가 힘들어졌다. 과학자들은 반딧불이 종 감소에 빛 공해가 많은 영향을 주고 있다고 주장한다. ___㉢___ 빛 공해는 낭비가 심하다. 야외 조명의 30%는 하늘로 빛을 보내는 낭비로 끝난다. 야외 조명에 따른 에너지 비용은 미국에서만 매년 20 ~ 30억 달러에 달한다고 한다.

	㉠	㉡	㉢
①	그래서	또한	그러나
②	그래서	그러나	결국
③	하지만	그러나	또한
④	하지만	그러므로	또한

07 다음 문장을 논리적 순서대로 바르게 나열한 것은?

> (가) 역사 연구가는 대상을 마음대로 조립할 수 있다. 프랑스대혁명을 예로 들더라도 그는 그것을 그의 관점에 따라 다르게 조립할 수 있다.
>
> (나) 역사와 문학의 차이는 역사 연구가와 문학 연구가를 비교할 때 더욱 뚜렷하게 드러난다.
>
> (다) 그것은 수정 불가능한, 완전히 결정되어 있는 우주이다.
>
> (라) 그러나 문학 연구가의 경우 그러한 조립은 불가능하다. 이광수의 『무정』은 그것이 처음으로 발표된 1917년이나 1973년이나 마찬가지 형태로 제시된다.

① (가) – (나) – (라) – (다)

② (나) – (가) – (라) – (다)

③ (다) – (나) – (가) – (라)

④ (라) – (나) – (다) – (가)

08 다음 기사의 제목으로 가장 적절한 것은?

> 농협은 화이트데이에 사탕보다는 꽃으로 사랑을 전하자는 의미에서 3월 14일을 '화(花)이트데이'로 정하고, 화훼 소비촉진에 앞장서겠다고 밝혔다. 또한 특별한 화이트데이를 기념하여 대표이사가 직접 여직원들에게 사랑의 꽃을 전달하는 이벤트도 실시하였다. 화이트데이에 사랑하는 사람에게 선물하기 좋은 꽃으로 장미(사랑), 꽃도라지(영원한 사랑), 카라(순수한 사랑), 튤립(사랑의 고백), 국화(고결한 사랑) 등을 추천하였다. 대표이사는 "최근 소비 부진으로 화훼농가가 어려움을 겪고 있다."며, "花이트데이가 화훼농가에 큰 힘이 되길 바란다."고 전했다.
> 한편, 농협은 침체된 화훼 생산 농가를 돕고자 꽃 생활화 캠페인(1 Table 1 Flower, 책상 위에 꽃 놓기), 장례식장 화환 재사용 근절, 자율적인 수급 안정을 위한 절화의무자조금 도입 등 꽃 소비 확대를 위한 사업을 지속해서 추진하겠다고 밝혔다.

① 1 Table 1 Flower, 침체된 화훼농가를 도와주세요!

② 花이트데이, 정열적인 사랑을 표현하는 장미를 선물하세요!

③ 花이트데이, 사탕 대신 꽃으로 사랑을 전하세요.

④ 花이트데이, 꽃처럼 예쁜 사랑을 선물하세요!

※ 다음과 같이 일정한 규칙으로 수를 나열할 때, 빈칸에 들어갈 알맞은 수를 고르시오. [9~10]

09

0	3	5	10	17	29	48	( )

① 55 ② 60

③ 71 ④ 79

10

-13	7	9	-3	1	5	-3	-3	6	-7	5	( )

① -3 ② 5

③ -4 ④ 6

11 $\sum_{k=1}^{32} \dfrac{1}{\sqrt{k+4}+\sqrt{k+3}}$ 을 계산하면?

① 3 　　　　　　　　　　　② 4

③ 5 　　　　　　　　　　　④ 6

12 철수는 다음 그림과 같은 원기둥에 물을 채우려고 한다. 원기둥에 가득 채워지는 물의 부피로 옳은 것은?[단, 원주율(π)은 3으로 계산한다]

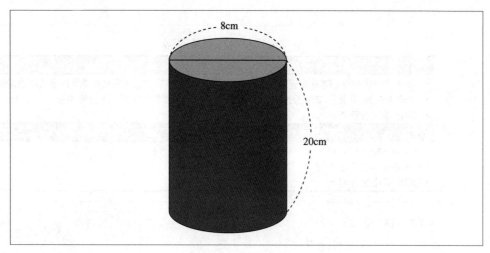

① 240cm^3 　　　　　　　　② 480cm^3

③ 720cm^3 　　　　　　　　④ 960cm^3

13 다음은 업무수행 과정 중 발생한 문제 유형이다. 발생형 문제, 탐색형 문제, 설정형 문제로 바르게 구별한 것은?

> ㄱ. N사의 에어컨 판매부서는 현재 어느 정도 매출이 나오고 있는 상황이지만, 경쟁이 치열해지고 있기 때문에 생산성 제고를 위한 활동을 하려 한다.
> ㄴ. 더워서 사용하기 위해 작년에 N사에서 구입한 에어컨을 정돈하고, 사용해보자 고장이 나서 작동하지 않았다.
> ㄷ. 에어컨에 주력하던 N사는 올해부터 새로운 사업으로 공기청정기 분야에 진출하기 위한 계획을 해야 한다.

	ㄱ	ㄴ	ㄷ
①	발생형 문제	탐색형 문제	설정형 문제
②	설정형 문제	탐색형 문제	발생형 문제
③	설정형 문제	발생형 문제	탐색형 문제
④	탐색형 문제	발생형 문제	설정형 문제

14 N은행에 근무 중인 L사원은 국내 금융 시장에 대한 보고서를 작성하면서 N은행에 대한 SWOT 분석을 진행하였다. L사원이 작성한 SWOT 분석의 위협 요인에 들어갈 내용으로 적절하지 않은 것은?

〈SWOT 분석 결과〉	
강점(Strength)	**약점(Weakness)**
• 지속적 혁신에 대한 경영자의 긍정적 마인드 • 고객만족도 1위의 높은 고객 충성도 • 다양한 투자 상품 개발	• 해외 투자 경험 부족으로 취약한 글로벌 경쟁력 • 타 은행에 비해 부족한 금융 자금
기회(Opportunity)	**위협(Threat)**
• 국내 유동자금의 증가 • 해외 금융 시장 진출 확대 • 정부의 규제 완화 정책	

① 경기 침체 장기화
② 부족한 리스크 관리 능력
③ 금융업의 경계 파괴에 따른 경쟁 심화
④ 정부의 정책 노선 혼란 등으로 인한 시장의 불확실성 증가

15 다음 중 시네틱스에 대한 설명으로 옳은 것은?

① 각종 힌트에 강제적으로 연결 지어서 발상하는 방법이다.

② 대상과 비슷한 것을 찾아내어 그것을 힌트로 새로운 아이디어를 생각하는 방법이다.

③ 서로 관련이 없어 보이는 것들을 조합하여 새로운 아이디어를 생각하는 방법이다.

④ 생각나는 대로 자유롭게 발상하는 방법으로 여러 사람의 아이디어를 합친 후 최적의 대안을 찾는 방법이다.

16 다음 중 빈칸에 들어갈 전제로 가장 적절한 것은?

전제1. 어떤 경위는 파출소장이다.
전제2. _____
결론. 30대 중 파출소장인 사람이 있다.

① 어떤 경위는 30대이다.

② 어떤 경위는 30대가 아니다.

③ 30대는 모두 경위이다.

④ 모든 경위는 30대이다.

17 N마트에서는 최근 시간관리 매트릭스에 대한 교육을 실시했다. 시간관리 매트릭스는 효율적으로 시간관리를 할 수 있도록 중요한 일과 중요하지 않은 일의 우선순위를 나누는 분류 방법이다. 다음 중 강의를 들은 A씨가 교육 내용을 적용하여 ㉠ ~ ㉢를 바르게 분류한 것은?

〈시간관리 매트릭스〉

구분	긴급한 일	긴급하지 않은 일
중요한 일	제1사분면	제2사분면
중요하지 않은 일	제3사분면	제4사분면

※ 각 사분면의 좌표의 위치는 우선 순위 정도에 고려하지 않음

A씨는 N마트 고객지원팀 사원이다. A씨는 ㉠ 다음 주에 상부에 보고할 내용을 마무리 하는 도중 고객으로부터 '상품을 먹은 후 두드러기가 나서 일상생활이 힘들 정도다.'라는 ㉡ 불만 접수를 받았다. 고객은 오늘 내로 해결할 방법을 알려달라는 강한 불만을 제기했다. 아직 업무는 다 끝내지 못한 상태고, 오늘 저녁에 ㉢ 친구와 약속이 있다. 약속 시간까지는 2시간 정도 남은 상태이다.

	제1사분면	제2사분면	제3사분면	제4사분면
①	㉠	㉢	㉡	–
②	㉡	㉠	–	㉢
③	㉡, ㉢	–	–	㉠
④	–	㉠	㉢	㉡

18 다음 중 인적자원에 대한 설명으로 적절하지 않은 것은?

① 주위에 있는 모든 사람들이 하나의 중요한 자원이다.

② 인적자원은 조직차원에서만 중요하다.

③ 인맥은 기본적으로 가족, 친구, 직장동료 등으로 나누어진다.

④ 인맥에는 핵심인맥과 파생인맥 등이 있다.

19 농협창업농지원센터에서는 미래의 농업·농촌을 이끌어 나갈 예비 청년 농업인들을 육성하기 위한 '청년농부사관학교'를 운영하고 있다. 다음 중 청년농부사관학교에 대한 설명으로 적절하지 않은 것은?

① 보통 6개월의 교육 기간을 거쳐 진행된다.
② 농가 현장 인턴 등 실습 위주로 교육한다.
③ 만 30세 이하 창농 희망자를 대상으로 한다.
④ 졸업 후에도 사후케어링 시스템을 운영한다.

20 다음 중 농협의 교육지원 업무에 대한 설명으로 적절한 것을 모두 고르면?

> ㄱ. 미래의 농업·농촌의 발전을 이끌 영농 인력을 육성하기 위한 지도 사업을 실시한다.
> ㄴ. 농업 현장의 어려움과 개선사항을 정책에 적극 반영하기 위한 농정 활동을 시행한다.
> ㄷ. 농업인의 복지 증진과 지역사회의 발전을 위해 지속적으로 사회공헌 활동을 실천한다.
> ㄹ. 농업·농촌에 대한 범국민적 공감대를 형성하기 위해 '또 하나의 마을 만들기' 같은 도농협동 운동을 추진한다.

① ㄱ, ㄴ, ㄷ
② ㄱ, ㄷ, ㄹ
③ ㄴ, ㄷ, ㄹ
④ ㄱ, ㄴ, ㄷ, ㄹ

05 2022년 상반기 기출복원문제

정답 및 해설 p.045

01 70문항 유형

01 다음 뜻을 나타내는 한자성어로 가장 적절한 것은?

> 배에 표시를 새겨 칼을 구하다라는 뜻으로, 어리석고 미련하여 융통성이 없다는 말

① 신언서판   ② 신상필벌
③ 순망치한   ④ 어불성설
⑤ 각주구검

02 다음 중 밑줄 친 부분의 쓰임이 적절하지 않은 것은?

① 주머니에서 꺼낸 지폐가 <u>구김져</u> 있다.
② 여름이 되자 포도나무에 포도가 <u>알알이</u> 탐스럽게 열렸다.
③ 빨랫줄에 널어놓은 차렵이불이 <u>강직하게</u> 펄럭인다.
④ 작은 것까지 <u>옴니암니</u> 따지는 사람을 대하는 것은 피곤하다.
⑤ 큰일이 닥쳤을 때 이겨내고 전진하는 사람과 <u>답보하는</u> 사람이 있다.

03 다음 중 농협의 커뮤니케이션 브랜드 NH에 대한 설명으로 적절하지 않은 것은?

① 미래지향적이고 글로벌한 농협의 이미지를 표현하고 있다.
② 농협의 영문자 첫글자이자 Nature & Human의 약자로, 자연과 인간의 조화를 설명하고 있다.
③ New Hope의 약자로, 새로운 희망을 상징적으로 표현한다.
④ 건강한 농촌을 지향한다는 뜻의 New Healthy의 의미가 내포되어 있다.
⑤ 색상은 Nature Green, Human Blue, Heart Yellow 세 가지이다.

04 다음 중 제시된 단어의 반의어로 가장 적절한 것은?

가지런하다

① 나란하다   ② 똑바르다
③ 균등하다   ④ 들쭉날쭉하다
⑤ 고르다

05 다음 중 제시된 단어와 동의 또는 유의 관계인 단어는?

는개

① 작달비   ② 안개비
③ 개부심   ④ 그믐치
⑤ 여우비

06 다음 중 짝지어진 단어 사이의 관계가 나머지와 다른 것은?

① 포유류 – 사람   ② 책 – 소설
③ 계절 – 가을   ④ 커피 – 아메리카노
⑤ 한국 – 일본

07 다음 제시된 단어에서 공통으로 연상할 수 있는 단어로 가장 적절한 것은?

구근식물   근채류   외떡잎

① 비트   ② 연근
③ 벤자민   ④ 수국
⑤ 튤립

08 다음 중 제시문과 동일한 오류를 범하고 있는 것은?

> 예수님은 존재하지 않아. 우리 중에 예수님을 본 사람이 있으면 나와 보라고 해. 거 봐, 없잖아.

① 애, 빨리 가서 공부해. 공부를 못하면 착한 어린이가 아니야.
② 저는 학생에게서 돈을 빼앗지 않았습니다. 제가 돈을 뺏는 걸 본 사람이 없는걸요.
③ 여러분, 저 사람이 바로 민족의 명예를 더럽힌 사건의 주범입니다.
④ 그 집의 막내아들도 좋은 대학에 합격할 거야. 그 아이의 형들이 다 명문대 학생이거든.
⑤ 지난번 돼지꿈을 꾸고 복권에 당첨되었어. 이번에도 돼지꿈을 꾸었으니까 복권에 당첨될 거야.

09 다음은 일정한 규칙으로 나열한 수열이다. 빈칸에 들어갈 알맞은 수는?

> 3 2 4 2　　6 4 7 17　　7 3 9 (　)　　4 5 13 7

① 12　　　　　　　　　② 10
③ 8　　　　　　　　　④ 6
⑤ 4

10 작년 기획팀 팀원 20명의 평균 나이는 35세였다. 올해 65세 팀원 A와 55세 팀원 B가 퇴직하고 새로운 직원 C가 입사하자 기획팀의 평균 나이가 작년보다 3세 줄었다고 할 때, C의 나이는?

① 28세　　　　　　　　② 30세
③ 32세　　　　　　　　④ 34세
⑤ 35세

11 A사원은 휴대전화를 구입하면서 한 달에 45,000원(부가세 포함)인 요금제에 가입했다. 휴대전화의 구입 가격은 360,000원이고 24개월 할부이며, 할부 월 이자는 0.5%라고 할 때, 한 달에 납부해야 하는 금액은?(단, 요금제에서 초과 이용하지 않는다)

① 61,000원
② 61,300원
③ 61,500원
④ 61,600원
⑤ 61,800원

12 김팀장은 부서 간식으로 25,000원짜리 피자 두 판과 8,000원짜리 샐러드 세 개를 주문했다. 통신사 멤버십 혜택으로 피자는 15%, 샐러드는 25%를 할인받을 수 있고, 이벤트로 통신사 멤버십 혜택을 적용한 금액의 10%를 추가 할인받았다고 한다. 김팀장이 할인받은 금액은?

① 12,150원
② 13,500원
③ 18,600원
④ 19,550원
⑤ 20,850원

13 K지역농협 인사팀의 A사원, B대리, C팀장, D주임과 홍보팀의 E사원, F팀장은 신입사원 채용시험 진행을 위해 회의실에 모였다. A ~ F가 〈조건〉에 따라 원형 테이블에 앉는다고 할 때, 다음 중 항상 옳은 것은?

> **조건**
> • 홍보팀의 E사원과 F팀장은 서로 나란히 앉는다.
> • 채용시험의 총괄을 맡은 인사팀의 C팀장은 홍보팀 F팀장과 마주 앉는다.
> • B대리와 C팀장은 서로 사이가 좋지 않아 나란히 앉지 않는다.
> • D주임은 C팀장의 왼쪽에 앉아 회의록을 작성한다.

① E사원은 D주임과 마주 앉는다.
② D주임은 B대리와 마주 앉는다.
③ B대리는 D주임 옆자리에 앉는다.
④ A사원은 F팀장과 나란히 앉지 않는다.
⑤ C팀장의 오른쪽에는 B대리가 앉는다.

14 U팀에서 일하는 네 명의 여자 사원 A ~ D와 세 명의 남자 사원 E ~ G는 회식을 진행할 것인지를 두고 토론하고 있다. 그들 가운데 네 명은 회식 진행에 찬성하고, 세 명은 반대한다. 이들의 찬반 성향이 다음과 같다고 할 때 반드시 참이라고 할 수 없는 것은?

> • 남자 사원 가운데 적어도 한 사람은 반대하지만 그들 모두 반대하는 것은 아니다.
> • A와 B 가운데 한 사람은 반대한다.
> • B가 찬성하면 A와 E는 반대한다.
> • B가 찬성하면 C와 D도 찬성하고, C와 D가 찬성하면 B도 찬성한다.
> • F가 찬성하면 G도 찬성하고, F가 반대하면 A도 반대한다.

① A와 F는 같은 입장을 취한다.
② B와 F는 서로 다른 입장을 취한다.
③ C와 D는 같은 입장을 취한다.
④ E는 반대한다.
⑤ G는 찬성한다.

15 한 레스토랑의 코스 요리는 총 7개의 코스로 구성되어 있으며, 서로 다른 한 종류의 요리가 순서대로 나온다. 다음 〈조건〉에 근거하여 바르게 추론한 것은?

> **조건**
> • 가장 먼저 나오는 것은 스프이다.
> • 스프와 생선 튀김 사이에는 치킨 샐러드를 준다.
> • 생선 튀김은 스테이크보다 앞에 나온다.
> • 버섯 파스타는 4번째 순서이다.
> • 가장 마지막으로는 푸딩을 준다.
> • 치즈 케이크는 스테이크보다는 뒤에 나온다.

① 치즈 케이크는 5번째 이전 순서에 나온다.
② 치킨 샐러드는 버섯 파스타보다 늦게 나온다.
③ 스테이크 바로 다음 순서는 버섯 파스타가 아닌 치즈 케이크이다.
④ 생선 튀김을 먹은 다음에는 치킨 샐러드가 나올 것이다.
⑤ 스테이크를 먹었다면 코스의 절반보다 조금 더 남았다고 봐야 한다.

16 다음은 A균과 B균의 증식개수를 확인하기 위해 실온에 방치하고 그 수를 확인한 실험 결과이다. A균과 B균의 수가 일정하게 증가하였다면, 11주 후 A균과 B균 수의 합은?

<표>

〈A균과 B균 수 변화〉

(단위 : 개)

구분	1주 후	2주 후	3주 후	4주 후	5주 후	6주 후
A균	20	23	26	29	32	35
B균	10	11	14	19	26	35

① 130개

② 140개

③ 150개

④ 160개

⑤ 170개

17 N공장에서 G제품을 생산하고 있는데, 최대한 비용과 시간을 절약하려고 한다. G제품은 A~F부품 중 3가지 부품으로 구성되며, 다음은 부품별 세부사항에 대한 자료이다. 〈조건〉에 따라 G제품을 완성할 경우 A~F부품의 부품 구성으로 옳은 것은?

〈부품별 세부사항〉

부품	가격	조립 시간	필요 개수	부품	가격	조립 시간	필요 개수
A	20원	1분	4개	D	50원	4분	3개
B	35원	2분	2개	E	90원	2분 30초	2개
C	40원	1분 30초	3개	F	120원	3분 30초	1개

※ 가격과 시간은 부품 1개에 해당하며, 필요 개수는 완제품 1개를 만들 때 필요한 개수임

조건
- C부품과 D부품은 같이 사용할 수 없고, 완제품에는 둘 중 한 부품이 필요하다.
- E부품과 F부품은 같이 사용할 수 없고, 완제품에는 둘 중 한 부품이 필요하다.
- C부품을 사용할 경우 B부품과 함께 사용한다.
- 완제품을 만들 때 부품의 총개수가 가장 적어야 한다.
- 완제품을 만들 때 총소요시간이 가장 짧아야 한다.
- 완제품을 만들 때 총가격이 340원 이하여야 한다.
- 부품 구성에서 중요도는 '가격 조건 만족 – 개수 – 소요시간' 순이다.

① A, D, E

② A, D, F

③ B, C, E

④ B, C, F

⑤ B, D, F

01 다음 제시된 단어와 그 의미가 다른 것은?

새벽

① 여명   ② 동트기

③ 상오   ④ 개동

02 다음 제시된 단어의 뜻으로 옳은 것은?

뜨더귀

① 폐지   ② 새내기

③ 간격   ④ 조각

03 다음 글의 내용과 가장 관련 있는 한자성어는?

> 농협 농가희망봉사단 소속 60여 명은 A지역 내 L씨를 비롯하여 C씨, M씨 등 3개 농가의 주택을 개보수하는 사랑의 집 고치기 봉사를 했다. 봉사단원들은 이날 이른 아침부터 저녁 늦게까지 지붕을 덧씌우고 낡은 벽을 수리하는 한편, 전선과 전등 등 전기시설 교체, 보일러 점검, 노후화된 장판과 싱크대 교체, 주거용 하우스 철거 및 이동식 주택 설치, 가스레인지 가설 등으로 온종일 구슬땀을 흘렸다.
> 이번 작업은 사전에 현지를 방문, 필요한 자재 등을 파악한 뒤 이뤄진 것이어서 매우 순조롭게 진행되었으며, 봉사단의 정성과 노력으로 새롭게 단장된 집 모습에 농가들은 연신 "고맙다."는 감사의 마음을 전했다.

① 음마투전(飮馬投錢)   ② 해의추식(解衣推食)

③ 괄목상대(刮目相對)   ④ 반계곡경(盤溪曲徑)

04 다음 중 밑줄 친 어휘의 맞춤법이 옳지 않은 것은?

① 그 일은 그렇게 <u>어물쩡</u> 넘어갈 일이 아니다.

② 그 이야기를 듣자 <u>웬일인지</u> 불길한 예감이 들었다.

③ 그 남자의 굳은살 <u>박인</u> 발을 봐.

④ 집에 가든지 학교에 <u>가든지</u> 해라.

05 다음 글을 읽고 논리적 순서대로 바르게 나열한 것은?

> (가) 나무를 가꾸기 위해서는 처음부터 여러 가지를 고려해 보아야 한다. 심을 나무의 생육조건, 나무의 형태, 성목이 되었을 때의 크기, 꽃과 단풍의 색, 식재지역의 기후와 토양 등을 종합적으로 생각하고 심어야 한다. 나무의 생육조건은 저마다 다르기 때문에 지역의 환경조건에 적합한 나무를 선별하여 환경에 적응하도록 해야 한다. 동백나무와 석류, 홍가시나무는 남부지방에 키우기 적합한 나무로 알려져 있지만 지구온난화로 남부수종의 생육한계선이 많이 북상하여 중부지방에서도 재배가 가능한 나무도 있다. 부산의 도로 중앙분리대에서 보았던 잎이 붉은 홍가시나무는 여주의 시골집 마당 양지바른 곳에서 3년째 잘 적응하고 있다.
>
> (나) 더불어 나무의 특성을 외면하고 주관적인 해석에 따라 심었다가는 훗날 낭패를 보기 쉽다. 물을 좋아하는 수국 곁에 물을 싫어하는 소나무를 심었다면 둘 중 하나는 살기 어려운 환경이 조성된다. 나무를 심고 가꾸기 위해서는 전체적인 밑그림을 그려보고 생태적 특징을 살펴본 후에 심는 것이 바람직하다.
>
> (다) 나무들이 밀집해있으면 나무들끼리의 경쟁은 물론 바람길과 햇빛의 방해로 성장은 고사하고 병충해에 시달리기 쉽다. 또한 나무들은 성장속도가 다르기 때문에 항상 다 자란 나무의 모습을 상상하며 나무들 사이의 공간 확보를 염두에 두어야 한다. 그러나 묘목을 심고 보니 듬성듬성한 공간을 메꾸기 위하여 자꾸 나무를 심게 되는 실수를 저지른다.
>
> (라) 식재계획의 시작은 장기적인 안목으로 적재적소의 원칙을 염두에 두고 나무를 선정해야 한다. 식물은 햇빛, 물, 바람의 조화를 이루면 잘 산다고 하지 않는가. 그래서 나무의 특성 중에서 햇볕을 좋아하는지 그늘을 좋아하는지, 물을 좋아하는지 여부를 살펴보는 것이 중요하다. 어린 묘목을 심을 경우 실수하는 것은 나무가 자랐을 때의 생육공간을 생각하지 않고 촘촘하게 심는 것이다.

① (가) – (나) – (다) – (라) ② (가) – (나) – (라) – (다)
③ (가) – (라) – (나) – (다) ④ (가) – (라) – (다) – (나)

06 다음 제시된 명제를 참이라 할 때 옳은 것은?

> 감자꽃은 유채꽃보다 늦게 피고 일찍 진다.

① 유채꽃이 피기 전이라면 감자꽃도 피지 않았다.
② 감자꽃과 유채꽃은 동시에 피어있을 수 없다.
③ 감자꽃은 유채꽃보다 오랫동안 피어있다.
④ 유채꽃은 감자꽃보다 일찍 진다.

07 다음 중 제시된 식을 계산한 값은?

$$4,646-2,351-5,456+5,441$$

① 2,080　　　　　　　　　　② 2,180

③ 2,280　　　　　　　　　　④ 2,380

08 $\dfrac{1}{\sqrt{x+1}+\sqrt{x}}+\dfrac{1}{\sqrt{x+1}-\sqrt{x}}$ 을 간단히 하면?

① $\sqrt{x-1}$　　　　　　　　② $\sqrt{x}$

③ $2\sqrt{x+1}$　　　　　　　④ $\dfrac{1}{\sqrt{x-1}}$

09 $x+\dfrac{1}{x}=3$일 때, $x^2+\dfrac{1}{x^2}$의 값은?

① 6　　　　　　　　　　② 7

③ 8　　　　　　　　　　④ 9

10 N전자에서는 30% 할인해서 팔던 노트북을 이월상품 정리기간에 할인된 가격의 10%를 추가로 할인해서 팔기로 하였다. 이 노트북은 원래 가격에서 얼마나 할인된 가격으로 판매되는 것인가?

① 36%　　　　　　　　　② 37%

③ 38%　　　　　　　　　④ 39%

11 A지점 지역농협 내 동아리에서 임원진(회장, 부회장, 총무)을 새롭게 선출하려고 한다. 동아리 전체 인원이 17명일 때, 회장, 부회장, 총무를 각 1명씩 뽑는 경우의 수는?(단, 작년에 임원진이었던 3명은 연임하지 못한다)

① 4,080가지　　　　　　　② 2,730가지

③ 2,184가지　　　　　　　④ 1,360가지

12 한 상자 안에 A회사에서 만든 A4용지 7묶음과 B회사에서 만든 A4용지 5묶음이 있다. 상자에서 A4용지를 한 묶음씩 두 번 꺼낼 때, 꺼낸 A4용지 묶음이 모두 A회사에서 만든 A4용지일 확률은? (단, 꺼낸 A4용지 묶음은 상자에 다시 넣지 않는다)

① $\dfrac{3}{22}$

② $\dfrac{2}{11}$

③ $\dfrac{5}{22}$

④ $\dfrac{7}{22}$

13 다음은 일정한 규칙으로 나열한 문자이다. 빈칸에 들어갈 알맞은 문자는?

| 캐 | 해 | 새 | 채 | 매 | 애 | ( ) |

① 매

② 배

③ 래

④ 채

14 N시는 2021년에 폐업 신고한 전체 자영업자를 대상으로 창업교육 이수 여부와 창업부터 폐업까지의 기간을 조사하였다. 다음은 조사결과를 이용하여 창업교육 이수 여부에 따른 기간별 생존비율을 비교한 자료이다. 이에 대한 설명으로 옳은 것은?

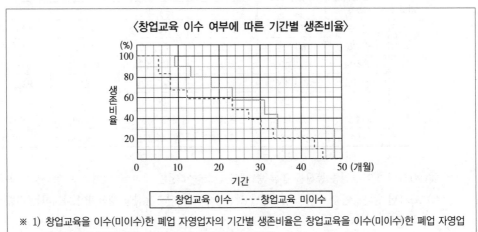

〈창업교육 이수 여부에 따른 기간별 생존비율〉

※ 1) 창업교육을 이수(미이수)한 폐업 자영업자의 기간별 생존비율은 창업교육을 이수(미이수)한 폐업 자영업자 중 생존기간이 해당 기간 이상인 자영업자의 비율임
2) 생존기간은 창업부터 폐업까지의 기간을 의미함

① 창업교육을 이수한 폐업 자영업자 수가 창업교육을 미이수한 폐업 자영업자 수보다 더 많다.
② 창업교육을 미이수한 폐업 자영업자의 평균 생존기간은 창업교육을 이수한 폐업 자영업자의 평균 생존기간보다 더 길다.
③ 창업교육을 이수한 폐업 자영업자의 생존비율과 창업교육을 미이수한 폐업 자영업자의 생존비율의 차이는 창업 후 20개월에 가장 크다.
④ 창업교육을 미이수한 폐업 자영업자 중 생존기간이 10개월 미만인 자영업자의 비율은 20% 이상이다.

15 다음은 2021년과 2020년 친환경인증 농산물의 생산 현황에 대한 자료이다. 이에 대한 설명으로 옳지 않은 것은?

〈종류별 · 지역별 친환경인증 농산물 생산 현황〉

(단위 : 톤)

구분		2021년				2020년
		합계	인증형태			
			유기 농산물	무농약 농산물	저농약 농산물	
종류	곡류	343,380	54,025	269,280	20,075	371,055
	과실류	341,054	9,116	26,850	305,088	457,794
	채소류	585,004	74,750	351,340	158,914	753,524
	서류	41,782	9,023	30,157	2,602	59,407
	특용작물	163,762	6,782	155,434	1,546	190,069
	기타	23,253	14,560	8,452	241	20,392
	합계	1,498,235	168,256	841,513	488,466	1,852,241
지역	서울	1,746	106	1,544	96	1,938
	부산	4,040	48	1,501	2,491	6,913
	대구	13,835	749	3,285	9,801	13,852
	인천	7,663	1,093	6,488	82	7,282
	광주	5,946	144	3,947	1,855	7,474
	대전	1,521	195	855	471	1,550
	울산	10,859	408	5,142	5,309	13,792
	세종	1,377	198	826	353	0
	경기도	109,294	13,891	71,521	23,882	126,209
	강원도	83,584	17,097	52,810	13,677	68,300
	충청도	159,495	29,506	64,327	65,662	207,753
	전라도	611,468	43,330	443,921	124,217	922,641
	경상도	467,259	52,567	176,491	238,201	457,598
	제주도	20,148	8,924	8,855	2,369	16,939
	합계	1,498,235	168,256	841,513	488,466	1,852,241

① 2021년 친환경인증 농산물 종류 중 생산 감소량이 전년 대비 세 번째로 큰 농산물은 곡류이다.

② 2021년 친환경인증 농산물의 종류별 생산량에서 무농약 농산물 생산량이 차지하는 비중은 서류가 곡류보다 크다.

③ 2021년 각 지역 내에서 인증형태별 생산량 순위가 서울과 같은 지역은 인천과 강원도뿐이다.

④ 2021년 친환경인증 농산물의 생산량이 전년 대비 30% 이상 감소한 지역은 총 2곳이다.

16 다음 (가) ~ (다)의 문제해결 방법을 바르게 연결한 것은?

> (가) : 상이한 문화적 토양을 가지고 있는 구성원을 가정하고, 서로의 생각을 직설적으로 주장하고 논쟁이나 협상을 통해 서로의 의견을 조정해 가는 방법이다. 이때 논리, 즉 사실과 원칙에 근거한 토론이 중심적 역할을 한다.
>
> (나) : 깊이 있는 커뮤니케이션을 통해 서로의 문제점을 이해하고 공감함으로써 창조적인 문제해결을 도모한다. 초기에 생각하지 못했던 창조적인 해결 방법이 도출되고, 동시에 구성원의 동기와 팀워크가 강화된다.
>
> (다) : 조직 구성원들을 같은 문화적 토양을 가지고 이심전심으로 서로를 이해하는 상황으로 가정한다. 무언가를 시사하거나 암시를 통하여 의사를 전달하고 기분을 서로 통하게 함으로써 문제해결을 도모하려고 한다.

	(가)	(나)	(다)
①	퍼실리테이션	하드 어프로치	소프트 어프로치
②	소프트 어프로치	하드 어프로치	퍼실리테이션
③	소프트 어프로치	퍼실리테이션	하드 어프로치
④	하드 어프로치	퍼실리테이션	소프트 어프로치

17 다음과 같은 〈조건〉의 프로젝트를 최단기간에 완료하는 데 투입되는 최소 인력은?

> **조건**
> • 프로젝트는 A부터 E까지의 작업으로 구성되며, 모든 작업은 동일 작업장 내에서 행해진다.
> • 각 작업의 필요 인원과 기간은 다음과 같다.
>
> | 구분 | A작업 | B작업 | C작업 | D작업 | E작업 |
> | --- | --- | --- | --- | --- | --- |
> | 필요 인원(명) | 5 | 3 | 5 | 2 | 4 |
> | 기간(일) | 10 | 18 | 50 | 18 | 16 |
>
>   – B작업은 A작업이 완료된 이후에 시작할 수 있음
>   – E작업은 D작업이 완료된 이후에 시작할 수 있음
> • 각 인력은 A부터 E까지 모든 작업에 동원될 수 있으며, 각 작업에 투입된 인력의 생산성은 동일하다.
> • 각 작업의 필요 인원은 증원 또는 감원될 수 없다.

① 8명　　　　　　　　　　　② 9명

③ 10명　　　　　　　　　　④ 12명

18 독일인 N씨는 베를린에서 한국을 경유하여 일본으로 가는 비행기표를 구매하였다. N씨의 일정이
다음과 같을 때, N씨가 인천공항에 도착하는 한국시각과 N씨가 참여했을 환승투어를 바르게 연결
한 것은?(단, 제시된 조건 외에 고려하지 않는다)

<table>
<tr><td colspan="4" align="center">〈N씨의 일정〉</td></tr>
<tr><td>한국행 출발시각
(독일시각 기준)</td><td>비행시간</td><td>인천공항 도착시각</td><td>일본행 출발시각
(한국시각 기준)</td></tr>
<tr><td>11월 2일 19:30</td><td>12시간 20분</td><td></td><td>11월 3일 19:30</td></tr>
</table>

※ 독일은 한국보다 8시간 느림
※ 비행 출발 1시간 전에는 공항에 도착해야 함

〈환승투어 코스 안내〉

구분	코스	소요 시간
엔터테인먼트	• 인천공항 → 파라다이스시티 아트테인먼트 → 인천공항	2시간
인천시티	• 인천공항 → 송도한옥마을 → 센트럴파크 → 인천공항 • 인천공항 → 송도한옥마을 → 트리플 스트리트 → 인천공항	2시간
산업	• 인천공항 → 광명동굴 → 인천공항	4시간
전통	• 인천공항 → 경복궁 → 인사동 → 인천공항	5시간
해안관광	• 인천공항 → 을왕리해변 또는 마시안해변 → 인천공항	1시간

	도착시각	환승투어
①	11월 2일 23:50	산업
②	11월 2일 15:50	엔터테인먼트
③	11월 3일 23:50	전통
④	11월 3일 15:50	인천시티

19 A는 N은행의 자유적금 상품에 2020년 9월에 가입하였고, 20개월 동안 매월 100,000원씩 납입하고자 한다. A가 다음의 〈보기〉에 따라 우대금리의 적용을 받을 때, 만기 도래 시 A가 받을 적용금리와 만기환급금액으로 옳은 것은?

- 상품명 : 자유적금
- 가입대상 : 실명의 개인
- 계약기간 : 6개월 이상 36개월 이하(월 단위)
- 정액적립식 : 신규 약정 시 약정한 월 1만 원 이상의 저축금액을 매월 약정일에 동일하게 저축
- 세금 : 비과세혜택 적용
- 이자지급방식 : 만기일시지급식, 단리식
- 기본금리

구분	6개월 이상 12개월 미만	12개월 이상 24개월 미만	24개월 이상 36개월 미만	36개월
금리	1.4%	1.8%	2.0%	2.2%

※ 만기 전 해지 시 1.1%의 금리가 적용됨

- 우대금리
  다음 각 우대사항에 따른 우대금리는 0.2%p로 동일함

구분	우대조건
자동이체 저축	이 적금의 계약기간에 해당하는 개월 수 이상 회차를 납입한 계좌 중 총납입회차의 2/3 이상을 자동이체를 이용하여 입금한 경우
장기거래	이 적금의 신규 시에 예금주의 당행 거래기간이 5년 이상인 경우
첫 거래	이 적금의 신규 시에 당행의 예적금(청약 관련 상품 제외) 상품을 보유하지 않은 경우
주택청약종합저축	이 적금의 신규일로부터 3개월이 속한 달의 말일을 기준으로 주택청약종합저축을 보유한 경우

보기

- A는 2020년 9월 납입분부터 2021년 8월 납입분까지를 자동이체로 납입하였다.
- A는 2021년 9월 납입분부터 2022년 2월 납입분까지를 인터넷뱅킹으로 납입하였다.
- A는 2014년부터 N은행을 이용해 거래하였다.
- A는 2020년 11월 9일에 N은행을 통해 주택청약종합저축에 가입하였다.
- A는 2019년 1월에 계약기간이 12개월인 N은행의 K적금 상품에 가입하였다.

	적용금리	만기환급금액
①	2.2%	2,015,000원
②	2.2%	2,020,000원
③	2.4%	2,021,000원
④	2.4%	2,042,000원

06 2021년 기출복원문제

정답 및 해설 p.053

01 70문항 유형

※ 다음 제시된 단어에서 공통으로 연상할 수 있는 단어로 가장 적절한 것을 고르시오. [1~3]

01

돼지 소 염소

① 구제역 ② 광우병
③ 조류인플루엔자 ④ 과수화상병
⑤ 탄저병

02

주스 무가당 천연과즙

① 무설탕 ② 천연당
③ 유기농 ④ 무농약
⑤ 친환경

03

팥죽 절기 겨울

① 입춘 ② 추분
③ 입동 ④ 대설
⑤ 동지

04

> 이번 기회에 꼭 합격하기로 마음을 <u>먹었다</u>.

① 상대의 반칙에 앙심을 <u>먹고</u> 복수하였다.
② 실수로 연탄가스를 <u>마셨다</u>.
③ 상대방의 공격에 겁을 <u>먹어</u> 움직일 수가 없었다.
④ 기말시험에서 1등을 <u>먹었다</u>.
⑤ 강력한 슈팅에 한 골 <u>먹었다</u>.

05

> 구석에 숨어 그곳에서 일어나는 상황을 <u>엿볼</u> 수 있었다.

① 너무 궁금해서 쥐구멍을 통해 <u>엿보았다</u>.
② 좁은 문틈으로 무엇을 하고 있는지 <u>엿보았다</u>.
③ 골목 뒤에서 기회를 <u>엿보다가</u> 친구를 놀래켜 주었다.
④ 이번에 고백할 여인의 마음을 <u>엿보고</u> 싶다.
⑤ 라이벌의 생각을 <u>엿보며</u> 반격할 기회를 살피고 있다.

06

> 훈련을 통해 체력을 <u>기르다</u>.

① 까치 새끼를 <u>기르다</u>.
② 아이를 잘 <u>기른다</u>.
③ 좋은 버릇을 <u>길러라</u>.
④ 수양을 통해 정신을 <u>길렀다</u>.
⑤ 수염을 길게 <u>기르다</u>.

07 다음 중 띄어쓰기가 옳지 않은 문장은?

① 내가 사랑하는 사람은 너뿐이야.

② 너만큼 나도 강해졌어.

③ 나 이곳에 자주 올 거야.

④ 공부밖에 재미있는 것이 없어.

⑤ 집에 가서 밥 먹어야할 텐데.

※ 다음 글과 가장 관련이 깊은 한자성어를 고르시오. [8~9]

08

> 정책을 결정하는 사람들이 모여 회의를 하고 있다. 이들 중 한 명은 국민 지원금으로 1인당 1억 원을 지급하여 다들 먹고 살 수 있게 하면 자영업자의 위기를 해결할 수 있다고 말하고 있고, 다른 한 명은 북한이 자꾸 도발을 하니 지금이라도 기습 공격을 하면 통일 문제가 해결된다고 하였다. 가만히 듣고 있던 누군가가 일본·중국에 대한 여론이 나쁘니 두 나라와 무역 및 외교를 금지하면 좋지 않겠냐고 하니 회의에 참여한 사람들이 서로 좋은 의견이라고 칭찬했다.

① 토사구팽(兎死狗烹)　　　　　② 계명구도(鷄鳴狗盜)

③ 표리부동(表裏不同)　　　　　④ 사면초가(四面楚歌)

⑤ 탁상공론(卓上空論)

09

> 까마귀는 까만 자기의 깃털을 좋아하지 않았다. 주변의 공작새, 파랑새, 백조 등을 보고 자신도 밝고 화려한 색을 가지고 싶었다. 까마귀는 결국 주변의 다른 색의 깃털을 모아서 자신의 몸을 치장하며, 자신도 밝고 화려한 색을 가진 새가 되려고 하였다. 주변의 다른 새들은 까마귀를 보면서 말렸지만 까마귀는 멈추지 않고 계속 털을 모으고 치장하였다.

① 오매불망(寤寐不忘)　　　　　② 이란투석(以卵投石)

③ 사필귀정(事必歸正)　　　　　④ 미생지신(尾生之信)

⑤ 육지행선(陸地行船)

10 다음 글에 대한 설명으로 가장 적절한 것은?

> 인공지능을 면접에 활용하는 일이 논의되고 있다. 인공지능 앞에서 면접을 보느라 진땀을 흘리는 인간의 모습을 보게 될 날이 머지않은 듯하다. 미래에 인공지능이 인간의 고유한 영역까지 대신할 것이라고 혹자들은 말하지만, 과연 인공지능이 인간을 대신할 수 있을까?
>
> 인공지능은 인간의 삶을 편리하게 돕는 도구일 뿐이다. 인간이 만든 도구인 인공지능이 인간을 평가할 수 있는지에 대해 생각해 볼 필요가 있다. 도구일 뿐인 기계가 인간을 평가하는 것은 정당하지 않다. 인간이 개발한 인공지능이 인간을 판단한다는 것은 주체와 객체가 뒤바뀌는 상황이 발생함을 의미한다.
>
> 인공지능이 발전하더라도 인간과 같은 사고는 불가능하다. 인공지능은 겉으로 드러난 인간의 말과 행동을 분석하지만 인간은 말과 행동 너머의 의미까지 고려하여 사고한다. 인공지능은 빅데이터를 바탕으로 결과를 도출해 내는 기계에 불과하므로 통계적 분석을 할 뿐, 타당한 판단을 할 수 없다. 기계가 타당한 판단을 할 것이라는 막연한 기대를 한다면 머지않아 인간이 기계에 예속되는 상황이 벌어질지도 모른다.
>
> 인공지능은 사회적 관계를 맺을 수 없다. 반면 인간은 사회에서 의사소통을 통해 관계를 형성한다. 이 과정에서 축적된 경험을 바탕으로, 인간은 타인의 잠재력을 발견할 수 있다.

① 인공지능과 인간의 공통점을 통해 논지를 주장하고 있다.
② 인공지능은 빅데이터를 바탕으로 타당한 판단을 할 수 있다.
③ 인공지능은 의사소통을 통해 사회적 관계를 형성한다.
④ 미래에 인공지능이 인간을 대체할 것이다.
⑤ 인공지능이 인간을 평가하는 것은 정당하지 않다.

11 다음 글의 순서를 바르게 나열한 것은?

> ㄱ. 농협은 이달 초 전국 8개 김치공장 운영농협 조합장 등이 참석한 가운데 김치공장의 통합을 확약하는 합의각서(MOA)를 체결하였다.
> ㄴ. 농협은 이 같은 김치공장의 통합은 지난해 중국의 김치종주국 억지주장과 비위생적인 절임배추 영상 등으로 촉발된 국민들의 안심 먹거리에 대한 관심에 부응하고, 또 100% 우리농산물로 안전하고 위생적으로 만든 농협김치의 경쟁력 제고를 위해 추진하게 되었다고 전했다.
> ㄷ. 이번 합의각서에는 김치공장의 통합방식, 통합조공법인 내 조직 및 인력 구성, 생산특화 및 통합브랜드 운영 등 운영의 전반에 걸친 사항이 포함되어 있다.
> ㄹ. 또한 다가오는 설 명절을 맞이하여 김치를 밀폐용기에 담아 편리성과 고급스러움을 강조한 '국민명품세트'와 김치, 떡국떡, 한우곰탕, 만두로 구성된 '국민밥상세트'도 새롭게 선보일 계획이라고 밝혔다.

① ㄱ - ㄴ - ㄷ - ㄹ   ② ㄱ - ㄷ - ㄴ - ㄹ
③ ㄴ - ㄷ - ㄱ - ㄹ   ④ ㄷ - ㄱ - ㄹ - ㄴ
⑤ ㄹ - ㄱ - ㄷ - ㄴ

12 다음과 같이 일정한 규칙으로 수를 나열할 때, 빈칸에 들어갈 알맞은 수는?

-2	-18	-16.3	-146.7	-145	( )

① -694 ② -883
③ $-1,194$ ④ $-1,305$
⑤ $-1,584$

13 다음은 일정한 규칙을 가진 수를 나열한 것이다. 이 중 규칙이 다른 것은?

① 4 8 12 16 20   ② 3 6 9 12 15
③ 1 2 4 8 16 32   ④ 2 4 6 8 10 12
⑤ 5 10 15 20 25

14 두 개의 주사위를 굴려 눈의 합이 12 이상이 나오는 확률과 눈의 합이 7이 나오는 확률의 합은?

① $\dfrac{1}{36}$ ② $\dfrac{1}{12}$

③ $\dfrac{5}{36}$ ④ $\dfrac{7}{36}$

⑤ $\dfrac{1}{4}$

15 농협에서 근무하는 전체 여직원과 남직원의 비율이 3 : 2이고, 여직원 중 안경을 쓴 비율은 20%, 남직원 중 안경을 쓴 비율이 80%라고 할 때, 전체 직원 중 안경을 쓴 비율은?

① 18% ② 22%

③ 28% ④ 34%

⑤ 44%

16 A, B는 농사에 필요한 농기구를 옮기고 있다. 둘은 농기구를 1시간 50분 동안 옮겼으며, A는 1시간 30분 동안 100개를 옮기고 사이사이 20분을 쉬었으며, B는 쉬지 않고 옮겨서 110개를 옮겼다. B가 농기구를 옮긴 일률은 A가 농기구를 옮긴 일률의 약 몇 %인가?(단, 일률은 1시간 동안 쉬지 않고 옮긴 농기구 수이고, 일률 및 비율은 소수점 첫째 자리에서 버림한다)

① 90% ② 91%

③ 92% ④ 93%

⑤ 94%

17 다음은 농협의 행복이음 정기적금 상품에 대한 내용이다. 이 상품에 가입한 고객 A가 만기시점에 받을 만기환급금은?(단, 상품은 비과세·단리 상품이다)

〈행복이음 정기적금〉

- 상품특징
  - 도시와 농촌이 상생할 수 있도록 맺고 이어주는 금융상품
- 가입자격
  - 실명의 개인
- 대상과목
  - 정기적금
- 가입금액
  - 최소 가입금액 1만 원 이상(불입한도 없음)
- 기본금리
  - 연 2%
- 계약기간
  - 1년 이상 3년 이내 연 단위(계약기간 연장 불가)
- 우대금리
  우대조건을 충족하고 이 예금을 만기해지하는 경우 해당 우대금리를 기본금리에 추가하여 제공. 단, 우대조건 범위 내에서 농·축협별로 적용하되 우대금리의 최대한도는 연 0.7%p 이내로 적용

우대조건	우대금리
1. 조합원(준조합원 포함) 우대금리	0.1%p
2. 가족 동반가입 우대	0.1%p
3. 행복이음 패키지 보유 고객	0.1%p
4. 가입월부터 만기전전월까지 농·축협 채움 / BC카드(주) 승인실적 300만 원 이상(현금 서비스 제외)	0.1%p
5. 가입월부터 만기전전월까지 경제사업이용실적(주) 100만 원 이상	0.1%p
6. 농·축협별 자체 우대(하나로 가족고객, 공과금 이체 등)	0.2%p

〈A의 가입내역〉

- 기간 : 3년
- 금액 : 월초 100만 원
- 기타 : 행복이음 패키지 보유, 준조합원, 해당 지점 계좌로 공과금 이체

① 36,221,000원
② 36,462,000원
③ 37,221,000원
④ 37,332,000원
⑤ 37,452,000원

18 다음은 N은행에 대한 SWOT 분석 결과이다. 이를 토대로 판단할 때, 빈칸에 들어갈 전략이 잘못 연결된 것은?

<표>

〈SWOT 분석 결과〉

구분	분석 결과
강점(Strength)	• 대중적으로 알려진 인지도 • 안정적인 자금력
약점(Weakness)	• N은행에는 자산이 많은 부유층 고객 수가 적음 • 농업인들을 위한 은행이라는 인식
기회(Opportunity)	• 다른 은행들의 부유층 고객들이 최근 주거래 은행을 옮기는 현상 발생 • 최근 정부의 금융상품에 대한 규제 완화
위협(Threat)	• 신규 온라인 은행들의 설립과 관련 정책 활성화 • 농업인, 어업인 등 특정 단체를 위한 은행 출범

구분	강점(S)	약점(W)
기회(O)	안정적인 자금력을 대중들에게 홍보하여 부유한 고객을 영업한다.	㉠
위협(T)	㉡	㉢

① ㉠ : 농업인이 아닌 다양한 국민들이 이용할 수 있는 새로운 금융상품을 만들어 판매한다.

② ㉠ : 규제 전에 할 수 없던 고금리 금융상품을 만들어 부유층 고객에게 어필한다.

③ ㉡ : 대중에게 자금력이 안정적인 것을 어필하여 신규 은행보다 재무적으로 안정됐다는 것을 인식시킨다.

④ ㉡ : 안정적인 자금력을 어필하여 부유층 고객이 안심할 수 있다는 점을 중점으로 광고한다.

⑤ ㉢ : 신규 온라인 은행과 특정인을 위한 은행의 상품보다 혜택이 좋은 금융상품 개발을 통해 시장을 선점한다.

19 다음 중 창의적 사고 기법에 대한 설명으로 옳은 것은?

① 브레인스토밍은 여러 사람의 아이디어를 합친 후 최적의 대안을 찾는다.

② 자유연상법은 주제의 본질과 닮은 것을 힌트로 발상하는 방법이다.

③ 비교발상법은 각종 힌트에 강제적으로 연결 지어서 발상하는 방법이다.

④ NM법은 서로 관련이 없어 보이는 것들을 조합하여 새로운 것을 도출하는 방법이다.

⑤ 시네틱스는 대상과 비슷한 것을 찾아내 그것을 힌트로 새로운 아이디어를 생각하는 방법이다.

※ 다음 제시된 단어의 유의어를 고르시오. [1~3]

01

털끝

① 일호   ② 끝장

③ 관대   ④ 궁극

02

안손님

① 바깥손님   ② 여객

③ 외객   ④ 동료

03

군더더기

① 쭉   ② 빈약

③ 이연   ④ 사족

04 다음은 농협의 인재상에 대한 설명이다. 밑줄 친 단어의 쓰임이 적절하지 않은 것은?

① 항상 열린 마음으로 계통 간, 구성원 간에 존경과 협력을 다하여 조직 전체의 성과가 극대화될 수 있도록 시너지 <u>재고</u>를 위해 노력하는 인재

② 꾸준히 자기<u>계발</u>을 통해 자아를 성장시키고, 유통·금융 등 맡은 분야에서 최고의 전문가가 되기 위해 지속적으로 노력하는 인재

③ <u>매사</u>에 혁신적인 자세로 모든 업무를 투명하고 정직하게 처리하여 농업인과 고객, 임직원 등 모든 이해관계자로부터 믿음과 신뢰를 받는 인재

④ 미래지향적 도전의식과 창의성을 바탕으로 새로운 사업과 성장<u>동력</u>을 찾기 위해 끊임없이 변화와 혁신을 추구하는 역동적이고 열정적인 인재

PART 2

기출복원문제

05 다음 밑줄 친 단어의 한자 표기로 옳은 것은?

> 이번에 <u>사업</u>으로 큰 손해를 본 A씨는 다음 투자는 신중히 해야겠다고 마음속으로 <u>결의</u>하였다.

	사업	결의
①	司業	決議
②	邪業	決意
③	邪業	決議
④	事業	決意

06 다음 중 공문서 작성법에 대한 설명으로 옳지 않은 것은?

① 연도와 월일을 함께 기입한다.

② 주로 구어체로 작성한다.

③ 목적이 드러나도록 작성한다.

④ 마지막에 '끝'자로 마무리한다.

07 다음 글을 읽고 알 수 있는 내용으로 적절하지 않은 것은?

지구 온난화 현상의 이유는 이산화탄소가 많아져서 오존층에 구멍을 내고, 이 구멍으로 햇빛이 오존층으로 걸러지지 않고 바로 들어오는 것으로 추정되고 있다. 오존층에 걸러지지 않고 들어온 햇빛은 우리의 피부를 상하게 할 수 있고, 비가 내리지 않게 함으로 식물들은 말라서 다 죽고, 풀을 먹는 동물들이 죽고 육식동물이 죽고 결국 우리 사람도 죽어서 멸망에 이를 수 있다. 또한 지구가 온난화되면서 빙하가 녹으면서 해수면 상승 등이 야기된다.

지구 온난화의 원인은 명확하게 규명되지 않았으나, 전문가들은 온실효과를 일으키는 온실기체가 유력한 원인으로 보고 있다. 온실기체는 이산화탄소가 대표적이며 인류의 산업화가 진행되면서 그 양 역시 계속 증가하고 있다. 특히 현대에 사용하기 시작한 프레온가스는 한 분자당 온실효과를 가장 크게 일으키는 원인이 된다. 또한 숲을 파괴하는 등 환경오염 때문에 산호초가 줄어드는 것에 의해서 온난화 현상이 심해진다는 가설도 있다. 나무나 산호가 줄어듦으로써 공기 중에 있는 이산화탄소를 자연계가 흡수하지 못해서 이산화탄소의 양이 계속 증가한다는 것이다. 이러한 가설 이외에도 태양 방사선이 온도 상승에 영향을 준다는 등의 가설이 있지만, 온실효과 이외에는 뚜렷한 과학적 합의점은 아직 없다.

이 온난화 현상을 해결하는 방안으로는 시민들이 할 수 있는 일이 가장 많다. 시민들은 스프레이나 에어컨 사용을 줄여서 프레온 가스 배출량을 낮춰 공기 중의 이산화탄소 함량을 줄일 수 있고, 나무 심기를 통해 공기 중 산소량을 늘려 지구 온난화도 막을 수 있다. 그 외에도 환경친화적 상품으로의 소비양식 전환, 폐기물 재활용의 실천, 나무를 심고 가꾸기를 생활화 등이 온난화 현상을 막을 수 있는 방안이다.

① 지구 온난화는 인류를 멸망시킬 수 있다.

② 온실기체를 지구 온난화를 유발하는 원인으로 보고 있다.

③ 지구 온난화는 본질적으로 해결할 수 없다.

④ 프레온 가스는 온실 기체 중 지구 온난화에 큰 영향을 미친다.

08 다음 글의 내용으로 가장 적절한 것은?

최근 농협이 '스마트 가축시장 플랫폼' 구축 사업을 추진 중인 가운데 시범사업 축협 3개소 신규 도입 완료에 이어 무진장축협 장계 스마트 가축시장을 정식으로 오픈하여 본격 사업 추진에 돌입하였다.

'스마트 가축시장 플랫폼'이란 스마트폰을 활용한 비대면 가축시장 경매 플랫폼으로, 스마트폰에 응찰, 경매 실황 중계, 스마트 경매 안내 시스템 등의 새로운 기능이 탑재되어 기존 가축시장의 비효율적 업무가 개선되고, 경매 참여자에게 한층 더 높은 서비스를 제공할 수 있다는 기대를 받고 있는 사업이다.

스마트 가축시장 플랫폼은 경매 참여자는 경매 시간에 맞춰 '가축시장' 앱을 실행한 뒤, 개체정보를 확인한 후 가격을 제출하는 방식으로 진행되며, 낙찰이 이뤄지게 되면 낙찰자번호와 낙찰가 등 여러 정보 역시 실시간으로 확인이 가능하다. 이에 따라 타 지역에서도 스마트폰 하나로 실시간 경매 상황을 확인하는 것은 물론 경매 응찰까지도 가능해 지고 있어 호평을 받고 있다.

이처럼 굳이 가축시장까지 나가지 않아도 실시간으로 경매에 참여하거나 낙찰정보를 확인할 수 있어 가축시장에 나오지 않는 농가가 크게 늘어 '과거에 보기 힘든 풍경'이라는 현장의 목소리도 나오고 있다. 뿐만 아니라 이 과정이 전자 시스템을 통해 이뤄지면서 경매정보 관리도 용이해지고 인력 운영이 편리해진 장점이라는 평도 있다.

① 스마트 가축시장 플랫폼을 통해 축사의 스마트관리가 가능해졌다.
② 스마트 가축시장 플랫폼은 공간 제약은 받지 않지만, 시간의 제약을 받는다.
③ 가축시장 경매에 참여하기 위해서는 반드시 스마트폰이 필요하다.
④ 기존 가축시장 경매에서는 실시간으로 경매 상황을 확인할 수 없었다.

09 영수증을 정리하려고 하는데 영수증에 지워진 부분이 있었다. 이 영수증의 단가에서 지워진 수를 a, b, c라고 할 때, $(6 \times a) + (31 \times b) + (9 \times c)$의 값을 바르게 구한 것은?

〈영수증〉

상품명	단가	수량	금액
○○비료	56a300원	1	지워짐
○○사료	4bc80원	1	지워짐
−		합계	1,050,380원

※ a, b, c는 연속하는 수로 세 수의 합은 27임(단, a, b, c는 순서 없이 나타낸 것이다)

① 205   ② 314
③ 386   ④ 392

10 A ~ E는 감자, 고구마, 오이, 토마토, 고추 순으로 한 명씩 돌아가며 밭을 가꾸기로 하였다. D가 가꾸는 작물은?

- A는 토마토와 고추만 가꿀 줄 안다.
- D는 오이를 가꿀 줄 모른다.
- E는 고추만 가꿀 줄 한다.
- C는 감자와 토마토만 가꿀 줄 안다.

① 감자
② 고구마
③ 오이
④ 토마토

11 다음 명제가 모두 참일 때, 반드시 참인 것은?

- 축산업이 발전하면 소득이 늘어난다.
- 해외수입이 줄어들면 축산업이 발전한다.

① 해외수입이 줄어들면 소득이 줄어든다.
② 해외수입이 늘어나면 소득이 늘어난다.
③ 축산업이 발전되지 않으면 소득이 늘어난다.
④ 해외수입이 줄어들면 소득이 늘어난다.

12 다음과 같이 자동차를 탑승할 때, 자리 배치로 옳은 것은?

- 탑승인원은 운전자, 팀장, 대리, 사원이다.
- 4인용 승용차에 탑승한다.
- 운전자가 제일 하급자이며, 팀장이 제일 상급자이다.
- 대리가 사원보다 상급자이다.

	조수석	조수석 뒤	운전석 뒤
①	대리	팀장	사원
②	팀장	대리	사원
③	팀장	사원	대리
④	사원	팀장	대리

13 다음 1분기 예산서에서 간접비의 총액은?

비목	금액	세목
〈1분기 예산서〉		
가. 인건비(5명)	930,000원	– 1월 : 300,000원 – 2월 : 250,000원 – 3월 : 380,000원
나. 장비 및 재료비	4,500,000원	– 프로그램 구입비 : 1,000,000원 – 컴퓨터 구입비 : 1,500,000원 – 시제품 제작비 : 2,000,000원
다. 활동비	1,200,000원	– 조사비 : 800,000원 – 인쇄비 : 400,000원
라. 프로젝트 추진비	1,000,000원	– 여비 : 700,000원 – 회의비 : 300,000원
마. 일반관리비	7,500,000원	– 공과금 : 4,000,000원 – 건물관리비 : 3,500,000원
합계	15,130,000원	–

① 7,500,000원

② 7,630,000원

③ 8,700,000원

④ 9,700,000원

14 N모임에서 단체로 회식을 하였다. 다음 메뉴와 주문 상황을 보고 N모임에서 지불한 회식비용을 바르게 구한 것은?

〈메뉴〉

구분	가격	할인
A세트	34,000원	A세트를 3개 이상 주문 시 1개 무료
B세트	28,000원	–
C세트	30,000원	C세트를 3개 이상 주문 시 1개 무료
주류	4,000원	–
음료수	1,000원	–

※ 총가격이 200,000원 초과면 10% 할인됨
※ 할인 메뉴의 경우, 3세트 이상 주문하면 총주문 세트 중 1세트를 무료로 줌

〈주문 상황〉

• N모임의 회식에는 총 10명이 참석하였다.
• 술을 마시는 사람은 모두 주류를 1개씩 주문하였고, 음료수도 1개씩 주문하였다.
• 술을 못 마시는 사람 4명은 음료수를 2개씩 주문하였다.
• 3명은 A세트를 1개씩 주문하였다.
• 2명은 B세트를 1개씩 주문하였다.
• 5명은 C세트를 1개씩 주문하였다.

① 241,500원 ② 245,100원
③ 253,800원 ④ 260,800원

15 다음은 N공공기관의 작년 한 해 동안 선물을 주고받은 자료이다. 〈보기〉 중 김영란법(부정청탁 및 금품 등 수수의 금지에 관한 법률)에 위배되는 사람을 모두 고르면?(단, 주어진 정보 이외의 법은 무시하며, N공공기관의 회계연도는 1/1 ~ 12/31이다)

〈부정청탁 및 금품 등 수수의 금지에 관한 법률 〉

제8조(금품 등의 수수 금지)

① 공직자 등은 직무 관련 여부 및 기부·후원·증여 등 그 명목에 관계없이 동일인으로부터 1회에 100만 원 또는 매 회계연도에 300만 원을 초과하는 금품 등을 받거나 요구 또는 약속해서는 아니 된다.

보기

- A : 1분기에 산삼 액기스 1개, 홍삼 4개, 인삼주 5개, 상황버섯 6개를 J로부터 선물받았다.
- B : 여름에는 사과 주스 착즙액 12개, 도라지 고농축액 8개, 상황버섯 4개를 P에게, 가을에는 홍삼 3개, 인삼주 2개를 R에게 각각 선물하였다.
- C : 1년 동안 F에게 산삼 액기스 2개, 홍삼 4개, 사과 주스 착즙액 5개, 도라지 고농축액 3개, 인삼주 3개, 상황버섯 1개를 짝수 달마다 한 품목씩 선물하였다.
- D : 작년 1월 설연휴 3일 동안 날마다 산삼 액기스 1개, 4월 식목일에 홍삼 2개, 5월 어린이날 도라지 고농축액 2개, 6월 현충일에 인삼주 6개를 G로부터 선물받았다. 인삼주는 한 번에 받았다.
- E : 2분기에 산삼 액기스 1개, 인삼주 5개를 K로부터 선물받았고, 4분기에 K에게 홍삼 5개, 상황버섯 2개를 선물하였다.

※ 한 번에 받았다고 명시되지 않은 선물은 여러 번에 나누어 주고받음

〈상품 가격〉

- 산삼 액기스 : 38만 원
- 홍삼 : 24만 원
- 사과 주스 착즙액 : 6만 원
- 도라지 고농축액 : 11만 원
- 인삼주 : 18만 원
- 상황버섯 : 12만 원

※ 모두 상품 1개당 가격이다.

① A, B   ② B, C

③ C, D   ④ D, E

정답 및 해설 p.060

01 70문항 유형

01 다음 빈칸에 들어갈 단어로 가장 적절한 것은?

> 음성본인확인 서비스는 개인이 갖고 있는 100가지 이상의 목소리 특징을 모은 정보로 고객의 목소리를 _____하여 이를 상담과 금융 거래에 활용하는 기술이다.

① 판별   ② 구별
③ 구분   ④ 식별
⑤ 분별

02 다음 제시된 단어의 대응 관계로 볼 때, 빈칸에 들어갈 단어로 가장 적절한 것은?

> 마수걸이 : 개시 = 또렷하다 : (　　)

① 흐릿하다   ② 복잡하다
③ 깔끔하다   ④ 선명하다
⑤ 산뜻하다

03 다음 제시된 단어의 관계와 유사한 것은?

> 모임 – 회합

① 밀물 – 썰물   ② 운영 – 운용
③ 죽음 – 탄생   ④ 이야기 – 대화
⑤ 보조개 – 볼우물

04 다음 제시된 단어와 반대되는 의미의 단어는?

> 느긋하다

① 설면하다   ② 성마르다
③ 평탄하다   ④ 원만하다
⑤ 무사하다

※ 다음 제시된 단어에서 공통으로 연상할 수 있는 단어로 가장 적절한 것을 고르시오. [5~7]

05

> 깃털   네트   라켓

① 배구   ② 탁구
③ 테니스   ④ 배드민턴
⑤ 스쿼시

06

> 신라시대   운문   향찰

① 속요   ② 시조
③ 한시   ④ 가사
⑤ 향가

07

> 짜다   액체   메주

① 소금   ② 식초
③ 간장   ④ 된장
⑤ 고추장

08 다음 중 밑줄 친 단어와 바꾸어 쓸 수 없는 것은?

> 일정이 예상보다 앞당겨지는 바람에 이틀간의 말미를 얻었다.

① 휴가   ② 여유
③ 알음   ④ 겨를
⑤ 여가

09 다음 글을 바탕으로 〈보기〉의 ㉠~㉢에 들어갈 단어를 바르게 연결한 것은?

고령 사회로 접어들면서 65세 이상 고령 운전자에 의한 교통사고 및 사망 건수가 급속도로 증가하고 있다. 경찰청의 연령대별 교통사고 통계자료에 따르면 전체 사고 중 65세 이상 고령 운전자의 교통사고 비중은 매년 증가하고 있다. 고령자는 왜 운전 사고에 취약할까?

고령 운전자의 사고 원인으로는 노화에 따른 시력 저하나 인지지각 기능 및 운동능력의 감소 등이 있다. 이들 중 사고의 위험을 가장 높이는 원인은 시력 저하이다. 한국교통연구원의 연구결과에 따르면 60세 이상부터 동체 시력이 30대의 80% 수준으로 떨어지는 것으로 나타났다. 동체 시력은 움직이는 물체를 정확하고 빠르게 인지하는 시각적 능력으로, 자동차의 이동속도가 빠를수록 저하되는 경향을 보인다. 정지 시력이 1.2인 사람이 50km/h의 속도로 운전하면 동체 시력은 0.5 이하로 떨어진다. 노화로 동체 시력이 떨어진 상태에서 자동차의 속도감이 더해지면 도로표지를 읽는 게 힘들어지고 속도감이 떨어져 과속하게 되며, 다른 차나 보행자의 움직임을 제대로 구별하기 어려워 교통사고의 위험이 커지게 된다. 보통 60세 이상의 40%가량이 시력 문제로 야간운전 능력이 저하되는 것으로 추정된다.

인지 및 반응속도 감소도 고령 운전자의 사고 위험을 높이는 요인이다. 한 연구 결과에 의하면 운전 중 제동능력 평가 실험에서 고령 운전자의 제동거리는 30~50대 운전자의 약 2배인 것으로 나타났다. 또 돌발 상황을 가정해 측정한 결과, 비고령 운전자의 반응 시간은 0.7초인데 비해 고령 운전자의 반응 시간은 1.4초가 넘었다.

경찰청은 고령 운전자 교통사고를 예방하기 위해 75세 이상 운전자의 면허 갱신 기간을 5년에서 3년으로 줄였으며, 고령 운전자 교통안전교육을 이수해야 면허 취득·갱신이 가능하도록 했다. 특히 교통안전교육에서 총 3단계의 '인지능력 자가진단' 과정을 모두 통과하지 못하면 운전면허를 반납해야 한다.

우리나라보다 먼저 고령화가 시작된 미국과 일본 등에서는 운전면허 반납제도와 면허 갱신제도 등을 지속적으로 시행하고 있으며, 주변 차량이 쉽게 인식할 수 있는 고령자 차량 인증마크 부착과 고령자 맞춤 교통표지판 설치와 같은 도로 환경 개선을 병행하고 있다. 우리나라도 고령자의 자동차 운전면허증 반납 확대 외에도 다양한 교통안전 대책을 생각하여 고령 운전자의 교통사고 감소 대책을 마련해야 한다.

보기

고령 운전자의 반응 시간은 비고령 운전자에 비해 ㉠ 빠른 / 느린 1.4초로 나타났고, 제동거리는 비고령 운전자보다 ㉡ 길다 / 짧다. 이에 따라 고령 운전자의 면허 갱신 기간이 ㉢ 줄어들었다 / 늘어났다.

	㉠	㉡	㉢
①	빠른	길다	늘어났다
②	빠른	길다	줄어들었다
③	느린	길다	줄어들었다
④	느린	짧다	줄어들었다
⑤	느린	짧다	늘어났다

10 다음 글을 읽고 후광효과에 해당하는 사례로 옳은 것을 고르면?

> 후광효과(Halo Effect)는 한 대상의 두드러진 특성이 그 대상의 다른 세부 특성을 평가하는 데에도 영향을 미치는 현상으로, 사람에 대한 인상을 형성하거나 상품 선택에 영향을 미치는데 이는 배리 스토(Barry Staw) 교수의 무작위 실험을 통해 알 수 있다.
>
> 배리 스토 교수는 학생들을 여러 조로 나눠 A사의 매출 결과를 예측하게 했다. 그리고 어떤 조에는 과제에 대한 칭찬을, 그 외의 조에는 비판을 한 뒤, 학생들이 자신의 결과물을 자체 평가하게 했다. 이때 칭찬을 받은 조의 학생은 자신의 결과물에 긍정적인 평가를 내렸고, 비판을 받은 조의 학생은 부정적인 평가를 내렸다. 이는 배리 스토 교수의 평가가 학생들에게 지대한 영향을 미쳤기 때문이었다.
>
> 이러한 후광효과는 어떤 상품이나 브랜드에 대한 호감이나 반감으로 이어져 구매에 영향을 끼치기도 한다. 대표적으로 K사의 자동차 브랜드 '소울'을 예로 들 수 있다. 2014년 한국을 방문한 프란치스코 교황은 국내에서 가장 작은 차를 타고 싶다는 메시지를 전했고, 경호와 안전 문제 등을 종합적으로 고려하여 최종적으로 선택된 차량이 K사의 소울이었다. K사가 교황을 마케팅에 이용한다는 비판을 피하고자 따로 광고하지 않았음에도 불구하고, 곧장 판매량의 변화로 나타났다. 하루 평균 판매량이 10대 미만이던 차량이 32.5대로 증가한 것이다. 또한, 이는 해외 판매량의 상승으로 이어졌다.

① 업계에서 항상 판매량 2위를 차지하던 라면 제조 회사는 자신들이 언젠간 1등을 하겠다는 솔직한 광고 문구를 통해 소비자들의 동정심을 얻었고, 그 결과 매출도 크게 늘어났다.

② 어느 대기업이 신제품을 출시하자 대기업의 제품이 다른 기업의 제품에 비해 성능이 뛰어날 것이라는 소비자들의 인식으로 인해 동일한 기능의 제품을 판매하던 다른 기업의 매출이 떨어졌다.

③ TV홈쇼핑을 시청하던 소비자는 많은 고객이 해당 제품을 주문하고 있다는 쇼호스트의 말을 듣고 충동구매를 하게 되었다.

④ 운동화 시장에 새롭게 진출한 신발 제조업체는 제품에 대한 설명 없이 브랜드와 제품의 이미지를 SNS에 반복적으로 노출시킴으로써 인지도를 높였다.

⑤ 미국의 한 전자제품 제조 회사는 노트북, 태블릿 PC, 휴대전화 등의 디자인을 통일하고 제품 간 호환성을 강화함으로써 소비자들의 구매를 유도한다.

청산도의 구들장 논은 경사가 급하고 토심이 얕아 농업에 불리한 환경에서 농지를 확보하기 위한 농민들의 노력으로 만들어졌다. 구들장 논은 한국의 전통 난방기술인 온돌(구들)과 유사한 구조를 보인다. 온돌 구조에서 아궁이와 구들돌이 열전달과 불의 세기를 조절한다면, 구들장 논은 통수로와 판석 형태의 돌이 물의 양과 방향을 조절하는 기능을 갖는다. 구들장 논은 상류 지역 수원의 물이 상부 논에서 하부 논으로 흐르는 물길을 따라 연속적인 계단 형태를 띠며 논에 필요한 용수를 관개한다.

구들장 논은 청산도 내에서도 사질토양이 발달한 동부에 주로 분포하고 있으며, 물의 활용이 용이하도록 내부구조가 층을 이루어 조성되어 있다. 구들장 논의 하부 구조인 석축은 평균 1 ~ 1.5m의 높이로, 크고 작은 돌을 성기게 배치하여 돌을 경제적으로 사용하도록 축조되었다. 높은 곳은 3m까지도 나타나는데, 논의 앞쪽 석축은 토양층이 무너지지 않도록 토양층보다 약간 높게 쌓는다.

석축 하부에는 통수로라고 하는 수구형 배수 구조가 나타난다. 물의 흐름을 고려하여 석축 하부 또는 중간에 물이 빠지는 공간을 확보하고, 그 위에 판석 형태의 돌(구들)을 얹어 정방형으로 조성한 통수로는 보통 3 ~ 10m의 깊이로 뚫려있다. 통수로 앞에는 샛똘을 놓아 좁은 수로로 물길을 돌리는데, 흘러내려 온 물을 하부 논에 채울 때는 샛똘을 열어 논에 물을 대고, 물을 댈 필요가 없을 때는 물길을 막아 흘려보낸다. 반면, 상부 논의 통수로에서 바로 하부 논으로 흘려보내는 수직 통수로(수직 수구)가 나타나는 곳도 있다. 통수로는 논이 있는 곳의 수량과 물의 흐름에 따라 위치와 개수, 크기가 모두 다르게 나타난다.

구들장 논의 하부 석축 위에는 용수침탈을 막고 논에 물을 잡기 위한 혼합토층(밑복글)을 조성한다. 혼합토층은 작은 돌과 흙을 혼합하여 약 20 ~ 30cm로 깔고 물을 넣어가며 괭이나 삽을 이용해 밟거나 다진 층으로, 물이 아래로 빠지지 않게 하는 역할을 한다. 혼합토층 상부에는 약 20 ~ 30cm의 높이로 흙을 덮어 작물의 생육을 담당하는 토양층인 표토층(윗복글)을 조성한다. 즉, 물 빠짐이 심한 사질토양의 지반 한계를 극복하기 위해 관개용수 침투율이 낮은 혼합토층을 표토층 아래 조성하여 물을 저류하는 능력을 향상시킨 것이다.

단일 관개를 사용하는 일반 논과 달리, 구들장 논은 연속 관개를 사용한다. 연속 관개는 물의 과잉 공급이나 비료 성분의 용탈, 차가운 용출수 유입에 의한 농작물 냉해 등 여러 가지 문제점이 나타난다. 이러한 문제점을 보완하기 위해 구들장 논의 곳곳에는 소규모 수리시설과 선형의 수로가 설치되어 있다. 또한 구들장 논은 일반 논과 달리 용・배수를 담당하는 통수로, 수직 수구 등의 중간 낙수 방식을 활용한다. 상부 논에서 배수된 물을 하부 논에 이용할 수 있으므로 관개용수를 절약할 수 있고, 상부 통수로를 개폐함으로써 농작물의 종류에 따라 공급되는 물의 양을 조절할 수 있다. 게다가 샛똘은 상부 논에서 하부 논으로 흘러가는 용수를 2 ~ 3개의 물길로 둘러 흐르게 하여 물의 온도를 높여 농작물의 냉해를 방지한다.

결국 청산도의 구들장 논은 경사지에 돌로 구들을 놓는 방식으로 석축을 쌓고 흙을 다져 만든 논으로, 상부 논에서 집수된 물을 수로를 통해 하부 논으로 배수하여 농업용수를 효율적으로 이용한 연속관개구조의 논이라고 할 수 있다.

11 다음 구들장 논의 단면도에서 (나)에 대한 설명으로 옳은 것은?

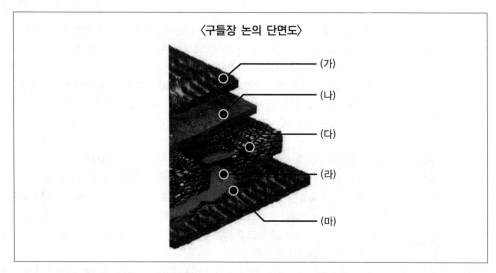

〈구들장 논의 단면도〉

(가)
(나)
(다)
(라)
(마)

① 작물의 생육을 담당한다.
② 용수의 온도를 높이는 역할을 한다.
③ 평균 1 ~ 1.5m의 높이로 조성된다.
④ 용수의 침출을 방지하는 역할을 한다.
⑤ 물의 흐름에 따라 위치가 다르게 나타난다.

12 구들장 논의 특징을 다음과 같이 정리하였을 때, 옳지 않은 것은?

구분	설명
위치	① 지형이 경사진 지역
관개 방식	② 연속관개구조
특징	③ 관개용수의 저류 용이
	④ 농지별 다양한 농작물 경작 가능
	⑤ 관개용수의 과잉공급

13 다음 글의 제목으로 가장 적절한 것은?

우리 고유의 발효식품이자 한식 제1의 반찬인 김치는 천년이 넘는 역사를 함께해 온 우리 삶의 일부이다. 채소를 오래 보관하여 먹기 위한 절임 음식으로 시작된 김치는 양념을 버무리고 숙성시키는 우리만의 발효과학 식품으로 변신하였고, 김장은 우리 민족의 가장 중요한 행사 중 하나가 되었다. 다른 나라에도 소금 등에 채소를 절인 절임음식이 존재하지만, 절임 후 양념으로 2차 발효시키는 음식으로는 우리 김치가 유일하다. 김치는 발효과정을 통해 원재료보다 영양이 한층 더 풍부하게 변신하며, 암과 노화, 비만 등의 예방과 억제에 효과적인 기능성을 보유한 슈퍼 발효 음식으로 탄생한다.

김치는 지역마다, 철마다, 또 특별한 의미를 담아 다양하게 변신하여 300가지가 넘는 종류로 탄생하는데, 기후와 지역 등에 따라서 다채로운 맛을 담은 김치들이 있으며, 주재료로 채소뿐만 아니라 수산물이나 육류를 이용한 독특한 김치도 있고, 같은 김치라도 사람에 따라 특별한 김치로 재탄생되기도 한다. 지역과 집안마다 저마다의 비법으로 담그기 때문에 유서 깊은 종가마다 독특한 비법으로 만든 특별한 김치가 전해오며, 김치를 담그고 먹는 일도 수행의 연속이라 여기는 사찰에서는 오신채를 사용하지 않은 특별한 김치가 존재한다.

우리 문화의 정수이자 자존심인 김치는 현대에 들어서는 문화와 전통이 결합한 복합 산업으로 펼쳐지고 있다. 김치에 들어가는 수많은 재료의 생산에 관련된 산업의 생산액은 3.3조 원이 넘으며, 주로 배추김치로 형성된 김치 생산은 약 2.3조 원의 시장을 형성하고 있고, 시판 김치의 경우 대기업의 시장 주도력이 증가하고 있다. 소비자 요구에 맞춘 다양한 포장 김치가 등장하고, 김치냉장고는 1.1조 원의 시장을 형성하고 있으며, 정성과 기다림을 상징하는 김치는 문화 산업의 소재로 활용되며, 김치 문화는 관광 관련 산업으로 활성화되고 있다. 김치의 영양 기능성과 유산균을 활용한 여러 기능성 제품이 개발되고, 부식뿐 아니라 새로운 요리의 식재료로서 김치는 39조 원의 외식산업 시장을 뒷받침하고 있다.

① 김치의 탄생
② 김치 산업의 활성화 방안
③ 우리 민족의 축제, 김장
④ 지역마다 다양한 종류의 김치
⑤ 우리 민족의 전통이자 자존심, 김치

※ 다음과 같이 일정한 규칙으로 수를 나열할 때, 빈칸에 들어갈 알맞은 수를 고르시오. [14~16]

14

| 360 | 60 | 300 | 75 | ( ) |

① 160　　　　　　　　　　　　② 185
③ 200　　　　　　　　　　　　④ 225
⑤ 240

15

| 3 | 4 | 12 | 48 | ( ) |

① 56　　　　　　　　　　　　② 96
③ 124　　　　　　　　　　　④ 256
⑤ 576

16

| 1 | 15 | 36 | 64 | ( ) |

① 76　　　　　　　　　　　　② 84
③ 99　　　　　　　　　　　　④ 105
⑤ 112

17 O씨는 행사용으로 제작한 달력을 준비된 박스에 포장하여 거래처로 배송하려 한다. 박스 하나당 4개의 달력을 넣으면 마지막 박스에는 2개의 달력이 들어가고, 박스 하나당 10개의 달력을 넣으면 2개의 박스가 남는다. O씨가 준비한 박스의 개수는?

① 2개 ② 3개
③ 5개 ④ 8개
⑤ 10개

18 농부 A씨는 자신의 논을 모두 경작하는 데 8일이 걸린다. 경작을 시작한 첫날부터 마지막 날까지 항상 전날의 2배 넓이를 경작한다고 할 때, 논 전체의 $\frac{1}{4}$ 만큼 경작을 완료한 날은 경작을 시작한 지 며칠째 되는 날인가?

① 3일 ② 4일
③ 5일 ④ 6일
⑤ 7일

19 같은 헤어숍에 다니고 있는 A양과 B군은 일요일에 헤어숍에서 마주쳤다. 서로 마주친 이후 A양은 10일 간격으로 헤어숍에 방문했고, B군은 16일마다 헤어숍에 방문했다. 두 사람이 다시 헤어숍에서 만났을 때의 요일은?

① 월요일 ② 화요일
③ 수요일 ④ 목요일
⑤ 금요일

20 N고등학교의 1반 학생들을 대상으로 수학 시험을 진행했다. 시험 결과 반 전체의 평균 점수는 84점이었고, 여학생의 평균 점수는 81점, 남학생의 평균 점수는 87점이었다. 이때 1반의 여학생과 남학생의 성비는?

① 0.75 : 1 ② 1 : 0.75
③ 1 : 1 ④ 1 : 1.25
⑤ 1.25 : 1

21 은경이는 아랍에미리트로 여행을 가기 위해 환전을 하였다. 아랍에미리트 통화인 1AED의 살 때 가격은 320원/AED이었고, 은경이는 환전해간 돈의 68%를 사용하였다. 사용하고 남은 돈을 다시 한국 돈으로 팔 때의 금액이 250원/AED였다면 남은 돈은 처음 금액의 몇 %인가?

① 20%

② 25%

③ 30%

④ 35%

⑤ 40%

22 다음은 2018년부터 2020년까지 국가고시 합격자 인원 및 여성의 구성비에 대한 자료이다. 이에 대한 〈보기〉의 설명 중 옳은 것을 모두 고르면?

〈국가고시 합격자 인원 및 성별 현황〉

구분		2018년		2019년		2020년	
		전체(명)	여자 비율(%)	전체(명)	여자 비율(%)	전체(명)	여자 비율(%)
행정고시		357	36.7	336	38.1	335	36.1
	행정직	284	40.5	270	40.7	264	40.5
	기술직	73	21.9	66	27.3	71	19.7
외교관 후보자		45	60.0	41	48.8	51	52.9
변호사 시험		2,724	44.0	2,053	44.3	1,981	45.5

보기

ㄱ. 2018년 행정고시 행정직 합격자의 여성 대비 남성의 성비는 1.2 : 1이다.

ㄴ. 행정고시 기술직 합격자 중 여성의 수는 2018년 대비 2020년에 감소하였다.

ㄷ. 변호사 시험 합격자 중 남성의 수는 2019년에 전년 대비 증가하였다.

ㄹ. 여성 대비 남성의 비율은 2018년 행정고시 전체의 경우보다 2020년 변호사 시험의 경우가 더 낮다.

① ㄱ, ㄴ

② ㄱ, ㄷ

③ ㄴ, ㄷ

④ ㄴ, ㄹ

⑤ ㄷ, ㄹ

23 다음은 2014년과 2019년의 분기별 및 시도별 한육우 농가 수 및 마리 수에 대한 자료이다. 이에 대한 설명으로 옳지 않은 것은?

〈시도별 한육우 농가 수〉

(단위 : 개)

구분	2014년				2019년			
	1/4	2/4	3/4	4/4	1/4	2/4	3/4	4/4
전국	131,975	127,127	122,852	116,441	95,855	94,943	94,360	94,007
서울	5	5	4	4	2	2	2	1
부산	158	158	157	145	105	105	103	102
대구	796	773	735	689	491	486	473	473
인천	607	599	585	582	553	540	526	507
광주	264	253	242	219	180	172	170	172
대전	239	231	229	226	183	184	187	183
울산	2,114	2,088	2,038	1,983	1,659	1,644	1,631	1,624
세종	826	817	825	786	701	690	697	695
경기	9,254	8,958	8,844	8,499	7,624	7,461	7,559	7,555
강원	9,618	9,314	8,988	8,501	7,080	7,016	7,007	6,938
충북	8,067	7,843	7,578	7,268	5,978	5,930	5,925	5,891
충남	16,716	16,074	15,623	14,663	12,187	12,090	12,070	12,026
전북	12,181	11,742	11,428	10,841	9,333	9,314	9,255	9,227
전남	24,068	23,125	22,209	20,933	17,162	17,029	16,800	16,794
경북	27,180	26,375	25,550	24,363	20,108	19,921	19,755	19,698
경남	18,983	17,912	16,976	15,928	11,820	11,672	11,515	11,441
제주	899	860	841	811	689	687	685	680

〈시도별 한육우 마리 수〉

(단위 : 마리)

구분	2014년				2019년			
	1/4	2/4	3/4	4/4	1/4	2/4	3/4	4/4
전국	3,082,740	3,149,275	3,103,583	3,027,737	3,059,327	3,242,394	3,268,546	3,237,055
서울	190	139	193	206	104	100	100	98
부산	2,228	2,260	2,108	1,994	1,513	1,535	1,572	1,575
대구	17,642	17,307	16,985	16,595	13,524	14,287	13,690	13,538
인천	22,832	23,021	22,133	22,162	20,607	20,996	20,593	21,061
광주	5,415	5,370	5,050	4,718	4,197	4,456	4,441	4,566
대전	4,998	5,161	5,562	5,063	4,642	5,177	4,997	4,750
울산	34,271	35,765	34,965	33,707	32,544	34,466	35,053	34,321
세종	25,200	25,971	25,883	25,145	25,300	26,788	26,877	26,347
경기	292,647	296,994	292,486	286,588	285,677	301,325	306,641	305,160
강원	203,354	212,122	207,020	200,999	214,952	233,608	235,155	231,612
충북	211,555	220,681	219,699	214,021	209,390	226,185	226,862	222,012
충남	382,052	391,715	386,519	373,816	374,162	398,599	404,254	400,150
전북	352,773	361,729	359,585	354,428	367,667	392,426	397,912	394,925
전남	502,580	501,710	490,473	478,206	507,438	532,586	541,120	537,968
경북	669,196	689,460	681,306	667,722	670,466	709,276	708,077	702,696
경남	317,677	321,120	316,655	305,438	290,949	303,824	305,064	300,263
제주	38,130	38,750	36,961	36,929	36,195	36,760	36,138	36,013

① 2019년 4분기에 인천 한육우의 농가 수는 직전분기 대비 5% 이상 감소하였다.

② 2014년 하반기 대비 2019년 하반기에 전국의 한육우 농가 수는 감소하였지만, 한육우의 마리 수는 증가하였다.

③ 1분기부터 4분기까지 전북의 한육우 농가 수의 증감추이는 2014년과 2019년에 동일하다.

④ 2019년 2분기 대비 4분기에 한육우 마리 수가 증가한 지역은 총 7곳이다.

⑤ 2014년 1분기 대비 3분기에 대전의 한육우 마리 수는 10% 이상 증가하였다.

24 N기업은 1인 가구를 대상으로 한 서비스를 기획하고자 한다. 해당 업무를 맡게 된 귀하는 1인 가구의 생활 및 소비행태에 대해 분석하여 보고서를 작성하였고, 보고서의 내용을 뒷받침할 근거자료를 추가하여 보완하려고 한다. 다음 중 보고서에 활용하지 못하는 근거자료는?

<한1인 가구의 생활 및 소비행태의 분석>

1인 가구로 생활한 기간은 10년 이상(25.3%), 5 ~ 10년 미만(25.3%), 2 ~ 5년 미만(25.1%), 2년 미만(24.3%) 순으로 단기, 중장기 기간에 걸쳐 고루 분포되어 1인 가구의 증가 추세가 최근 몇 년 사이에 일어난 단기현상이 아님을 보여주고 있다.

성별과 연령별로 생활 기간의 차이를 보면 남성이 여성보다 단기(2년 미만), 장기(10년 이상) 생활 기간이 많은 것으로 나타났다. 연령별로는 생활 기간에 따라 완만한 상승 또는 하강의 곡선을 보일 것이라는 예상과 달리 30대의 경우 5 ~ 10년 미만 생활 기간이 31.4%로 가장 많이 나타났으며 나머지 생활 기간들도 비슷한 비율을 보여 다양한 1인 가구 생활 기간을 가진 연령대를 대표한다고 볼 수 있다. 50대 이상 연령대의 경우 40대에 비해 2년 미만 생활 기간이 상대적으로 높게 나타나 결혼 상태나 생애주기의 변화에 따른 1인 가구화가 점차 시작되는 연령대임을 알 수 있다.

1인 가구로 생활하게 된 주된 이유에 대해서는 '본인의 직장·학업 때문에'라는 응답이 50.0%로 과반수를 차지하였으며, 그다음으로 '자유롭게 생활하고 싶어서' 26.9%, '같이 살 가족이 없어서' 11.6% 순으로 나타났다.

최근 1년간 소비생활에 있어 가계지출 항목별 지출 비중을 조사한 결과, 가장 많은 지출 비중을 차지하고 있는 항목은 식생활비로 전체의 25.7%를 차지하고 있으며, 그다음으로 주생활비 16.6%, 금융비 13.7%, 의생활비 10.6% 순으로 나타났다. 즉, 의식주 관련 총 생활비가 52.9%로 지출의 과반수 이상을 차지하고 있으며, 금융비까지 포함하면 66.6%로 가계지출의 2/3 정도를 차지하는 것으로 나타났다. 가장 낮은 지출 비중은 외국어 등 자기개발과 자녀학원비 등을 포함한 교육비로 1.7%로 나타났다.

① 성별 1인 가구 생활 기간(단위 : %)

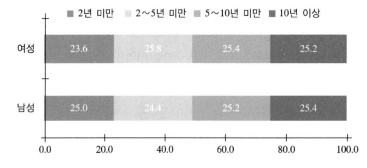

② 1인 가구 생활 기간

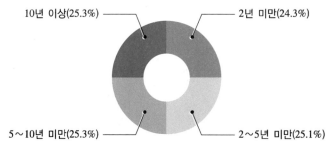

③ 연령별 1인 가구 생활 기간

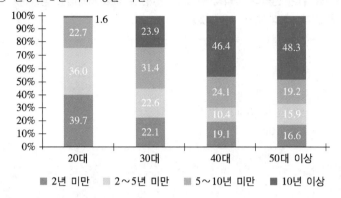

④ 전체 및 연령대별 가계지출 비중(단위 : %)

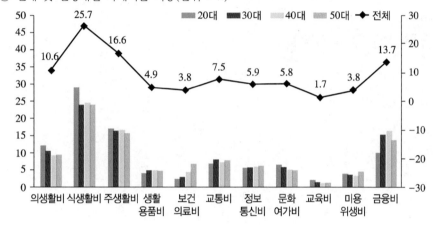

⑤ 1인 가구로 생활하게 된 주된 이유(단위 : %)

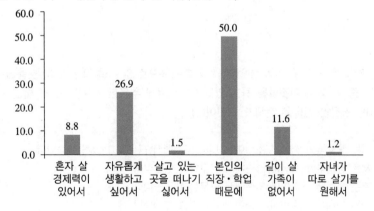

25 A ~ D는 농산물 홍보를 위한 연극에서 각각 밤, 콩, 오이, 토마토 캐릭터를 담당하기로 하였다. 다음 명제가 모두 참일 때, 항상 참이 아닌 것은?

> • A는 콩 또는 오이이다.
> • A가 오이이면 B는 콩이다.
> • C가 토마토이면 B는 콩이 아니다.
> • D가 밤이 아니면 C는 토마토가 아니다.
> • B가 콩이 아니면 C는 토마토이다.

① C는 밤이 될 수 없다.
② B는 밤이 될 수 없다.
③ C는 콩이 될 수 없다.
④ D는 오이가 될 수 없다.
⑤ B는 토마토가 될 수 없다.

26 A ~ D사원은 각각 홍보부, 총무부, 영업부, 기획부 소속으로 3 ~ 6층의 서로 다른 층에서 근무하고 있다. 이들 중 한 명이 거짓말을 하고 있을 때, 바르게 추론한 것은?(단, 각 팀은 서로 다른 층에 위치하며, 거짓인 진술은 전체가 거짓이다)

> • A사원 : 저는 홍보부와 총무부 소속이 아니며, 3층에서 근무하고 있지 않습니다.
> • B사원 : 저는 영업부 소속이며, 4층에서 근무하고 있습니다.
> • C사원 : 저는 홍보부 소속이며, 5층에서 근무하고 있습니다.
> • D사원 : 저는 기획부 소속이며, 3층에서 근무하고 있습니다.

① A사원은 홍보부 소속이다.
② B사원은 영업부 소속이다.
③ 기획부는 3층에 위치한다.
④ 홍보부는 4층에 위치한다.
⑤ D사원은 5층에서 근무하고 있다.

※ N방송국의 오디션 프로그램에 출연한 가수 지망생 A ~ E는 2명의 1차 합격자를 뽑는 예선에서 한 조가 되어 심사를 마쳤다. A ~ E가 자신들의 심사 결과를 바탕으로 다음과 같은 대화를 나누었을 때, 이어지는 질문에 답하시오. **[27~28]**

- A : 나와 D는 탈락했어.
- B : 나와 C는 모두 탈락했어.
- C : 나와 B 중 1명만 합격했어.
- D : 나와 E 중 1명만 합격했어.
- E : 나와 B 중 1명은 탈락하지 않았어.

27 A ~ E 중 1명의 진술이 거짓일 때, 거짓말을 하고 있는 사람은?

① A
② B
③ C
④ D
⑤ E

28 27번에 따라 1명의 진술이 거짓일 때, A ~ E 중 2명의 합격자는?

① A, C
② A, D
③ B, D
④ B, E
⑤ C, E

29 어느 날 밤, 도둑이 금은방에 침입하여 보석을 훔쳐 달아났다. 용의자는 갑 ~ 무 5명이었고, 조사 결과 이들은 서로 친구임이 밝혀졌다. 이들 중 2명은 거짓말을 하고 있으며, 그중 1명이 보석을 훔친 범인이라고 할 때, 범인은 누구인가?(단, 거짓말을 한 사람이 여러 진술을 하였다면 그 진술은 모두 거짓이다)

- 갑 : 을은 그 시간에 병과 함께 동네 PC방에 있었습니다.
- 을 : 그날 밤 저는 갑, 병과 함께 있었습니다.
- 병 : 저는 사건이 일어났을 때 혼자 집에 있었습니다.
- 정 : 을의 진술은 참이며, 저는 금은방에 있지 않았습니다.
- 무 : 저는 그날 밤 갑과 함께 집에 있었고, 금은방에 있지 않았습니다.

① 갑
② 을
③ 병
④ 정
⑤ 무

30 다음 중 자원을 관리할 때 고려해야 할 사항으로 적절하지 않은 것은?

① 필요한 자원의 종류와 양을 확인할 때는 구체적으로 확인한다.

② 필요한 자원을 확보하였다면 업무와 활동의 우선순위를 고려하여 계획을 세운다.

③ 될 수 있으면 계획대로 수행할 수 있도록 노력한다.

④ 불가피하게 계획을 수정해야 하는 경우에는 전체에 미칠 수 있는 영향을 고려한다.

⑤ 이용 가능한 자원은 계획대로 필요한 만큼 준비한다.

31 다음은 경영전략 추진과정을 나타낸 것이다. 경영전략 추진과정에서 (A) 부분에 대한 사례 중 그 성격이 다른 것은?

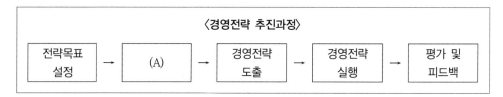

① 제품 개발을 위해 우리가 가진 예산의 현황을 파악해야 해.

② 우리 제품의 시장 개척을 위해 법적으로 문제가 없는지 확인해봐야겠군.

③ 이번에 발표된 정부의 정책으로 우리 제품이 어떠한 영향을 받을 수 있는지 확인해 볼 필요가 있어.

④ 신제품 출시를 위해 경쟁사들의 동향을 파악해봐야겠어.

⑤ 우리가 공급받고 있는 원재료들의 원가를 확인해보자.

32 다음 내용을 통해 알 수 있는 시간의 성격으로 옳은 것은?

> • 오늘이 두 번 다시 오지 않는다는 것을 잊지 말라.
> • 인간은 항상 시간이 모자란다고 불평을 하면서 마치 시간이 무한정 있는 것처럼 행동한다.
> • 시간이 언제까지든 당신을 기다리는 것은 아니다.

① 유한성   ② 보편성

③ 상대성   ④ 환금성

⑤ 부증성

33 마스크 공급 업체인 N사는 A ~ D지점에 매월 일정량의 마스크를 납품하고 있다. 다음과 같은 상황을 고려할 때, 1월부터 4월 중 N사의 마스크 납품 매출액이 가장 큰 달과 그 매출액으로 옳은 것은?

> • 마스크 공급 업체인 N사는 매월 1일에 다음 납품량과 납품 단가에 따라 마스크를 납품해왔다.
>
> <지점별 납품 정보>
>
> | 구분 | A지점 | B지점 | C지점 | D지점 |
> | --- | --- | --- | --- | --- |
> | 납품량 | 70개 | 120개 | 95개 | 115개 |
> | 납품 단가 | 800원 | 1,000원 | 600원 | 1,100원 |
>
> • 하지만 내부 사정으로 인해 공급량이 줄어들었고, 이에 따라 매달 3개의 지점에만 물량을 공급하기로 했다.
>
> 예 1월에는 A지점을 제외한 나머지 지점에 납품량을 공급하고, 그 다음 달은 B지점을 제외한 지점들의 납품량에 맞추어 공급을 한다. D지점까지 돌아간 후 다시 A지점을 제외한 곳에 납품을 진행한다.

　　　매출액이 큰 달　　　매출액
① 　　　1월　　　　　303,500원
② 　　　1월　　　　　304,500원
③ 　　　2월　　　　　303,500원
④ 　　　3월　　　　　243,500원
⑤ 　　　4월　　　　　304,500원

34 다음에서 설명하고 있는 농협의 사업으로 옳은 것은?

> 기업의 경영자나 단체의 대표를 명예 이장으로 위촉하고, 소속 임직원이나 회원들을 명예 주민으로 참여시킨 새로운 협동 모델로, 마을의 숙원사업과 소득 증대 등을 목표로 하는 프로젝트이다.

① 1사 1촌 자매결연 운동　　　　　　② 원 테이블 원 플라워 운동
③ 사랑의 1% 나눔 운동　　　　　　④ 또 하나의 마을 만들기 운동
⑤ 실버프렌드

35 다음 중 농협의 NH Wave가 상징하는 것으로 옳은 것은?

① 공생, 화합, 조화＋변화, 혁신, 새로운 바람
② 공생, 희망, 사랑, 혁신, 새로운 바람
③ 상생, 화합, 조화＋변화, 혁신, 새로운 바람
④ 상생, 화합, 진보, 순수, 따뜻한 햇빛
⑤ 상생, 희망, 사랑, 혁신, 따뜻한 햇빛

36 다음 중 농협의 농업인 법률구조사업에 대한 설명으로 옳지 않은 것은?

① 농업인의 경제적·사회적 지위 향상을 위한 무료법률구조사업이다.

② 농업인이 대한법률구조공단에 구조 신청을 하면, 공단이 농협에 소송을 의뢰한다.

③ 농협은 법률구조에 필요한 증거수집 등의 중계 활동을 한다.

④ 대한법률구조공단은 농협과 공동으로 농촌 현지 법률상담 등의 피해 예방 활동을 한다.

⑤ 기준 중위소득 150% 이하인 농업인 등이 대상이 된다.

37 다음 중 조직 내 의사결정 과정에 대한 설명으로 옳지 않은 것은?

① 확인 단계는 비공식적으로 이루어지기도 한다.

② 개발 단계는 판단, 분석, 교섭의 방법으로 이루어진다.

③ 탐색은 관련자와의 대화나 공식적인 문서를 참고하여 이루어질 수 있다.

④ 모든 과정에 충분한 시간을 고려하여야 한다.

⑤ 설계는 이전에 없었던 새로운 문제에 대한 해결 방법을 찾기 위해 필요하다.

38 다음 사례에 나타난 효과로 옳은 것은?

> 국내의 한 우유 제조 회사는 제조 일자를 제품 전면에 표기함으로써 우유의 신선도에 대한 소비자 인식의 틀을 바꾸었다. 소비자들은 우유의 신선도를 유통기한이 아닌 제조 일자로 판단하게 되었고, 해당 우유 회사는 신선한 우유를 만드는 기업으로 인식되면서 매출이 크게 향상되었다.

① 바넘 효과(Barnum Effect)

② 앵커링 효과(Anchoring Effect)

③ 헤일로 효과(Halo Effect)

④ 프레이밍 효과(Framing Effect)

⑤ 피그말리온 효과(Pygmalion Effect)

39 다음은 SWOT 분석에 대한 설명이다. 이를 토대로 유기농 수제버거 전문점의 SWOT 분석을 실시했을 때, SWOT 분석 결과에 따른 전략으로 가장 적절한 것은?

〈SWOT 분석〉

SWOT은 Strength(강점), Weakness(약점), Opportunity(기회), Threat(위협)의 머리글자를 따서 만든 단어로 경영 전략을 세우는 방법론이다. SWOT으로 도출된 조직의 내·외부 환경을 분석하고, 이 결과를 통해 대응전략을 구상하는 분석방법론이다.

'SO(강점 – 기회)전략'은 기회를 활용하기 위해 강점을 사용하는 전략이고, 'WO(약점 – 기회)전략'은 약점을 보완 또는 극복하여 시장의 기회를 활용하는 전략이다. 'ST(강점 – 위협)전략'은 위협을 피하기 위해 강점을 활용하는 방법이며, 'WT(약점 – 위협)전략'은 위협요인을 피하기 위해 약점을 보완하는 전략이다.

내부 외부	강점(Strength)	약점(Weakness)
기회(Opportunity)	SO(강점 – 기회)전략	WO(약점 – 기회)전략
위협(Threat)	ST(강점 – 위협)전략	WT(약점 – 위협)전략

〈유기농 수제버거 전문점의 SWOT 분석 결과〉

구분	내용
강점(Strength)	• 주변 외식업 상권 내 독창적 아이템 • 커스터마이징 고객 주문 서비스 • 주문 즉시 조리 시작
약점(Weakness)	• 높은 재료 단가로 인한 비싼 상품 가격 • 대기업 버거 회사에 비해 긴 조리 과정
기회(Opportunity)	• 웰빙을 추구하는 소비 행태 확산 • 치즈 제품을 선호하는 여성들의 니즈 반영
위협(Threat)	• 제품 특성상 테이크아웃 및 배달 서비스 불가

① SO전략 : 주변 상권의 프랜차이즈 샌드위치 전문업체의 제품을 벤치마킹해 샌드위치도 함께 판매한다.
② WO전략 : 유기농 채소와 유기농이 아닌 채소를 함께 사용하여 단가를 낮추고 가격을 내린다.
③ ST전략 : 테이크아웃이 가능하도록 버거의 사이즈를 조금 줄이고 사이드 메뉴를 서비스로 제공한다.
④ WT전략 : 조리과정을 단축시키기 위해 커스터마이징 형식의 고객 주문 서비스 방식을 없애고, 미리 조리해놓은 버거를 배달 제품으로 판매한다.
⑤ ST전략 : 치즈의 종류를 다양하게 구성해 커스터마이징 주문 시 선택할 수 있도록 한다.

01 다음 중 밑줄 친 단어의 뜻으로 옳은 것은?

> 놀이터에서 아이들이 <u>시망스럽게</u> 놀고 있다.

① 몹시 짓궂은 데가 있다.
② 순진하고 어수룩한 듯하다.
③ 얄밉도록 맹랑한 데가 있다.
④ 보기에 뒤죽박죽이 되어 어지럽고 질서가 없는 데가 있다.

02 다음 중 '같은 목표를 위해 다 같이 힘쓴다.'는 의미의 한자성어는?

① 이심전심   ② 동심동덕
③ 이인동심   ④ 동고동락

03 다음 제시된 단어의 관계와 유사한 것은?

> 질병 – 감기

① 보리 – 쌀   ② 닭 – 오리
③ 각막 – 망막   ④ 내장 – 간

04

여우잠

① 쪽잠   ② 괭이잠

③ 나비잠   ④ 새우잠

05

무릇

① 가령(假令)   ② 대개(大蓋)

③ 대저(大抵)   ④ 도통(都統)

06 다음 중 의미가 다른 하나는?

① 적임(適任)   ② 소임(所任)

③ 업무(業務)   ④ 직책(職責)

※ 다음 빈칸에 들어갈 단어로 가장 적절한 것을 고르시오. [7~8]

07

할머니는 손자를 위해 식탁을 _____ 차렸다.

① 푸지게   ② 당차게

③ 가뜬하게   ④ 바특하게

08

지나친 나트륨 섭취는 건강에 나쁘다는 것이 일반적인 _____이다.

① 만념   ② 상념

③ 이념   ④ 통념

09 다음 중 맞춤법이 옳지 않은 문장은?

① 감염병의 발생률을 낮추기 위해 노력해야 한다.

② 상금을 두고 세기의 대결이 펼쳐졌다.

③ 퇴사를 앞두고 책상을 깨끗이 치웠다.

④ 새로운 시대에 걸맞는 인재를 양성해야 한다.

10 다음 중 밑줄 친 단어와 같은 의미로 쓰인 것은?

> 고장 난 시계를 <u>고쳤다</u>.

① 정비소에서 자동차를 <u>고쳤다</u>.
② 시험 종료종이 울리면 더 이상 답안을 <u>고칠</u> 수 없습니다.
③ 그녀는 머리 모양을 <u>고치려고</u> 미용실에 들렀다.
④ 다친 제비를 <u>고쳐</u> 준 흥부는 제비에게 박씨를 받아 부자가 되었다.

11 다음 중 ㉠ ~ ㉢에 들어갈 단어가 바르게 연결된 것은?

> • 생산성 ㉠ <u>재고 / 제고</u>를 위한 대책을 마련해야 한다.
> • 문장 속에 숨겨진 ㉡ <u>함의 / 결의</u>를 살펴보고자 한다.
> • 과도한 경쟁에 대한 ㉢ <u>지향 / 지양</u>을 당부했다.

	㉠	㉡	㉢
①	재고	결의	지향
②	재고	함의	지양
③	제고	함의	지양
④	제고	함의	지향

12 다음 중 상황에 따른 의사표현방법으로 적절하지 않은 것은?

① 상대방의 잘못을 질책하는 경우에 샌드위치 화법을 사용하면 듣는 사람이 반발하지 않고 부드럽게 받아들일 수 있다.
② 상대방의 요구를 거절해야 할 때는 기분이 상하지 않도록 응할 수 없는 이유에 대해 돌려서 설명하는 것이 좋다.
③ 칭찬은 상대방의 기분을 좋게 만드는 전략으로 대화 서두에 분위기 전환을 위해 간단한 칭찬을 사용한다.
④ 상대방에게 명령해야 할 때는 강압적 표현보다 청유형으로 부드럽게 하는 것이 효과적이다.

13 다음 글의 내용으로 가장 적절한 것은?

> 농촌진흥청은 해마다 반복되는 배 과수원의 봄철 저온 피해 예방을 위해 환경친화적인 연소 기술을 개발했다. 우리나라는 해마다 배꽃이 피는 시기에 서리와 저온으로 꽃이 죽는 저온 피해가 발생한다. 올해는 12월과 1월의 기온이 예년보다 2.4℃ 높아 3~4월에 갑작스러운 추위가 오면 더 큰 피해가 발생할 것으로 예상된다.
>
> 저온 피해 예방을 위해 과거에는 왕겨, 짚, 전정 가지를 태워 온도를 유지하는 방법을 사용했으나, 현재는 폐기물관리법에 저촉되므로 함부로 태워서는 안 된다. 한편 물(살수법)을 이용한 장치도 보급되었으나, 초기 비용이 많이 들어 실제 농가 보급은 미미한 편이다.
>
> 농촌진흥청이 새로 개발한 기술은 금속용기에 메탄올 젤, 목탄, 액체파라핀 등 3종의 자재를 배치해 연소하는 방식이다. 이들 연소 자재는 친환경적인 소재로, 기존 석유류로 연소했을 때보다 매연 발생량을 4분의 1 이하로 줄일 수 있다. 또한 연소 자재를 분리 · 배치하고, 연소 과정 중 액상 연료를 고르게 혼합하여 완전히 탈 때까지 불꽃 세력을 안정적으로 유지할 수 있다. 연소 시간은 금속용기의 뚜껑을 닫는 수준에 따라 달라지는데, 뚜껑을 절반 수준으로 열었을 때는 5시간 30분, 완전히 열었을 때는 1시간 30분 동안 유지된다. 비용도 경제적이다. 살수법은 10아르(a)당 85만 원이 소요되고 과수원 규모에 따라 초기 시설비가 많이 들지만, 새로 개발한 연소 자재는 약 30만 원 수준이며 초기 시설도 필요 없다.
>
> 농촌진흥청은 이번에 개발한 연소 자재를 특허 출원하고, 산업체 기술이전을 통해 보급 중이다. 농촌진흥청의 연구소장은 "과수 농가 대부분이 저온 피해를 본 뒤 대책 중심으로 대응해 왔지만, 피해가 잦은 과수원은 연소 자재를 적극적으로 활용해 과실이 안정적으로 달리도록 해야 한다."라며, "연소 자재를 사용할 경우, 불을 붙일 때부터 끌 때까지 외부 기온 변화를 주시하면서 연소량을 조절하고, 주변을 미리 정리해 화재 위험이 없도록 주의해야 한다."라고 전했다.

① 국내에서 최초로 연소법이 사용되었다.

② 연소법을 사용할 경우 매연이 발생한다.

③ 저온 피해는 과실에 직접적인 피해를 준다.

④ 새로 개발된 기술을 통해 연소 시간을 증가시켰다.

14 다음과 같이 일정한 규칙으로 문자를 나열할 때, 빈칸에 들어갈 문자로 알맞은 것은?

> ㄴ ㄷ ㅈ ㅎ ㅂ ( )

① ㅍ
② ㅂ
③ ㅈ
④ ㄱ

15 A, B, C 세 숫자의 편차를 구하려고 한다. 편차의 크기를 바르게 나타낸 것은?

> A : 98   B : 164   C : 185

① B<C<A
② B<A<C
③ C<B<A
④ C<A<B

16 다음 식이 성립하고 미지수 a와 b의 값이 $-10 \leq a \leq 10$, $-5 \leq b \leq 5$인 정수일 때, a와 b의 값을 순서대로 나열한 것으로 옳은 것은?

$$7a \div \frac{1}{2} - b\sqrt{49} = 168$$

① 9, 3
② 9, −4
③ 10, −3
④ 10, 4

17 다음과 같은 상황에서 A가 만기 시 받을 이자 금액으로 옳은 것은?

> A는 농협은행에 방문하여 2년 만기인 연이율 4% 단리 적금상품에 가입하였고, 매월 10,250원씩 입금하기로 하였다.

① 9,840원
② 10,000원
③ 10,250원
④ 10,500원

18 K씨는 지난 영국출장 때 사용하고 남은 1,400파운드를 주거래 은행인 N은행에서 환전해 이번 독일출장 때 가지고 가려고 한다. N은행에서 고시한 환율은 1파운드당 1,500원, 1유로당 1,200원 일 때, K씨가 환전한 유로화는 얼마인가?(단, 국내 은행에서 파운드화에서 유로화로 환전 시 이중 환전을 해야 하며, 환전 수수료는 고려하지 않는다)

① 1,700유로
② 1,750유로
③ 1,800유로
④ 1,850유로

19 A연구소에는 20명의 직원이 근무하고 있으며, 협력업체 B공장에는 41명의 생산직 직원이 근무하고 있다. A연구소 직원의 60%는 남직원이고, A연구소와 B공장 전체 남직원의 40%는 B공장의 생산직 남직원일 때, A연구소의 여직원과 B공장의 생산직 여직원은 모두 몇 명인가?

① 26명
② 33명
③ 37명
④ 41명

20 철수와 영희의 속력은 3 : 5로 일정하고, 두 사람이 일직선인 다리 위의 양 끝에서 각자 출발해 만나면 30분의 시간이 걸린다. 철수와 영희가 다리 위에서 달리기 시합을 하려고 한다. 영희가 먼저 출발했고, 철수가 영희를 다리의 끝에서 따라잡았다면 철수는 얼마 만에 영희를 따라잡은 것인가?

① 1시간 40분
② 1시간 50분
③ 2시간
④ 2시간 10분

21 N은행에 근무하는 김사원과 박사원은 고객을 위한 서비스 개발 업무를 맡게 되었다. 김사원이 혼자 업무를 끝내려면 6일, 박사원은 12일이 걸린다고 할 때, 같이 일하면 며칠 만에 업무를 끝낼 수 있는가?

① 1일
② 2일
③ 3일
④ 4일

22 다음은 2019년 1분기부터 2020년 1분기까지 수도권 및 비수도권의 지역별 장애인 취업자 수 및 취업률을 나타낸 자료이다. 이에 대한 〈보기〉의 설명 중 옳지 않은 것을 모두 고르면?

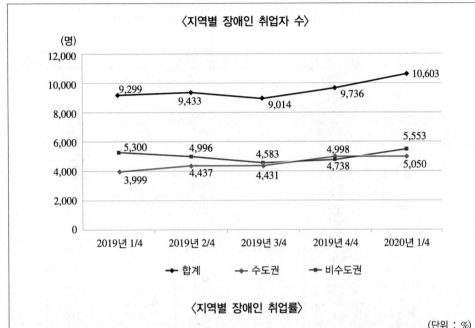

〈지역별 장애인 취업자 수〉

〈지역별 장애인 취업률〉

(단위 : %)

구분	2019년 1/4	2019년 2/4	2019년 3/4	2019년 4/4	2020년 1/4
수도권	49.4	60.6	62.4	66.7	60.5
비수도권	51.7	60.9	58.1	59.5	60.1
전국	53.0	64.0	56.4	58.7	62.0

보기

ㄱ. 2019년 3분기부터 2020년 1분기까지 매분기에 장애인 취업률은 전국이 비수도권보다 높다.

ㄴ. 2019년 2분기 대비 4분기의 수도권 장애인 취업률의 증감률은 8% 이상이다.

ㄷ. 2020년 1분기의 전년 동기 대비 장애인 취업자 수 증가율은 수도권이 비수도권보다 크다.

① ㄱ   ② ㄷ

③ ㄱ, ㄴ   ④ ㄴ, ㄷ

23 다음은 대전시의 자치구별 일반건강검진 1차 판정현황을 나타낸 자료이다. 이에 대한 〈보기〉의 설명 중 옳은 것을 모두 고르면?

〈대전시 자치구별 일반건강검진 1차 판정현황〉

(단위 : 명)

구분		정상	경계	질환의심	유질환자	합계
전체	합계	53,757	159,993	296,350	101,451	611,551
	남자	17,080	81,295	187,279	55,712	341,366
	여자	36,677	78,698	109,071	45,739	270,185
동구	소계	6,714	21,661	44,021	17,909	90,305
	남자	2,139	11,032	27,131	9,270	49,572
	여자	4,575	10,629	16,890	8,639	40,733
중구	소계	7,774	24,742	48,416	18,779	99,711
	남자	2,300	11,572	29,174	9,788	52,834
	여자	5,474	13,170	19,242	8,991	46,877
서구	소계	18,291	52,302	93,643	31,105	195,341
	남자	5,490	25,220	58,224	17,134	106,068
	여자	12,801	27,082	35,419	13,971	89,273
유성구	소계	15,182	41,377	71,326	19,194	147,079
	남자	5,245	23,136	48,266	11,663	88,310
	여자	9,937	18,241	23,060	7,531	58,769
대덕구	소계	5,796	19,911	38,944	14,464	79,115
	남자	1,906	10,335	24,484	7,857	44,582
	여자	3,890	9,576	14,460	6,607	34,533

보기

ㄱ. 남성 대비 여성의 비율은 동구에서 경계 판정을 받은 경우가 유성구에서 유질환자 판정을 받은 경우보다 높다.

ㄴ. 중구에서 일반건강검진을 받은 남성 중 질환의심 판정을 받은 사람의 비율은 60% 이상이다.

ㄷ. 대덕구에서 정상 판정을 받은 여성의 수는 유성구에서 유질환자로 판정받은 남성의 수의 40% 미만이다.

ㄹ. 지역별로 일반건강검진을 받은 사람 중에 경계 판정을 받은 사람의 비율은 동구가 서구보다 높다.

① ㄱ, ㄴ ② ㄱ, ㄷ
③ ㄴ, ㄷ ④ ㄴ, ㄹ

24 김주임은 부서에서 시행하는 추계 단합대회를 위해 제주도에 위치한 펜션을 예약하였으나 코로나19의 여파로 행사가 취소되었다. 김주임이 다음 내용에 따라 이미 예약을 완료하고 비용을 지불한 상태라고 할 때, 환불받을 수 있는 금액은?(단, 김주임은 12월 24일에 환불을 요청하였다)

〈펜션 결제 안내〉

• 객실 유형별 숙박비

구분	2인실	3인실	5인실	7인실
객실비용(1박당)	140,000원	190,000원	250,000원	380,000원

• 부대비용

구분	침구류	야외용 그릴(1일)	6인승 차량(1일)	8인승 차량(1일)
대여비용(개당)	30,000원	40,000원	80,000원	100,000원

※ 청소비는 1박당 40,000원이 별도로 부과됩니다.
※ 침구류는 숙박기간에 관계없이 대여 가능합니다.

〈환불 규정〉

• 객실비용의 경우 환불신청일에 따라 다음의 취소수수료를 부과합니다.

구분	체크인 1일 전	체크인 2일 전	체크인 3일 전까지
취소수수료율	10%	5%	없음

• 대여비용은 이용하지 않은 경우 전액 환급합니다.
• 청소비는 외주 계약된 인원에게 지불하는 금액으로 환불되지 않습니다.
• 온라인으로 예약한 경우 취소수수료 10,000원이 추가 청구됩니다.

〈예약 내용〉

• 12월 26일에 체크인하는 일정으로 온라인을 통해 예약하였다.
• 5인실 방 1개, 3인실 방 2개를 예약하였다.
• 모든 방은 2박을 연박으로 예약하였다.
• 바베큐 파티를 위해 야외용 그릴 2개를 하루 동안 대여하였다.
• 침구류는 인원수에 맞게 2박 동안 대여하였다.
• 이동을 위하여 8인승 차량 1대와 6인승 차량 1대를 하루 동안 렌트하였다.
• 방은 인원수를 고려하여 딱 맞게 예약하였다.

① 1,480,500원   ② 1,518,000원
③ 1,697,000원   ④ 1,780,000원

25 N사의 기획부는 코로나19 감염 예방을 위해 2021년 1월 마지막 한 주 동안 재택근무를 실시하고자 한다. 다음 내용에 따라 최소 인원을 제외한 인원은 모두 재택근무를 한다고 할 때, 가장 적은 인원이 출근하는 날짜로 옳은 것은?

〈당직근무표〉

구분	월	화	수	목	금
	1/25	1/26	1/27	1/28	1/29
당직자	박대리	김사원	이주임	박대리	최사원

〈기획부 인력운영 규정〉

• 직원들은 주중에만 출근한다.
• 사원끼리만 출근할 수 없다.
• 대리와 주임은 같은 날 출근하지 않는다.
• 부장이 출근한 날은 반드시 주임도 출근한다.
• 부장은 일주일에 이틀을 출근해야 한다.
• 월요일과 화요일에는 반드시 재정 담당자가 한 명 이상 출근하여야 한다.
• 수요일에는 반드시 운영 담당자가 한 명 이상 출근하여야 한다.
• 목요일과 금요일에는 반드시 기획 담당자가 한 명 이상 출근하여야 한다.
• 반드시 출근할 필요가 없는 인원은 최대한 재택근무를 실시한다.
• 당직근무자는 자신이 당직인 날에 반드시 출근하여야 하며, 당직 전날과 다음 날은 출근하지 않는다.

〈기획부 직원별 정보〉

구분	담당	비고
최사원	재정	출장(월요일)
김사원	운영	−
이주임	기획	출장(월요일)
박대리	재정	−
조과장	운영	휴가(화요일)
정팀장	기획	−
차부장	재정	−

① 25일
② 26일
③ 27일
④ 28일

26 다음은 가족돌봄 휴가비용 긴급지원 제도에 대한 자료이다. 박주임의 상황이 다음과 같을 때, 박주임이 수령 가능한 가족돌봄 휴가비용의 최대 금액으로 옳은 것은?

〈코로나19 가족돌봄 휴가비용 지원제도〉

1. 지원대상 : 사업주가 무급으로 휴가를 부여했을 경우 지원
   • 아래와 같은 사유로 남녀고용평등법상 가족돌봄휴가를 사용한 근로자(대기업, 공공기관 포함)
   ① 조부모, 부모, 배우자, 자녀, 손자녀(조손가정에 한함)가 코로나19 확진자, 의사환자, 조사대상 유증상자로 긴급하게 돌봄이 필요한 경우
   ② 만 8세 이하 또는 초등 2학년 이하의 자녀가 아래와 같은 사유로 긴급하게 돌봄이 필요한 경우
   - 자녀가 소속된 어린이집·유치원·학교가 코로나19 관련하여 휴원·휴교·개학연기를 실시한 경우
   - 무증상 자율격리자로 등(원)교 중지 조치를 받은 경우
   - 접촉자로 분류되어 자가격리 대상인 경우

2. 지원내용
   • 지원기간 : 근로자 1인당 가족돌봄휴가 사용 시 5일 이내 지원
   - 외벌이도 지원(5일 이내), 맞벌이(부부 각각 5일), 한 부모(10일 이내)
   • 지원금액 : 1일 5만 원(부부합산 최대 50만 원 지원)
   ※ 단시간 근로자는 근로시간에 비례하여 지원(단, 4시간 이하는 2.5만 원 일괄 지원)
   • 적용 : 국내 첫 번째 코로나19 확진 판정('20.1.20.) 이후 사용한 가족돌봄휴가까지 소급하여 지원

〈박주임의 상황〉

• 박주임은 공공기관에서 정규직으로 근무 중이다.
• 박주임은 만 4세, 7세의 딸이 있으며, 자녀들 및 아내와 함께 거주하고 있다.
• 첫째 딸이 다니는 초등학교가 코로나19로 인하여 2020년 4월 17일부로 휴교하게 되어 박주임과 아내 모두 가족돌봄휴가를 사용하게 되었다.
• 박주임의 아내는 박주임과 동일한 공공기관에서 오전 9시부터 오후 12시까지만 근무하는 계약직 직원으로 근무 중이다.

① 22만 5천 원

② 25만 원

③ 28만 4천 원

④ 37만 5천 원

27 다음 도식에서 기호들은 일정한 규칙에 따라 문자를 변화시킨다. ?에 들어갈 알맞은 문자는?

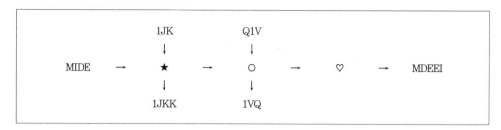

$$5KD → ♡ → ★ → ?$$

① 55KD   ② KDD5

③ KD55   ④ DK55

28 N사는 임직원 850명에게 마스크를 1개씩 배부하기로 하였다. 마스크 업체 A~C 중 총비용이 가장 적은 업체를 선정하여 제품을 구입한다고 할 때, 선정될 업체와 해당 업체의 총비용이 바르게 연결된 것은?

〈마스크 업체 정보〉

구분	개당 단가	배송비	비고
A업체	600원	25,000원	800개 이상 주문 시 마스크 개당 가격 5% 할인
B업체	500원	100개당 3,000원	• 400개 이상 주문 시 전체 배송비 10% 할인 • 900개 이상 주문 시 무료 배송
C업체	700원	• 500개 이하는 20,000원 • 500개 초과 시 100개마다 5,000원 요금 추가	마스크 350개 이상 주문 시 350개 초과분에 대하여 개당 20% 할인

	업체	총비용
①	A	449,300원
②	B	449,300원
③	B	509,500원
④	C	509,500원

29 다음은 자원관리능력의 하위 능력 중 하나에 대한 설명이다. 빈칸에 들어갈 내용으로 적절한 것은?

> _____관리능력은 직업생활에서 필요한 _____을 확인하고, 최대한 확보하여 실제 업무에 어떻게 활용할 것인지에 대한 계획을 수립한 뒤 이에 따라 효율적으로 활용하여 관리하는 능력이다. 산업의 고도화와 함께 다양한 _____이 활용되고 있으며, 이를 필요한 시기와 장소에 적절히 활용하는 것은 매우 중요하다.

① 시간
② 예산
③ 물적자원
④ 인적자원

30 다음 중 인사관리 원칙에 해당하지 않는 것은?

① 생산성 향상의 원칙
② 공정 보상의 원칙
③ 공정 인사의 원칙
④ 창의력 계발의 원칙

31 다음 〈보기〉 중 쌍무계약에 해당하는 것은 모두 몇 개인가?

> **보기**
>
> ㄱ. 매매   ㄴ. 교환
> ㄷ. 임대차   ㄹ. 고용
> ㅁ. 도급   ㅂ. 화해
> ㅅ. 증여   ㅇ. 조합
> ㅈ. 소비대차   ㅊ. 무상임치

① 5개
② 6개
③ 7개
④ 10개

PART 2

기출복원문제

32 다음 〈보기〉 중 BCG 매트릭스의 구분에 따른 사업에 대한 설명으로 옳지 않은 것은?

> **보기**
>
> 가. Star 사업은 시장점유율이 높고 성장 가능성이 높으므로 높은 수익을 올릴 수 있다.
> 나. Cash Cow 사업은 시장점유율이 높고 현금 유입이 많으므로 성장 가능성이 높다.
> 다. Question Mark 사업은 성장 가능성이 높으므로 지속적인 투자가 필요하다.
> 라. Dog 사업은 시장점유율이 낮고 성장 가능성도 없으므로 철수해야 한다.

① 가   ② 나

③ 다   ④ 라

33 다음 중 농협 로고에 대한 설명으로 옳지 않은 것은?

① 심볼마크의 'V' 꼴은 협동 · 단결을 상징한다.

② 심볼마크의 'V' 꼴 외의 아랫부분은 원만과 돈을 의미한다.

③ 심볼마크 전체는 '협'자의 'ㅎ'을 변형하였다.

④ 심볼마크는 항아리에 쌀이 가득 담겨 있는 형상이다.

34 다음 〈보기〉 중 농업인에 해당하지 않는 사람을 모두 고르면?

> **보기**
>
> ㄱ. 운영 중인 스마트 농장에서 재배한 농산물을 온라인으로 판매하여 연간 3,000만 원의 소득을 올리고 있는 A씨
> ㄴ. 귀농하여 500m²의 농지에 농작물을 재배하고 있는 B씨
> ㄷ. 자신의 농지에 설치한 300m²의 버섯재배사에서 버섯을 재배하고 있는 C씨
> ㄹ. 10년 동안 항상 1년의 반 이상을 염소, 사슴 등의 축산업에 종사한 D씨

① ㄱ, ㄴ   ② ㄱ, ㄷ

③ ㄴ, ㄷ   ④ ㄴ, ㄹ

35 다음 〈보기〉 중 은행 직원의 업무로 옳은 것은 모두 몇 개인가?

> **보기**
>
> ㄱ. 신용카드 이용 한도 증액
> ㄴ. 사기업 주식 직접 구매
> ㄷ. 교통카드 기능이 포함된 카드 발급
> ㄹ. 보험 상품 설계
> ㅁ. 부동산 관련 투자
> ㅂ. 공과금 감면 상담

① 1개 ② 2개
③ 3개 ④ 4개

PART 2

기출복원문제

36 다음 중 농협이 신뢰받는 조직으로 발돋움하기 위해 정립한 인재상으로 적절하지 않은 것은?

① 시장경쟁력을 갖추고, 고객을 감동시키며, 성과를 창출하는 인재
② 협력을 통해 조직 전체의 성과가 극대화될 수 있도록 시너지 제고를 위해 노력하는 인재
③ 프로다운 서비스 정신을 바탕으로 농업인과 고객을 가족처럼 여기는 인재
④ 유통·금융 등 맡은 분야에서 최고의 전문가가 되기 위해 노력하는 인재

정답 및 해설 p.078

01 70문항 유형

01 다음 제시된 단어의 관계와 유사한 것은?

할머니 – 할아버지

① 신문 – 매체   ② 학교 – 학생

③ 높다 – 크다   ④ 탄생 – 죽음

⑤ 겨울 – 감기

02 다음 제시된 단어의 대응 관계로 볼 때, 빈칸에 들어갈 단어로 가장 적절한 것은?

한옥 : 대들보 = 나무 : (　　)

① 장작   ② 가지

③ 의자   ④ 돌

⑤ 바람

03

크다 활 켜다

① 바이올린   ② 하프
③ 콘트라베이스   ④ 기타
⑤ 화살

04

깎는 빛나는 비싼

① 거울   ② 보석
③ 조각   ④ 전구
⑤ 번개

05

차갑다 미끄러지다 빠르다

① 인라인스케이트   ② 미끄럼틀
③ 자전거   ④ 오토바이
⑤ 스키

06

자루 파다 농사

① 낫   ② 벼
③ 논   ④ 호미
⑤ 밭

07 다음 중 ㉠ ~ ㉢에 들어갈 단어가 바르게 나열된 것은?

> • 대통령은 정상회의를 앞두고 아시아 지역 언론 연합 신문에 기고문을 ㉠ 기재 / 게재했다.
> • 고온으로 가열된 프라이팬에 식용유를 ㉡ 두르다 / 둘르다 화상을 입는 경우가 많다.
> • 최근 지방의 지자체들은 실속 행정을 위해 ㉢ 겉치레 / 겉치례 행사를 개선하고 있다.

	㉠	㉡	㉢
①	기재	두르다	겉치레
②	기재	두르다	겉치례
③	게재	두르다	겉치레
④	게재	둘르다	겉치례
⑤	게재	둘르다	겉치례

08 다음 빈칸에 들어갈 단어로 가장 적절한 것은?

> 정부는 선거와 관련하여 신고자에 대한 _____을 대폭 강화하기로 하였다.

① 보훈(報勳)
③ 공로(功勞)
⑤ 공적(功績)

② 공훈(功勳)
④ 포상(褒賞)

09 다음 한자성어 중 의미가 다른 하나는?

① 금의환향(錦衣還鄕)
③ 간담상조(肝膽相照)
⑤ 마부위침(磨斧爲針)

② 입신양명(立身揚名)
④ 부귀공명(富貴功名)

10 다음 중 '자는 호랑이에게 코침 주기'와 뜻이 비슷한 한자성어는?

① 전전반측(輾轉反側) ② 각골통한(刻骨痛恨)

③ 평지풍파(平地風波) ④ 백아절현(伯牙絶絃)

⑤ 곡학아세(曲學阿世)

11 다음 중 맞춤법이 옳지 않은 것은?

① 과녁에 화살을 맞추다.

② 오랜만에 친구를 만났다.

③ 그는 저기에 움츠리고 있었다.

④ 단언컨대 내 말이 맞다.

⑤ 저건 정말 희한하다.

12 a, b, c 세 유리수의 합은 18이다. a는 b와 c 합의 2배이고, c는 b의 3배일 때, 세 유리수 중에서 가장 큰 수는?

① $\dfrac{27}{2}$

② 11

③ 12

④ $\dfrac{44}{3}$

⑤ 15

13 P분식집은 홍보를 위해 아르바이트생을 고용하여 전단지를 돌리기로 하였다. 아르바이트생은 A ~ E 다섯 곳에 전단지를 돌리는데 A장소에서 처음 가지고 있던 전단지의 절반을 돌리고, B, C, D장소에는 차례대로 남은 절반에서 한 부를 먼저 벽에 붙인 뒤 나머지 절반을 사람들에게 돌렸다. 마지막 E장소에서는 남은 부수의 절반을 나눠줬더니 1부가 남았다고 한다. 이때 아르바이트생이 처음 받은 전단지 부수는 몇 부인가?

① 97부 ② 88부

③ 65부 ④ 58부

⑤ 46부

※ 다음과 같이 일정한 규칙으로 수를 나열할 때, 빈칸에 들어갈 알맞은 수를 고르시오. [14~15]

14

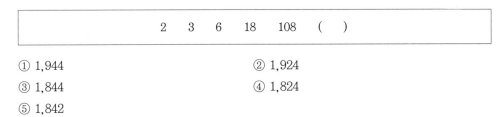

| 2 | 3 | 6 | 18 | 108 | ( ) |

① 1,944   ② 1,924

③ 1,844   ④ 1,824

⑤ 1,842

15

| 10 | 8 | 16 | 13 | 39 | 35 | ( ) |

① 90   ② 100

③ 120   ④ 140

⑤ 150

16 U식당은 매주 시장에서 생닭을 일정량 주문한다고 한다. 지난주는 1,400원짜리 생닭을 70만 원어치 주문했고, 이번 주도 같은 양을 주문했다. 이번 주에 주문한 생닭 한 마리 가격이 2,100원일 때, 이번 주에 지불한 비용은 얼마인가?

① 99만 원   ② 101만 원

③ 105만 원   ④ 109만 원

⑤ 114만 원

17 다음 중 빈칸에 들어갈 말로 적절한 것은?

> N회사에 근무 중인 S씨는 물품을 효과적으로 관리하기 위해 _____의 원칙에 따라 안 쓰는 이면지를 서랍 하단에 별도로 모아두고 있다.

① 동일성   ② 유사성
③ 구분성   ④ 명료성
⑤ 변별성

PART 2
기출복원문제

18 다음과 같은 비즈니스 에티켓 특징을 가지고 있는 국가는?

> • 인사 : 중국계의 경우 악수로 시작하는 일반적인 비즈니스 문화를 가지고 있으며, 말레이계의 경우 이성과 악수를 하지 않는 것이 일반적이다. 인도계 역시 이성끼리 악수를 하지 않고 목례를 한다.
> • 약속 : 약속 없이 방문하는 것은 실례이므로 업무상 필수적으로 방문해야 하는 경우에는 약속을 미리 잡아 일정 등에 대한 확답을 받은 후 방문한다. 미팅에서는 부수적인 이야기를 거의 하지 않으며 바로 업무에 관한 이야기를 한다. 이때 상대방의 말을 끝까지 경청해야 한다. 명함을 받을 때도 두 손으로 받는 것이 일반적이다.

① 미국   ② 싱가포르
③ 인도네시아   ④ 필리핀
⑤ 태국

19 다음 중 농협이 주관하는 농촌체험브랜드로, 농촌 · 문화 · 관광이 결합된 농촌체험여행을 의미하는 것은?

① 일손나눔   ② 농촌스테이
③ 팜스테이   ④ 팜랜드
⑤ 농촌문화체험

01 다음 밑줄 친 단어의 한자 표기로 옳은 것은?

> 처음에 조그마한 세력이었던 이 단체는 급속히 성장하다가 최근 쇠퇴하기 시작하였다.

① 聲張   ② 盛裝

③ 盛粧   ④ 成長

02 다음 한자어의 뜻을 가진 속담으로 옳은 것은?

> 凍足放尿

① 밑 빠진 독에 물 붓기

② 언 발에 오줌 누기

③ 가재는 게 편이다

④ 백지장도 맞들면 낫다

03 다음 중 띄어쓰기가 옳지 않은 것은?

① 호랑이같은 힘이 난다.

② 남자같이 생겼다.

③ 불꽃같은 형상이 나타났다.

④ 저 자동차와 같이 가면 된다.

04 자연수 a, b는 $a(a-b)=23$의 방정식이 성립한다. 이때 a^2-b^2의 값은?

① 40

② 42

③ 43

④ 45

05 다음 중 가장 큰 수가 나오는 식은?

① $4\times12\div3$

② $13+23+7-34$

③ $48+35\div7-10$

④ $31\times2-105\div5$

06 슬기와 경서는 꽁꽁 언 강 위에서 각각 다른 일정한 속력으로 썰매를 타고 있다. 경서는 슬기의 출발선보다 1.2m 앞에서 동시에 출발하여 슬기가 따라잡기로 하였다. 경서의 속력은 0.6m/s이며, 슬기가 출발하고 6초 후 경서를 따라잡았다고 할 때, 슬기의 속력은?

① 0.8m/s

② 1.0m/s

③ 1.2m/s

④ 1.4m/s

07 농협에 방문한 은경이는 목돈 5,000만 원을 정기예금에 맡기려고 한다. 은경이가 고른 상품은 월 단리 예금상품으로 월이율 0.6%이며, 기간은 15개월이다. 은경이가 이 상품에 가입했을 경우 만기 시 받는 이자는?(단, 정기예금은 만기일시지급식이다)

① 4,500,000원
② 5,000,000원
③ 5,500,000원
④ 6,000,000원

08 농협에서 근무하는 갑, 을, 병사원은 고객설문조사 업무를 맡았다. 갑사원이 혼자 할 경우 12일 걸리고, 을사원은 18일, 병사원은 36일이 걸린다고 한다. 3명의 사원이 함께 업무를 진행한다고 할 때, 걸리는 기간은?

① 8일
② 7일
③ 6일
④ 5일

09 유속 10m/s로 흐르는 강물에서 유진이는 일정한 속력으로 움직이는 배를 타고 있다. 배가 내려올 때의 속력이 반대로 올라갈 때 속력의 1.5배와 같을 때, 배 자체의 속력은?

① 45m/s
② 50m/s
③ 55m/s
④ 60m/s

10 다음 빈칸에 공통적으로 들어갈 단어로 옳은 것은?

> 농산물 밭떼기 거래 시 발생하는 재배농가의 피해 예방을 위해 농산물 _____ 표준계약서 보급이 필요하다.
> 농수산물 유통 및 가격안정에 관한 법률에 따라 _____은/는 반드시 서면계약을 해야 하며, 서면계약의 의무품목인 양배추, 양파 품목은 이를 위반할 경우 매수인은 500만 원 이하, 매도인은 100만 원 이하의 과태료가 부과된다.
> 농산물 표준계약서 보급은 매년 채소류의 _____ 시 농가와 상인의 빈번한 구두 계약과 채소류 가격 등락에 따른 잔금 미지급, 계약해지 등으로 발생할 수 있는 농가의 피해를 예방하는 효과가 있다.

① 시장매매   ② 현물매매
③ 포전매매   ④ 계약매매

11 다음 내용이 설명하고 있는 창의적 사고 개발 방법은?

> 일정한 주제에 관하여 회의를 하고, 참가하는 인원이 자유발언을 통해 아이디어를 제시하는 것으로 다른 사람의 발언에 비판하지 않는다.

① 스캠퍼 기법   ② 여섯 가지 색깔 모자
③ 브레인스토밍   ④ TRIZ

12 다음 중 농협은행은 어떤 유형의 은행인가?

① 특수은행   ② 상호저축은행
③ 일반은행   ④ 지방은행

※ 다음은 A지점 지역농협에서 신입사원 채용일정을 위해 2월 일정표에 인사부서 직원 및 임원들의 스케줄을 표시한 자료이다. 이어지는 질문에 답하시오. [13~14]

<2월 일정표>

월	화	수	목	금	토	일
						1
2 B(연차)	3	4	5 병	6 갑	7	8
9	10	11 D	12 을, 병	13 B, C	14	15
16	17 A, C	18	19 E	20	21	22
23 갑	24	25 전국 농협행사	26 전국 농협행사	27 전국 농협행사	28 전국 농협행사	29

※ 출장인 직원 및 임원은 일정표에 직책을 제외하고 표시함

보기

• 채용일정은 '서류 접수 – 서류합격자 발표 – 필기시험 – 필기합격자 발표 – 면접시험 – 최종합격자 발표' 순서로 진행한다.
• 최종합격자는 80명이고, 필기시험 응시자는 최종합격자의 2배이다.
• 채용일정이 끝날 때마다 다음 날부터 2일 이상의 결재 기간이 필요하다.
• 결재 기간은 월요일부터 토요일까지 가능하다.
• 인사부 직원은 A사원, B사원, C대리, D과장, E부장 5명이며, 임원은 갑, 을, 병 3명이다.
• 채용일정은 행사가 있는 날에는 불가능하다.

13 다음 〈조건〉에 부합하는 면접시험 날짜로 가능한 날은?

- 필기시험 날짜는 2일 월요일이다.
- 면접관은 임원 1명과 인사부 대리 이상의 직원 2명이 참석한다.
- 면접시험 날에 인사부 직원 중 진행요원 2명이 필요하다.
- 합격자 발표는 1일, 면접시험은 연속 2일 동안 진행한다.
- 면접시험은 주중에만 시행할 계획이다.

① 7일   ② 10일
③ 17일   ④ 25일

14 필기시험 응시자의 60%가 필기시험에 합격하여 면접시험을 준비한다. 응시자 4명을 팀으로 15분씩 면접을 보며, 한 팀이 끝날 때마다 다음 팀의 면접 시작 전에 면접관은 5분간 휴식을 갖는다. 하루에 면접시험 진행시간을 4시간 이하로 정했을 경우, 2일 동안 실시되는 면접시험에서 면접관의 휴식시간은?(단, 면접시험 진행시간에는 휴식시간도 포함한다)

① 1시간 40분   ② 1시간 45분
③ 1시간 50분   ④ 1시간 55분

09 2019년 상반기 기출복원문제

정답 및 해설 p.085

01 | 70문항 유형

※ 다음 제시된 단어의 대응 관계로 볼 때, 빈칸에 들어갈 알맞은 단어를 고르시오. [1~3]

01

이력 : 경력 = ( ) : 해결

① 분쟁
② 무시
③ 상생
④ 타개
⑤ 논의

02

바리스타 : 커피콩 = 목수 : ( )

① 톱
② 나무
③ 목장
④ 쇠
⑤ 용접

03

고래 : 포유류 = 개구리 : ( )

① 파충류
② 무척추동물
③ 양서류
④ 어류
⑤ 조류

※ 다음 제시된 단어에서 공통으로 연상할 수 있는 단어를 고르시오. [4~9]

04

시다	노랗다	둥글다

① 바나나   ② 석류
③ 배   ④ 레몬
⑤ 포도

05

거대하다	높다	연속되다

① 빌딩   ② 산맥
③ 바다   ④ 숲
⑤ 사막

06

누르다	열리다	위아래

① 엘리베이터   ② 에스컬레이터
③ 계단   ④ 케이블카
⑤ 헬리콥터

07

감정	함께하는	느끼다

① 동정   ② 연민
③ 희생   ④ 공감
⑤ 행복

08

이름　　새기다　　찍다

① 사진　　　　　　　　　　　　② 여권
③ 등본　　　　　　　　　　　　④ 통장
⑤ 도장

09

음료　　마시다　　꽂다

① 컵　　　　　　　　　　　　　② 병
③ 빨대　　　　　　　　　　　　④ 책꽂이
⑤ 냉장고

※ 다음 빈칸에 들어갈 단어로 가장 적절한 것을 고르시오. [10~12]

10

토론에서 세 명이 _____을/를 한다.

① 발인(發靷)　　　　　　　　　② 발족(發足)
③ 발주(發注)　　　　　　　　　④ 발제(發題)
⑤ 발췌(拔萃)

11

상대방 의견은 _____의 가치도 없다.

① 일각(一角)　　　　　　　　　② 일고(一考)
③ 일람(一覽)　　　　　　　　　④ 일부(一部)
⑤ 일반(一般)

12

백두산은 압록강의 _____이다.

① 재원(財源)　　　　　　　　　② 발원(發源)
③ 어원(語源)　　　　　　　　　④ 연원(淵源)
⑤ 전원(電源)

13 다음 밑줄 친 단어의 쓰임이 옳은 것은?

① 팀장님, 여기 서류에 <u>결제</u> 부탁드립니다.

② 한국 남자 수영팀이 10년 만에 한국 신기록을 <u>갱신</u>했다.

③ 일제강점기 독립운동가들은 일제 경찰에게 갖은 <u>곤혹</u>을 당했다.

④ 재난 당국은 실종자들의 생사 <u>유무</u>를 파악 중이다.

⑤ 그녀는 솔직하고 <u>담백하게</u> 자신의 마음을 표현했다.

14 다음 중 ㉠ ~ ㉢에 들어갈 단어가 바르게 연결된 것은?

• 성준이는 수업 시간에 ㉠ <u>딴생각 / 딴 생각</u>을 많이 하는 편이다.

• 그는 내가 ㉡ <u>사사받은 / 사사한</u> 교수님이다.

• 궂은 날씨로 인해 기대했던 약속이 ㉢ <u>파토 / 파투</u> 났다.

	㉠	㉡	㉢
①	딴생각	사사받은	파토
②	딴생각	사사한	파투
③	딴 생각	사사받은	파토
④	딴 생각	사사받은	파투
⑤	딴 생각	사사한	파투

15 다음 밑줄 친 단어와 같은 의미로 쓰인 것은?

사람들의 함성이 공연장을 가득 <u>메웠다</u>.

---

① 해당 문서의 공란을 <u>메워</u> 제출해주시길 바랍니다.

② 그 선수는 지속적인 훈련을 통해 부족한 점을 <u>메우기로</u> 했다.

③ 그녀는 무료한 시간을 <u>메우기</u> 위해 뜨개질을 시작했다.

④ 불법 주차된 차량이 인근 도로를 <u>메워</u> 주민들이 불편을 겪고 있다.

⑤ 남의 소에 멍에를 <u>메워</u> 제 밭을 간다.

16 다음 중 농협의 기업 이미지를 업(Up)시키는 제2의 상징체인 캐릭터는?

① 보리   ② 아리

③ 우리   ④ 유리

⑤ 지리

17 다음 중 창의력 증진방법의 하나인 스캠퍼(SCAMPER) 기법의 약자로 옳지 않은 것은?

① S : 대체하기(Substitute)

② C : 선택하기(Choose)

③ A : 적용하기(Adapt)

④ E : 제거하기(Eliminate)

⑤ R : 재배치하기(Rearrange)

※ 다음과 같이 일정한 규칙으로 수 또는 문자를 나열할 때, 빈칸에 들어갈 알맞은 수 또는 문자를 고르시오.
[18~20]

18

| | 1   4   13   40   121   (   )   1,093 | |

① 351   ② 363

③ 364   ④ 370

⑤ 392

19

| | 3   8   25   4   5   21   5   6   (   ) | |

① 27   ② 28

③ 29   ④ 30

⑤ 31

20

| b | g | e | j | ( ) | m | k | p |

① h   ② i

③ l   ④ n

⑤ o

21 등산 동아리 회원들은 경주로 놀러가기 위해 숙소를 예약하였다. 방 하나에 회원을 6명씩 배정하면 12명이 남으며, 7명씩 배정하면 1개의 방에는 6명이 배정되고 2개의 방이 남는다. 이때 등산 동아리에서 예약한 방은 총 몇 개인가?

① 25개   ② 26개

③ 27개   ④ 28개

⑤ 29개

22 K고등학교 운동장은 다음과 같이 양 끝이 반원 모양이다. 한 학생이 운동장 가장자리를 따라 한 바퀴를 달린다고 할 때, 학생이 달린 거리는?(단, 원주율 $\pi \fallingdotseq 3$으로 계산한다)

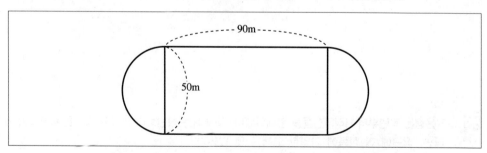

① 300m   ② 310m

③ 320m   ④ 330m

⑤ 340m

23 N회사에 근무하는 A, B사원은 프로젝트를 맡게 되었다. A사원이 혼자 프로젝트를 끝내려면 4일, B사원은 12일이 걸린다고 할 때, 같이 일하면 며칠 만에 끝나는가?

① 1일　　　　　　　　　　　② 2일
③ 3일　　　　　　　　　　　④ 4일
⑤ 5일

24 사과 1.2kg은 15,000원이고, 같은 무게일 때 배의 가격은 사과의 2배, 귤의 가격은 사과의 $\frac{1}{2}$ 배이다. 사과 하나의 무게는 120g, 배는 400g, 귤은 200g이다. 각 과일마다 90,000원어치를 구매한다고 할 때, 구입한 사과, 배, 귤의 개수는 총 몇 개인가?

① 140개　　　　　　　　　　② 141개
③ 142개　　　　　　　　　　④ 143개
⑤ 144개

25 N은행은 작년부터 H적금상품을 판매하였다. 올해에는 작년보다 25%가 증가한 450명이 가입하였다면, 작년에 이 상품에 가입한 고객은 몇 명인가?

① 360명　　　　　　　　　　② 365명
③ 370명　　　　　　　　　　④ 375명
⑤ 380명

26 N은행에서는 건물 보수공사를 할 업체를 선정하려고 한다. 후보업체는 A ~ E 다섯 업체로, 다음은 N은행에서 후보업체에 대한 부문별 점수와 부문별 가중치를 나타낸 표이다. 가중치를 적용한 가중평균점수가 가장 높은 업체를 선정한다고 할 때, N은행에서 선정할 업체는?

〈후보업체별 점수 현황〉

(단위 : 점)

구분	규모	가격	위치
A업체	8	8	7
B업체	7	9	8
C업체	6	10	5
D업체	5	7	10
E업체	8	6	8

〈부문별 가중치〉

구분	규모	가격	위치
가중치	0.2	0.5	0.3

① A업체   ② B업체
③ C업체   ④ D업체
⑤ E업체

27 5kg 물체를 당기는 힘은 5N이고, 3kg 물체를 당기는 힘이 3N일 때 각각의 물체는 같은 가속도로 운동을 한다. 두 물체를 줄로 연결하여 함께 당긴다고 할 때, 두 물체가 가속도 3m/s^2으로 운동하려면 얼마의 힘으로 당겨야 하는가?[단, 모든 마찰과 공기 저항은 무시하고 모든 물체는 직선운동을 하며, (힘)＝(가속도)×(질량)이다]

① 35N   ② 30N
③ 24N   ④ 20N
⑤ 16N

28 농도가 15%인 소금물 800g에서 소금물을 조금 퍼내고, 150g의 물을 다시 부었다. 이때 소금물의 농도가 12%라면, 처음에 퍼낸 소금물의 양은 얼마인가?

① 100g   ② 150g
③ 200g   ④ 250g
⑤ 300g

01 다음 제시된 단어 중 뜻이 다른 하나는?

> 도로(道路) 고지(高地) 가두(街頭) 노상(路上)

① 도로 ② 고지
③ 가두 ④ 노상

02 다음 중 밑줄 친 부분의 띄어쓰기가 옳은 것은?

① 이 가방은 저희 매장에 하나 밖에 남지 않은 마지막 상품입니다.
② 이번 휴가에는 올해 열살이 된 조카와 놀이공원에 가려고 한다.
③ 실제로 본 백두산의 모습은 사진에서 본 바와 같이 아름다웠다.
④ 화가 머리끝까지 차오른 주인은 손님을 쫓아내버렸다.

03 다음 중 한자 표기가 잘못된 단어는?

① 지역사회(地域社會) ② 금융위기(金融位記)
③ 봉사활동(奉仕活動) ④ 다문화가정(多文化家庭)

04 다음 중 간접비에 속하지 않는 것은?

① 복지후생비 ② 보험료
③ 광고비 ④ 근로자 임금

05 다음 중 비공식적 조직과 공식적 조직에 대한 설명으로 옳지 않은 것은?

① 공식적 조직은 구성원 간 역할과 권한에 대한 규정이 있다.
② 비공식적 조직은 조직 구성원에게 소속감 등을 제공한다.
③ 공식적 조직의 유형에는 라인 조직, 매트릭스 조직 등이 있다.
④ 비공식적 조직은 의도적으로 구성된 조직으로 수명이 길다.

06 농협의 커뮤니케이션 브랜드인 'NH'의 뜻에 해당하지 않는 것은?

① New Happiness
② New Honor
③ Nature & Human
④ New Hope

07 다음 중 고객만족경영의 3C에 해당하지 않는 것은?

① Complete
② Customer
③ Change
④ Competition

08 다음 중 농협의 통장표제부에서 알 수 없는 것은?

① 예금 종류
② 계좌번호
③ 통장개설 일자
④ 잔여 금액

09 T씨는 연 3%인 연 복리 예금상품에 4,300만 원을 예치하였다. T씨가 만기 시 금액으로 원금의 2배를 받는 것은 몇 년 후인가?(단, $\log 1.03 = 0.01$, $\log 2 = 0.3$으로 계산한다)

① 18년 후
② 20년 후
③ 26년 후
④ 30년 후

10 다음 중 예약이 가능한지를 묻는 표현은?

① Is it possible to book a table for 7 o'clock?
② Do you have a reservation?
③ I'd like to cancel my reservation.
④ What do you think of a spot to have a dinner?

10 2018년 하반기 기출복원문제

정답 및 해설 p.092

01 70문항 유형

01 다음 중 밑줄 친 단어의 관계가 다른 하나는?

① 농협 NH채움카드의 신규 TV 광고가 전파를 <u>탔다</u>.
　얼마 전 방문했던 식당이 방송을 <u>탔다</u>.
② 나는 오랫동안 길러 왔던 <u>머리</u>를 잘랐다.
　우리는 그 문제를 해결하기 위해 열심히 <u>머리</u>를 돌렸다.
③ 원고 마감일이 다가오자 그는 며칠 밤을 꼬박 새워 글을 <u>썼다</u>.
　가뭄으로 물을 끌어다 붓는 등 갖은 애를 <u>쓰느라</u> 농사의 생산비가 크게 증가했다.
④ 그는 그녀의 <u>손</u>에 반지를 끼워주며 청혼했다.
　나는 부모님이 일찍 돌아가셔서 할머니의 <u>손</u>에서 자랐다.
⑤ 세탁을 잘못하여 새로 산 옷에 파란 물이 <u>들었다</u>.
　올해에는 풍년이 <u>들어</u> 농민들의 걱정이 줄었다.

02 다음 제시된 단어에서 공통적으로 연상할 수 있는 단어는?

캄캄함	갑작스러움	불편함

① 번개 　　　　　　　　　② 정전
③ 불꽃 　　　　　　　　　④ 채색
⑤ 천둥

03 다음 제시된 의미로 사용할 수 없는 단어는?

> 황무지를 농지로 바꾸다.

① 개척하다

② 간척하다

③ 경작하다

④ 개간하다

⑤ 갈다

04 다음 중 ㉠과 ㉡에 들어갈 단어가 바르게 연결된 것은?

> • 매년 10만여 명의 ㉠ 뇌졸중 / 뇌졸증 환자가 발생하고 있다.
> • 그의 변명이 조금 ㉡ 꺼림직 / 꺼림칙 / 꺼림칫했으나, 한번 믿어보기로 했다.

	㉠	㉡
①	뇌졸중	꺼림칙
②	뇌졸중	꺼림직
③	뇌졸중	꺼림칫
④	뇌졸증	꺼림칫
⑤	뇌졸증	꺼림직

05 2019년 2월 말부터는 소비자가 달걀을 구입할 때 보다 자세하고 정확한 정보를 확인할 수 있도록 달걀에 산란 일자, 생산자 고유번호, 사육환경번호를 차례대로 표기해야 한다. 사육환경번호의 경우 닭의 사육환경에 따라 1(방사육), 2(축사 내 평사), 3(개선된 케이지), 4(기존 케이지)와 같이 구분된다. 이와 같은 달걀 난각 표시 개정안에 따를 때, 생산자 고유번호가 'AB38E'인 한 농장에서 방사 사육된 닭이 9월 7일에 낳은 달걀의 난각 표시로 적절한 것은?

① AB38E 0907 1

② AB38E 0907 2

③ 0907 1 AB38E

④ 0907 2 AB38E

⑤ 0907 AB38E 1

06 다음 중 밑줄 친 부분의 맞춤법이 옳지 않은 것은?

> 어젯밤 꿈에서 돌아가신 할머니를 만났다. 할머니는 <u>숨겨둔</u> 비밀을 밝힐 때가 됐다며, 꿈에서 깨면 본인이 사용했던 화장대의 <u>첫 번째</u> 서랍을 열어보라고 하셨다. 나는 할머니의 비밀이 도대체 무엇인지 여러 차례 물었지만 돌아오는 것은 할머니의 <u>미소뿐이었다</u>. 꿈에서 <u>깨어나 보니</u> 할머니는 더 이상 보이질 않았고, 방안은 고요한 적막만 흘렀다. 나는 왠지 모르게 그동안 나를 <u>덥쳤던</u> 온갖 불행들이 사라진 것 같은 기분이 들었다.

① 숨겨둔　　　　　　　　　② 첫 번째
③ 미소뿐이었다　　　　　　④ 깨어나 보니
⑤ 덥쳤던

07 다음 중 자원관리 단계에 대한 설명으로 적절하지 않은 것은?

① 필요한 자원의 종류 확인 – 일반적으로 '시간자원, 예산자원, 물적자원, 인적자원'으로 구분하여 파악한다.
② 필요한 자원의 양 확인 – 필요한 자원이 얼마만큼 필요한지 구체적으로 파악한다.
③ 이용 가능한 자원 수집 – 필요한 양보다 여유 있게 자원을 확보한다.
④ 자원활용계획 수립 – 활동에 투입되는 자원의 희소성을 고려하여 계획을 수립한다.
⑤ 계획에 따른 수행 – 계획대로 업무를 추진한다.

08 다음 중 언어의 친교적 기능이 드러난 대화를 모두 고르면?

> ㉠ A : 오늘 날씨가 춥네. 밥은 먹었니?
>   B : 옷을 좀 더 따뜻하게 입고 다녀야겠네.
> ㉡ A : 얘, 이제 곧 저녁 먹어야 하는데 지금 어디 가니?
>   B : 우체국에 잠시 다녀올게요.
> ㉢ A : 이만 가봐야겠다. 이따가 전화하자.
>   B : 오늘 정말 즐거웠어.
> ㉣ A : 김대리, 여행은 어디로 다녀왔나?
>   B : 네, 부장님. 홍콩과 마카오로 다녀왔습니다.
> ㉤ A : 이렇게 헤어지기 너무 아쉽다.
>   B : 그래, 조만간 밥 한번 먹자.
> ㉥ A : 오랜만이네, 얼굴이 더 좋아졌다.
>   B : 그래, 너도 잘 지내고 있지?

① ㉠, ㉡
② ㉡, ㉣
③ ㉠, ㉢, ㉤
④ ㉡, ㉣, ㉥
⑤ ㉠, ㉢, ㉤, ㉥

09 다음 글의 전개상 특징으로 가장 적절한 것은?

> 우리나라의 전통음악은 정악(正樂)과 민속악으로 나눌 수 있다. 정악은 주로 양반들이 향유하던 음악으로, 궁중에서 제사를 지낼 때 사용하는 제례악과 양반들이 생활 속에서 즐기던 풍류음악 등이 이에 속한다. 이와 달리 민속악은 서민들이 즐기던 음악으로, 서민들이 생활 속에서 느낀 기쁨, 슬픔, 한(恨) 등의 감정이 솔직하게 표현되어 있다.
> 정악의 제례악에는 종묘제례악과 문묘제례악이 있다. 본래 제례악의 경우 중국 음악을 사용하였는데, 이 때문에 우리나라의 정악을 중국에서 들어온 것으로 여기고 순수한 우리의 음악으로 받아들이지 않을 수 있다. 그러나 종묘제례악은 세조 이후부터 세종대왕이 만든 우리 음악을 사용하였고, 중국 음악으로는 문묘제례악과 이에 사용되는 악기 몇 개일 뿐이다.
> 정악의 풍류음악은 주로 양반 사대부들이 사랑방에서 즐기던 음악으로, 궁중에서 경사가 있을 때 연주되기도 하였다. 대표적인 곡으로는 '영산회상', '여민락' 등이 있으며, 양반 사대부들은 이러한 정악곡을 반복적으로 연주하면서 음악에 동화되는 것을 즐겼다. 이처럼 대부분의 정악은 이미 오래 전부터 우리 민족 고유의 정서와 감각을 바탕으로 만들어져 전해 내려온 것으로 부정할 수 없는 우리의 전통 음악이다.

① 예상되는 반론에 대비하여 근거를 들어 주장을 강화하고 있다.
② 비교·대조를 통해 여러 가지 관점에서 대상을 살펴보고 있다.
③ 기존 견해를 비판하고 새로운 견해를 제시하고 있다.
④ 대상의 장점과 단점을 분석하고 있다.
⑤ 구체적인 사례를 들며 대상을 비판하고 있다.

10 인천 광역 버스 1300번, 790번, 1301번의 배차시간은 차례대로 30분, 60분, 80분이다. 이 세 버스가 같은 정류장에서 오전 7시에 첫차로 출발한다고 할 때, 이 정류장에서 두 번째로 같이 출발하는 시각은?

① 오전 9시 30분 ② 오전 10시

③ 오전 11시 ④ 오전 11시 30분

⑤ 오전 11시 40분

11 C사원은 퇴근하면서 딸기를 구매하기 위해 마트에 들렀다. 마침 마트에 싱싱한 딸기가 있어 근처에 사시는 부모님 것까지 사기로 하였다. 딸기는 1박스(1kg)에 7,600원이었으며, 3박스 묶음으로 구매 시 5% 할인해주고, 6박스 묶음 구매 시 2박스는 30% 할인을 해준다. C사원이 딸기 6박스 묶음으로 하나를 구입한다고 할 때, 3박스 묶음으로 두 개를 구입할 때와 금액의 차이는?

① 2,280원 덜 낸다. ② 2,280원 더 낸다.

③ 2,490원 덜 낸다. ④ 2,490원 더 낸다.

⑤ 금액은 동일하다.

12 경기도에 있는 N은행의 모든 지점의 직원 수를 조사한 결과 여자 직원은 작년보다 10% 감소하였으며, 남자 직원은 8% 증가하였다. 작년 총원은 820명이었고, 올해 총원은 작년보다 10명이 감소하였다면 작년 여자 직원 수는?

① 400명 ② 420명

③ 422명 ④ 430명

⑤ 432명

13 유진이와 은미는 제주도에 놀러가 감귤 농장 체험프로그램에 참여하였다. 체험프로그램에서는 1시간 30분 동안 감귤을 따서 마음대로 바구니에 담아 가지고 갈 수 있다고 한다. 유진이는 90개를 1시간 10분 동안 따고 20분 쉬었으며, 은미는 프로그램 시간 내내 95개를 땄다. 은미가 농장에서 일한 능률은 유진이 농장에서 일한 능률의 약 몇 %를 차지하는가?(단, 능률은 쉬는 시간을 제외한 시간에서 1시간 동안 딴 감귤의 개수를 말하며, 능률 및 비율의 소수점 이하는 버림한다)

① 73%
② 75%
③ 77%
④ 81%
⑤ 83%

14 다음 규칙에 따라 빈칸에 들어갈 문자를 순서대로 바르게 나열한 것은?

ㄱ( )ㄷ ㄴgㅂ ㄷi( ) ㄹkㅌ

① q, ㅂ
② f, ㅇ
③ a, ㅎ
④ w, ㅅ
⑤ e, ㅈ

15 Y는 N마트에서 장을 보고 있다. 사야 할 목록을 확인하던 중 지금까지 고른 물건의 중간계산을 해보니 버섯 1봉지, 두부 2모, 대파 1묶음, 우유 2팩, 계란 1판으로 총 12,500원이었다. 우유는 세일 제품으로 2팩에 4,200원, 계란은 1판에 3,400원이며, 버섯 1봉지와 두부 1모의 가격은 대파 3묶음 가격보다 300원 저렴하고, 버섯 1봉지는 두부 1모보다 300원 비싸다고 할 때, 대파 1묶음의 가격은?

① 1,500원
② 1,400원
③ 1,350원
④ 1,200원
⑤ 1,000원

16 직장인 A씨는 NH농협 적금 베스트 상품 중 하나에 가입하려고 한다. 다음의 적금 베스트 3종 정보와 〈조건〉을 참고할 때 가장 높은 이자를 받을 수 있는 적금상품과 이자금액은 얼마인가?[단,

$\dfrac{0.023}{12} = 0.0019$, $\left(1 + \dfrac{0.023}{12}\right)^{24} = 1.047$, $1.026^{\frac{1}{12}} = 1.002$, $1.026^2 = 1.05$로 계산하며, 이

자금액은 백 원 이하 버림한다]

〈NH농협 적금 베스트 3종〉			
구분	NH직장인 월 복리 적금	e금리우대적금	NH쏠쏠적금
상품유형	목돈 모으기		
상품특징	급여이체 및 교차거래 실적에 따라 금리가 우대되는 직장인 전용 월 복리 상품	대표 비대면 적금상품	NH쏠쏠카드 보유 고객 대상 금리우대를 제공하는 NH쏠쏠패키지 내 자유 적립식 상품
가입대상	만 18세 이상 개인	개인(1인 1계좌)	NH쏠쏠카드를 보유한 개인(1인 1계좌)
가입기간	12개월 이상 36개월 이내 (월 단위)	12개월 이상 36개월 이내 (월 단위)	12개월 이상 36개월 이내 (월 단위)
예금자보호 여부	○	○	○
우대금리	- 급여이체 여성 연계상품 : 0.3%p - 당행 주택청약종합저축(청약저축 포함) 또는 적립식 펀드 중 1개 이상 가입 : 0.2%p - 당행 신용 또는 체크카드 실적 월 100만 원 이상 : 0.3%p	- 급여이체 여성 연계상품 : 0.1%p - 당행 신용 또는 체크카드 사용 중 : 0.1%p - 당행 적립식 펀드 1개 이상 가입 : 0.2%p	- 급여이체 여성 연계상품 : 0.1%p - NH쏠쏠카드 실적 월 30만 원 이상 50만 원 미만 : 0.1%p (50만 원 이상 0.2%p) - NH쏠쏠패키지대출 보유 시 : 0.1%p
기본금리(연)	1.8%	2.2%	1.8%

※ NH직장인 월 복리 적금 외의 상품은 연 복리 적금상품임

> **조건**
> • 직장인 A씨는 여성이다.
> • NH쏠쏠신용카드로 매월 30만 원에서 40만 원 정도 사용한다.
> • 급여이체로 NH농협을 이용하고 있다.
> • 매월 초 30만 원씩 자동이체와 2년 동안 적금가입을 원한다.
> • 당행 적립식 펀드를 가입한 지 3개월이 되었다.

	적금상품	이자금액
①	NH직장인 월 복리 적금	315,000원
②	NH직장인 월 복리 적금	235,000원
③	e금리우대적금	315,000원
④	e금리우대적금	235,000원
⑤	NH쏠쏠적금	325,000원

01 다음 밑줄 친 단어와 같은 의미로 사용된 것은?

> 반복되는 지적에 그의 표정이 점점 <u>굳어졌다</u>.

① 얼굴이 <u>굳었다</u>.   ② 관습으로 <u>굳어졌다</u>.
③ 땅이 <u>굳어졌다</u>.   ④ 혀가 <u>굳었다</u>.

02 다음 중 농협의 핵심가치로 적절하지 않은 것은?

① 정체성이 살아 있는 든든한 농협
② 지역과 함께 만드는 살고 싶은 농촌
③ 미래 성장동력을 창출하는 디지털 혁신
④ 경쟁력 있는 농업, 행복한 농업인

03 다음 중 농협의 사회공헌 활동으로 적절하지 않은 것은?

① 농협장학관 운영   ② 독거노인 말벗 서비스
③ 행복채움 금융교육   ④ 농산물 산지유통센터 운영

04 다음 중 인적자원의 배치·이동의 원칙으로 적절하지 않은 것은?

① 능력주의   ② 실적주의
③ 적재적소주의   ④ 균형주의

05 다음 중 자원의 낭비 요인으로 적절하지 않은 것은?

① 비계획적 행동
② 편리성 추구
③ 낮은 기술 수준
④ 자원에 대한 인식 부재

06 다음은 농협의 심볼마크에 대한 설명이다. 빈칸 ㉠에 들어갈 단어로 적절한 것은?

[V] 꼴은 [　]자의 [　]을 변형한 것으로 싹과 벼를 의미하며 농협의 무한한 발전을, [V] 꼴을 제외한 아랫부분은 [㉠]자의 [　]을 변형한 것으로 원만과 돈을 의미하며 협동 단결을 상징합니다.
또한 마크 전체는 [　]자의 [　]을 변형한 것으로 [　]은 농협을 나타내고 항아리에 쌀이 가득 담겨 있는 형상을 표시하여 농가 경제의 융성한 발전을 상징합니다.

① 농
② 업
③ 협
④ 중

07 다음 중 올바른 개인정보 이용에 대한 설명으로 적절하지 않은 것은?

① 최대한의 정보를 이용한다.
② 이용 목적을 명확하게 밝힌다.
③ 정보의 정확성, 완전성 및 최신성이 보장되도록 한다.
④ 정보주체의 동의를 받은 경우 제3자에게 개인정보를 제공할 수 있다.

08 다음 중 밑줄 친 부분의 띄어쓰기가 옳은 것은?

① 토마토는 <u>손 쉽게 가꿀 수 있는</u> 채소이다.
② 농협이 <u>발 빠르게 지원에</u> 나서 주목받고 있다.
③ <u>겨울한파에 언마음이</u> 따뜻하게 녹았으면 좋겠다.
④ 협동의 <u>깃발 아래 한 데</u> 뭉치자.

09 다음은 전국 농협 조직도의 일부이다. 이에 대한 설명으로 적절하지 않은 것은?

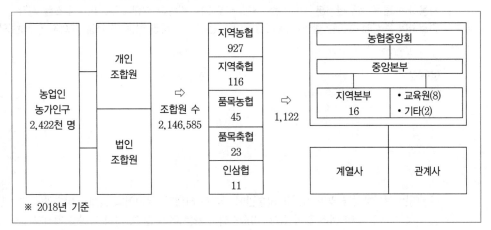

① 농협의 개인조합원 수는 2백만 명 이상이다.
② 농협의 중앙본부에는 8개의 교육원이 있다.
③ 품목 농·축협과 인삼협의 사무소는 지역축협의 수보다 적다.
④ 농협중앙회는 전국에 총 16개의 지역본부 사무소를 두고 있다.

10 다음 중 '농협'의 한자 표기로 옳은 것은?

① 農協   ② 濃協
③ 儂脅   ④ 農刕

11 다음 중 '등불을 가까이 할 만하다.'의 뜻을 가진 한자성어로, 가을밤에 등불을 가까이 하여 글 읽기에 좋다는 의미를 가진 것은?

① 天高馬肥   ② 螢雪之功
③ 燈火可親   ④ 韋編三絶

12 은미는 지름이 다른 A ~ C 세 가지 호스를 사용하여 수족관에 물을 채우려고 한다. A호스 하나를 사용하여 물을 채우면 6분, B호스는 18분, C호스는 36분이 걸린다. A, B, C호스를 각각 수도관에 연결하여 동시에 수족관 물을 채운다고 할 때, 은미가 수족관 물을 다 채울 때까지 걸리는 시간은?

① 1분 30초   ② 3분

③ 4분   ④ 4분 30초

13 유진이는 겨울방학을 맞아 평일에 미술관에 가기로 하였다. 유진이의 집에서 미술관에 가는 방법에는 다음 그림과 같이 여러 길이 있다. 미술관까지 가는 여러 길 중 가장 가까운 거리의 길을 이용할 때, 유진이가 집에서 미술관까지 간 거리는?(단, 그림에서 길을 나타내는 선분 옆의 숫자는 거리를 나타내며, 거리 단위는 km이다)

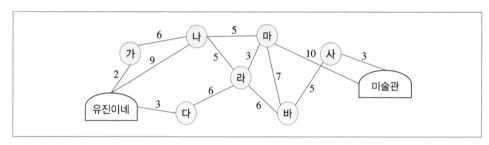

① 21km   ② 22km

③ 23km   ④ 24km

14 다음 제시된 명제가 모두 참일 때, 항상 참인 것은?

- 수박을 사면 감자를 산다.
- 귤을 사면 고구마를 사지 않는다.
- 사과를 사면 배도 산다.
- 배를 사면 수박과 귤 중 하나를 산다.
- 고구마를 사지 않으면 감자를 산다.

① 사과를 사면 수박과 귤을 모두 산다.
② 수박을 사지 않으면 고구마를 산다.
③ 배를 사지 않으면 수박과 귤을 모두 산다.
④ 귤을 사면 감자도 같이 산다.

15 농협에서 고객들을 유치하기 위해 새로운 상품을 내놓았다. J고객은 그중 두 상품을 선택했는데 첫 번째는 연 복리 적금상품으로 매달 초에 12만 원씩 납입하며 적용금리는 연 2.4%의 3년 만기 복리 적금상품이고, 두 번째 상품은 400만 원을 예치하는 단리 예금으로 연 2.8%의 2년 만기상품 이다. J고객이 두 상품 모두 만기가 되어 돈을 찾는다고 할 때, 두 상품의 만기 금액 차이는?(단, $1.024^{\frac{1}{12}}=1.002$, $1.024^3=1.074$로 계산한다)

① 214,880원   ② 222,880원

③ 224,880원   ④ 226,800원

16 N기업의 영업부서에 재직 중인 김대리는 목요일에 2박 3일 동안 일본으로 출장을 간다고 한다. 다음은 일본출장을 가기 위한 교통편에 대한 정보를 나타낸 자료이다. 김대리는 비행기를 탈 경우 기내식을 먹기 원하며, 크루즈를 이용할 경우 회사에서 선착장까지 너무 멀어 회사 차를 이용할 수 없다. 김대리가 〈조건〉에 맞는 교통편을 선택한다고 할 때, 왕복 이용 시 비용은?(단, 비용에는 교통비와 식비를 포함한다)

〈교통편별 편도 금액 및 세부사항〉

구분	편도 금액	식사 포함 유무	좌석	비고
H항공사	310,000원	×	비즈니스석	식사별도 주문 가능(10,000원/1식)
	479,000원	○	퍼스트클래스	왕복권 구입 시 10% 할인
P항공사	450,000원	○	퍼스트클래스	–
Y크루즈	292,000원	×	S석	음식 구매 가능(9,000원/1식)
Z크루즈	180,000원	○	B석	평일 이용 시 15% 할인

※ 크루즈 이용 시 회사에서 타는 곳까지 좌석버스 요금은 25,000원임(반대방향도 동일)
※ 모든 교통편은 이용 시 식사가 한 번 제공됨

> **조건**
> • 비행기는 비즈니스석 이상을 이용한다.
> • 크루즈는 A석 또는 S석을 이용한다.
> • 식사가 포함 안 될 시 별도 주문 및 구매한다.
> • 한 가지 교통편만 이용한다.
> • 가장 저렴한 교통편을 선택한다.

① 900,000원   ② 862,200원

③ 652,000원   ④ 640,000원

17 농협 □□지점의 A사원은 일주일 동안 방문하는 고객들이 사는 곳을 조사해 통계를 내려고 한다. A사원은 조사한 고객들을 (가) ~ (마) 다섯 지역으로 나누어 통계결과표를 작성하였다. (가)지역에 사는 고객이 72.8%로 가장 높았으며, 그 다음 (다)지역이 21.4%로 높았다. (마)지역에 사는 고객 비율은 (다)지역 비율의 $\frac{1}{8}$ 이며, (나)지역의 고객 수 비율은 (라)지역의 1.5배라고 할 때, 농협 □□지점에 방문했던 (라)지역의 고객 비율은 몇 %인가?

① 1.25%

② 1.475%

③ 1.55%

④ 1.875%

18 N중학교에서 올해 1학기 중간고사를 보았다. 1학년 2반의 전체 평균이 72점이었고, 평균 50점과 60점을 받은 학생 수가 같았다. 다음 평균점수표를 참고할 때 60점을 받은 학생은 몇 명인가?(단, 2반 정원은 15명이다)

〈1학년 2반 중간고사 평균점수 현황〉

(단위 : 명)

구분	50점	60점	70점	80점	90점	100점
인원	( )	( )	5	4	( )	1

① 1명

② 2명

③ 3명

④ 4명

19 다음은 농산물 가격을 나타낸 자료이다. 이에 대한 설명으로 옳은 것은?(단, 비율 및 증감률은 소수점 둘째 자리에서 반올림한다)

〈농업부문 생산액 전망〉

(단위 : 10억 원)

구분			2016년	2017년	2018년	2019년	2020년	증감률(%)	
								17/16	18/17
농업 총생산액			44,519	42,937	43,277	44,475	48,886	−3.6	0.8
	재배업		25,307	24,673	24,342	24,496	25,060	−2.5	−1.3
		곡물류	8,830	7,633	7,741	6,850	6,200	−13.6	1.4
		채소류	8,989	9,700	9,194	9,752	10,278	7.9	−5.2
		과실류	3,687	3,453	3,531	3,742	4,069	−6.3	2.2
		기타	1,474	1,466	1,465	1,638	1,871	−0.5	−0.1
	축잠업		19,212	18,264	18,935	19,978	23,826	−4.9	3.7
		한육우	4,708	4,465	4,388	4,700	5,374	−5.2	−1.7
		돼지	6,967	6,770	6,660	7,077	8,497	−2.8	−1.6
		닭	1,910	1,990	2,084	2,286	2,865	4.2	4.7
		계란	1,837	1,563	2,214	1,947	2,441	−14.9	41.6
		젖소	2,285	2,215	2,219	2,316	2,464	−3.1	0.2
		오리	814	618	706	915	1,313	−24.0	14.2

※ 재배업과 축잠업의 하위항목 중 일부만 표시하였음
※ 17/16은 2016년 대비 2017년 증감률임

① 2017년부터 2020년까지 재배업과 축잠업의 생산액 전망의 증감 추이는 동일하다.
② 2017년 재배업 항목에서 두 번째로 높은 항목이 2019년에 농업 총생산액에서 차지하는 비중은 20% 이상이다.
③ 젖소의 2018년 생산액의 전년 대비 증감률은 2020년 축잠업 항목에서 세 번째로 높은 항목의 2018년 전년 대비 증감률보다 5.0%p 이상 더 높다.
④ 2019년에 농업 총생산액에서 재배업의 기타, 축잠업의 닭, 오리 생산액 비율은 약 10.9%이다.

11 2018년 상반기 기출복원문제

정답 및 해설 p.100

01 다음은 농민신문의 일부이다. 이 기사에서 틀린 글자는 몇 개인가?(단, 띄어쓰기는 고려하지 않는다)

◆ **농업계 염원 외면한 정부**

법 적용에서 농축산물을 제외하거나 적용기준을 완화해주길 바랐던 농축산물 유통업계는 실망감을 감추지 못했다.

특히 올 추석경기는 김영란법 시행 이후 전개될 업계판도를 가능해볼 수 있는 축소판이라고 입을 모은다. 법 시행 이전임에도 농축산물 소비가 크게 위축된 만큼 본격적으로 법이 시행되면 농축산업계 피해는 더욱 커질 것이라는 전망을 내놓고 있다.

서울 가락동 농수산물도매시장의 한 중도매인은 "최근 5년 동안 올해만큼 과일 선물세트 판매가 힘들기는 처음인 것 같다."며 "김영란법 시행을 앞두고 수년 전부터 꾸준히 거래했던 기업의 발주물량이 크게 줄었다."고 분위기를 전했다.

농업계는 특히 김영란법이 고품질 농축산물 소비를 위축시키고, 농축산물 판매가격 상승폭을 제한하는 가이드라인으로 작용할 가능성이 크다고 우려한다. 선물 기준 가액이 5만 원으로 정해진 만큼 비교적 고가로 판매되는 친환경농산물이나 농산물우수관리(GAP) 인증 농산물의 판매 위축은 물론 5만 원 이하 맞춤형 저가 상품 판매 확대에 따른 가격상승폭 제한은 불가피하다는 것이다.

◆ **사면초가에 빠진 인삼 · 화훼업계**

김영란법 시행의 최대 피해 품목으로 꼽히는 인삼 · 화훼업계는 망연자실한 표정이다.

농협홍삼 마케팅본부장은 "시행령 상한액 기준에 따라 5만 원 이하의 저가 제품 구성을 늘릴 수밖에 없다."며 "저가 제품은 인삼함유량이 10% 이하에 불과해 인삼 소비에 악영향을 미칠 것"이라고 우려했다.

화훼 유통업계는 경조사용 소비의 비중이 80% 이상을 차지해 타격이 더욱 클 것이란 전망이다. 화훼의 경우 시행령에서 경조사용 화환은 경조사비(10만 원), 승진 축하용 난은 선물(5만 원)에 해당한다. 화훼 유통업체인 프레시플라워 대표는 "화환은 부주금을 포함하면 10만 원이 넘기 때문에 사실상 거래가 어렵다."며 "난도 저가의 품종은 5만 원 정도이지만 선물용으로서의 가치가 떨어진다."고 말했다. 그러면서 "법이 시행되면 꽃 선물이 금기시되면서 화훼산업이 붕괴될 것"이라고 한숨을 내쉬었다.

---

① 1개   ② 2개
③ 3개   ④ 4개
⑤ 5개

02 N은행은 하반기 공채에서 9명의 신입사원을 채용하였고, 신입사원 교육을 위해 조를 나누기로 하였다. 신입사원들을 한 조에 3명씩 3개의 조로 나누고 3개의 조를 각각 A, B, C로 나누는 경우의 수는?

① 1,240가지
② 1,460가지
③ 1,680가지
④ 1,800가지
⑤ 1,930가지

03 N회사 사무실에 도둑이 들었다. 범인은 2명이고, 용의자로 지목된 A~E가 다음과 같이 진술했다. 이 중 2명이 거짓말을 하고 있다고 할 때, 동시에 범인이 될 수 있는 사람끼리 바르게 짝지어진 것은?

- A : B나 C 중에 1명만 범인이에요.
- B : 저는 확실히 범인이 아닙니다.
- C : 제가 봤는데 E가 범인이에요.
- D : A가 범인이 확실해요.
- E : 사실은 제가 범인이에요.

① A, B
② B, C
③ B, D
④ C, E
⑤ D, E

04 다음 한 변의 길이가 20cm인 정사각형 안에 있는 넓이가 $113cm^2$인 큰 원과 넓이가 $78cm^2$인 작은 원의 공통넓이가 가장 클 때 공통넓이의 값은?

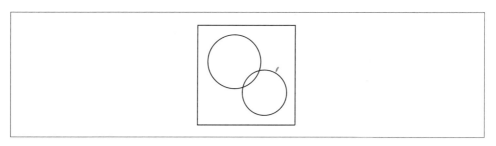

① 0

② $54cm^2$

③ $78cm^2$

④ $113cm^2$

⑤ $400cm^2$

05 다음 한자 중 반의 관계인 것은?

① 成長 : 衰退

② 合格 : 成功

③ 商人 : 販賣

④ 代表 : 社長

⑤ 動物 : 昆蟲

06 서류전형을 통과한 8명의 지원자들과 사원 2명이 토론면접을 준비하고 있다. 지원자와 사원을 섞어서 면접을 진행할 예정이고 신분을 숨기기 위해 모두 1번부터 10번까지 번호를 붙인다. 사원이 각각 1번과 10번을 받았고 항상 마주보고 있다고 할 때, 지원자들과 사원이 원탁에 둘러앉을 수 있는 경우의 수는?

① $_8C_4$

② $4! \times 4!$

③ $2 \times 4!$

④ $8! \div 2$

⑤ $8!$

07 다음 중 낡은 것을 바꾸어 새것으로 만든다는 뜻을 가진 한자성어는?

① 사필귀정(事必歸正)   ② 타산지석(他山之石)

③ 환부작신(換腐作新)   ④ 안거위사(安居危思)

⑤ 복철지계(覆轍之戒)

08 다음 밑줄 친 부분과 같은 의미로 쓰인 것은?

> 소비자들은 기능과 디자인, 어느 쪽에 중점을 <u>두느냐</u>에 따라 다른 선택을 할 것이다.

① 책상 위에 공책을 <u>두었다</u>.

② 너를 <u>두고</u> 가려니 마음이 좋지 않다.

③ 그 단체는 세계 각지에 지사를 <u>두고</u> 있다.

④ 그 안건을 <u>두고</u> 찬성파와 반대파가 격하게 대립하고 있다.

⑤ 별일 아니니 크게 의미 <u>두지</u> 마세요.

09 다음 밑줄 친 부분의 띄어쓰기가 모두 옳은 것은?

① 최선의 세계를 만들기 위해서 <u>무엇 보다</u> 이 세계에 있는 모든 대상들이 지닌 성질을 정확하게 <u>인식해야 만</u> 한다.

② 일과 여가 <u>두가지</u>를 어떻게 <u>조화시키느냐하는</u> 문제는 항상 인류의 관심대상이 되어 왔다.

③ <u>내로라하는</u> 영화배우 중 내 고향 출신도 상당수 된다. 그래서 어릴 때부터 자연스럽게 영화배우를 꿈꿨고, <u>그러다 보니</u> 영화는 내 생활의 일부가 되었다.

④ 실기시험은 까다롭게 <u>심사하는만큼</u> 준비를 철저히 해야 한다. <u>한 달 간</u> 실전처럼 연습하면서 시험에 대비하자.

⑤ 우주의 <u>삼라 만상</u>은 우리에게 온갖 경험을 제공하지만 많은 경험의 결과들이 서로 <u>모순 되는</u> 때가 많다.

10 N은행의 A사원은 동계 연수에 참가하고자 한다. 연수 프로그램의 참여 조건이 다음과 같을 때, 〈보기〉의 ㄱ ~ ㄹ 중 옳은 설명을 모두 고르면?

〈참여 조건〉

- 전략기획연수에는 반드시 참여해야 한다.
- 노후관리연수에 참여하면 직장문화연수에도 참여한다.
- 자기관리연수에 참여하면 평생직장연수에는 참여하지 않는다.
- 직장문화연수에 참여하면 전략기획연수에는 참여하지 않는다.
- 자기관리연수와 노후관리연수 중 한 가지 프로그램에는 꼭 참여한다.

보기

ㄱ. A사원은 노후관리연수에 참여한다.
ㄴ. A사원은 자기관리연수에 참여한다.
ㄷ. A사원은 직장문화연수에 참여하지 않는다.
ㄹ. A사원은 평생직장연수에 참여한다.

① ㄱ, ㄴ
② ㄱ, ㄷ
③ ㄴ, ㄷ
④ ㄴ, ㄹ
⑤ ㄷ, ㄹ

11 다음과 같이 일정한 규칙으로 문자를 나열할 때, 빈칸에 들어갈 문자로 알맞은 것은?

| H | I | G | J | F | (|) | E |

① B
② I
③ J
④ K
⑤ Z

12 다음 중 높임말이 옳지 않은 것은?

① 할아버지께서 진지를 드신다.
② 손님, 주문하신 커피 나오셨습니다.
③ 철수가 할아버지를 모시고 왔다.
④ 철수가 영희에게 책을 주었다.
⑤ 김 서방, 밥 먹고 가게.

13 철수는 3월 2일에 995,565원을 달러로 환전하여 미국을 여행한 후, 남은 달러 전부를 3월 6일에 다시 원화로 팔았더니 256,125원이 되었다. 철수는 미국 여행 중 몇 달러를 사용하였는가?(단, 환율 수수료는 고려하지 않는다)

<환율 정보>

날짜	통화명	살 때	팔 때
2018년 3월 2일	1달러(미국)	1,070.5원	1,034.5원
2018년 3월 6일	1달러(미국)	1,052.5원	1,024.5원

① 660달러

② 680달러

③ 700달러

④ 720달러

⑤ 740달러

14 다음 중 글쓴이가 하고자 하는 말과 어울리는 속담은?

부지런함이란 무얼 뜻하겠는가? 오늘 할 일을 내일로 미루지 말며, 아침에 할 일을 저녁으로 미루지 말며, 맑은 날에 해야 할 일을 비 오는 날까지 끌지 말도록 하고, 비 오는 날 해야 할 일도 맑은 날까지 끌지 말아야 한다. 늙은이는 앉아서 감독하고, 어린 사람들은 직접 행동으로 어른의 감독을 실천에 옮기고, 젊은이는 힘이 드는 일을 하고, 병이 든 사람은 집을 지키고, 부인들은 길쌈을 하느라 한밤중이 넘도록 잠을 자지 않아야 한다. 요컨대 집안의 상하 남녀 간에 단 한 사람도 놀고먹는 사람이 없게 하고, 또 잠깐이라도 한가롭게 보여서는 안 된다. 이런 걸 부지런함이라 한다.

① 백지장도 맞들면 낫다.

② 작은 것부터 큰 것이 이루어진다.

③ 사공이 많으면 배가 산으로 간다.

④ 일찍 일어나는 새가 벌레를 잡는다.

⑤ 고기 보고 기뻐만 말고 가서 그물을 떠라.

15 다음은 농협에서 하는 일에 대한 설명이다. 이 일은 무엇인가?

> We operate a Farm Stay program to boost farmer's income. Farm Stay is an experiential tourism program where people can experience living on a farm and participating in village festivals.
>
> The program helps explore other-than-farming income sources for farmers via urban and rural area exchanges, boosting the agricultural economy and revitalizing rural communities. Other benefits of the program include helping rural households by promoting Farm Stay as Korea's representative agricultural experiential tourism product and publicizing the role of Nong-Hyup to our customers as well as to local governments. We will provide systematic and consistent support to Farm Stay villages and work hard to attract urban citizens to experience our rural culture.

①    ②

③    ④

⑤

16 다음 중 농협의 윤리경영에 대한 설명으로 옳지 않은 것은?

① 일반적으로 CEO나 임직원이 기업활동에서 갖추어야 할 윤리를 말한다.
② 부정을 저지르지 않는 것을 궁극적인 목표로 한다.
③ 임직원의 구체적인 행동지침을 문서화한 것이 행동강령이다.
④ 농협은 청렴계약제도를 도입하였다.
⑤ 윤리경영은 시장경쟁 우위, 기업생존, 업무 효율성에 기여한다.

※ N은행은 별관과 복지동을 연결하는 다리 건설을 계획하고 있다. 입찰에는 A ~ F업체가 참여하였다. 다음은 N은행의 입찰기준에 따라 입찰업체를 분야별로 10점 척도로 점수화한 자료와 업체별 입찰가격을 나타낸 자료이다. 이어지는 질문에 답하시오. **[17~18]**

〈업체별 입찰기준 점수〉

입찰기준 업체	경영점수	안전점수	디자인점수	수상실적
A업체	9점	7점	4점	–
B업체	6점	8점	6점	2개
C업체	7점	7점	5점	–
D업체	6점	6점	4점	1개
E업체	7점	5점	2점	–
F업체	7점	6점	7점	1개

※ (입찰점수)＝(경영점수)＋(안전점수)＋(디자인점수)＋(수상실적 가점)
※ 수상실적 가점은 수상실적 1개당 2점의 가점을 부과함

〈업체별 입찰가격〉

(단위 : 원)

구분	A업체	B업체	C업체	D업체	E업체	F업체
입찰가격	11억	10억 5천만	12억 1천만	9억 8천만	10억 1천만	8억 9천만

17 다음의 선정방식에 따라 다리 건설 업체를 선정하고자 할 때, 최종 선정될 업체는?

- 입찰가격이 12억 원 미만인 업체 중에서 선정한다.
- 입찰점수가 가장 높은 3개 업체를 중간 선정한다.
- 중간 선정된 업체들 중 안전점수와 디자인점수의 합이 가장 높은 곳을 최종 선정한다.

① A업체   ② B업체
③ D업체   ④ E업체
⑤ F업체

18 N은행은 입찰가격도 구간별로 점수화하여 다시 업체를 선정하고자 한다. 입찰가격에 따른 가격점수를 산정하고, 기존 입찰점수에 가격점수를 추가로 합산하여 최종 입찰점수를 계산했을 때, 입찰점수가 가장 높은 업체는?

(단위 : 원)

구분	9억 미만	9억 이상 10억 미만	10억 이상 11억 미만	11억 이상 12억 미만	12억 이상
가격점수	10점	8점	6점	4점	2점

① A업체   ② B업체
③ C업체   ④ D업체
⑤ F업체

※ A사원은 그날의 날씨와 평균기온을 고려하여 〈보기〉의 조건에 따라 자신이 마실 음료를 고른다. 다음은 음료의 메뉴판과 이번 주 일기예보 자료이다. 이어지는 질문에 답하시오. **[19~20]**

〈메뉴판〉

(단위 : 원)

커피류			차 및 에이드류		
구분	작은 컵	큰 컵	구분	작은 컵	큰 컵
아메리카노	3,900	4,300	자몽에이드	4,200	4,700
카페라테	4,400	4,800	레몬에이드	4,300	4,800
바닐라라테	4,600	5,000	자두에이드	4,500	4,900
카페모카	5,000	5,400	밀크티	4,300	4,800

〈이번 주 일기예보〉

구분	7월 22일 일요일	7월 23일 월요일	7월 24일 화요일	7월 25일 수요일	7월 26일 목요일	7월 27일 금요일	7월 28일 토요일
날씨	흐림	맑음	맑음	흐림	비	비	맑음
평균기온	24℃	26℃	28℃	27℃	27℃	25℃	26℃

보기

- A사원은 맑거나 흐린 날에는 차 및 에이드류를 마시고, 비가 오는 날에는 커피류를 마신다.
- 평균기온이 26℃ 미만인 날에는 작은 컵으로, 26℃ 이상인 날은 큰 컵으로 마신다.
- 커피를 마시는 날 중 평균기온이 25℃ 미만인 날은 아메리카노를, 25℃ 이상 27℃ 미만인 날은 바닐라라테를, 27℃인 날은 카페라테를, 28℃ 이상인 날은 카페모카를 마신다.
- 차 및 에이드류를 마시는 날 중 평균기온이 27℃ 미만인 날은 자몽에이드를, 27℃ 이상인 날은 자두에이드를 마신다. 단, 비가 오지 않는 화요일과 목요일에는 반드시 밀크티를 마신다.

19 오늘이 7월 26일이라고 할 때, 〈보기〉에 따라 A사원이 오늘 마실 음료는?

① 아메리카노 큰 컵
② 카페라테 큰 컵
③ 바닐라라테 작은 컵
④ 카페모카 큰 컵
⑤ 자두에이드 작은 컵

20 A사원은 24일에 직장동료인 B사원에게 음료를 사주고자 한다. B사원에게는 자신이 전날 마신 음료와 같은 종류의 음료를 사준다고 할 때, A사원이 음료 두 잔을 주문하며 지불할 금액은?

① 8,700원
② 9,000원
③ 9,200원
④ 9,500원
⑤ 9,700원

※ 다음 글을 읽고 이어지는 질문에 답하시오. [21~23]

(가) 따라서 급속하게 증가하는 고령화로 인한 국민의 노후에 대한 불안을 해소하고 치매·중풍 등으로 거동이 불편한 노인의 '삶의 질' 향상과 그 가족의 부양부담을 경감하기 위한 사회안전망으로써 사회보장이 필요하다.

(나) 결국 노인 장기요양보험은 노인 요양문제에 따르는 젊은 층의 노인 부양비용을 사회적 연대원리에 의해 충당하는 제도로서, 젊은 층의 안정적 생활을 위해 반드시 마련되어야 하는 사회보험제도라는 인식 개선이 필요하다.

(다) 사람이라면 누구든지 치매·중풍 등의 노화 현상과 노인성질환 등으로 인한 장기요양의 필요성으로부터 자유로울 수 없으며, 노인 장기요양보험제도는 이러한 장기요양의 문제를 사회적으로 공동 해결하기 위하여 노인 및 그 가족뿐만 아니라 국민 전체에 의한 사회적 부양이라는 측면에서 사회적 연대원리로 운영되는 사회보험제도이다.

(라) 우리 사회의 급격한 고령화에 따라 치매·중풍·파킨슨 등 노인성질병으로 일상생활을 혼자서 수행하기 어려운 노인들이 급속히 증가하고 있다. 요양이 필요한 노인은 증가하고 있지만 우리 사회의 핵가족화와 여성의 사회참여 증가로 가정에 의한 돌봄은 이미 한계에 도달하였고, 치매·중풍 등의 노인을 돌보는 가정에서는 비용부담, 부양문제로 인한 가족 간의 갈등이 빈번하게 발생하고 있는 실정이다.

21 윗글을 논리적 순서대로 바르게 나열한 것은?

① (다) - (나) - (가) - (라)
② (다) - (나) - (라) - (가)
③ (다) - (라) - (가) - (나)
④ (라) - (가) - (다) - (나)
⑤ (라) - (나) - (가) - (다)

22 윗글의 주제로 가장 적절한 것은?

① 사회보험의 현재와 미래
② 고령화의 원인과 해결방안
③ 고령화와 사회보장
④ 우리나라의 사회보험제도
⑤ 장기요양의 필요성

23 윗글이 어떤 질문에 대한 답이 된다면 그 질문으로 가장 적절한 것은?

① 사회보장이란 무엇인가요?
② 노인 장기요양보험은 왜 필요한가요?
③ 고령화를 극복하기 위한 방법에는 무엇이 있나요?
④ 다른 나라와 우리나라의 사회보험제도의 차이점은 무엇인가요?
⑤ 노인성질환이란 무엇인가요?

24 A지역 농협에서는 사회공헌활동의 일환으로 복지아동센터에 봉사활동을 가려고 한다. 직원들의 스케줄을 고려하여 날짜를 정하기로 하였는데, 수요일에 가능한 직원은 47명이며, 수요일과 목요일 모두 가능한 직원은 12명이었다. 또한 모두 불가능한 직원은 15명이었을 때, 목요일에 봉사활동이 가능한 직원의 수는 몇 명인가?(단, 직원 수는 총 100명이다)

① 20명   ② 30명
③ 40명   ④ 50명
⑤ 60명

25 다음은 농협협동조합법 시행령의 일부이다. 이에 대한 내용으로 옳은 것은?

〈농협협동조합법 시행령〉

제11조의7(중앙회 감사위원의 자격요건)

법 제129조 제2항에서 "대통령령으로 정하는 요건에 적합한 외부전문가"란 다음 각호의 어느 하나에 해당하는 사람을 말한다.

1. 중앙회(중앙회의 자회사 및 손자회사를 포함한다.), 조합 또는 「금융위원회의 설치 등에 관한 법률」 제38조에 따른 검사대상기관(이에 상응하는 외국금융기관을 포함한다)에서 10년 이상 종사한 경력이 있는 사람. 다만, 중앙회 또는 조합에서 최근 2년 이내 임직원으로 근무한 사람(중앙회 감사위원으로 근무 중이거나 근무한 사람은 제외한다)은 제외한다.

2. 농업·축산업 또는 금융 관계 분야의 석사학위 이상의 학위소지자로서 연구기관 또는 대학에서 연구원 또는 조교수 이상의 직에 5년 이상 종사한 경력이 있는 사람

3. 판사·검사·군법무관·변호사 또는 공인회계사의 직에 5년 이상 종사한 경력이 있는 사람

4. 「자본시장과 금융투자업에 관한 법률」 제9조 제15항 제3호에 따른 주권상장법인에서 법률·재무·감사 또는 회계 관련 업무에 임원으로 5년 이상 또는 임직원으로 10년 이상 종사한 경력이 있는 사람

5. 국가, 지방자치단체, 공공기관 및 금융감독원에서 재무 또는 회계 관련 업무 및 이에 대한 감독 업무에 5년 이상 종사한 경력이 있는 사람

제12조(중앙회 사업전담대표이사 등의 자격요건)

법 제130조 제2항에서 "대통령령으로 정하는 요건에 맞는 사람"이란 다음 각호의 어느 하나에 해당하는 사람을 말한다.

1. 삭제 〈2017.6.27.〉

2. 상호금융대표이사는 중앙회, 「은행법」에 따른 은행 또는 금융업과 관련된 국가기관, 연구기관, 교육기관, 자기자본 200억 원 이상인 회사에서 10년 이상 종사한 경력이 있는 사람. 이 경우 종전의 법(2016년 12월 27일 법률 제14481호로 일부개정되기 전의 것을 말한다) 제128조 제1항 제1호 및 같은 조 제2항 제1호에 따른 사업부문에 종사한 경력은 제외한다.

3. 전무이사는 중앙회 또는 농업·축산업이나 금융업과 관련된 국가기관, 연구기관, 교육기관, 자기자본 200억 원 이상인 회사에서 10년 이상 종사한 경력이 있는 사람

제22조(조합감사위원회의 위원장 및 위원의 자격요건)

법 제144조 제3항에서 "대통령령으로 정하는 요건에 맞는 사람"이란 다음 각호의 어느 하나에 해당하는 사람을 말한다.

---

1. 조합, 중앙회(중앙회의 자회사 및 손자회사를 포함한다), 연합회 또는「금융위원회의 설치 등에 관한 법률」제38조에 따른 검사대상기관(이에 상당하는 외국금융기관을 포함한다)의 감사, 회계 또는 농정부문에서 상근직으로 10년 이상 종사한 경력이 있는 사람. 다만, 조합감사위원회의 위원장의 경우에는 조합 또는 중앙회에서 최근 2년 이내에 임직원으로 근무한 사람(조합감사위원으로 근무 중이거나 근무한 사람은 제외한다)은 제외한다.

2. 농업·축산업 또는 금융업과 관련된 국가기관, 연구기관, 교육기관 또는 회사에서 종사한 경력이 있는 사람으로서 제1호에 규정된 사람과 같은 수준 이상의 자격이 있다고 중앙회의 정관으로 정하는 요건에 해당되는 사람

3. 판사·검사·군법무관·변호사 또는 공인회계사의 직에 5년 이상 종사한 경력이 있는 사람

제45조의2(농협경제지주회사 대표이사의 자격요건)

법 제161조의3 제2항 본문에서 "대통령령으로 정하는 요건에 맞는 사람"이란 다음 각호의 어느 하나에 해당하는 사람을 말한다.

1. 중앙회, 농협경제지주회사 및 그 자회사에서 10년 이상 종사한 경력이 있는 사람. 이 경우 종전의 법(2011년 3월 31일 법률 제10,522호로 일부개정되기 전의 것을 말한다)에 따른 중앙회의 신용사업(공제사업 및 부대사업을 포함한다)부문에 종사한 경력과 법 제127조 제3항 제1호에 따른 사업부문에 종사한 경력은 제외한다.

2. 농업·축산업과 관련된 국가기관·연구기관·교육기관 또는 자기자본 200억 원 이상인 회사에서 10년 이상 종사한 경력이 있는 사람

제45조의3(농협경제지주회사 임원추천위원회 외부전문가의 요건)

법 제161조의3 제2항 본문에서 "대통령령으로 정하는 외부전문가"란 농업인단체와 학계 등에서 추천하는 학식과 경험이 풍부한 사람(공무원은 제외한다) 중에서 농협경제지주회사의 이사회가 위촉하는 사람을 말한다.

① 중앙회 또는 조합에서 최근 2년 이내 임직원으로 근무한 사람을 감사위원으로 임명해야 한다.

② 감사위원장은 중앙회 또는 농업·축산업이나 금융업과 관련된 국가기관, 연구기관, 교육기관, 자기자본 200억 원 이상인 회사에서 10년 이상 종사한 경력이 있는 사람을 임명해야 한다.

③ 조합감사위원은 판사·검사·군법무관·변호사 또는 공인회계사의 직에 15년 이상 종사한 경력이 있는 사람이어야 한다.

④ 대표이사는 제조업과 관련된 자기자본 200억 원 이상인 회사에서 10년 이상 종사한 사람을 임명한다.

⑤ 외부전문가는 농업인단체와 학계 등에서 추천하는 학식과 경험이 풍부한 사람(공무원은 제외한다) 중에서 농협경제지주회사의 이사회가 위촉하는 사람을 말한다.

26 T호텔은 고객들을 위해 무료로 이벤트를 하고 있다. 매일 분수쇼와 퍼레이드를 보여주고 있으며, 시간은 오전 10시부터 시작한다. 분수쇼는 10분 동안 하고 35분 쉬고, 퍼레이드는 20분 공연하고 40분 휴식을 한다. 사람들이 오후 12시부터 오후 6시 사이에 분수쇼와 퍼레이드의 시작을 동시에 볼 수 있는 기회는 몇 번인가?

① 1번
② 2번
③ 3번
④ 4번
⑤ 5번

12 2017년 기출복원문제

정답 및 해설 p.106

01 평균연령이 30살인 팀에 25살 신입이 들어와서 팀 평균연령이 1살 어려졌다. 신입이 들어오기 전의 팀원 수는?

① 3명
② 4명
③ 5명
④ 6명
⑤ 7명

02 사회초년생 A씨는 결혼자금을 마련하기 위하여 급여의 일부를 저축하였다. A씨는 재작년 1월 초에 N은행을 방문하여 2년 만기 저축계좌를 개설하였고 매월 100만 원씩 납입하였다. 금리는 연 5%이고, 이자소득세는 15.4%라면, 만기시점에 A씨의 통장에 입금될 금액은?(단, 금리는 연말마다 단리로 일괄 적용한다)

① 24,950,000원
② 25,015,200원
③ 25,522,800원
④ 25,800,000원
⑤ 26,030,400원

03 다음 중 은행에서 거래할 때 신분증으로 제시할 수 있는 것을 모두 고르면?

ㄱ. Passport	ㄴ. Credit Card
ㄷ. Driver License	ㄹ. Identification

① ㄱ, ㄴ
② ㄴ, ㄷ
③ ㄷ, ㄹ
④ ㄱ, ㄷ, ㄹ
⑤ ㄱ, ㄴ, ㄷ, ㄹ

04 다음 중 양반(兩班)의 뜻으로 적절한 것을 모두 고르면?

> ㄱ. 점잖고 예의 바른 사람
> ㄴ. 자기 남편을 남에게 이르는 말
> ㄷ. 남자를 범상히 또는 홀하게 이르는 말
> ㄹ. 사정이나 형편이 좋음을 비유적으로 이르는 말

① ㄱ, ㄴ　　　　　　　　　　② ㄷ, ㄹ
③ ㄱ, ㄴ, ㄷ　　　　　　　　④ ㄴ, ㄷ, ㄹ
⑤ ㄱ, ㄴ, ㄷ, ㄹ

05 다음 〈보기〉의 뜻을 보고 빈칸에 들어갈 말로 가장 적절한 것을 고르면?

> 부모형제가 _____.

> **보기**
> 1. 처지가 좋지 못해 몹시 힘들다.
> 2. 일이 몹시 피곤할 정도로 힘들다.

① 궁벽하다　　　　　　　　② 고단하다
③ 외따름하다　　　　　　　④ 으슥하다
⑤ 아찔하다

06 다음 중 밑줄 친 한자성어와 뜻이 다른 것은?

> 이번 달도 이렇게 마무리 되었습니다. 우리는 이번에 매우 소중한 경험을 하였습니다. 경쟁사의 대두로 인해 모든 주력 상품들의 판매가 저조해 지고 있는 가운데 모두 거래처를 찾아가 한 번, 두 번으로 안 되면 될 때까지 계속해서 <u>십벌지목(十伐之木)</u> 끝에 위기를 넘기고 오히려 전보나 더 높은 수익을 얻었습니다. 모두 너무나 감사합니다.

① 반복무상(反覆無常)　　　　② 마부작침(磨斧作針)
③ 우공이산(愚公移山)　　　　④ 적진성산(積塵成山)
⑤ 철저성침(鐵杵成針)

※ 다음 제시된 단어의 대응 관계로 볼 때 빈칸에 들어갈 단어로 가장 적절한 것을 고르시오. [7~8]

07

이자 : 금리 = ( ) : 재배

① 변절
② 배양
③ 배제
④ 폭리
⑤ 지배

08

시작 : ( ) = 원인 : 결과

① 준비
② 출발
③ 끝
④ 착수
⑤ 애초

09 다음 중 작년(昨年)과 뜻이 다른 것은?

① 전년
② 지난해
③ 거년
④ 명년
⑤ 전해

10 제시된 명제가 모두 참일 때, 다음 중 반드시 참인 것은?

> • 관수는 보람보다 크다.
> • 창호는 보람보다 작다.
> • 동주는 관수보다 크다.
> • 인성은 보람보다 작지 않다.

① 인성은 창호보다 크고 관수보다 작다.
② 보람은 동주, 관수보다 작지만 창호보다는 크다.
③ 창호는 관수, 보람보다 작지만 인성보다는 크다.
④ 동주는 관수, 보람, 창호, 인성보다 크다.
⑤ 관수는 인성보다 작지만, 창호보다 크다.

11 다음 중 농협의 캐릭터 아리는?

①

②

③

④

⑤

12 다음 〈보기〉에서 농협 로고에 들어가는 색상에 대한 설명으로 옳은 것을 모두 고르면?

> **보기**
>
> ㄱ. Nature Green : 순수한 자연을 세상에 널리 전하는 농협의 건강한 이미지를 표현
> ㄴ. Human Blue : 풍요로운 생활의 중심, 근원이 되는 농협의 이미지를 계승
> ㄷ. Heart Yellow : 농협의 앞서가는 젊은 에너지와 전문적인 이미지를 표현

① ㄱ   ② ㄴ
③ ㄷ   ④ ㄱ, ㄴ
⑤ ㄴ, ㄷ

13 다음 〈보기〉에서 농협의 영문 브랜드인 'NH'가 상징하고 있는 것을 모두 고르면?

> **보기**
>
> ㄱ. New Happiness   ㄴ. Nature & Human
> ㄷ. New Hot   ㄹ. New Hope
> ㅁ. Nature & Home

① ㄱ, ㄴ, ㅁ   ② ㄱ, ㄴ, ㄹ
③ ㄱ, ㄷ, ㅁ   ④ ㄴ, ㄷ, ㄹ
⑤ ㄴ, ㄹ, ㅁ

14 다음 중 농협의 인재상과 거리가 먼 것은?

① 시너지 창출가
② 행복의 파트너
③ 진취적 혁명가
④ 정직과 도덕성을 갖춘 인재
⑤ 최고의 전문가

15 다음에서 설명하고 있는 것은?

> • 4천억 원 규모 농협재단을 설립 8,741쌍 1사 1촌 자매결연 등 범국민 농촌사랑운동 전개
> • 장학사업·다문화 가정 지원사업 등 다양한 지원사업 전개

① 상조경영   ② 나눔경영
③ 우리경영   ④ 복지경영
⑤ 윤리경영

16 다음 명제를 통해 얻을 수 있는 결론으로 가장 적절한 것은?

> • 모든 미술가는 피카소를 좋아한다.
> • 나는 미술가가 아니다.
> • 그러므로 _____

① 나는 피카소를 좋아한다.
② 나는 피카소를 좋아하지 않는다.
③ 어떤 미술가는 미켈란젤로를 좋아한다.
④ 미술가인 아버지는 피카소를 좋아하지 않는다.
⑤ 내가 피카소를 좋아하는지 좋아하지 않는지 알 수 없다.

17 N은행은 올해 정규직으로 전환된 신입사원들에게 명함을 배부하였다. 명함은 1인당 국문 130장, 영문 70장씩 지급되었다. 국문 명함 중 50장은 고급종이로 제작되었고, 나머지는 모두 일반종이로 제작되었다. 명함을 만드는 데 들어간 총비용이 808,000원이라면, 신입사원은 총 몇 명인가?

> 〈제작비용〉
>
> • 국문 명함 : 50장당 10,000원 / 10장 단위 추가 시 2,500원
> • 영문 명함 : 50장당 15,000원 / 10장 단위 추가 시 3,500원
> ※ 고급종이로 만들 경우 정가의 10% 가격이 추가됨

① 14명   ② 16명
③ 18명   ④ 20명
⑤ 22명

18 항공기를 세워 둘 수 있는 최대 수가 70대인 어떤 공항이 있다. 현재 30대가 세워져 있고 활주로로 착륙하여 들어오는 항공기는 시간당 9대이며 이륙하여 나가는 항공기는 시간당 3대일 때, 몇 시간이 지나야 더 이상 항공기를 세워 둘 수 없는 시점이 도래하겠는가?

① 5시간 30분 ② 5시간 40분

③ 6시간 40분 ④ 6시간 50분

⑤ 7시간 40분

19 농협은 다년간의 고객 신용등급 변화를 분석한 확률 자료를 통해 고객의 신용등급 변화를 예측하고 있다. 귀하가 관리하는 고객의 신용등급이 2017년 현재 B등급일 때, 2019년에도 B등급일 확률은?

<고객 신용등급 변화 확률>

구분		t+1년			
		A	B	C	D
현재(t)	A	0.70	0.20	0.08	0.02
	B	0.14	0.65	0.16	0.05
	C	0.05	0.15	0.55	0.25

※ 고객 신용등급은 매년 1월 1일 0시에 연 1회 산정되며, A등급이 가장 높고 B, C, D등급 순임
※ 한 번 D등급이 되면 고객 신용등급은 5년 동안 D등급을 유지함
※ 고객 신용등급 변화 확률은 매년 동일함

① 약 40% ② 약 42%

③ 약 47% ④ 약 49%

⑤ 약 52%

20 다음 글의 내용으로 적절하지 않은 것은?

> 농협중앙회 제주지역본부가 4월 3일 70주년을 맞는 제주 4·3을 앞두고 전국 농협 고객 및 임직원, 조합원들을 대상으로 '제주 4·3 알리기'에 적극 나서며 4·3 전국화에 동참하고 있다.
>
> 제주농협은 제주 4·3의 의미를 되새기기 위해 임직원 및 조합원에 대한 제주 4·3 계기 교육과 함께 다른 지역 농·축협 임직원들의 제주 방문 시 제주 4·3평화공원 방문과 4·3에 대한 소개의 시간을 통해 제주 4·3의 의미에 대한 이해를 높여나가고 있다. 최근 전국금융산업노조 NH농협지부 제주지역본부도 제주를 찾은 전국 농협 노조 간부 100여 명을 대상으로 특강을 실시하기도 했다.
>
> 제주농협은 이와 함께 만감류 판촉행사 시에도 제주 4·3을 의미하는 '천혜향 4입, 한라봉 3입' 세트상품을 10만 개 출시하고 포장재에는 제주 4·3 70주년 홍보 스티커를 부착해 제주 4·3의 전국적 홍보에 나섰다.
>
> 또 농협하나로마트 등 경제사업장 건물외벽에 대형 4·3 홍보 현수막을 게시해 고객들에게도 4·3 70주년을 홍보하는데 앞장설 계획이다.
>
> 제주농협은 그동안 4·3평화공원에 365코너를 설치해 방문자 금융편의를 제공하고 있으며, 올해 초부터 전 농협객장에 4·3 70주년 홍보 배너를 설치하고 현금입출금기(ATM) 자막을 통해서도 4·3 70주년을 홍보하고 있다.

① 제주농협은 제주 4·3을 기념하는 상품을 출시한다.

② 농협하나로마트는 제주 4·3 70주년을 고객에게 홍보할 계획이다.

③ 제주농협은 ATM에 홍보 자막을 넣는다.

④ 제주농협은 전국 농협 노조 간부를 대상으로 4·3 계기 교육을 진행한다.

⑤ 제주농협은 4·3평화공원에 365코너를 설치하여 운용하고 있다.

21 다음은 농협의 심볼마크이다. 이에 대한 설명으로 적절하지 않은 것은?

① [V] 꼴은 [농]자의 [ㄴ]을 변형한 것으로 쌀과 보리를 의미한다.

② [V]을 제외한 아랫부분은 [업]자의 [ㅇ]을 변형한 것으로 원만과 돈을 의미한다.

③ 심볼마크 전체는 [협]자의 [ㅎ]의 변형으로 농협을 나타낸다.

④ 심볼마크는 항아리에 쌀이 가득 담겨 있는 형상이다.

⑤ 심볼마크는 농가 경제의 융성한 발전을 상징한다.

22 귀하는 농협에서 고객 상담 업무를 담당하고 있다. 다음 중 고객이 찾아와 화를 내며 불만을 말할 때 귀하가 대응해야 할 방법으로 가장 적절한 것은?

① 회사 규정을 말하며 변명을 한다.

② 고객의 불만을 먼저 들은 후에 사과를 한다.

③ 고객에게 어떠한 비난도 하지 않고 문제를 해결한다.

④ 일단 당장 화를 가라앉히기 위해 터무니없는 약속을 해 둔다.

⑤ 내 잘못이 아니라는 것을 확인시켜 주고 문제를 해결한다.

23 다음 중 계산한 값이 가장 큰 수는?

① 0.28+2.4682−0.9681

② 6.1×1.2−1.163

③ 70.668÷151+6.51

④ 89.1÷33+5.112

⑤ 9.123−1.5×1.3

24 다음 카드에 대한 설명으로 적절하지 않은 것은?(단, 2017년을 기준으로 한다)

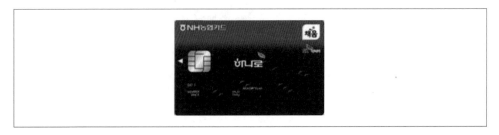

① 포인트 적립이 가능하다.

② 농협판매장 이용 시 할인 혜택이 있다.

③ 체크카드 겸용으로 즉시결제서비스가 있다.

④ 연회비가 무료이다.

⑤ 해외에서도 사용이 가능하다.

25 다음은 2010년을 100으로 하여 농가 판매 및 구입 가격지수를 작성한 자료이다. 이에 대한 내용으로 옳지 않은 것은?

〈농가판매 및 구입 가격지수 증감률(2005 ~ 2015년)〉

구분	농가판매 가격지수(2010=100)		구분	농가구입 가격지수(2010=100)	
	2005년	2015년		2005년	2015년
전체	92.5	113.8	전체	81.8	109.0
곡물	101.5	109.6	가계용품	85.0	108.1
청과물	88.5	121.3	농업용품	73.8	107.3
축산물	93.0	107.3	농촌임료금	84.9	134.6

① 2005년보다 2015년에 농가판매 가격지수가 농가구입 가격지수보다 상승폭이 크다.
② 2005년 대비 2015년의 농가 판매 및 구입 가격지수 증가율 중 가장 높은 것은 농촌임료금이다.
③ 2005년 대비 2015년의 농가판매 가격지수는 청과물의 증가율이 가장 높다.
④ 2005년 대비 2015년의 농가구입 가격지수는 가계용품의 증가율이 가장 낮다.
⑤ 2005년 대비 2015년의 농가 판매 및 구입 가격지수 증가율 중 가장 낮은 것은 곡물이다.

26 다음 중 농협은 어떤 종류의 은행인가?

① 특수은행   ② 중앙은행
③ 일반은행   ④ 지방은행
⑤ 비은행금융기관

27 다음 밑줄 친 단어들을 한자로 바꾸었을 때 적절하지 않은 것은?

> 농협중앙회 대강당에서 농협중앙회 회장, 전국경제인연합회 회장, 농촌사랑범 국민운동본부 ㉠ 정
> 회원 등 300여 명이 참석한 가운데 '제1회 농촌사회공헌인증서 수여식'을 ㉡ 개최하였다. 이날 대기
> 업, 중소기업, 공공기업, 공공기관, ㉢ 병원, 협회 등 농촌사회공헌인증 기관으로 선정된 22개 기업
> ·단체에 대해 인증패를 수여하고 각자의 ㉣ 특성을 살린 맞춤형 봉사활동 전개로 농촌지역에 활기
> 를 불어넣어준 것에 대해 감사의 뜻을 전달하였다. 농촌사회공헌인증제는 농림축산식품부와 농촌사
> 랑범국민운동본부가 공동으로 시행한 제도로 자원봉사, 재능기부, 농어촌 자매결연 등 3년 이상 농
> 촌사회공헌 활동을 통해 농촌 활력화에 기여한 기업·단체를 제도적으로 지원하여 농촌사랑운동을
> 사회적 공헌활동으로 ㉤ 정착시키기 위해 마련되었다.

① ㉠ 정회원 → 情會員 ② ㉡ 개최 → 開催
③ ㉢ 병원 → 病院 ④ ㉣ 특성 → 特性
⑤ ㉤ 정착 → 定着

※ 다음 〈보기〉에 제시된 용어 중에서 설명에 해당하는 것을 고르시오. [28~29]

> **보기**
>
> ㄱ. 단리 ㄴ. 비과세 ㄷ. 복리 ㄹ. 고정금리
> ㅁ. CD ㅂ. 변동금리 ㅅ. 기준금리 ㅇ. 코픽스 금리

28

> 원금과 이에 대한 이자에 대해 이자가 붙는 것으로 독일과 스위스 등에서는 금지하고 있으나, 한국
> 에는 금지하는 규정이 없다.

① ㄱ ② ㄷ
③ ㄹ ④ ㅅ
⑤ ㅇ

29

> 대출기간 동안 실세 금리와 연동하여 대출금리가 변하는 금리로 향후 금리가 낮아질 것이라고 예상
> 되면 선택한다.

① ㄴ ② ㄹ
③ ㅁ ④ ㅂ
⑤ ㅅ

30 다음 문단을 논리적 순서대로 바르게 나열한 것은?

> (가) 고창 갯벌은 서해안에 발달한 갯벌로서 다양한 해양 생물의 산란·서식지이며, 어업인들의 삶의 터전으로 많은 혜택을 주었다. 그러나 최근 축제식 양식과 육상에서부터 오염원 유입 등으로 인한 환경 변화로 체계적인 이용·관리 방안이 지속적으로 요구됐다.
>
> (나) 정부는 전라북도 고창 갯벌 약 11.8km²를 '습지보전법'에 의한 '습지보호지역'으로 지정하며 고시한다고 밝혔다. 우리나라에서 일곱 번째로 지정되는 고창 갯벌은 칠면초·나문재와 같은 다양한 식물이 서식하고, 천연기념물인 황조롱이와 멸종 위기종을 포함한 46종의 바닷새가 서식하는, 생물 다양성이 풍부하며 보호 가치가 큰 지역으로 나타났다.
>
> (다) 정부는 이번 습지보호지역으로 지정된 고창 갯벌을 람사르 습지로 등록할 계획이며, 제2차 연안 습지 기초 조사를 실시하여 보전 가치가 높은 갯벌뿐만 아니라 훼손된 갯벌에 대한 관리도 강화해 나갈 계획이다.
>
> (라) 습지보호지역으로 지정되면 이 지역에서 공유수면 매립, 골재 채취 등의 갯벌 훼손 행위는 금지되나, 지역 주민이 해오던 어업 활동이나 갯벌 이용 행위에는 특별한 제한이 없다.

① (가) - (나) - (다) - (라)   ② (가) - (라) - (나) - (다)
③ (나) - (가) - (라) - (다)   ④ (다) - (가) - (나) - (라)
⑤ (라) - (나) - (가) - (다)

31 다음에서 설명하고 있는 것은 무엇인가?

> 프랑스어로 은행(Banque)과 보험(Assurance)의 합성어로, 은행과 보험회사가 상호제휴와 업무협력을 통해 종합금융서비스를 제공하는 새로운 금융결합 형태이다. 보험사는 은행의 전국적인 점포망을 통해 판매채널을 손쉽게 확보할 수 있고, 은행으로서는 각종 수수료 수입을 기대할 수 있다.

① 어슈어뱅크   ② 배드뱅크
③ 굿뱅크   ④ 뱅크런
⑤ 방카슈랑스

32 다음 밑줄 친 현상에 대한 문제점 또는 해결방안으로 적절하지 않은 것은?

> 농가가 급감하고 있는 가운데 고령화 농업인의 비율은 10년 전보다 10% 이상 늘어나는 등 고령화가 급속도로 진행되고 있다. 이런 농촌의 고령화의 진행 속도로 보아 2020년에는 45.2%로, 2030년에는 52.5%로 증가할 전망이다. 이 같은 현상이 지속될 경우 점차 소수의 고령화 농가만이 농사를 짓는 상황이 벌어지게 될 것이다.

① 사회 복지 비용이 증가한다.
② 대한민국의 식량 주권을 잃게 될 수 있다.
③ 농업·농촌의 6차 산업화 지원정책을 확대한다.
④ 노인 복지 문제가 심각해질 것이다.
⑤ 시니어 산업을 축소해야 한다.

33 다음 사례와 가장 관련 있는 속담은?

> 평소 놀기 좋아하는 A씨는 카드빚을 갚지 못하게 되자 방법을 궁리하다 대출을 하기로 결정하였다.
> 대출을 통해 카드빚을 갚은 A씨는 다시 아무 걱정 없이 카드를 사용하다가 대출금을 갚을 수 없게
> 되자 가지고 있던 재산을 처분할 수밖에 없었다.

① 소 잃고 외양간 고치기   ② 도랑 치고 가재 잡기
③ 언 발에 오줌 누기   ④ 눈 가리고 아웅 하기
⑤ 이미 엎질러진 물

34 올해 농가소득지원부의 팀원 25명의 평균 나이가 38세이다. 다음 달에 52세의 팀원이 나가고 27세
의 신입사원이 입사할 예정일 때, 내년 이 부서의 평균 나이는?(단, 제시된 조건 외에 다른 인사이
동은 없다)

① 34세   ② 35세
③ 36세   ④ 37세
⑤ 38세

35 다음은 어느 농가의 수확량이다. 각 수확량의 소득은 10%로 동일할 때 2015 ~ 2017년 총소득이
큰 순서대로 바르게 나열한 것은?

<연도별 수확량>

(단위 : 천 개)

구분	2015년	2016년	2017년
옥수수	100	200	300
감자	200	150	150
가지	150	200	100

① 옥수수 – 감자 – 가지   ② 감자 – 옥수수 – 가지
③ 옥수수 – 가지 – 감자   ④ 감자 – 가지 – 옥수수
⑤ 가지 – 옥수수 – 감자

※ 다음은 농촌에서 도시 또는 도시에서 농촌으로 이동한 3년간의 순유입인구이다. 이어지는 질문에 답하시오. [36~37]

<표>

구분	2015년	2016년	2017년
농촌 → 도시	500	600	700
도시 → 농촌	400	300	100

〈순유입 인구현황〉

(단위 : 백 명)

36 2014년 농촌의 인구가 150,000명, 도시의 인구가 300,000명이다. 2017년 도시와 농촌의 인구는 각각 몇 명인가?

	도시	농촌
①	43만 명	2만 명
②	42만 명	3만 명
③	41만 명	4만 명
④	40만 명	5만 명
⑤	39만 명	6만 명

37 2014년 농촌의 인구가 150,000명, 도시의 인구가 300,000명이다. 도시와 농촌의 2015년 대비 2017년의 인구 증감율은 얼마인가?(단, 소수점 이하는 버림한다)

	도시	농촌
①	27%	-66%
②	28%	-65%
③	29%	-64%
④	30%	-63%
⑤	31%	-62%

정답 및 해설 p.113

01 (가)와 (나)는 농협의 마케팅 사례와 관련된 보도자료이다. 이 자료를 보고 나눈 대화 중 적절하지 않은 내용을 말한 사람은?

(가)

"농협, 저장농산물 소비촉진을 위한 행사 시행!"
3월 17일부터 11일간, 농협하나로마트에서 사과, 배 할인 판매

농협은행은 3월 17일부터 전국 주요 농협하나로마트(클럽) 등에서 10개 기업과 손을 잡고 저장농산물(사과, 배) 소비촉진을 위한 행사를 진행한다. 이번 행사는 설 이후 소비감소와 가격하락으로 판로 확대에 어려움을 겪고 있는 저장농산물(사과, 배) 소비촉진을 위해 마련되었다. 저장과일(사과, 배) 가격 동향은 ▲사과(10kg)가 20,401원으로 평년 동월 대비 36%, ▲배(15kg)는 28,431원으로 평년 동월 대비 21% 각각 하락한 상태이다(2016. 3. 16 가락시장 도매가격 기준).
이번 행사는 10개 기업(㈜홈앤쇼핑, ㈜NH생명, ㈜현대오일뱅크, ㈜유한킴벌리, ㈜깨끗한나라, ㈜모나리자, ㈜쌍용C&B, ㈜미래생활, ㈜담터, ㈜동원F&B)이 참여하여 조성된 2억 원의 후원금으로 진행된다. 농협은 전국 주요 하나로마트(클럽), 중소슈퍼마켓 및 농협에서 준비된 물량이 소진될 때까지 ▲사과(2.5kg/박스)는 2,000원 ▲배(5kg/박스)는 2,500원 할인된 가격으로 판매할 예정이다.

(나)

"농협, 오이데이! 5월 2일은 오이 먹고 예뻐지는 날!"
5월 2일, 하나로클럽 양재점에서 오이 소비촉진을 위한 오이데이 행사 개최
5월 2일부터 8일까지 7일간 수도권 하나로클럽에서 오이 특판행사 진행

농협은행과 한국오이생산자협의회는 5월 2일 서울시 서초구 하나로클럽 양재점에서 농림축산식품부, 농협과 소비자단체 등 30여 명이 참석한 가운데 '2016 오이데이 개막식' 행사를 개최한다. 이번 개막식 행사에서는 오이의 기능성을 강조한 오이마사지 시연, 오이를 활용한 가공식품 및 요리 전시 등이 진행되며, 인기가수 홍○○을 초청해 오이장아찌 즉석 담그기 및 나눔행사를 개최할 예정이다. 또한 이번 개막식을 시작으로 5월 2일부터 8일까지 7일간 수도권 농협하나로클럽 7개소(양재, 고양, 성남, 삼송, 수원, 창동, 인천)에서는 오이 소비촉진을 위한 특판행사가 진행된다. 행사 기간 중에는 오이 원가판매 및 오이 요리 시식 등 다양한 행사가 진행될 예정이며, 지역 단위에서도 자체적으로 행사가 진행된다. 한편 오이데이는 2003년부터 오이와 발음이 같은 5월 2일을 전후로 농협과 한국오이생산자협의회가 매년 개최하는 행사이다.

---

① 지나 : (가)는 농협의 주된 마케팅 전략인 '상생 마케팅'과 관련한 내용이야. 상생 마케팅은 기업의 후원으로 농산물의 가격안정, 소비촉진, 합리적인 구매 등의 긍정적인 효과를 불러일으키는 일종의 협력 마케팅이야.

② 해솔 : 농협은 (가)와 같은 마케팅 전략을 통해 생산자·소비자·기업 모두의 '윈 – 윈'을 추구해.

③ 현경 : 작년 11월 11일에 '가래떡데이'라는 주제로 농협이 다양한 행사를 주최했었는데 (나)와 같은 마케팅 사례로 보면 되겠다.

④ 우빈 : (나)는 소비자의 다양한 참여를 유도하는 '체험 마케팅'의 하나로 볼 수 있어. 소비자가 물건을 직접 보고 체험하게 함으로써 상품에 대한 소비의 촉진을 기대하는 전략이지.

⑤ 준열 : (나)는 최근 떠오르는 '데이 마케팅'의 사례야. 데이 마케팅은 기념일을 대상으로 하는 마케팅으로, 각 업체는 다양하고 이색적인 이벤트를 개최하여 상품을 적극적으로 홍보할 수 있어. 하지만 간혹 지나친 상술에 따라 억지로 만들었다는 비판을 받기도 해.

02 연이율 1.8%를 제공하는 2년 만기 정기예금에 500만 원을 예치하고 180일 후에 해지하였다면 수령할 총금액은?(단, 이자는 단리를 적용하고, 한 달은 30일로 계산한다. 또한 중도해지금리는 적용하지 않는다)

① 504만 원 　　　　　　　　② 504만 5천 원

③ 505만 원 　　　　　　　　④ 505만 5천 원

⑤ 506만 원

03 N지역 바자회의 경품추첨 바구니 A와 B에 경품권이 들어있다. B바구니에서 경품권 2장을 빼서 A바구니에 넣으면, A바구니에는 B바구니 2배만큼의 경품권이 생긴다. 반대로 A바구니에서 경품권 2장을 빼서 B바구니에 넣으면 A바구니와 B바구니의 경품권 수가 같아진다. 이 경우 A, B바구니에 들어있는 경품권은 모두 몇 장인가?

① 20장 　　　　　　　　② 22장

③ 24장 　　　　　　　　④ 26장

⑤ 27장

04 다음 공고문을 보고 나눈 대화로 적절하지 않은 내용은?

〈제6회 우리 농산물로 만드는 UCC 공모전〉

우리 농산물로 만드는 나만의 요리 레시피를 공개하세요!
우리 땅에서 자란 제철 농산물로 더 건강한 대한민국 만들기!

◇ 접수기간
  2016년 8월 16일(화) ~ 9월 18일(일)

◇ 참가대상
  우리 농산물을 사랑하는 누구나 참여 가능(개인 혹은 2인 1팀으로만 응모 가능)

◇ 대상품목
  오이, 토마토, 호박, 가지, 풋고추, 파프리카, 참외, 딸기(8개 품목)
  ※ 대상품목을 주재료로 한 요리 레시피를 추천해주세요.

◇ 작품규격
  avi, mkv, wmv, mp4, mpg, mpeg, flv, mov 형태의 3분 이내(50Mb 이하의 동영상)

◇ 접수방법
  UCC 공모전 홈페이지(www.ucc-contest.com)에서 UCC 업로드

◇ 선발방법
  1차 예선(온라인) 20팀 내외 선발 → 2차 현장(오프라인) 시연 → 수상자 선발 및 시상식

◇ 2차심사
  • 현장 요리 시연 : 2016년 9월 29일(목)

◇ 시상내역
  • 최우수상(농협중앙회장상, 1점) : 100만 원 농촌사랑 상품권
  • 우수상(대한영양사협회 / 한국식생활개발연구회, 각 1점) : 각 70만 원 농촌사랑 상품권
  • 특별상(현장 평가 시 협의 후 선정, 3점) : 각 50만 원 농촌사랑 상품권
  • 입상(15점 내외) : 각 30만 원 농촌사랑 상품권

◇ 기타사항
  • 수상작은 추후 주최기관의 다양한 홍보 콘텐츠에 활용될 수 있습니다(단, 이 경우 수상자와 별도로 약정하여 정함).
  • 타 공모전 수상작, 기존 작품, 모방 작품의 경우 수상 취소 및 경품이 반환될 수 있습니다.
  • 수상작 선정은 전문심사단의 평가로 진행되며 1인 중복 수상은 불가합니다.
  • 수상자의 경품 제세공과금은 주최 측 부담입니다.
  • 기타 자세한 내용은 UCC 공모전 홈페이지를 참고하시기 바랍니다.

---

① A : UCC로 만들 수 있는 대상품목은 오이, 토마토, 호박 등 총 8개 품목이야.

② B : 1차 예선 발표는 접수 마감일 일주일 후인 9월 25일이야.

③ C : 혹시 모를 2차 현장 시연을 위해서 요리 연습을 미리 해둬야겠어.

④ D : 현장 요리 시연은 9월 29일 목요일이야.

⑤ E : UCC 내용은 대상품목을 주재료로 한 추천 요리 레시피야.

05 다음 자료를 이해한 내용으로 적절하지 않은 것은?

> "그 남자, 그 여자의 건강한 토마토!"
> 농협, 부부의 날 기념 토마토 나눔행사 시행
>
> 농협중앙회와 (사)한국토마토대표조직은 부부의 날(5월 21일)을 맞아 18일부터 20일까지 서대문, 광화문, 여의도 등 서울시내 주요 지하철역에서 출근시간과 점심시간을 활용하여 건강에 좋은 '국산 토마토 나눔행사'를 시행한다.
> 세계 10대 슈퍼푸드인 토마토는 영국에서는 '러브애플(사랑의 사과)', 이탈리아에서는 '황금의 사과'로 불릴 정도로 매력적인 채소이다. 특히 철분과 비타민이 풍부하고 항산화물질인 라이코펜이 많이 함유된 건강식품이다.
> 토마토는 생과로 섭취하는 것도 좋지만 주요 성분이 지용성이기 때문에 익혀 먹으면 라이코펜 흡수율을 더욱 높일 수 있다. 요즘은 국내에서도 토마토의 효능과 다양한 활용법이 널리 알려져 있으며, 익힌 토마토 요리에 대한 소비자들의 관심이 높아지고 있다.
> (사)한국토마토대표조직 회장은 "토마토는 남성과 여성 모두에게 좋은 채소로, 부부의 날을 맞아 사랑하는 아내와 사랑하는 남편이 서로에게 러브애플 토마토로 건강을 선물하시기 바란다."고 말했다.

① 부부의 날을 맞아 18일부터 20일까지 출근시간과 점심시간에 서울 시내 주요 지하철역에 가면 토마토를 받을 수 있다.

② 토마토는 외국에서는 사랑의 사과, 황금의 사과로 불린다.

③ 농협은 매년 부부의 날마다 토마토 나눔 행사를 시행해 왔다.

④ 토마토에 포함된 라이코펜이라는 항산화물질은 토마토에 열이 가해졌을 때 더 큰 효능이 나타난다.

⑤ 토마토는 남성과 여성 모두에게 좋은 채소로, 특히 철분과 비타민이 풍부하다.

※ 다음은 농협의 부서별 업무분장표이다. 이어지는 질문에 답하시오. [6~7]

구분		업무사항	
운영지원과	인사관리팀	• 인사 / 노무 / 보수관리 • 인사 및 근태관리 • 급여 및 보상관리 • 대외업무	• 규정 / 규칙 / 지침 제 · 개정 • 채용관리 • 성과관리
	정보화개발팀	• 정보시스템 운영관리 • 정보시스템 구축 / 유지관리 • 정보보안	• 정보화 기획 • 정보통신망 구축 / 운영 • 개인정보 보호
홍보사업과	행사캠페인운영팀	• 대중매체 광고 전담	• 분야별 광고소재 / 매체 검토
	기관홍보팀	• 대국민홍보 • 대외협력(보도자료 작성) • 온라인 홍보	• 대언론홍보 • 언론 모니터링
	홍보콘텐츠운영팀	• 기관 간행물 제작	• 기관 홍보물 제작
연구개발과	전문인력양성팀	• 강사 구성 및 섭외 • 교육 결과보고 / 적용방안 검토	• 외부교육 지원 • 교육 커리큘럼 구성
	지역사업평가팀	• 지역사업부 평가사업 추진 • 평가지표 설명회 진행	• 지역사업부 평가결과 보고
기획예산과	기획팀	• 규정집 관리 및 유지 • 연도별 사업실적 작성	• 규정 제 · 개정의 승인
	재무팀	• 회계 / 결산관리 • 경영평가 등 각종 공시	• 출납업무

06 귀하가 고객의 요청에 따라 개인정보를 수정하는 과정에서 전산 오류가 발생하였다면 업무 협조를 요청할 부서는?

① 인사관리팀　　　　　　　　　② 정보화개발팀
③ 기획팀　　　　　　　　　　　④ 재무팀
⑤ 기관홍보팀

07 다음 〈보기〉에서 업무와 그 업무를 처리하는 부서를 바르게 연결한 것은?

> 보기
>
> ㄱ. 급여 및 보상관리　　　　　　ㄴ. 회사 홍보를 위한 광고소재 및 매체 검토
> ㄷ. 언론 홍보자료 작성　　　　　ㄹ. 회계 및 결산관리
> ㅁ. 연도별 사업실적 작성

① ㄱ – 인사관리팀　　　　　　　② ㄴ – 홍보콘텐츠운영팀
③ ㄷ – 행사캠페인운영팀　　　　④ ㄹ – 전문인력양성팀
⑤ ㅁ – 지역사업평가팀

※ 다음은 A ~ C사의 농기계(트랙터, 이앙기, 경운기)에 대한 직원들의 평가를 나타낸 자료이다. 이어지는 질문에 답하시오. [8~9]

〈트랙터 만족도〉

구분	가격	성능	안전성	디자인	연비	사후관리
A사	5	4	5	4	2	4
B사	4	5	3	4	3	4
C사	4	4	4	4	3	5

〈이앙기 만족도〉

구분	가격	성능	안전성	디자인	연비	사후관리
A사	4	3	5	4	3	4
B사	5	5	4	4	2	4
C사	4	5	4	5	4	5

〈경운기 만족도〉

구분	가격	성능	안전성	디자인	연비	사후관리
A사	3	3	5	5	4	4
B사	4	4	3	4	4	4
C사	5	4	3	4	3	5

※ 모든 항목의 만족도는 5점(최상) ~ 1점(최하)으로, 1점 단위로 평가함

08 세 가지 농기계의 평가를 모두 고려했을 때, 직원들이 가장 선호하는 회사와 만족도 점수를 구하면?(단, 만족도 비교는 총점수의 합으로 한다)

① A사, 71점
② B사, 70점
③ C사, 75점
④ B사, 72점
⑤ C사, 73점

09 가격과 성능만을 고려하여 세 가지 농기계를 한 회사에서 구입하려고 할 때, 해당 회사와 만족도 점수는 어떻게 되는가?(단, 만족도 비교는 총점수의 합으로 한다)

① A사, 22점
② B사, 27점
③ C사, 26점
④ A사, 28점
⑤ C사, 25점

10 D농협은 작업을 위해 A농협으로부터 2월 14일에 트랙터 2대를 빌려 2월 23일까지 전체 작업을 마칠 예정이었으나 일정상 작업을 빨리 끝내야 하여 트랙터 2대를 추가로 대여하여 전체 작업을 끝내려고 한다. 가장 빠르고 저렴하게 작업을 끝내려고 할 때, 전체 작업이 끝나는 날짜와 총대여 비용은 얼마인가?(단, D농협이 1대의 트랙터를 빌려 하루에 하는 일의 양은 동일하다. 또한 반납된 트랙터는 4일간의 정비 기간을 거쳐 출고되고, 정비가 완료된 당일은 기계점검 등의 이유로 대여가 불가하다)

조건

- 1월 29일 기준 A농협 보유 트랙터 : 8대
- 트랙터 1대 대여 시간 : 오전 10시 ~ 오후 4시
- 트랙터 1대 대여 비용 : 1일 기준 12,000원
- 4일 이상 대여 시 : 전체 금액에서 10% 할인

〈A농협 트랙터 입·출고 현황〉

29	30	31	2/1	2	3	4
			E농협 대여(2대)		B농협 대여(3대)	
5	6	7	8	9	10	11
					C농협 대여(1대)	
12	13	14	15	16	17	18
	E농협 반납(2대)				정비완료 트랙터 출고 예정(2대)	
19	20	21	22	23	24	25
				B농협 반납 예정(3대)		
26	27	28	3/1	2	3	4
	C농협 반납 예정(1대)					

① 17일, 72,000원
② 18일, 151,200원
③ 19일, 202,400원
④ 20일, 223,200원
⑤ 21일, 302,000원

11 다음은 '할랄 식품'에 대한 자료이다. 이를 토대로 이슬람 친구에게 추천할 수 있는 식품으로 적절한 것을 고르면?

> ■ 할랄 식품(Halal Food)이란?
> • 이슬람 율법은 식품섭취에 대한 여러 가지 제한을 두고 있는데, 여기에 해당하지 않는 식품을 '할랄 식품(Halal Food)'이라 한다.
> • 육류의 경우 양·소·닭 등은 허용되지만, 대신 이슬람식 방법에 따라 도축된 것만을 인정한다(과자, 빵, 주스 등 가공식품은 돼지고기나 알코올 성분이 없어야 한다).
>
> ■ 하람(Haram)이란?
> • 아랍어로 종교적·도덕적·윤리적 금기사항을 의미하며, 『코란』과 순나(Sunnah)에 구체적인 행위가 언급되어 있다.
> • 돼지고기 및 이와 관련한 음식, 피와 관련한 부산물, 파충류 및 곤충, 허용된 육류이지만 이슬람식 방법에 따라 도살하지 않은 육류, 다른 신의 이름으로 도살한 육류, 죽은 동물, 알코올 성분이 있어 사람들을 취하게 만드는 것은 금지한다.

① 염소, 뱀, 조개　　　　　　　　② 복숭아, 잡곡밥, 고등어
③ 칠면조, 번데기, 우유　　　　　④ 조기, 막걸리, 김치
⑤ 사과, 닭죽, 순대

12 농협은 '협동과 혁신으로 농업인에게 풍요로운 미래를, 고객에게는 최고의 가치를 제공하여, 국가와 지역사회 발전에 공헌한다.'는 미션을 지니고 있다. 다음 자료는 농협의 미션을 도식화한 것이다. (가) ~ (라)에 들어갈 내용으로 적절한 것을 고르면?

〈협동과 혁신〉

"협동과 혁신으로 농업인에게 풍요로운 미래를, 고객에게는 최고의 가치를 제공하여 국가와 지역사회 발전에 공헌한다."

(가)	(나)	(다)	(라)
협동과 혁신	고객에게 최고의 가치	농업인의 풍요로운 미래	국가와 지역사회 발전에 공헌
• '같이의 가치'를 통해 함께 협력하고 더불어 발전한다. • '지속가능경영'을 위한 변화와 혁신을 추구한다.	• 고객은 농협의 지속가능 성장을 위한 파트너이다. • 안전먹거리, 금융서비스, 농업·농촌의 가치를 제공한다.	• 농협은 농업인의 행복과 발전을 위해 존재한다. • 농업인의 경제적·사회적·문화적 지위 향상을 추구한다.	• 국가, 지역사회는 농협 발전의 근간이다. • 협동과 혁신을 기반으로 나눔과 상생을 실천한다.

	(가)	(나)	(다)	(라)
①	행동의 원칙과 기준	사업 파트너 존중	궁극적 지향점	사회적 역할
②	행동의 원칙과 기준	사업 파트너 존중	사회적 역할	궁극적 지향점
③	사업파트너 존중	궁극적 지향점	행동의 원칙과 기준	사회적 역할
④	사업 파트너 존중	행동의 원칙과 기준	사회적 역할	궁극적 지향점
⑤	사회적 역할	행동의 원칙과 기준	사업 파트너 존중	궁극적 지향점

13 다음은 농업협동조합법(시행 2016. 8. 1.)의 일부이다. 이에 대한 내용으로 옳지 않은 것은?

〈농업협동조합법〉

제3조(명칭)

① 지역조합은 지역명을 붙이거나 지역의 특성을 나타내는 농업협동조합 또는 축산업협동조합의 명칭을, 품목조합은 지역명과 품목명 또는 업종명을 붙인 협동조합의 명칭을, 중앙회는 농업협동조합중앙회의 명칭을 각각 사용하여야 한다.

② 이 법에 따라 설립된 조합과 중앙회가 아니면 제1항에 따른 명칭이나 이와 유사한 명칭을 사용하지 못한다. 다만, 다음 각호의 … (생략) …

제6조(중앙회 등의 책무)

… (생략) …

② 중앙회 및 농협경제지주회사(이하 "중앙회 등"이라 한다)는 회원 또는 회원의 조합원으로부터 수집하거나 판매위탁을 받은 농산물·축산물 및 그 가공품의 판매, 가공 및 유통을 우선적인 사업 목표로 설정하고 이를 적극적으로 이행하여야 한다.

③ 중앙회 등은 회원의 사업과 직접 경합(競合)되는 사업을 하여 회원의 사업을 위축시켜서는 아니 된다. 다만, 중앙회 등이 회원과 공동출자 등의 방식으로 회원의 공동의 이익을 위하여 사업을 수행하는 경우에는 경합하는 것으로 보지 아니한다.

… (생략) …

제15조(설립인가 등)

① 지역농협을 설립하려면 그 구역에서 20인 이상의 조합원 자격을 가진 자가 발기인(發起人)이 되어 정관을 작성하고 창립총회의 의결을 거친 후 농림축산식품부장관의 인가를 받아야 한다. 이 경우 조합원 수, 출자금 등 인가에 필요한 기준 및 절차는 대통령령으로 정한다.

② 창립총회의 의사(議事)는 개의(開議) 전까지 발기인에게 설립동의서를 제출한 자 중 과반수의 찬성으로 의결한다.

… (생략) …

④ 농림축산식품부장관은 제1항에 따라 지역농협의 설립인가 신청을 받으면 다음 각호의 경우 외에는 신청일부터 60일 이내에 인가하여야 한다.

1. 설립인가 구비서류가 미비된 경우
2. 설립의 절차, 정관 및 사업계획서의 내용이 법령을 위반한 경우
3. 그 밖에 설립인가 기준에 미치지 못하는 경우

① 버섯을 재배하는 A농촌의 조합원들과 중앙회가 공동출자하여 버섯 판매를 늘리기 위한 새로운 사업에 진출하였다면 그것은 경합으로 보지 않는다.

② 창립총회의 의사는 개의 전까지 설립동의서를 발기인에게 제출한 자 중에서 과반수로 의결한다.

③ 지역농협의 설립을 위한 구비서류 및 절차 등이 완벽할 경우 그 설립인가는 두 달이 넘지 않을 것이다.

④ 지역농협 설립인가와 관련한 모든 기준 및 절차는 농림축산식품부장관에 의해 결정된다.

⑤ ○○조합원으로부터 감자 판매를 위탁받았다면 감자의 판매 및 가공, 유통을 우선적인 사업 목표로 정하고 이를 이행해야 한다.

14 다음 밑줄 친 단어 중 맞춤법이 옳은 것끼리 순서대로 바르게 나열된 것은?

> 영농지원도 감사업무처럼 꼼꼼하게. 농협 조합감사위원회, 농촌일손돕기에 팔 걷어<u>부쳤다 / 붙였다</u>!
> 경기 가평 과수농가에서 농촌일손돕기 실시
> 농협중앙회 조합감사위원회는 영농철을 맞아 일손부족으로 어려움을 겪고 있는 경기 가평의 과수농가를 찾아 일손 돕기 봉사활동을 실시했다.
> 이날 일손 돕기에 참여한 조합감사위원회 소속 임직원 50여 명은 약 8,000평 규모의 포도경작지에서 한 해 농사의 시작인 비가림막 설치와 부직포 덮기 작업을 도우며 굵은 땀방울을 흘렸다.
> 조합감사위원회 위원장은 이날 흘린 땀과 정성이 가을에 풍성한 수확으로 이어져 농가에 큰 보탬이 됐으면 하는 <u>바람 / 바램</u>을 밝히며, "농번기를 맞아 부족한 농촌 일손을 <u>꼼꼼히 / 꼼꼼이</u> 거드는 것도 농협직원들의 당연한 도리라 생각하고, 앞으로도 어려운 농업 · 농촌과 함께하는 농협이 될 수 있도록 그 역할을 충실히 하겠다."고 밝혔다.

① 부쳤다, 바램, 꼼꼼이
② 부쳤다, 바램, 꼼꼼히
③ 붙였다, 바람, 꼼꼼이
④ 붙였다, 바람, 꼼꼼히
⑤ 부쳤다, 바람, 꼼꼼히

15 농협 K사원은 농한기인 1 ~ 2월에 자주 발생하는 영농기자재 고장을 방지하고자 영농기자재 관리 방법에 대한 매뉴얼을 작성하여 농가에 배포하려고 한다. K사원이 작성한 매뉴얼에 따라 영농기자재를 바르게 관리한 사람은?

〈영농기자재 매뉴얼〉

구분	기계 종류	내용
1월	트랙터	(보관 중 점검) • 유압실린더는 완전상승 상태로 함 • 엔진 계통의 누유 점검(연료탱크, 필터, 파이프) • 축전지 보충충전
	이앙기	(장기보관 중 점검) • 본체의 누유, 누수 점검 • 축전지 보관 상태 점검, 보충충전 • 페인트가 벗겨진 부분에는 방청유를 발라 녹 발생 방지 • 커버를 씌워 먼지, 이물질에 의한 부식 방지
	콤바인	(장기보관 중 점검) • 회전부, 작동부, 와이어류에 부식방지를 위해 오일 주입 • 각 부의 누유 여부 점검 • 스프링 및 레버류에 부식방지를 위해 그리스를 바름
2월	트랙터	(사용 전 점검) • 팬벨트 유격 10mm 이상 시 발전기 고정 볼트를 풀어 유격 조정 • 냉각수량 – 외기온도에 알맞은 비중의 부동액 확인(40% 확인) • 축전지액량 및 접속상태, 배선 및 각종 라이트 경고등 점검, 충전상태 점검 • 좌 · 우 브레이크 페달 유격 및 작동상태 점검
	이앙기	(장기보관 중 점검) • 누유 · 누수 점검 • 축전지 보충충전 • 녹이 발생된 부분은 녹을 제거하고 방청유를 바름
	콤바인	(장기보관 중 점검) • 엔진을 회전시켜 윤활시킨 후, 피스톤을 압축상사점에 보관 • 각 회전부, 작동부, 와이어류에 부식방지를 위해 오일 주입 • 스프링 및 레버류에 부식방지를 위해 그리스를 바름

① A : 1월에 트랙터의 브레이크 페달 작동 상태를 점검함
② B : 2월에 장기보관 중이던 이앙기에 커버를 씌워 먼지 및 이물질에 의한 부식을 방지함
③ C : 1 ~ 2월 모두 이앙기의 부식방지를 위해 방청유를 바름
④ D : 트랙터 사용 전에 유압실린더와 엔진 누유상태를 중점적으로 점검함
⑤ E : 2월에 장기보관 중인 콤바인을 꺼낸 후, 타이어 압력을 기종별 취급설명서에 따라 점검함

16 50원, 100원, 500원짜리 동전이 있다. 이 동전들이 총 14개이고, 합이 2,250원이라면 50원짜리 동전은 모두 몇 개인가?

① 5개　　　　　　　　　　　　② 6개

③ 7개　　　　　　　　　　　　④ 8개

⑤ 9개

17 어느 해의 3월 1일이 금요일이라면, 그 해의 5월 25일은 무슨 요일인가?

① 목요일　　　　　　　　　　② 금요일

③ 토요일　　　　　　　　　　④ 일요일

⑤ 월요일

※ 다음 중 맞춤법이 옳은 것을 고르시오. [18~19]

18

> • 내노라 / 내로라 / 내놔라하는 사람들이 다 모였다.
> • 팀장님이 결제 / 결재해야 할 수 있는 일이다.

① 내노라, 결제　　　　　　　② 내노라, 결재

③ 내로라, 결제　　　　　　　④ 내로라, 결재

⑤ 내놔라, 결재

19

> • 이번 일은 금새 / 금세 끝날 것이다.
> • 이 사건에 대해 일절 / 일체 말하지 않았다.
> • 새 프로젝트가 최고의 결과를 낳았다 / 나았다.

① 금세, 일체, 낳았다　　　　② 금새, 일체, 나았다

③ 금세, 일절, 나았다　　　　④ 금새, 일절, 나았다

⑤ 금세, 일절, 낳았다

20 다음은 영농자재 구매사업의 변화 양상이다. 이에 대한 설명으로 옳은 것은?

〈영농자재 구매사업 변화 현황〉

(단위 : %)

구분	비료	농약	농기계	면세유류	종자·종묘	배합사료	일반자재	자동차	합계
1970년	74.1	12.6	5.4	0	3.7	2.5	1.7	0	100
1975년	59.7	10.8	8.6	0	0.5	12.3	8.1	0	100
1980년	48.5	12.7	19.6	0.3	0.2	7.1	11.6	0	100
1990년	30.6	9.4	7.3	7.8	0.7	31.6	12.6	0	100
2000년	30.2	12.2	8.5	13.0	0	19.2	16.9	0	100
2010년	23.6	11.0	4.3	29.7	0	20.5	10.8	0.1	100

① 일반자재는 10년 단위로 사용량이 증가하였다.

② 영농자재 구매 중 비료는 항상 가장 높은 비율을 차지하였다.

③ 배합사료와 농기계는 조사 연도마다 증가와 감소를 교대로 반복하였다.

④ 2010년 이후 자동차의 비율이 가장 크게 증가할 것이다.

⑤ 면세유류는 1970년부터 감소한 적이 없다.

21 농협은 신뢰받는 조직으로 발돋움하기 위하여 5가지의 인재상을 정립하였다. 다음 중 5가지의 인재상과 그 설명이 적절하지 않은 것은?

① 시너지 창출가 : 항상 열린 마음으로 계통 간, 구성원 간에 상호 존경과 협력을 다하여 조직 전체의 성과가 극대화될 수 있도록 시너지 제고를 위해 노력하는 인재

② 행복의 파트너 : 프로다운 서비스 정신을 바탕으로 농업인과 고객을 가족처럼 여기고 최상의 행복가치를 위해 최선을 다하는 인재

③ 최고의 전문가 : 꾸준한 자기계발을 통해 자아를 성장시키고 유통·금융 등 맡은 분야에서 최고의 전문가가 되기 위해 지속적으로 노력하는 인재

④ 정직과 노덕성을 갖춘 인재 : 매사에 혁신적인 자세로 모든 업무를 효율적이고 생산적으로 처리하여 농업인과 고객, 임직원 등 모든 이해관계자로부터 믿음과 신뢰를 받는 인재

⑤ 진취적 도전가 : 미래지향적 도전의식과 창의성을 바탕으로 새로운 사업과 성장동력을 찾기 위해 끊임없이 변화와 혁신을 추구하는 역동적이고 열성적인 인재

22 다음은 농협의 조직도이다. 이 중 농협의 최고 의사결정 기구는?

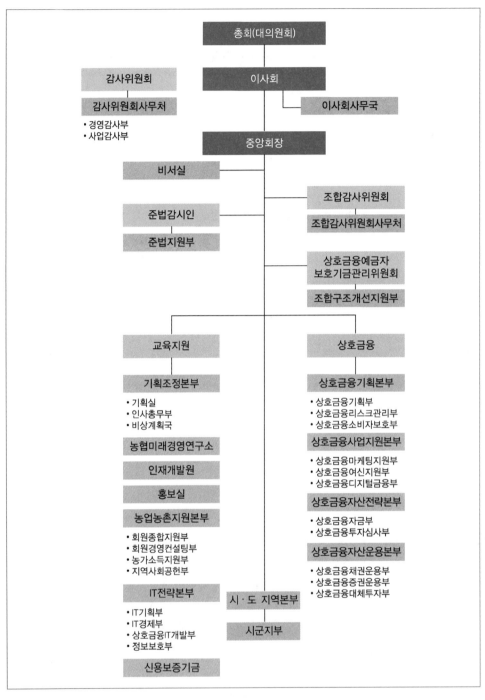

① 이사회　　　　　　　　　　② 중앙회장

③ 이사회사무국　　　　　　　④ 감사위원회

⑤ 총회(대의원회)

※ 다음은 농협이 하는 일에 대한 내용이다. 이어지는 질문에 답하시오. [23~24]

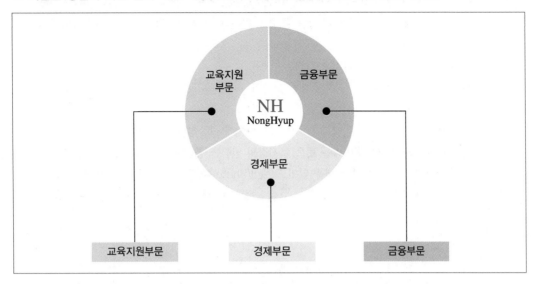

(A) 농협 본연의 활동에 필요한 자금과 수익을 확보하고, 차별화된 농업금융 서비스 제공
(B) 농업인의 권익을 대변하고 농업발전과 농가 소득 증대를 통해 농업인 삶의 질 향상에 기여
(C) 농업인이 영농활동에 안정적으로 전념할 수 있도록 생산·유통·가공·소비에 이르기까지 다양한 사업 지원

23 다음 중 농협이 하는 일과 그 내용이 바르게 연결된 것은?

	교육지원부문	경제부문	금융부문
①	(A)	(B)	(C)
②	(A)	(C)	(B)
③	(C)	(B)	(A)
④	(B)	(C)	(A)
⑤	(C)	(A)	(B)

24 다음 〈보기〉에서 농협의 경제부문에서 하는 일은 모두 몇 가지인가?

> 보기
> (가) 도농교류   (나) 산지유통혁신
> (다) 영농자재 공급   (라) 도매사업
> (마) 축산지도(컨설팅 등)   (바) 농촌지역 금융 서비스

① 없음   ② 1개
③ 2개   ④ 3개
⑤ 4개

25 다음 중 마케팅과 그에 대한 설명으로 적절하지 않은 것은?

① 바이럴 마케팅 – 블로그나 카페 등을 통해 소비자들에게 자연스럽게 정보를 제공하여 구매욕을 자극하는 마케팅

② 데이 마케팅 – 기념일을 타깃으로 하는 마케팅

③ 디마케팅 – 기업들이 자사 상품에 대한 고객의 구매를 의도적으로 줄임으로써 수익의 일부를 포기하는 마케팅

④ 버즈 마케팅 – 인적 네트워크를 통하여 소비자에게 상품정보를 전달하는 마케팅

⑤ 니치 마케팅 – '틈새시장'이라는 뜻으로 시장의 빈틈을 공략하는 새로운 상품을 잇따라 시장에 내놓음으로써, 다른 특별한 제품 없이도 셰어(Share)를 유지시켜 가는 마케팅

26 프로젝트를 완료하는 데 A사원이 혼자 하면 7일, B사원이 혼자 하면 9일이 걸린다. 3일 동안 두 사원이 함께 프로젝트를 진행하다가 B사원이 병가를 내는 바람에 나머지는 A사원이 혼자 처리해야 한다. A사원이 남은 프로젝트를 완료하는 데에는 며칠이 더 걸리겠는가?

① 1일　　　　　　　　　　② 2일
③ 3일　　　　　　　　　　④ 4일
⑤ 5일

27 다음 글의 내용으로 적절하지 않은 것은?

2017년 2월 7일 '농·축산·임·어업용 기자재 및 석유류에 대한 부가가치세 영세율 및 면세 적용 등에 관한 특례규정'이 개정돼 시행된다.

그동안 농업인들은 고가의 시간계측기(40만 원/대)를 농업용 난방기 등에 부착하고 사용실적도 1년에 2회 신고해야 면세유를 배정받을 수 있었다. 또한 시간계측기를 미부착하거나 미신고 시에는 1년간 면세유 공급을 제한받았지만 사용실적(계측기 누계시간)의 신뢰성 문제, 농업인의 신고 불편, 영농비 상승 부담 등 현실적인 문제가 발생하면서 면세유 배정에는 활용하지 못하고 오히려 민원이 증가하는 결과를 초래했다.

특례 개정으로 등유(부생연료유 포함)와 액화석유가스(LPG)를 사용하는 농업용 난방기·곡물건조기·농산물건조기·버섯재배소독기의 시간계측기 부착 및 사용실적 신고 의무가 면제된다. 또 농업인이 농기계 등을 신고(변경) 시 통장의 확인 및 날인을 받아야 하는 의무도 함께 폐지됐다. 다만, 휘발유·경유·중유를 사용하는 농기계는 종전대로 시간계측기를 부착하고 사용실적을 신고해야 한다.

이번 특례규정 개정에 따라 농업 관계자들은 시간계측기 구입 및 유지관리비 등 연간 770억 원을 절감할 수 있을 것으로 기대하고 있다. 시간계측기 사용실적 신고 경감(50.9%↓)과 농기계 신고시 통장 확인 절차 생략으로 농업인의 신고부담도 대폭 경감될 전망이다.

농협 회장은 "앞으로도 조세특례제한법 개정으로 농업인의 면세유 신고횟수를 대폭 감축하는 등 제도개선을 지속적으로 추진해 농업인이 불편을 느끼지 않고 안정적으로 면세유를 사용할 수 있도록 최선을 다하겠다."고 밝혔다.

① 개정된 특례규정으로 인해 농민의 경제적 부담이 완화될 것이다.
② 개정된 특례규정은 모든 농기계의 시간계측기 부착 의무를 면제하였다.
③ 농협의 향후 제도개선 방안은 농민의 면세유 사용 절차를 간소화할 것이다.
④ 기존에는 시간계측기를 부착하지 않은 경우 면세유 공급에 제한이 있었다.
⑤ 기존에는 1년에 2회씩 사용실적을 신고하지 않은 경우 면세유 공급을 제한받았다.

28 경서는 서로 다른 인터넷 쇼핑몰 A, B에서 상품을 주문했다. A쇼핑몰의 상품은 오늘 오전에 도착할 예정이고, B쇼핑몰의 상품은 내일 오전에 도착할 예정이다. 택배가 정시에 도착할 확률은 $\frac{1}{3}$, 늦게 도착할 확률은 $\frac{1}{2}$이라고 할 때, A쇼핑몰의 상품은 예정대로 도착하고, B쇼핑몰의 상품은 예정보다 늦게 도착할 확률은?

① $\frac{1}{6}$

② $\frac{1}{3}$

③ $\frac{2}{3}$

④ $\frac{5}{6}$

⑤ $\frac{3}{5}$

29 연속된 세 자연수의 합이 129일 때, 세 자연수 중 가장 작은 수와 가장 큰 수의 합은?

① 84

② 85

③ 86

④ 88

⑤ 89

30 길이가 40m인 기차가 200m 길이의 터널을 완전히 통과하는 데 30초가 걸렸다. 이 기차의 속력은?

① 5m/s

② 6m/s

③ 7m/s

④ 8m/s

⑤ 9m/s

PART

주요 금융권 NCS 기출복원문제

01 2023년 주요 금융권 NCS 기출복원문제

정답 및 해설 p.120

｜하나은행

01 다음 글의 주제로 가장 적절한 것은?

> 시중은행 대출 금리가 가파르게 증가하자 경매에 넘어간 부동산이 2010년대 하락장 수준으로 증가하고 있다. 이는 대출금리의 인상으로 인한 이자 부담 가중으로 주택담보대출을 상환하지 못하는 경우와 이로 인한 부동산 경기 침체로 집값이 하락해 세입자의 보증금을 상환하지 못하는 경우가 대부분이다.
>
> 법원에 따르면 임의경매가 신청된 부동산은 2014년 10월 이후 최대치를, 강제경매가 신청된 부동산은 2020년 3월 이후 가장 많은 수치를 보이고 있다. 특히 이들 대부분은 집값 급등 시기에 대출을 받아 내 집을 마련한 이른바 '영끌족'이다. 하지만 이들이 계속된 고금리에 이자를 부담하기 어려워 집을 처분하려고 해도, 부동산 경기 침체로 인해 집을 사려는 사람이 없어 처분조차도 어려운 상황이다.
>
> 실제로 서울부동산정보광장에 따르면 지난 4월 3,000건을 상회하던 거래량이 지난달인 10월에는 1,923건으로 하락한 반면, 매물은 늘어나는데 거래가 줄면서 계속 매물이 쌓여 현재 매물은 올해 초 대비 50% 이상 증가했다.

① 대출금리 인상으로 무너지는 내 집 마련
② 대출금리 인상으로 집을 사지 못하는 사람들
③ 대출금리 인상으로 인해 늘어난 부동산 선택지
④ 대출금리 인상으로 활발해진 부동산 경매시장

02 다음 중 빈칸에 들어갈 단어로 가장 적절한 것은?

> 선형경제가 제품을 생산하고 사용한 뒤 폐기하는 1차원적인 형식이라면, 순환경제는 제품을 생산하고 사용한 뒤 사용한 제품을 다시 제조과정을 거쳐 제품을 생산하고 이를 다시 사용하는 것과 같은 과정으로 자원을 계속하여 순환시키는 도넛 형식의 경제를 말한다.
> 전문가들은 이러한 순환경제는 기후 변화 대응 및 탄소 중립 차원을 넘어서 미래 성장 동력 확보 차원을 위해서 반드시 구축하여야 하는 환경이라고 강조하며, 이를 통해 산업발달과 경제성장이 야기한 환경적인 문제점들을 해결하고 희소자원의 고갈을 막을 수 있을 뿐만 아니라, 독립적인 경제 생태계를 이룩할 수 있다고 전했다.
> 이를 위해 우리 기업들은 규제에 대응하기보다는 _____ 친환경 순환경제가 이루어질 수 있도록 대체재를 개발하는 등 자원 절약과 재활용에 초점을 두어야 한다. 즉, 순환경제를 통해 어떻게 금전적 가치를 얻느냐하는 것이 아닌 이미 금전적 가치를 가져다주고 있는 기존의 선형경제를 어떻게 순환경제로 변화시키는가에 집중해야 하는 것이다.

① 단속적인
② 발전적인
③ 지속적인
④ 대체 가능한

03 다음 글의 내용으로 적절하지 않은 것은?

1890년 독점 및 거래제한 행위에 대한 규제를 명시한 셔먼법이 제정됐다. 셔먼은 반독점법 제정이 소비자의 이익 보호와 함께 소생산자들의 탈집중화된 경제 보호라는 목적이 있다는 점을 강조했다. 그는 독점적 기업결합 집단인 트러스트가 독점을 통한 인위적인 가격 상승으로 소비자를 기만한다고 보았다. 더 나아가 트러스트가 사적 권력을 강화해 민주주의에 위협이 된다고 비판했다. 이런 비판의 사상적 배경이 된 것은 시민 자치를 중시하는 공화주의 전통이었다.

이후 반독점 운동에서 브랜다이스가 영향력 있는 인물로 부상했다. 그는 독점 규제를 통해 소비자의 이익이 아니라 독립적 소생산자의 경제를 보호하고자 했다. 반독점법의 취지는 거대한 경제 권력의 영향으로부터 독립적 소생산자들을 보호함으로써 자치를 지켜내는 데 있다는 것이다. 이런 생각에는 공화주의 전통이 반영되어 있었다. 브랜다이스는 거대한 트러스트에 집중된 부와 권력이 시민 자치를 위협한다고 보았다. 이 점에서 그는 반독점법이 소생산자의 이익 자체를 도모하는 것보다는 경제와 권력의 집중을 막는 데 초점을 맞추어야 한다고 주장했다.

반독점법이 강력하게 집행된 것은 1930년대 후반에 이르러서였다. 1938년 아놀드가 법무부 반독점국의 책임자로 임명되었다. 아놀드는 소생산자의 자치와 탈집중화된 경제의 보호가 대량 생산 시대에 맞지 않는 감상적인 생각이라고 치부하고, 시민 자치권을 근거로 하는 반독점 주장을 거부했다. 그는 독점 규제의 목적이 권력 집중에 대한 싸움이 아니라 경제적 효율성의 향상에 맞춰져야 한다고 주장했다. 독점 규제를 통해 생산과 분배의 효율성을 증가시키고 그 혜택을 소비자에게 돌려주는 것이 핵심 문제라는 것이다. 이 점에서 반독점법의 목적이 소비자 가격을 낮춰 소비자 복지를 증진시키는 데 있다고 보았다. 그는 사람들이 반독점법을 지지하는 이유도 대기업에 대한 반감이나 분노 때문이 아니라, '돼지갈비, 빵, 안경, 약, 배관공사 등의 가격'에 대한 관심 때문이라고 강조했다. 이 시기 아놀드의 견해가 널리 받아들여진 것도 소비자 복지에 대한 당시 사람들의 관심사를 반영했기 때문으로 볼 수 있다. 이런 점에서 소비자 복지에 근거한 반독점 정책은 안정된 법적·정치적 제도로서의 지위를 갖게 되었다.

① 아놀드는 독점 규제의 목적에 대한 브랜다이스의 견해에 비판적이었다.
② 셔먼과 아놀드는 소비자 이익을 보호한다는 점에서 반독점법을 지지했다.
③ 반독점 주장의 주된 근거는 1930년대 후반 시민 자치권에서 소비자 복지로 옮겨 갔다.
④ 브랜다이스는 독립적 소생산자와 소비자의 이익을 보호하여 시민 자치를 지키고자 했다.

04 다음 문장을 읽고, 이어질 문단을 논리적 순서대로 바르게 나열한 것은?

> 케인스 학파에서는 시장에서 임금이나 물가 등의 가격 변수가 완전히 탄력적으로 작용하지는 않기 때문에 경기적 실업은 자연스럽게 해소될 수 없다고 주장한다.

(가) 그래서 경기 침체에 의해 물가가 하락하더라도 화폐환상현상으로 인해 노동자들은 명목임금의 하락을 받아들이지 않게 되고, 결국 명목임금은 경기적 실업이 발생하기 이전의 수준과 비슷하게 유지된다. 이는 기업에서 노동의 수요량을 늘리지 못하는 결과로 이어지게 되고 실업은 지속된다. 따라서 케인스 학파에서는 정부가 정책을 통해 노동의 수요를 늘리는 등의 경기적 실업을 감소시킬 수 있는 적극적인 역할을 해야 한다고 주장한다.

(나) 이에 대해 케인스 학파에서는 여러 가지 이유를 제시하는데 그중 하나가 화폐환상현상이다. 화폐환상현상이란 경기 침체로 인해 물가가 하락하고 이에 영향을 받아 명목임금이 하락하였을 때의 실질임금이 명목임금의 하락 이전과 동일하다는 것을 노동자가 인식하지 못하는 현상을 의미한다.

(다) 즉, 명목임금이 변하지 않은 상태에서 경기 침체로 인한 물가 하락으로 실질임금이 상승하더라도, 고전학파에서 말하는 것처럼 명목임금이 탄력적으로 하락하는 현상은 일어나기 어렵다고 본 것이다.

① (가) – (나) – (다)   ② (가) – (다) – (나)
③ (다) – (가) – (나)   ④ (다) – (나) – (가)

PART 3 주요 금융권 NCS 기출복원문제

05 10명이 앉을 수 있는 원형 탁자에 국문학과 2명, 영문학과 2명, 수학과 2명, 전자과 2명, 회화과 2명이 앉고자 한다. 과가 같은 학생끼리 마주보도록 앉는 경우의 수는?

① 330가지

② 348가지

③ 366가지

④ 384가지

06 H씨는 저가항공을 이용하여 비수기에 제주도 출장을 가려고 한다. 1인 기준으로 작년에 비해 비행기 왕복 요금은 20% 내렸고, 1박 숙박비는 15% 올라서 올해의 비행기 왕복 요금과 1박 숙박비 합계는 작년보다 10% 증가한 금액인 308,000원이라고 한다. 이때, 1인 기준으로 올해의 비행기 왕복 요금은?

① 31,000원

② 32,000원

③ 33,000원

④ 34,000원

07 A고객은 H은행 정기예금을 만기 납입했다. 정기예금의 조건이 다음과 같을 때, A고객이 만기 시 수령할 이자는?

▲ 상품명 : H은행 정기예금

▲ 가입자 : 본인

▲ 계약기간 : 6개월

▲ 저축방법 : 거치식

▲ 저축금액 : 1,000만 원

▲ 이자지급방식 : 만기일시지급, 단리식

▲ 기본금리 : 연 0.1%

▲ 우대금리 : 최대 연 0.3%p

▲ 기타사항 : 우대금리를 최대로 받는다.

---

① 10,000원

② 15,000원

③ 18,000원

④ 20,000원

08 김대리는 이번 휴가에 여행을 갈 장소를 고르고 있다. 각 관광 코스에 대한 정보가 다음과 같을 때, 〈조건〉에 따라 김대리가 선택하기에 가장 적절한 관광 코스는?

〈A ~ D 관광 코스〉

구분	A코스	B코스	C코스	D코스
기간	3박 4일	2박 3일	4박 5일	4박 5일
비용	245,000원	175,000원	401,000원	332,000원
경유지	3곳	2곳	5곳	5곳
참여인원	25명	18명	31명	28명
할인	K카드로 결제 시 5% 할인	-	I카드로 결제 시 귀가셔틀버스 무료 제공	I카드로 결제 시 10% 할인
비고	공항 내 수화물 보관서비스 제공	-	경유지별 수화물 운송서비스 제공	-

조건

- 휴가기간에 맞추어 4일 이상 관광하되 5일을 초과하지 않아야 한다.
- 비용은 결제금액이 30만 원을 초과하지 않아야 한다.
- 모든 비용은 I카드로 결제한다.
- 참여인원이 30명을 넘지 않는 코스를 선호한다.
- 되도록 경유지가 많은 코스를 고른다.

① A코스   ② B코스
③ C코스   ④ D코스

09 올해 H은행에 입사한 신입사원 갑 ~ 기 6명에 대한 정보와 이들이 배치될 부서에 대한 정보가 다음과 같을 때, 각 부서에 배치될 신입사원이 잘못 연결된 것은?

- 신입사원들은 서로 다른 부서에 배치되며, 배치되지 않는 신입사원은 없다.
- 신입사원들의 정보가 부서별 요구사항을 충족할 시 해당 부서에 배치된다.
- 신입사원들에 대한 정보는 다음과 같다.

구분	전공	학위	인턴 경험	업무 역량		
				데이터분석	재무분석	제2외국어
갑	경영	학사	1회	×	×	○
을	인문	석사	–	○	×	×
병	공학	학사	1회	×	○	×
정	사회	학사	2회	×	○	○
무	공학	학사	–	○	×	×
기	경영	박사	–	×	○	×

- 부서별 신입사원 요구사항은 다음과 같다.

구분	요구사항
총무부	경영 전공자, 인턴 경험 보유
투자전략부	재무분석 가능, 석사 이상
인사부	인턴 등 조직 경험 1회 이상
대외협력부	제2외국어 가능자
품질관리부	석사 이상, 데이터분석 역량 보유
기술개발부	데이터분석 가능자

	부서	신입사원
①	투자전략부	기
②	대외협력부	갑
③	품질관리부	을
④	기술개발부	무

10 H은행 인재연수부 김과장은 사내 연수 중 조별과제의 발표 일정을 수립하고자 한다. 다음 〈조건〉에 따라 각 조의 발표 날짜를 정한다고 할 때, B조가 발표할 날짜는?

조건

- 조별과제 발표를 수행할 조는 A조, B조, C조이다.
- 조별과제의 발표는 연수 시간에 이루어지며, 연수는 매주 화요일부터 금요일까지 진행된다.
- 달력에는 공휴일 및 창립기념일이 기록되어 있으며, 해당 일은 연수가 진행되지 않는다.
- 각 조는 3일간 발표를 수행한다.
- 조별 발표는 A조 → C조 → B조 순으로 진행되며, 각 조는 앞 순서 조의 마지막 발표일 이후, 가능한 한 가장 빠른 일자에 발표를 시작한다.
- 특정 조의 발표가 끝난 날의 다음 날에는 어느 조도 발표를 할 수 없다.
- 각 조의 발표는 3일간 연속하여 하는 것이 원칙이나, 마지막 날의 발표는 연속하지 않게 별도로 할 수 있다. 다만, 이 경우에도 가능한 한 가장 빠른 일자에 마지막 날의 발표를 하여야 한다.

〈5월 달력〉

일	월	화	수	목	금	토
	1	2	3	4	5 어린이날	6
7	8	9 A조 발표	10 A조 발표	11 A조 발표	12	13
14	15	16	17 창립기념일	18	19	20
21	22	23	24	25	26	27 석가탄신일
28	29 대체공휴일	30	31			

① 18 ~ 19, 22일

② 22 ~ 24일

③ 24 ~ 26일

④ 25 ~ 26, 30일

11 다음 공고문을 읽고 이해한 내용으로 적절하지 않은 것은?

제1회 농업인과 함께하는 스마트농업 현장활용 경진대회

1. 대회 기간 : 2022년 8 ~ 12월 말

대회 공고		참가 접수		작물재배 예선		성과 평가		시상식
8월 1일	→	8월 8일	→	10 ~ 11월	→	11월 中	→	12월

2. 참가 분야 및 자격
   * 수상예정자 자격 충족 여부 확인 : 농업경영체등록확인서, 현장실사 등
   ① 시설원예 스마트팜 작물재배
   - (대상) 스마트팜을 운영하는 중소·청년 농업인
     - 단독 또는 팀(시군농업기술센터, 지역농협 등) 참여 가능
     - 단체, 대학, 민간업체의 참여는 제한되며 농업인 중심의 협업은 가능함
   - (작목) 경진대회 동안 재배가 가능한 작목(토마토, 딸기에 한함)
   - (기술) 스마트팜 생산성 향상 AI 모델 등 다양한 요소기술 적용

   - 스마트팜 데이터(환경, 생육, 경영 등) 수집, 관리 및 활용(시스템 활용)
   - AI 기반 스마트팜 플랫폼 활용
   - 스마트 병해충 예찰 및 방제
   - 환경 복합 제어(온도, 습도, 양분, 광, 이산화탄소, 난방 등)
   - 지능정보기술, 로봇 등 최신 ICT장비 도입 및 활용
   - 작물생장 모니터링 기술
   - 인공광원, 작물 관수 및 양액 공급, 재배기술
   - 에너지 절감 시설
   - 농산물 유통정보, 생산량, 가격 정보 활용 의사결정
   - 인공지능 최적환경설정 모델, 영상 데이터 활용 스마트재배 의사결정 및 경영 등

② 스마트팜 수기공모
- (대상) 스마트팜(시설원예, 노지, 축산)을 운영하고 있는 모든 농가
- (주제) 스마트팜을 운영하며(준비, 운영 후기 포함) 경험한 다양한 이야기

> ■ 스마트팜에 선진 영농기술을 접목하여 성과를 낸 사례
> ■ 스마트팜 도입을 희망하는 농업인에게 전하고 싶은 이야기
> ■ 스마트팜에 성공적으로 정착하거나 실패를 딛고 역경을 이겨낸 사례
> ■ 스마트팜을 통해 농업·농촌·농민에 기여한 사례 등

* 분야 간 중복참여는 가능하나, 중복수상은 불가(중복수상 시, 두 분야 중 최고 시상금만 지급)

3. 참가 접수
- (접수기간) 작물재배(8.8 ~ 9.8), 수기공모(8.8 ~ 10.31)
- (접수방법) 온라인 접수가 원칙이며, 부득이한 경우 오프라인 접수 가능

4. 평가 : 평가위원회를 별도 구성하여 평가 기준 설정
- (작물재배) 1차 예선(도 단위 서류 및 현장점검) → 2차 본선(중앙단위 현장평가+발표평가)
  - 평가 서류 제출 시 세부추진계획은 참가자 개별 연락(메일 등)
- (수기공모) 서면심사 및 수상예정자 대상 현지점검

5. 시상
- 시설원예 스마트팜 작물재배 부문 : 00명(농협, 농진청 동일배분)
- 스마트팜 수기공모 부문 : 00명(농협, 농진청 동일배분)

* 참가규모 및 상황에 따라 시상 계획은 변경될 수 있음
- 유의사항
  - 시상금에 대한 제세공과금(4.4%)은 수상자 부담
  - 모방 또는 차용, 타 공모전 출품작으로 확인되는 등 중대한 결격사유가 있는 경우 수상이 취소되며, 시상금 회수 조치
  - 작물재배 분야에 팀을 이루어 참가할 경우 시상금은 농업인에게 지급됨

6. 문의
- 작물재배 ☎ 012-345-6789 / abc@korea.kr
- 수기공모 ☎ 농협중앙회 02-1234-5678 / def@nbank.com

* 전화문의는 평일 9:30 ~ 18:00까지 가능(주말 및 공휴일 제외)

① 참가 분야는 작물재배와 수기공모 두 부문이며, 단독 또는 팀으로 참여할 수 있다.
② 대회는 약 5개월간 진행되며, 참가 분야 간 중복참여가 가능하지만 중복수상은 불가능하다.
③ 참가 접수는 온라인과 오프라인 모두 가능하지만, 참가 분야에 따라 접수기간이 다르니 유의해야 한다.
④ 시상식은 12월에 있으며, 수상자는 시상금에 대한 제세공과금을 직접 부담해야 한다.
⑤ 대회 관련 문의는 전화와 이메일로 가능하지만, 참가 분야에 따라 문의처가 다르므로 유의해야 한다.

※ 다음 글을 읽고 이어지는 질문에 답하시오. [12~13]

조선시대 장리(長利)와 환곡(還穀)은 농업금융수단이었다. 장리는 봄에 곡식이나 돈을 꿔 주어 농사를 짓게 하고, 한 해 이자로 꿔 준 곡식의 절반 이상을 가을에 받는 것이며, 환곡은 사창(社倉)에 저장해 둔 곡식을 흉년이나 춘궁기에 꿔 주고 가을에 이자를 붙여 거두는 것이다. 이 외에도 농민들은 금전 융통을 위해 상호부조의 정신을 바탕으로 계(契)를 들었다. 계는 공익, 친목, 공동노동 등 여러 목적에 따라 저축계(貯蓄契)·산통계(算筒契)·식리계(殖利契) 등 다양하게 조직되었다.

우리나라의 근대적 협동조합금융은 1907년 지방금융조합이 설립되면서 실시되었다. 비록 식민지 정책의 일환으로 일본인 재정고문의 건의에 따라 설립된 관제조합이었지만, 조직이나 운영은 대체로 독일의 라이파이젠 협동조합의 조직원리에 따른 신용조합의 성격을 지녔다. 전남 광주지방금융조합을 시작으로 등장한 지방금융조합은 급격하게 확대되었으며, 1918년 지방금융조합령이 금융조합령으로 개정됨에 따라 도시에도 금융조합을 설립할 수 있게 되었고 도 단위에 금융조합연합회가 설치되었다.

금융조합은 광복 후 상업금융에 치중하는 한편 정부의 구매·보관·배급 등 각종 업무와 농회의 비료 업무, 대한식량공사의 양곡조작 및 고공품 업무를 대행하였다. 그런데 이러한 대행사업의 폐지 및 이관으로 금융조합의 경영이 악화되었고, 협동조합과 농업금융기관의 설립이 촉진되었다. 1957년 「농협법」과 「농업은행」이 공포됨에 따라 금융조합 및 금융조합연합회가 폐지되었으며, 조직·업무 등이 구 농협과 농업은행으로 이어졌다.

1958년 농협은 이동조합 – 시군조합 – 중앙회의 3단계 조직으로 중앙회 창립총회를 개최하였으며, 농업은행은 융자대상을 농민·농협 및 동 중앙회와 농업단체로 확대하는 등의 법안 수정을 거쳐 발족하였다. 그러나 농협 시군조합과 중앙회의 신용사업은 법에 의해 배제되었으며, 농업은행의 농협에 대한 자금지원 및 협조는 매우 소극적이었다. 이에 따라 전국에 방대한 조직망을 갖춘 농협은 대부분 개점휴업 상태가 되었으며, 농민 경제단체로서의 기능을 제대로 발휘하지 못했다.

농업협동조합과 농업은행의 통합 문제는 1961년 '협동조합을 재편성하여 농촌경제를 향상시킨다.'는 방침 하에 급진전하였다. 농림부 장관을 위원장으로 한 농협·농업은행통합처리위원회가 새 농협법안과 시행령안을 작성하였으며, 국민 대다수인 농민의 이해관계와 결부되는 법률인 만큼 신중하게 심의를 거친 끝에 공포되었다. 새로운 「농협법」에 따라 경제사업과 신용사업을 함께 수행하는 새로운 종합농협은 금융부를 비롯한 중앙회 10개 부와 8개 도지부, 140개 군조합, 2만 1,042개의 이동조합을 갖춘 3단계 조직을 구축하고 8월 15일 광복절에 역사적인 창립기념식을 개최하였다.

12 윗글의 제목으로 가장 적절한 것은?

① 근대적 협동조합금융의 도입
② 종합농협 이전의 농업금융
③ 농협과 농업은행의 비우호적 관계
④ 농협의 경영위기 극복 과정
⑤ 종합농협 출범의 역사

13 윗글을 읽고 이해한 내용으로 적절하지 않은 것은?

① 조선시대부터 계·장리·환곡 등의 전통적인 금융수단이 존재하였다.
② 지방금융조합령의 '지방'을 삭제함으로써 도시에도 금융조합을 설립할 수 있었다.
③ 광복 후 협동조합과 농업금융기관은 정부, 농회, 대한식량공사의 각종 업무를 대행했다.
④ 1950년대 후반 농협과 농업은행이 발족하였으나 상호 간 업무 협조가 원활하지 않았다.
⑤ 1960년대 초반 농협과 농업은행이 통합된 종합농협이 출범하였다.

14 어느 학교의 작년의 전체 학생 수는 2,000명이었다. 올해는 작년에 비하여 남학생은 5% 감소하고, 여학생은 5% 증가하여 전체적으로 14명이 줄었다. 이 학교의 작년 여학생 수는?

① 820명   ② 830명

③ 840명   ④ 850명

⑤ 860명

15 기태는 N은행의 적금 상품에 가입하여 2018년 1월 초부터 2021년 4월 초까지 매월 초에 일정한 금액을 적립한 후 2021년 4월 말에 2,211만 원을 지급받기로 하였다. 월이율 0.5%의 복리로 계산할 때, 기태가 매월 적립해야 하는 금액은?(단, $1.005^{40} = 1.22$로 계산한다)

① 35만 원   ② 40만 원

③ 45만 원   ④ 50만 원

⑤ 55만 원

16 다음은 은행별 적금 보험 상품에 대한 안내이다. A은행에서 3년 말에 받는 적립금과 B은행에서 2년 말에 받는 적립금을 비교할 때 어떤 은행에서 얼마 더 많은 금액을 받을 수 있는가?(단, $1.001^{36} = 1.04$, $1.002^{24} = 1.05$로 계산한다)

구분	상품
A은행	매월 초에 5만 원씩 월이율 0.1%의 복리로 3년 동안 적립하는 상품
B은행	매월 초에 10만 원씩 월이율 0.2%의 복리로 2년 동안 적립하는 상품

① A은행, 503,000원   ② B은행, 503,000원

③ A은행, 403,000원   ④ B은행, 403,000원

⑤ A은행, 303,000원

17 김대리는 새로운 사무실을 임대계약하기 위해 N지역의 지리를 파악하고 있다. 〈조건〉에 따라 건물이 배치되어 있을 때, A ~ E 중 학교와 병원의 위치가 바르게 연결된 것은?

〈N지역 지도〉

7번 도로			9번 도로		
대형마트	E	주차장		공터	D
12번 도로				12번 도로	
미술관	A	교회		C	영화관
공터	카페	B		식료품점	공터
13번 도로					

※ 건물들의 면적 및 도로들의 폭은 각각 동일하다고 가정함

조건

• 두 건물 사이에 도로나 다른 건물이 없을 때, '두 건물이 이웃한다.'라고 표현한다. 도로와 건물 간의 이웃 여부도 동일한 기준에 따라 표현한다.
• A, B, C, D, E는 각각 학교, 놀이터, 병원, 학원, 공원 중 서로 다른 하나에 해당한다.
• 학교는 병원보다 주차장으로부터의 직선거리가 더 가까운 곳에 있다.
• 학원은 공터와 이웃하고 있다.
• 13번 도로와 이웃하고 있는 곳은 공원뿐이다.
• 놀이터와 학원은 모두 동일한 두 개의 도로에 이웃하고 있다.

	학교	병원
①	A	B
②	A	C
③	A	E
④	B	C
⑤	B	D

18 고객 A와 B는 N사의 보험에 가입하려고 한다. 제시된 고객 정보와 보험상품 정보를 고려하여 각각의 고객에게 추천할 최적의 보험을 바르게 연결한 것은?

〈고객 정보〉

- A는 만 62세로, 2년 전 당뇨 진단을 받은 이력이 있다. 암 보장형 상품을 가장 선호하며, 납입주기가 월납인 보험을 가입하고자 한다. 세제혜택 가능 여부에 대하여는 관심이 없으나 납입한 보험료를 전액 돌려받을 수 있는 상품 가입을 선호하며, 보험료 인상이 되도록 없는 상품에 가입하고자 한다.
- B는 만 48세로, 현재까지 특별한 병력은 없으나 건강에 대한 염려로 인해 앞으로 건강검진을 자주 받고자 한다. 보험상품이 필요한 기간만 가입하는 것을 선호하고, 정기적인 보험료 납입보다 단발성 납입을 선호한다.

〈보험상품 정보〉

구분	(가)보험	(나)보험	(다)보험
상품특징	• 보험료 인상 없이 주요 질환 110세까지 보장 • 기납입 보험료 최대 80% 환급	• 보장기간 100세까지 보험료 인상 없이 보장 • 유병자 / 고령자도 가입 가능 (간편가입형) • 납입한 보험료 100% 환급	• 건강검진에서 자주 발견되는 종양, 폴립 즉시 보장 • 간경변증, 당뇨 진단과 성인특정질환 수술급여금 보장
납입주기	• 월납, 연납, 일시납	• 월납	• 일시납
가입나이	• 만 15 ~ 최고 65세	• (일반가입) 만 15 ~ 60세 • (간편가입) 만 40 ~ 70세	• 만 20 ~ 60세
보험기간	• 80세 만기, 110세 만기	• 100세	• 1년, 3년
가입한도	-	-	• 100만 원
가입형태	• 암 보장형, 3대 질병 보장형	• 암 보장형, 3대 질병 보장형	• 단일플랜
세제혜택	• 보장성보험 세액공제 적용 가능	-	-

	A	B
①	(가)보험	(가)보험
②	(가)보험	(다)보험
③	(나)보험	(가)보험
④	(나)보험	(나)보험
⑤	(나)보험	(다)보험

19 A ~ G 7명이 원형테이블에 〈조건〉과 같이 앉아 있을 때, 다음 중 직급이 사원인 사람과 대리인 사람이 바르게 연결된 것은?

조건

A, B, C, D, E, F, G는 모두 사원, 대리, 과장, 차장, 팀장, 부부장, 부장 중 하나의 직급에 해당하며, 이 중 동일한 직급인 직원은 없다.
- A의 왼쪽에는 부장이, 오른쪽에는 차장이 앉아 있다.
- E는 사원과 이웃하여 앉지 않았다.
- B는 부장과 이웃하여 앉아 있다.
- C의 직급은 차장이다.
- G는 차장과 과장 사이에 앉아 있다.
- D는 A와 이웃하여 앉아 있다.
- 사원은 부장, 대리와 이웃하여 앉아 있다.

	사원	대리
①	A	F
②	B	E
③	B	F
④	D	E
⑤	D	G

20 다음 중 농촌진흥지역에 대한 설명으로 옳지 않은 것은?

① 농촌진흥지역의 지정은 전국의 모든 녹지지역을 대상으로 한다.
② 농업진흥지역은 농업진흥구역과 농업보호구역으로 구분하여 지정된다.
③ 시·도지사는 농림축산식품부장관의 승인을 받아 농업진흥지역을 지정한다.
④ 농업보호구역은 농업진흥구역의 용수원 확보 등 농업환경을 보호하기 위해 지정된 곳이다.
⑤ 농업진흥구역은 일정 규모의 농지가 집단화되어 농업 목적으로 이용할 필요가 있는 지역이다.

21 다음 중 밑줄 친 부분의 맞춤법이 적절하지 않은 것은?

① 그는 목이 메어 한동안 말을 잇지 못했다.

② 어제는 종일 아이를 치다꺼리하느라 잠시도 쉬지 못했다.

③ 왠일로 선물까지 준비했는지 모르겠다.

④ 노루가 나타난 것은 나무꾼이 도끼로 나무를 베고 있을 때였다.

22 다음 글의 주제로 가장 적절한 것은?

> 새마을금고는 사업자 고객 대상 모바일 앱 서비스 'MG더뱅킹기업'을 신규 출시한다고 밝혔다.
> MG더뱅킹기업은 개인 사업자 및 법인 고객 대상 모바일 앱으로서, 새마을금고 자체 최초의 기업용
> 스마트뱅킹 서비스이다. 기존 기업 인터넷뱅킹 사용자들의 요구 사항을 적극 반영하여 약 1년에 걸
> 쳐 신규 구축했다.
> 새마을금고는 '편리하게 또 안전하게'라는 방향성하에 앱을 출시했으며, 신규 출시되는 MG더뱅킹
> 기업의 주요 특징은 직관적인 UI/UX, 모바일 결재함, 간편인증, 비대면센터 등이다.
> UI/UX는 사용자 관점에서 직관적인 디자인을 추구했다. 사업자 유형별 맞춤형 메인 화면을 구성했
> 으며, 이체 등 주요 메뉴에서 페이지 이동 없이 단일 화면에서 완결할 수 있다. 또한 다양한 색상
> 및 아이콘을 사용하여 편의성을 강화했다.
> 기업의 내부통제를 지원하기 위한 모바일 결재함을 제공한다. 사업체 내 다수의 사용자가 금융업무
> 이용 시 결재 요청 및 승인을 통해 거래를 완결하는 서비스로서 앱을 통한 결재 처리 및 조회가 가능
> 하다.
> 개인사업자 대상 간편인증과 비대면센터도 제공한다. 1일 1,000만 원 이하의 소액 이체 거래에 대
> 하여 추가 인증 절차를 배제한 '간편패스'를 도입했으며 간편 로그인 및 간편 출금 등이 가능하다.
> 또한 비대면센터를 통하여 디지털 OTP 발급 및 예적금 상품 개설 등이 가능하다.
> 새마을금고중앙회장은 "기존의 개인용 MG더뱅킹에 금번 출시되는 사업자용 MG더뱅킹기업으로 새
> 마을금고의 비대면 채널이 다각화될 것으로 기대되며, 새마을금고의 모든 개인 및 기업 고객을 위한
> 맞춤형 서비스를 제공할 계획"이라고 전했다.
> 새마을금고는 2021년 개인 고객 대상 MG더뱅킹 앱 리뉴얼 출시, 2022년 기업 고객 대상 MG더뱅
> 킹기업 앱 신규 출시 등 비대면 서비스를 확대하고 있으며, 향후 개인뱅킹 전면 재구축, 마이데이터
> 서비스 등 지속적인 디지털 혁신 사업을 추진할 예정이다.

① 모바일 앱 서비스 'MG더뱅킹기업'에 대한 고객평가

② 새마을금고 모바일 앱 서비스의 종류

③ 모바일 앱 서비스 'MG더뱅킹기업'의 출시

④ 모바일 앱 서비스의 보안 규정

23 다음 글의 내용으로 가장 적절한 것은?

> 기준금리는 중앙은행이 경제를 조절하고 통화정책을 시행하기 위해 설정하는 핵심적인 금리이다. 중앙은행은 경제의 안정과 성장을 도모하기 위해 노력하며, 기준금리는 이를 위한 주요한 도구로 사용된다.
>
> 기준금리는 경제의 주요 지표와 금융시장의 조건 등을 고려하여 결정된다. 주로 인플레이션, 경제성장, 고용상황 등과 같은 경제 지표를 분석하고, 금융시장의 유동성과 안정성을 고려하여 중앙은행이 적절한 수준의 기준금리를 결정한다. 이를 통해 중앙은행은 경기 변동에 따른 위험을 완화하고 금융시장의 원활한 운영을 돕는 역할을 수행한다.
>
> 또한 기준금리는 주로 중앙은행이 자금공급 및 대출을 조절하여 경제의 동향을 조절하기 위해 설정된다. 일반적으로 경제가 성장하고 인플레이션이 심해지면 중앙은행은 기준금리를 인상시켜 자금을 제한하고 대출을 어렵게 만든다. 이는 소비와 투자를 저하시키는 효과를 가지며, 경기 과열을 억제하는 역할을 한다.
>
> 반대로 경제가 침체되면 중앙은행은 기준금리를 낮춰 자금을 유동성 있게 공급하고 대출을 유도한다. 이는 경기 활성화와 경제 확장을 촉진하며 기업과 개인의 대출 활동을 유도하여 경제에 활력을 불어넣는 효과를 가진다.
>
> 중앙은행은 기준금리를 결정할 때 정책 목표와 관련된 다양한 요소를 고려한다. 대표적으로 인플레이션 목표율, 경제 성장률, 고용률, 외환 시장 상황, 금융시장 안정성 등 다양한 요인이 있으며 국제 경제 상황과 금융시장의 변동성, 정책 변화의 시너지 효과 등도 고려한다.
>
> 기준금리는 중앙은행의 중요한 정책 수단으로서, 정부와 기업, 개인들의 경제 활동에 직간접적인 영향을 준다. 따라서 중앙은행은 신중하고 적절한 기준금리 조정을 통해 경제의 안정과 균형을 유지하려는 노력을 계속해야 한다. 이를 위해 경제 지표와 금융시장의 변동을 면밀히 관찰하고, 정책 목표에 맞는 조치를 취하며, 투명한 커뮤니케이션을 통해 경제 주체들에게 예측 가능한 환경을 제공해야 한다.

① 경기가 과열될 경우 중앙은행은 기준금리를 인하한다.
② 중앙은행이 기준금리를 인상하면 개인과 기업의 소비와 투자가 촉진된다.
③ 기준금리는 경기 변동에 따른 위험을 완화하는 장치이다.
④ 기준금리 설정에서 가장 중요한 요인은 국제 경제 상황이다.

24 A팀을 포함한 7팀이 다음 대진표와 같이 축구 대회에 출전하였다. 제비뽑기를 통해 A팀이 부전승으로 경기에 진출할 확률은?

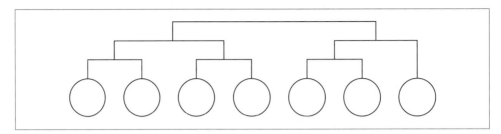

① $\dfrac{1}{5}$

② $\dfrac{1}{7}$

③ $\dfrac{1}{9}$

④ $\dfrac{1}{12}$

25 다음은 M금고의 2023년 3·4분기 전체 민원 건수 및 해결률을 나타낸 자료이다. 2023년 4분기 금융 해결 건수는 전 분기의 $\dfrac{5}{7}$ 이다. 2023년 4분기 서비스 해결 건수가 97건이고, 2023년 3분기 총건수 해결률이 (다)라고 할 때, (가)＋(나)＋(다)의 값으로 옳은 것은?(단, 건수 및 해결률은 소수점 첫째 자리에서 반올림한다)

〈M금고 2023년 3·4분기 민원 해결 건수〉

(단위 : 건, %)

구분		민원 건수	
		2023년 3분기	2023년 4분기
금융	전체 민원 건수	102	72
	해결률	96	(가)
서비스	전체 민원 건수	20	(나)
	해결률	100	(다)

※ 총건수＝(금융 건수)＋(서비스 건수)
※ 해결률은 민원 건수 중 해결된 건수의 비율임

① 290

② 292

③ 294

④ 296

26 형준, 연재, 영호, 소정이가 언어영역, 수리영역, 외국어영역으로 구성된 시험을 본 뒤 채점을 해보니 〈조건〉과 같은 결과가 나타났다. 다음 중 반드시 참인 것은?

> **조건**
>
> ㄱ. 형준이는 언어영역에서 1등이고, 수리영역에서는 연재보다 잘했다.
> ㄴ. 연재는 수리영역 4위가 아니다.
> ㄷ. 소정이는 외국어영역에서 형준이보다 못했다.
> ㄹ. 형준이는 외국어영역에서 영호와 연재에게만 뒤처졌다.
> ㅁ. 영호는 언어영역에서 4위를 했고, 수리영역은 연재보다 못했다.
> ㅂ. 동점자는 존재하지 않는다.
> ㅅ. 형준이는 수리영역에서 소정이보다 못했다.
> ㅇ. 소정이의 외국어영역 순위는 연재의 수리영역 순위에 1을 더한 것과 같다.

① 언어영역 2위는 연재이다.
② 외국어영역 3위는 형준이다.
③ 영호는 세 과목에서 모두 4위이다.
④ 연재의 언어영역 순위에 1을 더한 값은 형준이의 외국어영역 순위와 같다.

27 M공사의 항공교육팀은 항공보안실을 대상으로 다음과 같은 항공보안교육계획을 세웠다. 항공보안교육을 반드시 이수해야 하는 팀을 〈보기〉에서 모두 고르면?

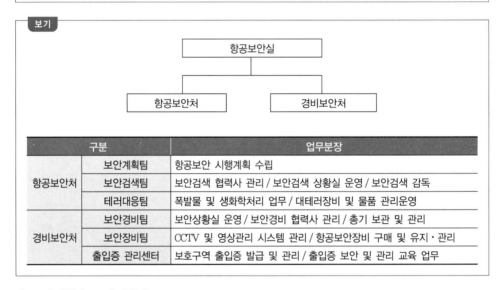

〈2024 항공보안교육계획〉

구분	과정명	비고
보안검색감독자	보안검색감독자 초기 / 정기	필수
보안검색요원	보안검색요원 초기 / 정기	필수
	보안검색요원 인증평가	필수
	보안검색요원 재교육	필요시
폭발물처리요원	폭발물 처리요원 직무	필요시
	폭발물 처리요원 정기	필요시
	폭발물위협분석관 초기 / 정기	필요시
장비유지보수요원	항공보안장비유지보수 초기 / 정기	필수

보기

항공보안실
├ 항공보안처
└ 경비보안처

구분		업무분장
항공보안처	보안계획팀	항공보안 시행계획 수립
	보안검색팀	보안검색 협력사 관리 / 보안검색 상황실 운영 / 보안검색 감독
	테러대응팀	폭발물 및 생화학처리 업무 / 대테러장비 및 물품 관리운영
경비보안처	보안경비팀	보안상황실 운영 / 보안경비 협력사 관리 / 총기 보관 및 관리
	보안장비팀	CCTV 및 영상관리 시스템 관리 / 항공보안장비 구매 및 유지·관리
	출입증 관리센터	보호구역 출입증 발급 및 관리 / 출입증 보안 및 관리 교육 업무

① 보안계획팀, 보안검색팀
② 보안계획팀, 테러대응팀
③ 보안검색팀, 보안경비팀
④ 보안검색팀, 보안장비팀

28 다음 제시된 협상 대화에 대한 대답으로 가장 바르게 말한 사람은?

> M사 : 안녕하세요. 다름이 아니라 현재 단가로는 더 이상 귀사에 납품하는 것이 어려울 것 같아
> 자재의 단가를 조금 올리고 싶어서요. 이에 대해 어떻게 생각하시나요?
>
> 대답 : _____

보기

A : 지난달 자재의 불량률이 너무 높은데 단가를 더 낮춰야 할 것 같습니다.
B : 저희도 이 정도 가격은 꼭 받아야 해서요, 단가를 지금 이상 드리는 것은 불가능합니다.
C : 불량률을 3% 아래로 낮춰서 납품해 주시면 단가를 조금 올리도록 하겠습니다.
D : 단가를 올리면 저희 쪽에서 주문하는 수량이 줄어들 텐데, 귀사에서 괜찮을까요?

① A   ② B
③ C   ④ D

※ 다음은 IBK 탄소제로적금에 대한 정보이다. 이어지는 질문에 답하시오. [29~30]

<IBK 탄소제로적금>

구분	세부내용
상품특징	• 거주세대의 전기사용량 절약 여부에 따라 금리혜택을 제공하는 적금상품
가입금액	• 신규금액 : 최소 1만 원 이상 • 납입한도 : 매월 100만 원 이하(천 원 단위)
계약기간	• 1년제
가입대상	• 실명의 개인(개인사업자 제외) • 1인 1계좌
이자지급방법	• 만기일시지급식
약정이율	• 연 3.0%

우대금리	• 최고 연 4.0%p
	• 계약기간 동안 아래 조건을 충족하고 만기해지 시 우대이자율 제공
	① 에너지 절감 : 적금가입월부터 10개월 동안 적금가입월의 전기사용량(kWh) 대비 월별 전기사용량(kWh) 절감횟수가 다음에 해당하는 경우("아파트아이" 회원가입을 통해 등록된 주소에 대한 관리비 명세서의 전기사용량(kWh)만 인정되며 주소가 변경될 경우 "아파트아이"에서 주소변경을 완료해야만 변경된 주소의 실적이 반영 가능하며, 주소 변경은 연 3회로 제한한다)
	  − 3회 이상 : 연 1.0%p
	  − 5회 이상 : 연 2.0%p
	② 최초거래고객 : 가입 시 아래 요건 중 1가지 충족 시 연 1.0%p
	  − 실명등록일로부터 3개월 이내
	  − 가입일 직전월 기준 6개월간 총수신평잔 0원
	③ 지로/공과금 자동이체 : 본인 명의 입출금식 통장에서 지로/공과금 자동이체 실적이 3개월 이상인 경우, 연 1.0%p

중도해지이율	• 만기일 이전에 해지할 경우 입금액마다 입금일부터 해지일 전일까지의 기간에 대하여 가입일 당시 IBK 적립식중금채의 중도해지금리를 적용
	• 납입기간 경과비율
	  − 10% 미만 : (가입일 현재 계약기간별 고시금리)×5%
	  − 10% 이상 20% 미만 : (가입일 현재 계약기간별 고시금리)×10%
	  − 20% 이상 40% 미만 : (가입일 현재 계약기간별 고시금리)×20%
	  − 40% 이상 60% 미만 : (가입일 현재 계약기간별 고시금리)×40%
	  − 60% 이상 80% 미만 : (가입일 현재 계약기간별 고시금리)×60%
	  − 80% 이상 : (가입일 현재 계약기간별 고시금리)×80%
	※ 모든 구간 최저금리 연 0.1% 적용

만기 후 이율	• 만기일 당시 IBK 적립식중금채의 만기 후 금리를 적용
	  − 만기 후 1개월 이내 : (만기일 당시 IBK 적립식중금채의 계약기간별 고시금리)×50%
	  − 만기 후 1개월 초과 6개월 이내 : (만기일 당시 IBK 적립식중금채의 계약기간별 고시금리)×30%
	  − 만기 후 6개월 초과 : (만기일 당시 IBK 적립식중금채의 계약기간별 고시금리)×20%

29 다음 중 제시된 자료의 내용에 대한 설명으로 적절하지 않은 것은?

① 신규금액을 제외하고 최대 납입 가능한 금액은 1,200만 원이다.

② 계약기간 동안에 주소변경을 하기 위해서는 아파트아이 계정이 필요하다.

③ 자신이 세대주가 아닐 경우, 지로/공과금 자동이체 우대금리를 적용받기 위해서는 세대주 명의의 입출금식 통장을 개설하여야 한다.

④ 최대 이율을 적용받는 사람이 납입기간 50%를 경과하고 중도해지 할 경우 적용받는 금리는 이전보다 5.8%p 적다.

30 다음은 IBK 탄소제로적금에 가입한 고객 A의 가입정보이다. 제시된 자료를 근거로 할 때, 고객 A가 지급받을 금리는 총 얼마인가?(단, A는 "아파트아이"에 회원가입하여 주소를 등록하였으며, 계약기간 동안 주소변경은 하지 않았다)

〈고객 A의 가입정보〉

- 가입상품 : IBK 탄소제로적금
- 가입금액
  - 최초 납입금액 : 30만 원
  - 추가 납입금액 : 70만 원(2022.11.1)
- 계약기간 : 1년(2022.5.1 ~ 2023.4.30)
- 우대금리 관련 사항
  ① 월별 전기사용량

연도/월	22/5	22/6	22/7	22/8	22/9	22/10
전기사용량(kWh)	448	436	478	481	442	430
연도/월	22/11	22/12	23/1	23/2	23/3	23/4
전기사용량(kWh)	452	466	485	447	440	447

  ② 최초거래고객 : 실명등록일(2022.3.25)
  ③ 지로/공과금 자동이체 : 본인명의 입출금식 통장으로 월 아파트관리비 총 5회 자동이체
- 적금 실제 해지일 : 23.10.31

① 64,500원　　　　　　② 50,000원

③ 45,500원　　　　　　④ 43,500원

※ 다음은 보조배터리를 생산하는 K사의 시리얼넘버에 대한 자료이다. 이어지는 질문에 답하시오. [31~32]

〈시리얼넘버 부여 방식〉

시리얼넘버는 [제품분류]-[배터리 형태][배터리 용량][최대 출력]-[고속충전 규격]-[생산날짜] 순서로 부여한다.

〈시리얼 넘버 세부사항〉

제품분류	배터리 형태	배터리 용량	최대 출력
NBP : 일반형 보조배터리 CBP : 케이스 보조배터리 PBP : 설치형 보조배터리	LC : 유선 분리형 LO : 유선 일체형 DK : 도킹형 WL : 무선형 LW : 유선+무선	4 : 40,000mAH 이상 3 : 30,000mAH 이상 2 : 20,000mAH 이상 1 : 10,000mAH 이상	A : 100W 이상 B : 60W 이상 C : 30W 이상 D : 20W 이상 E : 10W 이상

고속충전 규격	생산날짜		
P31 : USB-PD3.1 P30 : USB-PD3.0 P20 : USB-PD2.0	B3 : 2023년 B2 : 2022년 … A1 : 2011년	1 : 1월 2 : 2월 … 0 : 10월 A : 11월 B : 12월	01 : 1일 02 : 2일 … 30 : 30일 31 : 31일

| IBK기업은행

31 다음 〈보기〉 중 시리얼넘버가 잘못 부여된 제품은 모두 몇 개인가?

보기
- NBP-LC4A-P20-B2102
- CBP-WK4A-P31-B0803
- NBP-LC3B-P31-B3230
- CNP-LW4E-P20-A7A29
- PBP-WL3D-P31-B0515
- CBP-LO3E-P30-A9002
- PBP-DK1E-P21-A8B12
- PBP-DK2D-P30-B0331
- NBP-LO3B-P31-B2203
- CBP-LC4A-P31-B3104

① 2개
③ 4개
② 3개
④ 5개

32 K사 고객지원팀에 재직 중인 S주임은 보조배터리를 구매한 A고객으로부터 다음과 같이 전화를 받았다. 해당 제품을 회사 데이터베이스에서 검색하기 위해 시리얼번호를 입력할 때, 고객 제품의 시리얼번호로 옳은 것은?

S주임 : 안녕하세요. K사 고객지원팀 S입니다. 무엇을 도와드릴까요?

A고객 : 안녕하세요. 지난번에 구매한 보조배터리가 작동을 하지 않아서요.

S주임 : 네, 고객님. 해당 제품 확인을 위해 시리얼번호를 알려주시기 바랍니다.

A고객 : 제품을 들고 다니면서 시리얼번호가 적혀 있는 부분이 지워졌네요. 어떻게 하면 되죠?

S주임 : 고객님 혹시 구매하셨을때 동봉된 제품설명서 가지고 계실까요?

A고객 : 네, 가지고 있어요.

S주임 : 제품설명서 맨 뒤에 제품정보가 적혀있는데요. 순서대로 불러주시기 바랍니다.

A고객 : 설치형 보조배터리에 70W, 24,000mAH의 도킹형 배터리이고, 규격은 USB-PD3.0이고, 생산날짜는 2022년 10월 12일이네요.

S주임 : 확인 감사합니다. 고객님 잠시만 기다려 주세요.

---

① PBP-DK2B-P30-B1012

② PBP-DK2B-P30-B2012

③ PBP-DK3B-P30-B1012

④ PBP-DK3B-P30-B2012

〈공무원 가족 국외여비 지급 기준표〉

지급사유	지급액
1. 부임 또는 전근하는 경우 소속 장관의 허가를 받아 가족을 근무지로부터 새로운 근무지까지 동반해야 할 때	가. 12세 이상의 가족에 대해서는 본인이 여행하는 때와 같은 등급의 철도운임·선박운임·항공운임 및 자동차 운임 및 준비금의 전액과 일비·숙박비 및 식비의 3분의 2에 상당하는 금액
2. 외국 근무 중 소속 장관의 허가를 받아 한 차례에 한정하여 가족을 그 근무지로 불러오거나 본국으로 귀국시킬 때	
3. 외국에서 4년 이상 계속 근무한 공무원이 소속 장관의 명에 따라 본국에서 재교육을 받기 위하여 배우자와 18세 미만 자녀와 함께 일시 귀국할 때(단, 4년마다 한차례로 한정한다)	
4. 주재국의 급격한 정세변화로 인하여 동반 가족을 철수시킬 때	나. 12세 미만의 가족에 대해서는 본인이 여행하는 때와 같은 등급의 철도운임·선박운임·항공운임 및 자동차 운임 및 준비금의 전액과 일비·숙박비 및 식비의 3분의 1에 상당하는 금액
5. 외국 근무 중 소속 장관의 허가를 받아 배우자를 동반한 공무여행을 할 때	
6. 소속 장관의 허가를 받아 본인을 대신하여 가족 중 1명 또는 본인과 동반하여 배우자가 일시 귀국할 때	
7. 근무조건이 매우 불리하다고 외교부장관이 인정하는 지역에서 근무 중인 공무원이 소속 장관의 허가를 받아 연간 한 차례만 가족 동반으로 다른 지역에서 휴양을 할 때 또는 의료검진을 받을 때	본인이 여행하는 때와 같은 등급의 철도운임·선박운임·항공운임 및 자동차 운임의 전액을 지급한다.
8. 근무조건이 매우 불리하다고 외교부장관이 인정하는 고산지역에서 근무 중인 공무원이 소속장관의 허가를 받아 연간 23일 범위에서 분기별로 한 차례 가족 동반으로 저지대(低地帶) 요양을 할 때	

* 가족은 본인을 포함한 구성원을 지칭함
** 취업 후 독립하여 생계를 유지하는 자녀 및 26세 이상 자녀는 특수한 경우를 제외하고 지급하지 아니함

| IBK기업은행

33 다음 중 비용 전액을 국외여비로 받을 수 있는 사람은?(단, 모든 상황은 소속 장관의 허가를 받았으며 예외는 없다)

① 출장지역에서 내전으로 인해 근무환경에 위협을 받아 급하게 귀국하는 공무원 A씨

② 근무지인 노르웨이에서 6살 딸을 불러오려는 공무원 B씨

③ 배우자 지인의 상(喪)으로 베이징에서 배우자와 급하게 귀국하려는 공무원 C씨

④ 해발 5,500m 지역에서 근무하다 1분기 휴가 때 가족과 함께 14일간 바닷가에서 쉬려는 공무원 D씨

34 해외로 발령받은 네 명의 공무원 모두 소속 장관의 허가하에 가족을 동반하여 근무지로 가고자 한다. K항공을 이용할 때, 지급받을 국외여비가 바르게 연결되지 않은 것은?(단, 천 원 단위에서 올림한다)

〈K항공 운임 비용〉

구분	운임 비용	기내식 비용
S CLASS	성인 : 1,200,000원 소인 : 성인의 80%	기내식 무료 제공
A CLASS	성인 : 900,000원 소인 : 성인의 80%	성인 : 15,000원 소인 : 무료 제공
B CLASS	성인 : 750,000원 소인 : 성인의 80%	20,000원 (소인 구분 없음)
C CLASS	700,000원	성인 : 20,000원 (소인 구분 없음)

* C CLASS의 운임 비용은 성인과 소인의 구분이 없음
** 소인은 18세 미만의 청소년을 지칭함
*** 8세 미만의 어린이는 모든 CLASS에서 운임 비용을 받지 않음

① H부장, 5인 가족(16세 / 10세 / 7세 자녀), A CLASS 이용, 기내식 신청
   가족 국외여비 : 1,940,000원

② J과장, 4인 가족(23세 / 21세 자녀, 독립하지 않음), S CLASS 이용, 기내식 신청
   가족 국외여비 : 3,200,000원

③ L대리, 2인 부부, B CLASS 이용, 기내식 미신청
   가족 국외여비 : 1,000,000원

④ K주임, 4인 가족(6세 / 4세 자녀), C CLASS 이용, 기내식 신청
   가족 국외여비 : 1,440,000원

35 다음은 IBK기업은행에서 판매하고 있는 직장인우대MY통장 상품 설명의 일부이다. 어느 날 이 적금 상품에 가입하려는 A ~ D씨 조건이 〈보기〉와 같을 때, 직장인우대MY통장 상품 가입에 가장 적절한 사람은?

〈직장인우대MY통장〉

- 계약기간 : 1년(12개월)
- 신규금액 : 최소 1만 원 이상
- 납입한도 : 매월 1만 ~ 20만 원(만 원 단위)
- 가입대상 : 실명의 개인(1인 1계좌)
  ※ 개인사업자 제외
- 이자지급주기 : 만기 시 지급
- 이자지급방법 : 만기일시지급식
- 기본금리 : 연 3.55%
- 우대금리 : 최대 연 1.8%p
  - 계약기간 동안 아래 조건을 충족한 고객이 만기해지하는 경우 제공

우대조건	우대금리
가입시점에 직장인으로 확인되는 경우	연 0.3%p
당행 실명등록일로부터 3개월 이내 신규 또는 상품가입 직전월 기준 6개월 이상 총수신평잔 0원인 경우	연 0.3%p
계약기간 동안 6개월 이상 급여이체 실적(50만 원 이상)이 있는 경우	연 0.5%p
계약기간 동안 당행 신용(체크)카드 이용실적이 300만 원 이상인 경우 (단, 이용실적은 매출표 접수 기준 결제계좌가 당행인 경우에 한하며 현금서비스 실적은 제외)	연 0.2%p

- 유의사항
  - 계좌에 압류, 가압류, 질권설정 등이 등록된 경우 원금 및 이자 지급 제한
  - 예금 잔액 증명서 발급 당일에는 입금·출금·이체 등 잔액 변동 불가

〈직장인우대MY통장 가입자 정보〉

가입자	비고
A	• K사 사원 재직 확인(월 실수령 225만 원 이상) • 당행 계좌로 30개월 분 급여 이체 내역 확인 • 당행 신용카드로 매월 20만 원 미만 고정 지출 내역 확인
B	• 15일 후 N사 신입사원으로 입사 예정(월 실수령 200만 원 이상) • 12개월 이상 잔고 0원인 계좌 확인 • 급여계좌 당행으로 설정 예정 • 당행 신용카드로 매월 30만 원 이상 고정 지출 내역 확인
C	• P사 과장 재직 확인(월 실수령 275만 원 이상) • 타행 계좌로 100개월 분 급여 이체 내역 확인 • 당행 신용카드로 매월 50만 원 이상 고정 지출 내역 확인
D	• O사 과장 재직 확인(월 실수령 330만 원 이상) • 당행 계좌로 120개월 분 급여 이체 내역 확인 • 당행 계좌 압류 상태 확인 • 당행 신용카드 및 체크카드 미발급

※ 가입 이후 급여계좌 및 급여 여부, 신용카드 및 체크카드의 발급 여부 및 실적은 변동되지 않는 것으로 가정함

① A
② B
③ C
④ D

36 다음은 A ~ M은행의 2022년과 2023년의 매출액 및 영업이익을 비교 정리한 자료이다. 이에 대한 설명으로 옳은 것은?

〈은행별 매출액 및 영업이익〉

(단위 : 백만 원)

구분	전체 매출 순위		2023년		2022년	
	2023년	2022년	매출액	영업이익	매출액	영업이익
A은행	12	30	29,313,199	1,545,969	17,133,742	381,790
B은행	196	205	2,464,004	339,704	2,295,414	292,786
C은행	41	49	14,688,241	270,070	12,709,341	374,836
D은행	35	40	16,672,315	1,958,961	14,656,536	1,733,685
E은행	80	84	8,141,461	−1,948,376	6,549,092	44,020
F은행	33	36	16,992,875	1,491,949	15,397,591	1,473,910
G은행	29	32	17,826,443	1,168,411	16,346,500	1,159,449
H은행	19	22	23,556,006	1,574,204	20,450,040	1,351,586
I은행	16	18	25,923,541	−35,507	25,924,261	−1,102,292
J은행	308	275	1,499,130	267,892	1,621,639	260,634
K은행	185	170	2,778,583	426,609	2,968,890	418,814
L은행	46	42	13,051,317	208,696	13,873,438	−364,683
M은행	54	51	11,692,591	365,820	11,926,330	496,358

① 2022년 대비 2023년에 전체 매출 순위가 올라간 은행은 총 8곳이다.

② A은행을 제외하고 2022년 대비 2023년에 매출액이 가장 많이 오른 은행은 D은행이다.

③ 2023년에 영업이익이 마이너스인 은행 수는 2022년에 영업이익이 마이너스인 은행 수보다 많다.

④ A ~ M은행을 서로 비교할 때, C은행은 2022년 매출액의 순위와 영업이익의 순위가 같다.

37 다음 중 (가) ~ (라) 문단을 논리적 순서대로 바르게 나열한 것은?

> (가) 그렇다면 블록체인 기술은 어떻게 시스템 해킹 및 변조를 막을 수 있을까? 그 답은 블록체인의 이름에 있다. 블록체인 방식으로 거래를 하기 위해서는 먼저 네트워크에 포함된 모든 사람들이 똑같은 데이터를 가진 블록을 보유하고 있어야 한다. 새로운 거래가 생길 경우 네트워크에 포함된 모든 사람들은 블록을 서로 비교하여 현재의 정보에 변조가 없는지 확인하게 된다. 무결성이 확인되었다면 새로운 거래가 담긴 블록을 기존의 블록과 연결하여 서로 체인을 이루게 만든다. 이후 다른 거래가 생길 때마다 동일한 방식으로 네트워크 구성원 간 데이터를 비교하고, 새로운 블록을 쌓는 방식으로 진행된다.
>
> (나) 이처럼 블록체인 기술은 중앙은행의 중계 없이 사용자 간 직접 거래를 통해 해킹이나 변조에서 비교적 안전해지고, 거래자의 개인정보도 보호할 수 있다는 다양한 장점을 지녔다. 하지만 탈중앙화라는 특징으로 인해 범죄와 연관될 가능성이 높으며, 금융사고로 인한 손실을 복구하기도 어렵다. 또한 해싱으로 인해 개인정보를 보호할 수 있지만, 로그 등의 데이터 자체는 여전히 모든 이용자에게 공개되므로 지나친 투명성에 의한 단점도 생길 수 있다.
>
> (다) 데이터의 집합체인 블록에는 정보들이 해싱(Hashing)되어 저장된다. 해싱은 다양한 길이를 가진 데이터를 고정된 길이를 가진 데이터로 매핑하는 것으로, 블록에 저장되는 데이터는 16진수 숫자(1 ~ F)로 암호화된다. 해싱 이전의 데이터가 조금이라도 바뀔 경우 해싱 이후의 데이터가 크게 변하는 특징이 있으므로, 블록 간 데이터의 무결성을 비교할 때 해시 데이터(Hash Data)를 보고 쉽게 판독할 수 있다. 또한 해시값을 기존의 데이터로 복구하는 것이 불가능하다는 특징이 있어 투명하면서 개인정보 또한 보호할 수 있다.
>
> (라) 블록체인(Block Chain) 기술은 비트코인, 이더리움 등의 암호화폐나 대체 불가능 토큰(NFT; Non Fungible Token)의 핵심 기술이다. 블록체인이란 P2P(Peer to Peer) 네트워크를 통해서 관리되는 분산 데이터베이스로, 거래 정보를 중앙 서버 한 곳에 저장하는 것이 아니라 블록체인 네트워크에 연결된 여러 컴퓨터에 저장 및 보관하는 기술이다. 시스템을 해킹하거나 변조하는 것을 사실상 불가능하게 만드는 탈중앙화 방식으로 정보를 기록하는 디지털 장부라고 볼 수 있다.

① (다) - (나) - (가) - (라) ② (다) - (라) - (가) - (나)
③ (라) - (가) - (나) - (다) ④ (라) - (가) - (다) - (나)

38 다음 글의 주제로 가장 적절한 것은?

> 의식주는 사람이 생활하는 데 필수적인 3가지 요소이다. 이 3가지 요소는 경제 변동과 무관하게 항상 이루어져야 한다. 그러나 이 가운데 주는 필수 요소임에도 불구하고 우리나라에서 많은 자본이 필요하며, 경제 변동에 매우 민감하게 반영되곤 한다.
>
> 2021년 낮아진 금리로 인해 많은 사람들, 특히 사회초년생인 20 ~ 30대는 여러 곳으로부터 돈을 최대한 빌리는 이른바 '영끌'을 통해 집을 마련하였다. 낮은 금리로 인해 마땅히 투자를 할 곳이 없었기 때문에 부동산에 투자한 것일 수도 있지만, 대부분의 사회초년생들은 '렌트푸어'가 되느냐, '하우스푸어'가 되느냐의 양자택일에 놓였기 때문에 후자를 택했다.
>
> 렌트푸어란 급등하는 전셋값을 감당하기 위해 돈을 빌려, 이를 상환하는 데 소득의 대부분을 지출하여 여유 없이 사는 사람들을 의미한다. 반면 하우스푸어는 집을 구매하기 위해 돈을 빌려, 이를 상환하는 데 소득의 대부분을 지출하는 사람들이다. 비슷해 보이지만 렌트푸어는 집을 가지지 못해 가난하게 사는 사람이고, 하우스푸어는 집을 가져서 가난하게 사는 사람이다. 2030 청년들 입장에서는 전세를 구하기 위해 돈을 빌리나, 집을 사기 위해 돈을 빌리나 똑같이 많은 빚을 지게 되는 것이고, 당시에는 역전세 등 전셋값이나 매매값이나 큰 차이가 나지 않았으며 부동산 가격이 계속 상승세였던 데다 금리 또한 낮았기 때문에 영끌이라는 선택을 한 것이다.
>
> 그러나 최근 기준금리가 상승하면서 영끌을 했던 2030 청년들은 그야말로 공포에 떨고 있다. 많은 돈을 빌려 산 집의 가격은 떨어지고 있으며, 금리인상으로 인해 은행에 지불하는 이자는 천정부지로 뛰었기 때문이다. 집을 팔자니 이미 수억의 손해를 보았으며, 가만히 놔두자니 늘어난 이자가 거대한 부담으로 다가오고 있다. 이로 인해 청년 부채는 지속적으로 증가하고 있으며, 경제 주체로서 자산을 형성하는 데 큰 어려움을 겪고 있다.

① 사회초년생의 자산현황
② 부동산 시장의 변동 원인
③ 사람이 생활하는 데 필요한 필수적인 요소
④ 2030 '영끌'의 이유

39 S씨가 결혼 전 모은 현금의 40%를 배우자와 공동자산으로 합쳐 총 3억 원을 마련했다고 한다. S씨의 공동자산 축적 기여도가 48%일 때, S씨가 결혼 전 모은 현금은?

① 3억 2천만 원   ② 3억 6천만 원
③ 4억 원   ④ 4억 4천만 원

40 어떤 모형을 만드는 데 서로 다른 부품이 10개 필요하고, 작년에 이 중 A부품 1개의 가격이 전체 부품값의 15%였다. 올해에 모든 부품값이 10,000원씩 상승하여 A부품 1개 가격이 전체 부품값의 14.5%가 될 때, 올해 모형을 만드는 데 필요한 모든 부품값은?(단, 서로 다른 10개 부품 모두 1개씩 필요하다)

① 1,200,000원   ② 1,100,000원
③ 1,000,000원   ④ 900,000원

41 다음 기사를 읽고 이해한 내용으로 적절하지 않은 것은?

> KB국민은행은 고금리 및 경기둔화로 어려움을 겪고 있는 취약차주에 대한 상생금융과 기업의 사회적 책임 실천을 위해 'KB국민희망대출'을 출시한다고 밝혔다.
>
> KB국민희망대출은 제2금융권 신용대출을 낮은 금리의 은행권 대출로 전환해주는 대환 대출 상품이다. 은행 대출이 어려웠던 중저신용 차주들은 KB국민희망대출을 통한 은행권 진입으로 이자비용은 경감하고 개인의 신용도는 개선할 수 있게 되었다.
>
> 대상 고객은 제2금융권 신용대출을 보유한 근로소득자로, KB국민은행 고객뿐만 아니라 타행 거래 고객도 신청 가능하다. KB국민은행은 5천억 원 규모로 대출을 지원할 방침이다.
>
> KB국민은행은 최대한 많은 금융소비자들이 KB국민희망대출의 혜택을 누릴 수 있도록 대상 요건을 대폭 완화했다. 자체 내부평가모델을 활용해 일반적으로 은행권 대출이 어려운 다중채무자 등 중저신용 차주들도 이용할 수 있게 했다.
>
> 차주의 재직기간 및 소득 요건도 최소화했다. 재직기간의 경우 사회초년생 고객을 고려해 1년 이상 재직 시 대출 신청이 가능하도록 했다. 소득 요건도 크게 낮춰 2023년 최저임금수준을 고려한 연소득 2천 4백만 원 이상으로 결정했다.
>
> 대출금리는 고객의 실질적인 이자부담 경감 효과를 위해 최고금리를 연 10% 미만으로 제한하여 운영한다. 이는 대출 이후에도 적용되어, 상환기간 중 기준금리(금융채 12개월물)가 상승하더라도 연 10% 미만의 금리로 대출을 이용할 수 있다.
>
> 대출한도 산정에 있어서도 큰 폭의 변화를 주었다. 일반적으로 여러 금융기관의 대출을 보유한 다중채무자의 경우 대출한도가 부여되기 어려우나 KB국민희망대출은 다중채무자라 하더라도 별도의 감액이나 거절 기준 없이 신용등급에 따라 최대 1억 원까지 한도를 부여한다. 최종 대출금액은 고객이 현재 보유한 제2금융권 신용대출의 상환금액이며, 고객별 금융기관 대출잔액 및 소득금액에 따른 DSR 범위 내에서 대환이 가능하다.
>
> 대출상환은 분할상환 방식으로 이뤄지며 원금균등분할상환과 원리금균등분할상환 중 선택이 가능하다. 대부분의 제2금융권 신용대출이 5년 이내 분할상환으로 운영되고 있으나, KB국민은행은 상환기간을 최장 10년까지 확대하여 고객의 선택권을 강화했다.

① 여러 금융사로부터 중복해서 돈을 빌렸어도 KB국민희망대출을 이용할 수 있다.

② KB국민희망대출은 대출 이후에도 상환기간 중 금리가 연 10% 미만으로 적용된다.

③ KB국민희망대출을 통해 자금을 빌릴 경우, 대출원금은 만기일에 일시상환한다.

④ 같은 이자율과 같은 금액으로 대출했더라도 KB국민희망대출은 제2금융권 신용대출에 비해 월 상환부담금을 낮출 수 있다.

42 다음은 KB청년도약계좌의 상품설명서이다. 이에 대한 내용으로 적절하지 않은 것은?

〈KB청년도약계좌〉

구분	내용
가입대상	국내 거주자로서 다음 각호의 요건을 모두 충족하는 실명의 개인 ① 나이요건 : 가입일 현재 만 19세 이상 만 34세 이하인 사람(국내 거주 외국인 포함) ② 개인소득요건 : 가입일 현재 다음 각 목 중 하나의 개인소득기준을 충족하는 사람 　가. 직전 과세기간의 총급여액이 7,500만 원 이하 　나. 직전 과세기간의 종합소득금액이 6,300만 원 이하
가입제한	• 전 금융기관 1인 1계좌 • 청년희망적금 보유자 가입 불가(청년희망적금 해지 전 가입신청은 가능) • 개인사업자 및 서류 미제출 임의단체 가입 불가, 공동명의 불가 • 외국인의 경우 실명확인증표는 외국인등록증만 사용 가능
상품유형	자유적립식 예금
계약기간	60개월
저축금액	회차별 최소 1천 원 이상, 1천 원 단위로 매월(월 초일부터 말일까지) 70만 원 이하
최종금리	• 기본금리 : 연 4.5% • 우대금리 : 최고 연 1.5%p 　− 급여이체 : 연 0.6%p 　− 자동납부 : 연 0.3%p 　− 거래감사 : 연 0.1%p 　− 소득플러스 : 최고 연 0.5%p(1년 주기로 소득요건을 확인하여 충족할 경우 0.1%p씩 증가)
이자지급시기	만기일시지급식 : 만기 (후) 또는 중도해지 요청 시 이자를 지급
정부기여금	• 정부기여금은 만기해지 시 이자소득과 함께 지급(단, 외국인에게는 정부기여금 미지급) • 유의사항 ① 정부기여금은 서민금융진흥원이 정부예산으로 지급하는 지원금으로 정책 및 관련 법률 등이 변경될 경우 지급이 중단될 수 있음 ② 정부기여금의 이자는 서민금융진흥원이 은행에 입금한 날부터 만기일 전일까지의 기간 동안 기본이율을 적용하여 계산함 ③ 중도해지 시 정부기여금을 지급하지 않으며, 중도해지 후 재가입하는 경우 정부 정책 등에 따라 받을 수 있는 정부기여금의 규모가 축소될 수 있음 ④ 계약기간 동안 추심, 상계 등으로 가입자가 본인 납입금을 수령할 수 없는 경우 정부기여금을 지급하지 않음 ⑤ 가입자에게 지급하는 정부기여금이 공공재정 부정청구 금지 및 부정이익 환수 등에 관한 법률에 따른 부정이익으로 확인되는 경우에는 같은 법에 따라 부정이익 환수 등의 제재를 받을 수 있음

① 중도해지 후 재가입을 한 경우 정부기여금을 지급받을 수 없다.

② 저축 가능한 최고 금액은 4,200만 원이다.

③ KB청년도약계좌는 국내 외국인 거주자도 가입할 수 있다.

④ KB청년도약계좌에 가입 후 다른 은행의 청년도약계좌를 가입할 수 없다.

43 A~D고객은 KB직장인든든 신용대출 상품을 통해 대출을 받고자 상담을 받았다. 다음 상품설명과 A~D고객에 대한 조건을 바탕으로 각각의 대출한도 및 최종금리를 바르게 짝지은 것은?(단, A ~D고객 모두 대출한도 및 금리에 대한 불이익은 없다)

<KB직장인든든 신용대출>

구분	내용
상품특징	직장인이라면 신청 가능
대출신청자격	재직기간 3개월 이상의 당행 선정 우량 직장인 및 재직기간 6개월 이상의 일반 직장인 ※ 최종합격자를 포함한 정규직 공무원, 중사 이상의 군인, 교사는 재직기간에 관계없이 자격 부여
대출금액	최대 3억 원 이내(단, 재직기간 1년 미만의 사회초년생은 최대 5천만 원 이내로 제한) − 종합통장자동대출은 최대 1억 원 이내로 제한 − 금융소외계층(최근 2년 이내 신용카드 실적 및 최근 3년 이내 대출실적이 없는 고객)은 최대 3백만 원 이내의 기본한도 제공

(기준일 : 2022.08.28)

기준금리		가산금리	우대금리	최저금리	최고금리
CD 91일물	연 3.69%	연 2.36%p	최고 연 0.9%p	연 5.15%	연 6.05%
금융채 6개월	연 3.80%	연 2.34%p	최고 연 0.9%p	연 5.24%	연 6.14%
금융채 12개월	연 3.88%	연 2.29%p	최고 연 0.9%p	연 5.27%	연 6.17%

※ 기준금리 : 금융채 금리는 금융투자협회가 고시하는 「AAA등급 금융채 유통수익률」로 전주 최종영업일 전 영업일 종가 적용

※ 가산금리 : 신용등급, 대출기간 등에 따라 차등 적용(대출기간 2년 미만, 신용등급 3등급 기준)

※ 우대금리 : 최고 연 0.9%p
각 항목의 우대조건 충족 여부에 따라 대출신규 3개월 이후 매월 재산정 후 적용
① KB신용카드 이용실적 우대 : 최고 연 0.3%p
 − 결제계좌를 KB국민은행으로 지정하고, 최근 3개월간 KB신용카드 이용실적이 있는 경우

KB신용카드 이용실적	우대금리
30만 원 이상 60만 원 미만	연 0.1%p
60만 원 이상 90만 원 미만	연 0.2%p
90만 원 이상	연 0.3%p

② 급여(연금) 이체 관련 실적 우대 : 연 0.3%p
 − 전월 말 기준 최근 3개월간 2회 이상 본인 계좌로 급여(연금) 이체(단, 건별 50만 원 이상)
③ 적립식 예금 잔액 30만 원 이상의 계좌 보유 : 연 0.1%p
④ 자동이체 3건 이상 실적 우대 : 연 0.1%p
 − 신규 3건, 재산정 시 2건 이상의 자동이체 출금실적
⑤ KB스타뱅킹 이용 우대 : 연 0.1%p
※ 적용금리 : (기준금리)+(가산금리)−(우대금리)

구분	조건
A고객	• 재직기간 2개월 초임 교사 • 적용 기준금리 : CD 91일물 • 당행 이용실적 　– 최근 3개월간 KB신용카드 50만 원 이용내역 확인(결제계좌 : KB국민은행) 　– 잔액 100만 원 이상의 적립식 예금 계좌 보유
B고객	• 무직 • 적용 기준금리 : 금융채 6개월 • 당행 이용실적 　– 최근 3개월간 KB신용카드 100만 원 이용내역 확인(결제계좌 : KB국민은행) 　– KB스타뱅킹 이용
C고객	• 재직기간 9개월 사무직 • 적용 기준금리 : CD 91일물 • 당행 이용실적 　– 최근 3개월간 KB신용카드 80만 원 이용내역 확인(결제계좌 : KB국민은행) 　– 전월 말 기준 최근 3개월 이상 당행 본인 계좌로 월 200만 원 급여 입금내역 확인 　– 잔액 50만 원 이상의 적립식 예금 계좌 보유
D고객	• 재직기간 5년 사무직 • 적용 기준금리 : 금융채 12개월 • 당행 이용실적 　– 최근 3개월간 KB신용카드 120만 원 이용내역 확인(결제계좌 : KB국민은행) 　– 전월 말 기준 최근 1년 이상 당행 본인 계좌로 월 280만 원 급여 입금내역 확인 　– 잔액 1,300만 원 이상의 적립식 예금 계좌 보유 　– KB스타뱅킹 이용

※ A ~ D고객 모두 대출기간은 1년, 신용등급은 3등급임
※ 가산금리는 2022년 8월 28일 기준 최대치로 계산함

	대출한도	최종금리
① A고객	1억 원	5.75%
② B고객	5천만 원	5.89%
③ C고객	5천만 원	5.45%
④ D고객	3억 원	6.17%

44 다음은 10개 도시의 2022년 6월 및 12월의 부동산 전세 가격지수 동향에 대한 자료이다. 2022년 6월 대비 12월 부동산 전세 가격지수의 증가량이 가장 적은 도시의 증감률은?

〈2022년 10개 도시 부동산 전세 가격지수 동향〉

구분	6월	12월	구분	6월	12월
A도시	90.2	95.4	F도시	98.7	98.8
B도시	92.6	91.2	G도시	100.3	99.7
C도시	98.1	99.2	H도시	92.5	97.2
D도시	94.7	92.0	I도시	96.5	98.3
E도시	95.1	98.7	J도시	99.8	101.5

① 약 −2.9%
② 약 −1.5%
③ 약 1%
④ 약 5.8%

45 20대 남녀, 30대 남녀, 40대 남녀 6명이 K금융상품 설명회에 참석하기 위해 K금융그룹의 대강당을 찾았다. 다음 〈조건〉에 따라 지정된 자리에 앉았다고 할 때, 항상 참인 것은?

> **조건**
> - 양 끝자리에는 다른 성별이 앉는다.
> - 40대 남성은 왼쪽에서 두 번째 자리에 앉는다.
> - 30대 남녀는 서로 인접하여 앉지 않는다.
> - 30대와 40대는 인접하여 앉지 않는다.
> - 30대 남성은 맨 오른쪽 끝자리에 앉는다.

〈대강당 좌석〉

① 20대 남녀는 왼쪽에서 첫 번째 자리에 앉을 수 없다.
② 20대 남성은 40대 여성과 인접하여 앉는다.
③ 30대 남성은 20대 여성과 인접하여 앉지 않는다.
④ 40대 남녀는 서로 인접하여 앉지 않는다.

| NH농협은행 6급

01 다음 글을 읽고 추론한 내용으로 적절하지 않은 것은?

커피 찌꺼기를 일컫는 커피박이라는 단어는 우리에게 생소한 편이다. 하지만 외국에서는 커피 웨이스트(Coffee Waste), 커피 그라운드(Coffee Ground) 등 다양한 이름으로 불린다. 커피박은 커피원두로부터 액을 추출한 후 남은 찌꺼기를 말하는데 이는 유기물뿐만 아니라 섬유소, 리그닌, 카페인 등 다양한 물질을 풍부하게 함유하고 있어 재활용 가치가 높은 유기물 자원으로 평가받고 있다. 특히 우리나라는 높은 커피 소비국으로 2007년부터 2010년까지의 관세청 자료에 의하면 매년 지속적으로 커피원두 및 생두 수입이 지속적으로 증가한 것으로 나타났다. 1인당 연간 커피 소비량은 2019년 기준 평균 328잔 정도에 달하며 커피 한 잔에 사용되는 커피콩은 0.2%, 나머지는 99.8%로 커피박이 되어 생활폐기물 혹은 매립지에서 소각처리된다.

이렇게 커피 소비량이 증가하고 있는 가운데 커피를 마시고 난 후 생기는 부산물인 커피박도 연평균 12만 톤 이상 발생하고 있는 것으로 알려져 있다. 이렇듯 막대한 양의 커피박은 폐기물로 분류되며 폐기처리만 해도 큰 비용이 발생된다.

따라서 우리나라와 같이 농업분야의 유기성 자원이 절대적으로 부족한 곳에서는 비료 원자재 대부분을 수입산에 의존하고 있는데, 원재료 매입비용이 적은 반면 부가가치를 창출할 수 있는 수익성이 매우 높은 재료로 고가로 수입된 커피박 자원을 재활용할 수 있다면 자원절감과 비용절감 두 마리 토끼를 잡을 수 있을 것으로 기대된다.

또한 커피박은 부재료 선택에 신경을 쓴다면 분명 더 나은 품질의 퇴비가 될 수 있다고 전문가들은 지적한다. 그 가운데 톱밥, 볏짚, 버섯폐배지, 한약재 찌꺼기, 쌀겨, 스테비아분말, 채종유박, 깻묵 등의 부재료 화학성 pH는 $4.9 \sim 6.4$, 총탄소 $4 \sim 54\%$, 총질소 $0.08 \sim 10.4\%$, 탈질률 $7.8 \sim 680$으로 매우 다양했다. 그중에서 한약재 찌꺼기의 질소 함량이 가장 높았고, 유기물 함량은 톱밥이 가장 높았다.

유기물 퇴비를 만들기 위한 조건은 수분 함량, 공기, 탄질비, 온도 등이 중요하다. 흔히 유기퇴비의 원료로는 농가에서 쉽게 찾아볼 수 있는 볏짚, 나무껍질, 깻묵, 쌀겨 등이 있다. 그밖에 낙엽이나 산야초를 베어 퇴비를 만들어도 되지만 일손과 노동력이 다소 소모된다는 단점이 있다. 무엇보다 양질의 퇴비를 만들기 위해서는 재료로 사용되는 자재가 지닌 기본적인 탄소와 질소의 비율이 중요한데 탄질률은 $20 \sim 30 : 1$인 것이 가장 이상적이다. 농촌진흥청 관계자는 이에 대해 "탄질률은 퇴비의 분해 속도와 관련이 있어 지나치게 질소가 많거나 탄소성분이 많을 경우 양질의 퇴비를 얻을 수 없다. 또한 퇴비재료에 미생물이 첨가되면서 자연 분해되면 열이 발생하는데 이는 유해 미생물을 죽일 수 있어 양질의 퇴비를 얻기 위해서는 퇴비 더미의 온도를 50℃ 이상으로 유지하는 것이 바람직하다."고 밝혔다.

① 커피박을 이용하여 유기농 비료를 만드는 것은 환경 보호뿐만 아니라 경제적으로도 이득이다.

② 커피박과 함께 비료에 들어갈 부재료를 고를 때에는 질소나 유기물이 얼마나 들어있는지가 중요한 기준이다.

③ 비료에서 중요한 성분인 질소가 많이 함유되어 있을수록 좋은 비료라고 할 수 있다.

④ 퇴비 재료에 있는 유해 미생물은 50℃ 이상의 고온을 통해 없앨 수 있다.

⑤ 커피박을 이용하여 유기 비료를 만들 때, 질소 보충이 필요하다면 한약재 찌꺼기를 첨가하는 것이 좋다.

| NH농협은행 6급

02 N은행은 최근 열린 금융 세미나에 참여해 보이스피싱을 주제로 대화를 나누었다. 다음 중 B, C의 주장을 가장 적절하게 분석한 것은?

> A : 최근 보이스피싱 범죄가 모든 금융권으로 확산되면서 피해액이 늘어나고 있습니다. 이에 금융당국이 은행에도 일부 보상 책임을 지게 하는 방안을 검토하는 것으로 알려지고 있습니다. 이에 대해 어떻게 생각하십니까?
>
> B : 개인들이 자신의 정보를 잘못 관리한 책임까지 은행에서 진다는 것은 문제가 있습니다. 도와드릴 수 있다면 좋겠지만, 은행 입장에서도 한계가 있는 부분이 있어 안타까울 뿐입니다.
>
> C : 소비자들이 자신의 개인 정보 관리에 다소 부주의함이 있다는 것은 인정합니다. 그러나 개인의 부주의를 이야기하는 것보다는 정부가 근본적인 해결책을 모색하는 것이 더욱 시급합니다.

① B와 달리, C는 보이스피싱 피해에 대한 책임을 소비자에게만 전가해서는 안 된다고 생각한다.

② B와 C는 보이스피싱 범죄로 인한 피해를 방지하기 위해 은행에서 노력하고 있다고 생각한다.

③ B는 보이스피싱 범죄를 근본적으로 해결하기 위해 은행의 역할을, C는 정부의 역할을 강조한다.

④ B와 C는 보이스피싱 범죄의 확산을 막기 위해서는 제도적인 방안이 보완되어야 한다고 이야기하고 있다.

⑤ B와 C는 보이스피싱 범죄의 확산에 대한 일차적 책임이 은행과 정부에 있다고 생각한다.

03 다음 환율에 대한 기사를 읽고 추론한 내용으로 가장 적절한 것은?

세계화 시대에는 국가 간 교류가 활발하여 우리 국민들이 외국으로 여행을 가기도 하고 외국인들도 한국으로 여행을 많이 온다. 또한 외국으로부터 경제활동에 필요한 원자재는 물론이고 자동차나 의약품 등 다양한 상품을 수입하기도 한다. 이처럼 외국상품을 구입하거나 외국 여행을 할 때는 물론이고 해외 투자를 할 때도 외국 돈, 즉 외화가 필요하다.

이러한 외화를 살 때 지불하는 원화의 가격을 환율이라 하며, 달러당 환율이 1,000원이라는 것은 1달러를 살 때 지불하는 가격이 1,000원이라는 것이고 유로(Euro) 환율이 1,300원이라는 것은 1유로의 가격이 1,300원이라는 것을 의미한다. 외화를 외국 상품과 같은 의미로 이해하면 환율은 다른 상품의 가격처럼 외국돈 한 단위의 가격으로 이해할 수 있다. 100달러를 환전하는 것, 즉 100달러를 구입하는 것은 개당 1,000원인 상품을 100개 구입하는 것과 같은 것으로 생각할 수 있는 것이다.

환율을 표시할 때는 외국돈 1단위당 원화의 금액으로 표시한다. 따라서 환율의 단위는 원/$, 원/€와 같은 것이 된다(예 1,000원/$, 1,300원/€). 수입품과 수출품의 가격은 이러한 환율의 단위를 고려하면 쉽게 계산할 수 있다. 국산품의 수출가격은 국내가격을 환율로 나누어서 구할 수 있고 반대로 수입상품의 수입가격은 국제가격에 환율을 곱해서 구할 수 있다.

> • 환율이 1,000원/$일 때 국내 시장에서 가격이 1만 원인 상품의 수출가격
> − 수출가격(달러)=국내가격/환율=10,000원/(1,000원/$)=$10
> • 환율이 1,000원/$일 때 국제 시장에서 가격이 $100인 상품의 수입가격
> − 수입가격(원)=국제가격×환율=$100×(1,000원/$)=100,000원

앞에서 외화를 마치 상품처럼 이해한다고 하였는데 상품의 가격이 수요와 공급에 의해서 변동하는 것처럼 외화의 가격인 환율도 외환시장의 수요와 공급에 의해서 결정된다. 수출이 늘어나거나 외국인들의 한국여행 그리고 외국인 투자가 늘어나면 외화 공급이 증가하기 때문에 환율이 떨어진다. 상품 가격이 하락하면 화폐 가치가 올라가는 것처럼 환율이 하락하면 외국돈에 비해서 우리 돈의 가치가 올라간다고 할 수 있다.

반면에 한국의 수입증가, 국민들의 외국 여행 증가 그리고 자본의 유출이 일어나면 외화 수요가 증가하기 때문에 환율이 올라간다. 상품의 가격이 올라가면 화폐가치가 떨어지는 것처럼 환율이 상승한다는 것은 화폐, 즉 우리 돈의 가치가 떨어진다는 것을 의미한다. 이처럼 환율이 상승하면 원화 가치가 하락하고 반대로 환율이 하락하면 원화 가치가 올라간다고 생각할 수 있다. 환율 상승을 '원화 약세'라고 하고 환율 하락을 '원화 강세'라고 이해하면 편하다.

① 환율이 하락하는 원인으로는 수입 증가를 볼 수 있겠어.
② 환율이 상승하면 국산품의 수출가격은 하락하겠구나.
③ 중국인 관광객들이 우리나라에 많이 여행 온다면 환율이 상승하겠네.
④ 환율이 하락하면 수입품의 수입가격은 상승하겠구나.
⑤ 외화를 많이 보유할수록 우리 돈의 가치가 하락한다고 볼 수 있겠군.

04 다음 글의 내용으로 적절하지 않은 것은?

> 주식회사는 오늘날 회사 기업의 전형이라고 할 수 있다. 이는 주식회사가 다른 유형의 회사보다 뛰어난 자본 조달력을 가지고 있기 때문인데, 주식회사의 자본 조달은 자본금, 주식, 유한책임이라는 주식회사의 본질적 요소와 관련된다.
>
> 주식회사의 자본금은 회사 설립의 기초가 되는 것으로, 주식 발행을 통해 조성된다. 현행 상법에서는 주식회사를 설립할 때 최저 자본금에 대한 제한을 두지 않고 있으며, 자본금을 정관*의 기재사항으로도 규정하지 않고 있다. 대신 수권주식총수를 정관에 기재하게 하여 자본금의 최대한도를 표시하도록 하고 있다. 수권주식총수란 회사가 발행할 주식총수로, 수권주식총수를 통해 자본금의 최대한도인 수권자본금을 알 수 있다. 주식회사를 설립할 때는 수권주식총수 중 일부의 주식만을 발행해도 되는데, 발행하는 주식은 모두 인수되어야 한다. 여기서 주식을 인수한다는 것은 출자자를 누구로 하는지, 그 출자자가 인수하려는 주식이 몇 주인지를 확정하는 것을 말한다. 회사가 발행하는 주식을 출자자가 인수하고 해당 금액을 납입하면, 그 금액의 총합이 바로 주식회사의 자본금이 된다. 회사가 수권주식총수 가운데 아직 발행하지 않은 주식은 추후 이사회의 결의만으로 발행할 수 있는데, 이는 주식회사가 필요에 따라 자본금을 쉽게 조달할 수 있도록 하기 위한 것이다.
>
> 주식은 자본금을 구성하는 단위로, 주식회사는 주식 발행을 통해 다수의 사람들로부터 대량의 자금을 끌어 모을 수 있다. 주식은 주식시장에서 자유롭게 양도되는데, 1주의 액면주식은 둘 이상으로 나뉘어 타인에게 양도될 수 없다. 주식회사가 액면가액을 표시한 액면주식을 발행할 때, 액면주식은 그 금액이 균일하여야 하며 1주의 금액은 100원 이상이어야 한다. 주식회사가 발행한 액면주식의 총액은 주식회사 설립 시에 출자자가 주식을 인수하여 납입한 금액의 총합과 같다.
>
> * 정관 : 회사를 운영하기 위한 규칙을 마련하여 기록한 문서

① 주식회사는 주식 발행을 통해 다른 회사보다 쉽게 자본을 조달할 수 있다.

② 어떤 회사의 자본금의 최대한도를 알기 위해선 수권주식총수를 알아야 한다.

③ 주식을 인수하기 위해서는 출자자와 인수하고자 하는 주식 수를 알아야 한다.

④ 수권주식총수 중 아직 발행하지 않은 주식은 주주총회의 결의만으로 발행할 수 있다.

⑤ 주식은 주식시장을 통해 양도가 가능하다.

05 다음은 NH농협의 EQ(Easy&Quick)론에 대한 설명이다. L씨가 다음과 같은 〈조건〉으로 대출을 했을 경우, 맨 첫 달에 지불해야 하는 월 상환액은?(단, 소수점은 버림한다)

〈NH EQ(Easy&Quick)론〉

- 상품특징 : NH농협 [은행 – 캐피탈] 간 협약상품으로 쉽고 간편하게 최고 1,000만 원까지 이용 가능한 개인 소액대출 전용상품
- 대출대상 : CSS 심사대상자로 NH농협캐피탈의 보증서가 발급되는 개인
- 대출기간 : 4개월 이상 1년 이내로 거치기간 없음(다만, 원리금 상환을 위하여 자동이체일과 상환기일을 일치시키는 경우에 한하여 최장 13개월 이내에서 대출기간 지정 가능)
- 대출한도 : 300만 원 이상 1,000만 원 이내
- 대출금리 : 신용등급에 따라 차등적용

구분	1등급	2등급	3등급	4등급	5등급	6등급
기준금리	5.69%	6.39%	7.09%	7.78%	8.46%	8.99%

- 중도상환 : 수수료 없음

조건

- 대출금액 : 5백만 원
- 신용등급 : 6등급
- 대출환급방법 : 만기일시상환
- 대출기간 : 6개월

① 33,264원 ② 34,581원
③ 35,362원 ④ 36,442원
⑤ 37,458원

06 다음은 연도별 국내은행 대출 현황을 나타낸 자료이다. 이에 대한 설명으로 적절하지 않은 것은?

〈연도별 국내은행 대출 현황〉

(단위 : 조 원)

구분	2013년	2014년	2015년	2016년	2017년	2018년	2019년	2020년	2021년
가계대출	437.1	447.5	459.0	496.4	535.7	583.6	620.0	647.6	655.7
주택담보대출	279.7	300.9	309.3	343.7	382.6	411.5	437.2	448.0	460.1
기업대출	432.7	449.2	462.0	490.1	537.6	546.4	568.4	587.3	610.4
부동산담보대출	156.7	170.9	192.7	211.7	232.8	255.4	284.4	302.4	341.2

※ (은행대출)=(가계대출)+(기업대출)

① 2017년 대비 2021년 부동산담보대출 증가율이 가계대출 증가율보다 높다.

② 주택담보대출이 세 번째로 높은 연도에서 부동산담보대출이 기업대출의 50% 이상이다.

③ 2018 ~ 2021년 동안 가계대출의 전년 대비 증가액은 기업대출보다 매년 높다.

④ 2015년 은행대출은 2018년 은행대출의 80% 이상 차지한다.

⑤ 2014 ~ 2021년 동안 전년 대비 주택담보대출이 가장 많이 증가한 해는 2017년이다.

※ 다음은 N은행 고객 기록에 대한 자료이다. 이어지는 질문에 답하시오. [7~8]

<기록 체계>

고객구분	업무	업무내용	접수창구
ㄱ	X	a	01

고객구분		업무		업무내용		접수창구	
ㄱ	개인고객	X	수신계	a	예금	01	1번 창구
				b	적금	02	2번 창구
ㄴ	기업고객			A	대출상담	03	3번 창구
		Y	대부계	B	대출신청	04	4번 창구
ㄷ	VIP고객			C	대출완료	05	5번 창구
						00	VIP실

※ 업무내용은 대문자·소문자끼리만 복수선택이 가능함
※ 개인·기업 고객은 일반창구에서, VIP고객은 VIP실에서 업무를 봄
※ 수신계는 a, b의 업무만, 대부계는 A, B, C의 업무만 볼 수 있음

<기록 현황>

ㄱXa10	ㄴYA05	ㄴYB03	ㄱXa01	ㄱYB03
ㄱXab02	ㄷYC00	ㄴYA01	ㄴYA05	ㄴYAB03
ㄱYAB00	ㄱYaA04	ㄱXb02	ㄷYB0	ㄱXa04

07 N은행을 방문한 K기업 대표인 VIP고객이 대출신청을 하였다면, 기록 현황에 기재할 내용으로 가장 적절한 것은?

① ㄴXB00
② ㄴYB00
③ ㄷXB00
④ ㄷYA00
⑤ ㄷYB00

08 기록 현황에 순서대로 나열되어 있지 않은 'A', 'B', 'Y', 'ㄴ', '04' 메모가 발견되었다. 이 기록 내용으로 가장 적절한 것은?

① 예금과 적금 업무로 수신계 4번 창구를 방문한 기업고객
② 예금과 적금 업무로 대부계 4번 창구를 방문한 기업고객
③ 대출 업무로 대부계 4번 창구를 방문한 기업고객
④ 대출상담 및 신청 업무로 대부계 4번 창구를 방문한 기업고객
⑤ 대출상담 및 신청 업무로 수신계 4번 창구를 방문한 기업고객

09 다음 프로그램의 실행 결과로 적절한 것은?

```
public class test {
public static void main(String[ ] args) {
int i, sum=0;
for (i=1; i<=110; i++) {
if(i%4==0)
sum=sum+1;
}
System.out.printf("%d", sum);
}
}
```

① 25

② 26

③ 27

④ 28

⑤ 29

10 다음 글을 읽고 제시할 수 있는 질문으로 가장 적절한 것은?

인간의 신경 조직을 수학적으로 모델링하여 컴퓨터가 인간처럼 기억·학습·판단할 수 있도록 구현한 것이 인공 신경망 기술이다. 신경 조직의 기본 단위는 뉴런인데, 인공 신경망에서는 뉴런의 기능을 수학적으로 모델링한 퍼셉트론을 기본 단위로 사용한다.

퍼셉트론은 입력값들을 받아들이는 여러 개의 입력 단자와 이 값을 처리하는 부분, 처리된 값을 내보내는 한 개의 출력 단자로 구성되어 있다. 퍼셉트론은 각각의 입력 단자에 할당된 가중치를 입력값에 곱한 값들을 모두 합하여 가중합을 구한 후, 고정된 임계치보다 가중합이 작으면 0, 그렇지 않으면 1과 같은 방식으로 출력값을 내보낸다.

이러한 퍼셉트론은 출력값에 따라 두 가지로만 구분하여 입력값들을 판정할 수 있을 뿐이다. 이에 비해 복잡한 판정을 할 수 있는 인공 신경망은 다수의 퍼셉트론을 여러 계층으로 배열하여 한 계층에서 출력된 신호가 다음 계층에 있는 모든 퍼셉트론의 입력 단자에 입력값으로 입력되는 구조로 이루어진다. 이러한 인공 신경망에서 가장 처음에 입력값을 받아들이는 퍼셉트론들을 입력층, 가장 마지막에 있는 퍼셉트론들을 출력층이라고 한다.

어떤 사진 속 물체의 색깔과 형태로부터 그 물체가 사과인지 아닌지를 구별할 수 있도록 인공 신경망을 학습시키는 경우를 생각해 보자. 먼저 학습을 위한 입력값들 즉 학습 데이터를 만들어야 한다. 학습 데이터를 만들기 위해서는 사과 사진을 준비하고 사진에 나타난 특징인 색깔과 형태를 수치화해야 한다. 이 경우 색깔과 형태라는 두 범주를 수치화하여 하나의 학습 데이터로 묶은 다음, '정답'에 해당하는 값과 함께 학습 데이터를 인공 신경망에 제공한다. 이때 같은 범주에 속하는 입력값은 동일한 입력 단자를 통해 들어가도록 해야 한다. 그리고 사과 사진에 대한 학습 데이터를 만들 때에 정답인 '사과이다'에 해당하는 값을 '1'로 설정하였다면 출력값 '0'은 '사과가 아니다.'를 의미하게 된다.

① 인공 신경망 기술에서 뉴런에 대응될 수 있는 기본 단위는 무엇일까?
② 퍼셉트론이 출력값을 도출하는 방법은 무엇일까?
③ 퍼셉트론은 0과 1의 출력값만을 도출할 수 있음에도 인공 신경망은 복잡한 판단을 할 수 있을까?
④ 앞으로 인공 신경망을 활용할 수 있는 분야는 어떤 것들이 있을까?

11 다음은 부동산금융사업과 관련한 리츠에 대한 자료이다. 〈보기〉 중 자료의 (가) ~ (다)에 들어갈 내용으로 적절하지 않은 것은?

• (가)

리츠(REITs; Real Estate Investment Trusts)란 주식 또는 증권을 발행해 다수의 투자자로부터 자금을 모집하고, 이를 부동산에 투자하여 얻은 운용수익을 투자자에게 90% 이상 배당하는 부동산투자회사를 말한다. 리츠는 1960년 미국에서의 최초 도입을 시작으로 2000년 이후 유럽 및 아시아로 급속히 확산되었다. 우리나라는 1997년 외환위기 이후 기업들의 보유 부동산 유동화를 통한 기업구조조정을 촉진하고, 일반 국민에게 부동산에 대한 간접투자 기회를 제공하기 위해 2001년 부동산투자회사법 제정과 함께 도입되었다.

• (나)

- 공개시장에서 리츠 관련 정보가 투자자에게 용이하게 접근 가능하도록 유통됨으로써 부동산 시장의 투명성 제고
- 주식 매입을 통해 부동산에 간접 투자한 경우 부동산 직접 관리에 따른 관리비용 부담 감소
- 여러 종류의 부동산에 투자함으로써 단일 부동산에 내재되어 있는 위험을 희석할 수 있으며 분산투자 가능
- 리츠 주식은 상장되어 거래되므로 자본조달이 용이하며 또한 투자 원금의 회수 기회를 신속히 제공받을 수 있음

• (다)

- 자기관리 리츠 : 부동산 투자를 전문으로 하는 영속적인 상법상의 주식회사로서, 자산운용 전문인력을 포함한 임직원을 상근으로 두고 자산의 투자·운용을 직접 수행하는 실체회사
- 위탁관리 리츠 : 자산의 투자·운용을 자산관리회사(AMC)에 위탁하는 회사로서, 상근 임직원이 필요 없는 서류상 회사
- 기업 구조조정 리츠 : 구조조정용 부동산 투자를 전문적으로 하는 서류상 회사로, 위탁관리 리츠와 마찬가지로 자산의 투자·운용을 자산관리회사(AMC)에 위탁하는 회사

구분	자기관리 리츠	위탁관리 리츠	기업 구조조정 리츠
영업 개시	국토교통부 영업인가		
투자 대상	일반 부동산, 개발 사업		기업 구조조정 부동산
회사 형태	실체회사(상근 임직원)	명목회사(상근 없음)	
최저 자본금	70억 원	50억 원	

보기

ㄱ. 리츠의 도입 배경　　　　　　ㄴ. 리츠의 정의
ㄷ. 리츠의 장·단점　　　　　　ㄹ. 리츠 유형 비교

① ㄱ　　　　　　　　　　　② ㄴ
③ ㄷ　　　　　　　　　　　④ ㄹ

※ 다음 IBK 평생한가족통장[적금_정액적립식]에 대한 자료를 읽고, 이어지는 질문에 답하시오. [12~13]

〈IBK 평생한가족통장[적금_정액적립식]〉

상품종류	정액적립식
가입금액	1만 원 이상 월 200만 원 이하
가입기간	1년, 2년, 3년
가입대상	실명의 개인

기본금리	구분	계약기간	금리
	약정이율	12개월 이상 24개월 미만	2.45%
		24개월 이상 36개월 미만	2.60%
		36개월	2.7%

우대금리

• (적용금리)＝(고시금리)＋(고객별 우대금리)＋(주거래 우대금리)
• 고객별 우대금리 : 최고 연 0.1%p

구분	내용	우대금리
최초거래 고객	가입일 당시 최초 실명등록을 한 고객	연 0.1%p
재예치 고객	상품 출시일 이후 당행 예·적금 만기해지일로부터 1개월 이내에 IBK 평생한가족통장(적립식 또는 거치식)을 가입한 고객	연 0.1%p
장기거래 고객	당행에 실명등록한 날로부터 3년이 경과한 고객	연 0.1%p

• 주거래 우대금리 : 최고 연 0.3%p
－ 제공조건 : 계약기간 중 다음 주거래 실적조건 6개 중 2개 이상을 충족하고 만기해지하는 경우 주거래 우대금리 제공
  [주거래 실적조건]
  ① 급여이체 실적(월 50만 원 이상) 또는 연금수급* 실적이 3개월 이상인 경우
    * 4대 연금(국민연금, 공무원연금, 군인연금, 사학연금), 장해연금(근로복지공단), 기초(노령)연금만 인정
  ② 이통장(적립식, 거치식) 만기해지일 직전월로부터 3개월 동안 당행 입출금식* 상품 평잔이 1백만 원 이상인 경우
    * I PLAN급여통장, IBK급여통장, 新IBK급여통장, 新서민섬김통장(입출식), IBK생활비통장, IBK평생한가족통장(입출식)에 한함
  ③ (新)IBK아파트관리비 자동이체 또는 지로공과금 자동이체 월 3건 이상 실적이 3개월 이상 있는 경우(단, 현금서비스 이용실적은 제외됨)
  ④ 당행 신용(체크)카드 월 30만 원 이상 이용실적이 3개월 이상 있는 경우(단, 현금서비스 이용실적은 제외됨)
  ⑤ 당행 개인대출을 보유한 이력이 있는 경우
  ⑥ 당행 본인 적립식 상품(적금, 펀드, 주택청약, 적립식중금채)에 월 10만 원 이상 자동이체 실적이 있는 경우

특별중도해지금리

다음의 사유로 인해 중도해지하는 경우 관련 증빙서류(발생 전·후 3개월 이내)를 제출한 고객에 한하여 가입일 당시 은행이 고시한 가계우대정기적금의 경과기간에 해당하는 고시금리를 적용

구분	증빙서류(예시)
대학교 입학(본인, 자녀)	합격통지서
취업 또는 창업(본인, 자녀)	취업(취업통지서), 창업(사업자등록증 등)
결혼(본인, 자녀)	청첩장, 예식장 계약서
출산(본인)	주민증록등본(또는 출생증명서 등)
주택구입(본인)	매매계약서 등
사망(본인)	사망진단서, 기본증명서

자녀의 경우에는 가족관계확인서류(주민등록등본, 가족관계증명서) 추가 징수

이자지급방법	만기일시지급식 : 만기(후) 또는 중도해지 요청 시 이자를 지급		
중도해지이율	만기일 이전에 해지할 경우 입금액마다 입금일부터 해지일 전일까지의 기간에 대하여 가입일 당시 가계우대정기적금의 중도해지금리를 적용합니다. • 납입기간 경과비율 10% 미만 : (가입일 현재 계약기간별 고시금리)×5% • 납입기간 경과비율 10% 이상 20% 미만 : (가입일 현재 계약기간별 고시금리)×10% • 납입기간 경과비율 20% 이상 40% 미만 : (가입일 현재 계약기간별 고시금리)×20% • 납입기간 경과비율 40% 이상 60% 미만 : (가입일 현재 계약기간별 고시금리)×40% • 납입기간 경과비율 60% 이상 80% 미만 : (가입일 현재 계약기간별 고시금리)×60% • 납입기간 경과비율 80% 이상 : (가입일 현재 계약기간별 고시금리)×80% ※ 모든 구간 최저금리 연 0.1% 적용		
만기 후 이율	만기일 당시 가계우대정기적금의 만기 후 금리를 적용합니다. •만기 후 1개월 이내 : (만기일 당시 정기적금 계약기간별 고시금리)×50% •만기 후 1개월 초과 6개월 이내 : (만기일 당시 정기적금 계약기간별 고시금리)×30% •만기 후 6개월 초과 : (만기일 당시 정기적금 계약기간별 고시금리)×20%		

| IBK기업은행

12 다음 중 IBK 평생한가족통장[적금_정액적립식]에 대한 설명으로 가장 적절한 것은?

① 기업은행 거래 고객만 가입이 가능하다.

② 1년부터 3년까지 월단위로 가입이 가능하다.

③ 기본금리 이외에 조건에 맞는 고객별 우대금리, 주거래 우대금리를 추가로 받을 수 있다.

④ 자녀의 결혼으로 인해 중도해지 하는 경우 결혼 전·후 3개월 이내에 청첩장과 예식장 계약서를 제출하면 가계우대정기적금의 경과기간에 해당하는 금리를 적용받을 수 있다.

| IBK기업은행

13 2022년 8월 A씨는 3년 만기 IBK 평생한가족통장[적금_정액적립식]에 가입하였다. A씨에 대한 정보가 다음과 같을 때, 만기 시 A씨의 적용금리는?

> • 2019년 3월부터 기업은행 통장으로 급여를 받고 있다.
> • 2019년 7월 기업은행 3년 만기 예금을 가입했다.
> • 2020년 B은행에서 전세 대출을 받았다.

① 2.7% ② 2.8%

③ 2.9% ④ 3.1%

14 다음은 한국의 금융소득 상위 1%에 대한 자료이다. 이에 대한 〈보기〉의 설명 중 적절한 것을 모두 고르면?(단, 모든 계산은 소수점 둘째 자리에서 반올림한다)

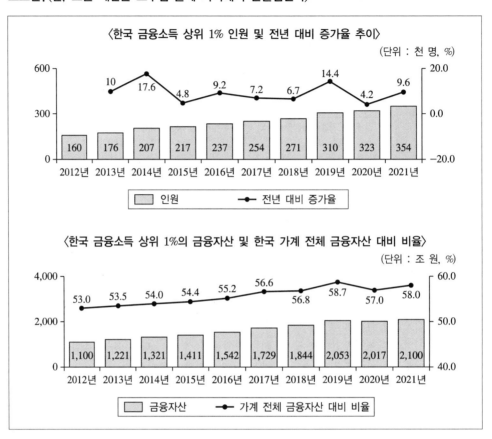

〈한국 금융소득 상위 1% 인원 및 전년 대비 증가율 추이〉

(단위 : 천 명, %)

〈한국 금융소득 상위 1%의 금융자산 및 한국 가계 전체 금융자산 대비 비율〉

(단위 : 조 원, %)

보기

ㄱ. 2021년 한국 금융소득 상위 1% 인원은 2012년 대비 2.2배 증가했다.
ㄴ. 2021년 한국 가계 전체 금융자산은 2012년 대비 1.7배 증가했다.
ㄷ. 2021년의 한국 금융소득 상위 1%의 금융자산은 2012년 대비 1.9배 증가한 걸 보니, 2012년 대비 2021년에 상위 1%의 금융자산이 가계 전체 금융자산에 비해 더 많은 비율로 증가했다.

① ㄱ
② ㄴ
③ ㄱ, ㄷ
④ ㄱ, ㄴ, ㄷ

15 다음은 2017 ~ 2021년 부동산 금융자금 현황 통계 자료이다. 이에 대한 〈보기〉의 설명 중 적절한 것을 모두 고르면?

〈부동산 금융자금 현황〉

(단위 : 조 원)

구분	총계	전년 대비 증가율(%)	GDP	GDP 대비 총계(%)
2017년	1,797	9.7	1,835	97.9
2018년	1,921	6.9	1,898	101.2
2019년	2,068	7.6	1,924	107.5
2020년	2,283	10.4	1,933	118.1
2021년	2,566	12.4	2,054	124.7

보기

ㄱ. 부동산 금융자금은 계속해서 상승하고 있다.
ㄴ. 2016년 부동산 금융자금은 약 1,500조 원이다.
ㄷ. 2018년에 GDP 대비 부동산 금융자금의 규모가 100%를 넘어섰다.
ㄹ. 집값이 매년 급격히 상승하고 있다.

① ㄱ, ㄴ   ② ㄱ, ㄷ
③ ㄴ, ㄷ   ④ ㄷ, ㄹ

16 I사의 입사 동기인 6급 A사원과 B사원은 남원시로 2박 3일 출장을 갔다. 교통편은 왕복으로 고속버스를 이용하여 총 105,200원을 지출했으며, A와 B사원은 출장 첫째 날은 6만 원, 둘째 날은 4만 원인 숙박시설을 공동으로 이용했다. A와 B사원이 받을 국내 출장여비 총액은?

<〈I사 국내여비 정액표〉>

구분 \ 대상		가군	나군	다군
운임	항공운임	실비(1등석 / 비지니스)	실비(2등석 / 이코노미)	
	철도운임	실비(특실)		실비(일반실)
	선박운임	실비(1등급)	실비(2등급)	
	자동차운임	실비		
일비(1일당)		2만 원		
식비(1일당)		2만 5천 원	2만 원	
숙박비(1박당)		실비	실비 (상한액 : 서울특별시 7만 원, 광역시 6만 원, 그 밖의 지역 5만 원)	

※ 비고
1. 가군은 임원과 I사 연구원 원장(이하 이 규칙에서 '원장'이라 한다), 「직제규정 시행규칙」 별표 5의 2의 1그룹에 속하는 직원을, 나군은 1급 직원, 선임연구위원 및 선임전문연구위원을, 다군은 2급 이하 직원과 그 밖의 연구직 직원을 말한다.
2. 자동차운임은 이용하는 대중교통의 실제 요금으로 한다. 이 경우 자가용 승용차를 이용한 경우에는 대중교통 요금에 해당하는 금액을 지급한다.
3. 운임의 할인(관계 법령 따른 국가유공자·장애인 할인, 지역별 우대할인, 공단과 체결한 계약에 따른 할인 등을 말한다)이 가능한 경우에는 할인된 요금에 해당하는 금액으로 지급한다.
4. 다음 각 목의 어느 하나에 해당하는 임직원에 대해서는 위 표에도 불구하고 1박당 그 각 목에서 정하는 금액을 숙박료로 지급한다.
   가. 친지 집 등에 숙박하여 숙박료를 지출하지 않은 경우 : 20,000원
   나. 2명 이상이 공동 숙박하고 총숙박비가 [1인 기준금액×(출장인원 수−1)] 이하로 지출된 경우 : 다음 계산식에 따른 금액. 이 경우 기준금액은 서울특별시는 7만 원, 광역시는 6만 원, 그 밖의 지역은 5만 원으로 하며, 소수점은 올림한다.

   $$(개인당\ 지급\ 기준) = \left[(총출장인원) - \frac{(총숙박비)}{(1인\ 기준금액)} \right] \times 20{,}000원$$

5. 교육목적의 출장인 경우에 일비는 다음 각 목의 구분에 따라 지급한다.
   가. 숙박하는 경우 : 등록일·입교일과 수료일만 지급
   나. 숙박하지 아니하는 경우 : 교육 전 기간(등록일·입교일 및 수료일을 포함한다)에 대하여 지급

① 213,200원
② 333,200원
③ 378,200원
④ 443,200원

17 K씨는 A정류장에서 버스를 타고 N정류장까지 버스로 이동할 계획이고 정류장 사이 이동시간은 1분이 걸린다. 다음 중 버스 도착시간 스마트폰 어플의 정류장 상황을 참고하여 K씨가 가장 빠르게 도착지점에 도달할 수 있는 방법은?(단, 환승 시 타고 내리는 시간은 무시한다)

〈버스 정류장 지도〉

A → B → C → D → E → F → G
　　　　　　　↓↑
H → I → J → K → L → M → N

〈버스 노선표〉

01번 : A ~ D ~ G
02번 : H ~ K ~ D ~ G
03번 : A ~ D ~ K ~ N
04번 : A ~ D ~ F
05번 : H ~ K ~ N
06번 : A ~ D ~ K ~ N
07번 : H ~ K ~ N
08번 : H ~ K ~ D ~ G

〈버스 도착시간 스마트폰 어플〉

A정류장 버스 도착시간	H정류장 버스 도착시간	D정류장 버스 도착시간	K정류장 버스 도착시간
01번 : 3분 20초 03번 : 10분 30초 04번 : 5분 5초 06번 : 2분 50초	02번 : 2분 40초 05번 : 3분 15초 07번 : 7분 20초 08번 : 4분 10초	01번 : 6분 20초 02번 : 6분 40초 03번 : 13분 30초 04번 : 8분 5초 06번 : 5분 50초 08번 : 8분 10초	02번 : 5분 40초 03번 : 11분 30초 05번 : 6분 15초 06번 : 6분 50초 07번 : 10분 20초 08번 : 7분 10초

① A정류장에서 03번 버스를 타고 계속 끝까지 탑승하고 간다.
② A정류장에서 01번 버스를 타고 D정류장에서 06번 버스로 환승을 한다.
③ A정류장에서 06번 버스를 타고 K정류장에서 05번 버스로 환승을 한다.
④ A정류장에서 04번 버스를 타고 D정류장에서 03번 버스로 환승을 한다.

18 다음 중 〈보기〉의 A ~ D 중에서 아래 조직도를 바르게 이해한 사람을 모두 고르면?

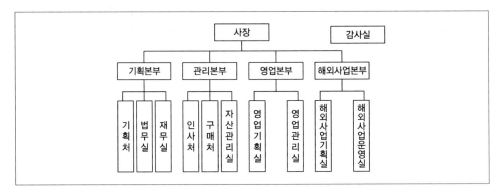

> **보기**
>
> A : 조직도를 보면 4개 본부, 3개의 처, 8개의 실로 구성돼 있어.
> B : 사장 직속으로 4개의 본부가 있고, 그중 한 본부에서는 인사를 전담하고 있네.
> C : 감사실은 사장 직속이지만 별도로 분리되어 있구나.
> D : 해외사업기획실과 해외사업운영실은 둘 다 해외사업과 관련이 있으니까 해외사업본부에 소속
>   되어 있는 것이 맞아.

① A, B
② A, C
③ A, D
④ B, C

19 다음 글의 제목으로 가장 적절한 것은?

> 동물성 지방은 혈중 콜레스테롤을 높일 수 있으므로 특히 주의하는 것이 좋습니다. 콜레스테롤은
> 두 종류가 있는데, LDL 콜레스테롤은 나쁜 콜레스테롤이라고 부르며, HDL 콜레스테롤은 혈관 건
> 강에 도움이 되는 착한 콜레스테롤로 알려져 있습니다. 소고기, 돼지고기 등 육류와 튀김을 먹으면
> LDL 콜레스테롤이 몸에 흡수되어 혈중 콜레스테롤 농도를 높입니다. 하지만 몸속 콜레스테롤 농도
> 에 가장 많은 영향을 미치는 것은 음식보다 간에서 합성되는 LDL 콜레스테롤입니다. 이때 간의
> LDL 콜레스테롤 합성을 촉진하는 것이 포화지방입니다. LDL 콜레스테롤이 들어간 음식을 적게 먹
> 어도, 포화지방을 많이 먹으면 혈중 LDL 콜레스테롤 수치가 높아지게 됩니다. 불포화지방은 포화
> 지방과 달리 간세포의 기능을 높여 LDL 콜레스테롤의 분해를 도와 혈중 수치를 낮추는 데 도움이
> 됩니다. 특히 생선기름에 들어있는 불포화지방인 EPA, DHA는 콜레스테롤을 감소시키는 효과가
> 있습니다. 트랜스지방은 불포화지방에 수소를 첨가하여 구조를 변형시켜 만든 것입니다. 식물성 기
> 름을 고형화시키면 액상 기름보다 운송과 저장이 손쉽고 빨리 상하지 않기 때문에 트랜스지방이 생
> 기게 되는 거죠. 트랜스지방은 혈중 LDL 콜레스테롤을 상승하게 하고, HDL 콜레스테롤을 감소하
> 게 만들어 심혈관질환의 발생위험을 높입니다.

① 혈중 콜레스테롤의 비밀
② 비만의 원인, 지방을 줄여라
③ 몸에 좋은 지방과 좋지 않은 지방
④ 심혈관질환의 적, 콜레스테롤

20 다음 글의 중심 주제로 가장 적절한 것은?

맹자는 다음과 같은 이야기를 전한다. 송나라의 한 농부가 밭에 나갔다 돌아오면서 처자에게 말한다. "오늘 일을 너무 많이 했다. 밭의 싹들이 빨리 자라도록 하나하나 잡아당겨줬더니 피곤하구나." 아내와 아이가 밭에 나가보았더니 싹들이 모두 말라 죽어 있었다. 이렇게 자라는 것을 억지로 돕는 일, 즉 조장(助長)을 하지 말라고 맹자는 말한다. 싹이 빨리 자라기를 바란다고 싹을 억지로 잡아 올려서는 안 된다. 목적을 이루기 위해 가장 빠른 효과를 얻고 싶겠지만 이는 도리어 효과를 놓치는 길이다. 억지로 효과를 내려고 했기 때문이다. 싹이 자라기를 바라 싹을 잡아당기는 것은 이미 시작된 과정을 거스르는 일이다. 효과가 자연스럽게 나타날 가능성을 방해하고 막는 일이기 때문이다. 당연히 싹의 성장 가능성은 땅 속의 씨앗에 들어있는 것이다. 개입하고 힘을 쏟고자 하는 대신에 이 잠재력을 발휘할 수 있도록 하는 것이 중요하다.

피해야 할 두 개의 암초가 있다. 첫째는 싹을 잡아당겨서 직접적으로 성장을 이루려는 것이다. 이는 목적성이 있는 적극적 행동주의로써 성장의 자연스러운 과정을 존중하지 않는 것이다. 달리 말하면 효과가 숙성되도록 놔두지 않는 것이다. 둘째는 밭의 가장자리에 서서 자라는 것을 지켜보는 것이다. 싹을 잡아당겨서도 안 되고 그렇다고 단지 싹이 자라는 것을 지켜만 봐서도 안 된다. 그렇다면 무엇을 해야 하는가? 싹 밑의 잡초를 뽑고 김을 매주는 일을 해야 하는 것이다. 경작이 용이한 땅을 조성하고 공기를 통하게 함으로써 성장을 보조해야 한다. 기다리지 못함도 삼가고 아무것도 안함도 삼가야 한다. 작동 중에 있는 자연스런 성향이 발휘되도록 기다리면서도 전력을 다할 수 있도록 돕는 노력도 멈추지 말아야 한다.

① 인류사회는 자연의 한계를 극복하려는 인위적 노력에 의해 발전해 왔다.
② 싹이 스스로 성장하도록 그대로 두는 것이 수확량을 극대화하는 방법이다.
③ 어떤 일을 진행할 때 가장 중요한 것은 명확한 목적성을 설정하는 것이다.
④ 잠재력을 발휘하도록 하려면 의도적 개입과 방관적 태도 모두를 경계해야 한다.

21 다음 중 제시된 문단을 논리적 순서대로 바르게 나열한 것은?

> (가) 킬러 T세포는 혈액이나 림프액을 타고 몸속 곳곳을 순찰하는 일을 담당하는 림프 세포의 일종이다. 킬러 T세포는 감염된 세포를 직접 공격하는데, 세포 하나하나를 점검하여 바이러스에 감염된 세포를 찾아낸다. 이 과정에서 바이러스에 감염된 세포가 킬러 T세포에게 발각이 되면 죽게 된다. 그렇다면 킬러 T세포는 어떤 방법으로 바이러스에 감염된 세포를 파괴할까?
>
> (나) 지금도 우리 몸의 이곳저곳에서는 비정상적인 세포분열이나 바이러스 감염이 계속되고 있다. 하지만 우리 몸에 있는 킬러 T세포가 병든 세포를 찾아내 파괴하는 메커니즘이 정상적으로 작동하고 있는 한 건강한 상태를 유지할 수 있다. 이렇듯 면역 시스템은 우리 몸을 지켜주는 수호신이다. 또한 우리 몸이 유기적으로 잘 짜인 구조임을 보여주는 좋은 예라고 할 수 있다.
>
> (다) 그 다음 킬러 T세포가 활동한다. 킬러 T세포는 자기 표면에 있는 TCR(T세포 수용체)을 통해 세포의 밖으로 나온 MHC와 펩티드 조각이 결합해 이루어진 구조를 인식함으로써 바이러스 감염 여부를 판단한다. 만약 MHC와 결합된 펩티드가 바이러스 단백질의 것이라면 T세포는 활성화되면서 세포를 공격하는 단백질을 감염된 세포 속으로 보낸다. 이렇게 T세포의 공격을 받은 세포는 곧 죽게 되며 그 안의 바이러스 역시 죽음을 맞이하게 된다.
>
> (라) 우리 몸은 자연적 치유의 기능을 가지고 있다. 자연적 치유는 우리 몸에 바이러스(항원)가 침투하더라도 외부의 도움 없이 이겨낼 수 있는 면역 시스템을 가지고 있다는 것을 의미한다. 그런데 이러한 면역 시스템에 관여하는 세포 중에서 매우 중요한 역할을 하는 세포가 있다. 그것은 바로 바이러스에 감염된 세포를 직접 찾아내 제거하는 킬러 T세포(Killer T Cells)이다.
>
> (마) 면역 시스템에서 먼저 활동을 시작하는 것은 세포 표면에 있는 MHC(주요 조직 적합성 유전자 복합체)이다. MHC는 꽃게 집게발 모양의 단백질 분자로 세포 안에 있는 단백질 조각을 세포 표면으로 끌고 나오는 역할을 한다. 본래 세포 속에는 자기 단백질이 대부분이지만, 바이러스에 감염되면 원래 없던 바이러스 단백질이 세포 안에 만들어진다. 이렇게 만들어진 자기 단백질과 바이러스 단백질은 단백질 분해효소에 의해 펩티드 조각으로 분해되어 세포 속을 떠돌아다니가 MHC와 결합해 세포 표면으로 배달되는 것이다.

① (라) – (가) – (마) – (다) – (나)

② (라) – (나) – (가) – (다) – (마)

③ (다) – (가) – (마) – (나) – (라)

④ (가) – (나) – (마) – (라) – (다)

22 다음은 2022년 차종별 1일 평균 주행거리를 정리한 자료이다. 이에 대한 설명으로 적절하지 않은 것은?

〈2022년 차종별 1일 평균 주행거리〉

(단위 : km/대)

구분	서울	부산	대구	인천	광주	대전	울산	세종
승용차	31.7	34.7	33.7	39.3	34.5	33.5	32.5	38.1
승합차	54.6	61.2	54.8	53.9	53.2	54.5	62.5	58.4
화물차	55.8	55.8	53.1	51.3	57.0	56.6	48.1	52.1
특수차	60.6	196.6	92.5	125.6	114.2	88.9	138.9	39.9
합계	35.3	40.1	37.1	41.7	38.3	37.3	36.0	40.1

※ 항구도시는 '부산, 인천, 울산'임

① 세종을 제외한 지역에서 1일 평균 주행거리의 최댓값과 최솟값의 차이가 승합차의 1일 평균 주행 거리보다 긴 지역은 5곳 이상이다.

② 특정지역 차종별 1일 평균 주행거리가 길수록 해당지역 합계 1일 평균 주행거리도 길다.

③ 특수차종의 1일 평균 주행거리는 세종시가 최하위이지만 승합차는 상위 40%이다.

④ 부산은 모든 차종의 1일 평균 주행거리가 상위 50%이다.

23 다음은 2021 ~ 2022년 상반기의 환율 동향에 대한 자료이다. 이에 대한 〈보기〉의 설명 중 적절한 것을 모두 고르면?

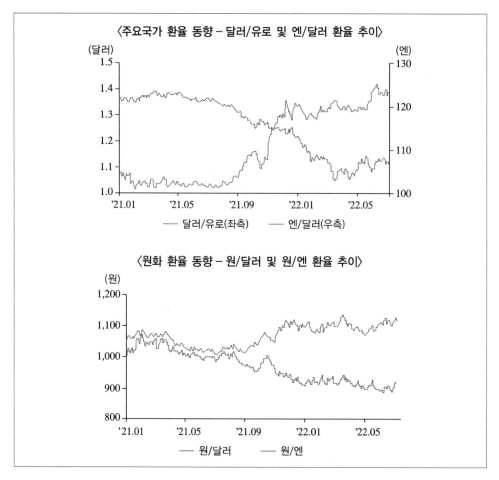

〈주요국가 환율 동향 – 달러/유로 및 엔/달러 환율 추이〉

〈원화 환율 동향 – 원/달러 및 원/엔 환율 추이〉

보기

ㄱ. 유로화는 달러화 대비 약세가 심화되고 있다.

ㄴ. 2022년 상반기의 엔화는 달러화에 대해 전반적으로 전년 대비 강세를 보이면서 강세이고, 반면 달러는 약세이다.

ㄷ. 2022년 상반기의 원/달러 환율은 전년 대비 상승하였으나, 방향성이 부재한 가운데 1,000원을 중심으로 등락을 지속하고 있다.

ㄹ. 2022년 상반기의 원/엔 환율은 전반적으로 900원 선을 상회하는 수준에서 완만하게 움직였다.

① ㄱ, ㄴ

② ㄱ, ㄹ

③ ㄱ, ㄴ, ㄷ

④ ㄱ, ㄷ, ㄹ

24 A씨는 S은행의 적금 상품을 가입하려고 한다. 가입 가능한 상품의 정보가 다음과 같을 때, 스타 적금과 부자 적금의 만기환급금의 차이는?(단, 큰 금액에서 작은 금액을 차한다)

〈상품 정보〉

[스타 적금]
- 가입기간 : 40개월
- 가입금액 : 매월 초 400,000원 납입
- 적용금리 : 연 3.0%
- 이자지급방식 : 만기일시지급, 단리식

[부자 적금]
- 가입기간 : 48개월
- 가입금액 : 매월 초 300,000원 납입
- 적용금리 : 연 3.0%
- 이자지급방식 : 만기일시지급, 복리식

※ $(1.03)^{\frac{1}{12}}=1.002$, $(1.03)^{\frac{49}{12}}=1.128$

---

① 2,080,000원

② 2,100,000원

③ 2,162,000원

④ 2,280,000원

25 경력직 채용공고를 통해 서류를 통과한 지원자 은지, 지현, 영희는 임원면접을 진행하고 있다. 회장, 사장, 이사, 인사팀장으로 이루어진 4명의 임원은 지원자에게 각각 '상, 중, 하' 중 하나의 점수를 줄 수 있으며, 2인 이상에게 '상'을 받은 지원자는 최종 합격, 3인 이상에게 '하'를 받은 지원자는 탈락한다고 한다. 다음 〈조건〉에 따라 항상 옳은 것은?

조건
- 임원들은 3명에게 각각 '상, 중, 하'를 하나씩 주었다.
- 사장은 은지에게 '상'을 주고, 다른 1명에게는 회장보다 낮은 점수를, 다른 1명에게는 회장과 같은 점수를 주었다.
- 이사는 지원자에게 사장과 같은 점수를 주었다.
- 인사팀장은 1명에게 '상'을 주었으며, 영희에게는 사장이 준 점수보다 낮은 점수를 주었다.

① 회장이 은지에게 '하'를 주었다면, 은지는 탈락한다.

② 회장이 영희에게 '상'을 주었다면, 영희가 최종 합격한다.

③ 인사팀장이 지현이에게 '중'을 주었다면, 지현이는 탈락한다.

④ 인사팀장이 은지에게 '상'을 주었다면, 은지가 최종 합격한다.

26 배달 앱으로 주문을 하면 꽃 배달 서비스를 이용할 수 있다. 다음 중 〈조건〉에 따라 분홍색 장미꽃과 흰색 안개꽃을 받게 될 사람은?

조건
- 장미꽃은 빨간색과 분홍색으로 고를 수 있다.
- 목화꽃과 안개꽃은 빨간색과 흰색으로 고를 수 있다.
- 지영이는 민지가 주문한 꽃을 그대로 주문하였고, 장미꽃만 색이 같다.
- 민지는 장미꽃과 안개꽃을 주문하였다.
- 진아는 빨간색 장미꽃을 주문하였다.
- 진아와 윤지는 안개꽃을 주문하였다.
- 민지와 진아가 주문한 꽃 색깔은 모두 다르다.
- 윤지는 목화꽃을 주문하였다.
- 윤지는 모두 흰색꽃을 주문하였다.

① 지영   ② 민지
③ 진아   ④ 윤지

27 S은행의 7층짜리 기숙사에 A ~ G 6명이 살고 있는데, 각자 좋아하는 스포츠는 축구, 야구, 농구이다. 이들이 기르는 반려동물로는 개, 고양이, 새가 있을 때, 〈조건〉에 따라 항상 옳은 것은?

조건
- 한 층에 1명이 산다.
- 이웃한 사람끼리는 서로 다른 스포츠를 좋아하고 다른 반려동물을 기른다.
- G는 맨 위층에 산다.
- 짝수 층 사람들은 축구를 좋아한다.
- B는 유일하게 개를 기르는 사람이다.
- 2층에 사는 사람은 고양이를 키운다.
- E는 농구를 좋아하며, D는 새를 키운다.
- A는 E의 아래층에 살며, B의 위층에 산다.
- 개는 1층에서만 키울 수 있다.

① C와 E는 이웃한다.
② G는 야구를 좋아하며 고양이를 키운다.
③ 홀수 층에 사는 사람은 모두 새를 키운다.
④ D는 5층에 산다.

28 다음 글에서 필자가 주장하는 핵심 내용으로 가장 적절한 것은?

현대 사회는 대중 매체의 영향을 많이 받는 사회이며, 그중에서도 텔레비전의 영향은 거의 절대적입니다. 언어 또한 텔레비전의 영향을 많이 받습니다. 그런데 텔레비전의 언어는 우리의 언어 습관을 부정적인 방향으로 흐르게 하고 있습니다.

텔레비전은 시청자들의 깊이 있는 사고보다는 감각적 자극에 호소하는 전달 방식을 사용하고 있습니다. 또 현대 자본주의 사회에서의 텔레비전 방송은 상업주의에 편승하여 대중을 붙잡기 위한 방편으로 쾌락과 흥미 위주의 언어를 무분별하게 사용합니다. 결국 텔레비전은 대중의 이성적 사고 과정을 마비시켜 오염된 언어 습관을 무비판적으로 수용하게 합니다. 그렇기 때문에 언어 사용을 통해 발전시킬 수 있는 상상적 사고를 기대하기 어렵게 하며, 창조적인 언어 습관보다는 단편적인 언어 습관을 갖게 만듭니다.

따라서 좋은 말 습관의 형성을 위해서는 또 다른 문화 매체가 필요합니다. 이러한 문제의 대안으로 문학 작품의 독서를 제시하려고 합니다. 문학은 작가적 현실을 언어를 매개로 형상화한 예술입니다. 작가적 현실을 작품으로 형상화하기 위해서는 작가의 복잡한 사고 과정을 거치듯이, 작품을 바르게 이해·해석·평가하기 위해서는 독자의 상상적 사고를 거치게 됩니다. 또한 문학은 아름다움을 지향하는 언어 예술로서 정제된 언어를 사용하므로 문학 작품의 감상을 통해 습득된 언어 습관은 아름답고 건전하리라 믿습니다.

① 쾌락과 흥미 위주의 언어 습관을 지양하고 사고 능력을 기를 수 있는 언어 습관을 길러야 한다.
② 사고 능력을 기르고 건전한 언어 습관을 길들이기 위해서 문학 작품의 독서가 필요하다.
③ 바른 언어 습관의 형성과 건전하고 창의적인 사고를 위해 텔레비전을 멀리 해야 한다.
④ 언어는 자신의 사상을 표현하는 매체일 뿐만 아니라 그것을 사용하는 사람의 인격을 가늠하는 척도이므로 바른 언어 습관이 중요하다.

29 학교에 가는 데 버스를 타고 갈 확률이 $\frac{1}{3}$, 걸어갈 확률이 $\frac{2}{3}$일 때, 사흘 중 첫날은 버스를 타고, 남은 이틀은 순서에 상관없이 한 번은 버스를 타고 한 번은 걸어서 갈 확률은?

① $\frac{4}{27}$

② $\frac{1}{9}$

③ $\frac{2}{27}$

④ $\frac{1}{27}$

30 H사 총무부에 근무하는 K씨는 H사 사원들을 대상으로 H사 사무실에 필요한 사무용품에 대해 설문 조사하여 다음과 같은 결과를 얻게 되었다. 설문조사 시 사원들에게 하나의 제품만 선택하도록 하였고, 연령을 구분하여 추가적으로 분석한 결과에 대해 비고란에 적었다. 다음 중 설문 결과에 대한 설명으로 적절한 것은?(단, 설문조사에 참여한 H사 사원들은 총 100명이다)

〈사무용품 필요도 설문조사〉

구분	비율	비고
복사기	15%	
냉장고	26%	• 복합기를 원하는 사람들 중 20대는 절반을 차지했다.
안마의자	6%	• 정수기를 원하는 사람들은 모두 30대이다.
복합기	24%	• 냉장고를 원하는 사람들 중 절반은 40대이다.
커피머신	7%	• 복사기를 원하는 사람들 중 20대는 2/3를 차지했다.
정수기	13%	• 안마의자를 원하는 사람들은 모두 40대이다.
기타용품	9%	• 기타용품을 원하는 20대, 30대, 40대 인원은 동일하다.

① 냉장고를 원하는 20대가 복합기를 원하는 20대보다 적다.

② 기타용품을 원하는 40대가 안마의자를 원하는 40대보다 많다.

③ 사원들 중 20대가 총 25명이라면, 냉장고를 원하는 20대는 없다.

④ 복합기를 원하는 30대는 냉장고를 원하는 40대보다 많을 수 있다.

31 H사에 근무하는 D사원은 다음 시트와 같이 [D2:D7] 영역에 사원들의 업무지역별 코드번호를 입력 하였다. D사원이 [D2] 셀에 입력한 수식으로 옳은 것은?

◢	A	B	C	D	E	F	G
1	성명	부서	업무지역	코드번호		업무지역별	코드번호
2	김수로	총무부	서울	1		서울	1
3	이경제	인사부	부산	4		경기	2
4	박선하	영업부	대구	5		인천	3
5	이지현	인사부	광주	8		부산	4
6	김일수	총무부	울산	6		대구	5
7	서주완	기획부	인천	3		울산	6
8						대전	7
9						광주	8

① = VLOOKUP(C2, $F$2 : $G$9, 1, 0)

② = VLOOKUP(C2, $F$2 : $G$9, 2, 0)

③ = HLOOKUP(C2, $F$2 : $G$9, 1, 0)

④ = HLOOKUP(C2, $F$2 : $G$9, 2, 0)

32 수연이는 뉴욕 여행 전에 은행마다 환율 우대사항을 찾아보고, H은행에서 환율우대 조건으로 우대환율 70%를 적용받아 9월 14일에 500달러, 9월 15일에 300달러를 환전하였다. 하지만 여행에서 카드만 사용하였고, 환전한 현금은 H은행에서 10월 16일부터 20일까지 환율 이벤트로 우대환율 20%가 추가 적용되기 때문에 이때 팔려고 한다. 현금을 모두 팔 때, 날짜별 이익 및 손해 금액이 알맞게 나열된 것은?(단, 다른 수수료는 적용하지 않는다)

〈일일 달러 환율 금액〉

(단위 : 원/달러)

구분	9월 14일	9월 15일	10월 16일	10월 19일	10월 20일
매매기준율	1,140	1,145	1,158	1,150	1,143
현찰 살 때	1,152	1,155	1,170	1,160	1,155
현찰 팔 때	1,128	1,135	1,146	1,140	1,131

※ 환율우대 적용
 • 현찰 살 때 적용 환율 : (살 때 환율)−[(살 때 환율−매매기준율)×(우대환율)]
 • 현찰 팔 때 적용 환율 : (팔 때 환율)+[(매매기준율−팔 때 환율)×(우대환율)]

	날짜	차액
①	10월 16일	3,000원 이익
②	10월 19일	9,240원 이익
③	10월 16일	9,240원 손해
④	10월 20일	2,760원 손해

33 가로의 길이가 95cm, 세로의 길이가 38cm인 직사각형 모양의 변두리에 나무를 심고자 한다. 네 변의 꼭짓점에는 반드시 나무가 심어져 있어야 하고 네 변 모두 같은 간격으로 나무를 심고자 할 때, 필요한 나무는 최소 몇 그루인가?

① 7그루　　　　　　　　　　　② 9그루

③ 11그루　　　　　　　　　　　④ 14그루

34 철수는 다음 그림과 같은 사각뿔에 물을 채우려고 한다. 사각뿔에 가득 채워지는 물의 부피로 적절한 것은?

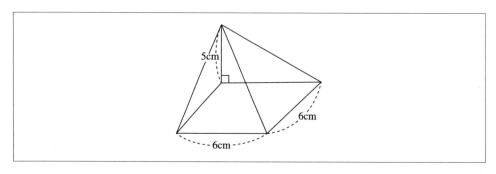

① $60cm^3$　　　　　　　　　　② $80cm^3$

③ $100cm^3$　　　　　　　　　　④ $120cm^3$

35 다음 기사에서 (가) ~ (라) 문단의 핵심 화제로 적절하지 않은 것은?

> (가) 최근 대출금리는 큰 폭으로 상승한 반면, 예금금리는 낮아 청년층이 안정적으로 목돈을 마련할 수 있는 고금리 금융상품이 부족하다. 이로 인해 청년층의 안정적 주거를 위한 주택구입 및 전월세 자금 마련에 어려움이 있어 청년층이 목돈을 마련할 수 있는 금융상품이 절실한 상황이다. 청년 우대형 청약통장은 이를 위해 기존의 청약기능은 그대로 유지하면서 우대금리와 이자소득 비과세 혜택을 통해, 청약통장의 재형기능을 대폭 강화하여 청년층의 주거안정 및 목돈 마련 기회를 제공하기 위한 것이다.
>
> (나) 이미 주택청약종합저축에 가입한 사람도 가입요건을 충족하면 청년 우대형 청약통장으로 전환·가입 가능하다. 청년 우대형 청약통장으로의 전환·가입하는 경우 기존 주택청약종합저축의 납입기간, 납입금액은 인정된다. 다만, 전환·가입으로 인한 전환원금은 우대금리 적용에서 제외된다.
>
> (다) 현재 주택청약종합저축은 누구나 가입이 가능한 반면, 청년 우대형 청약통장은 일정 요건(나이, 소득, 무주택 등)을 충족 시 가입이 가능해 이에 대한 확인이 필요하다. 가입 시 주민등록등본 및 무주택확약서 등으로 확인하고, 해지 시 지방세 세목별 과세증명서 및 주택소유시스템 등으로 가입기간에 대한 무주택 여부를 확인한다. 또한 ISA 가입용 소득확인증명서 및 소득원천징수 영수증 등으로 직전년도 소득을 확인하며, 이밖에도 병역기간은 병적증명서를 통해 확인한다.
>
> (라) 그리고 청년 우대형 청약통장은 주택청약종합저축의 일종으로 재형기능 강화를 위해 우대금리와 이자소득 비과세 혜택을 제공하는 상품으로 주택청약종합저축의 하위 상품이라 할 수 있다. 따라서 현재 주택청약종합저축에서 제공하고 있는 소득공제 조건(조세특례제한법 제87조)을 그대로 적용받게 된다. 연소득 7,000만 원 이하 무주택세대주로 무주택확인서를 제출하는 경우 연간 납입액 240만 원 한도로 40%까지 소득공제가 가능하다.

① (가) : 청년 우대형 청약통장의 출시 목적
② (나) : 청년 우대형 청약통장의 문제점
③ (다) : 청년 우대형 청약통장의 가입요건 확인 방법
④ (라) : 청년 우대형 청약통장의 소득공제 혜택

36 남자 5명, 여자 7명 중 2명의 대표를 선출하고자 한다. 이때, 대표가 모두 여자로 선출될 확률은? (단, 소수점 둘째 자리에서 반올림한다)

① 22%　　　　　　　　　　　　② 32%

③ 33%　　　　　　　　　　　　④ 44%

37 K은행은 2022년을 맞이하여 이웃과 함께하는 봉사 프로젝트 준비를 위해 회의를 진행하려고 한다. 다음 〈조건〉에 따라 준비했을 때 항상 옳은 진술은?

> **조건**
> • 회의장을 세팅하는 사람은 회의록을 작성하지 않는다.
> • 회의에 쓰일 자료를 복사하는 사람은 자료 준비에 참여한 것이다.
> • 자료 준비에 참여하는 사람은 회의장 세팅에 참여하지 않는다.
> • 자료 준비를 하는 사람은 회의 중 회의록을 작성한다.

① A사원이 회의록을 작성하면 회의 자료를 준비한다.

② B사원이 회의록을 작성하지 않으면 회의 자료를 복사하지 않는다.

③ C사원이 회의에 쓰일 자료를 복사하면 회의록을 작성하지 않는다.

④ D사원이 회의장을 세팅하면 회의 자료를 복사한다.

38 K회사의 해외사업부, 온라인영업부, 영업지원부에서 각각 2명, 2명, 3명이 대표로 회의에 참석하기로 하였다. 자리 배치는 원탁 테이블에 같은 부서 사람끼리 옆자리에 앉는다고 할 때, 7명이 앉을 수 있는 경우의 수는?

① 48가지　　　　　　　　　　　② 36가지

③ 27가지　　　　　　　　　　　④ 24가지

39 다음은 예금보험공사의 금융부실관련자 책임추궁에 대한 내용이다. 이를 보고 추론한 내용으로 적절하지 <u>않은</u> 것은?

〈금융부실관련자 책임추궁〉

공사는 자금이 투입된 금융회사에 대하여 예금자보호법 제21조 2에 따라 부실에 책임이 있는 금융회사 전·현직 임직원 등에 대한 책임추궁과 금융회사에 빌린 돈을 갚지 아니함으로써 금융회사 부실의 부분적인 원인을 제공한 부실채무기업의 기업주와 임직원 등에 대하여도 책임추궁을 위한 조사를 실시하고 있습니다.

• 금융부실책임조사본부 운영

부실금융회사 및 부실채무기업에 대한 부실책임조사는 부실을 초래한 관련자들에게 민사상 책임을 묻기 위한 것으로, 업무처리과정에서 법령, 정관 위반 등으로 해당 금융회사 또는 해당 기업에 손실을 끼친 행위를 찾아내고 그 내용과 행위자 등 구체적인 사실관계와 입증자료 등을 확보하는 것입니다. 공사는 지난 2008년 3월 검찰과 협조하여 부실금융회사와 부실채무기업에 대한 조사를 총괄하는 '금융부실책임조사본부'를 발족하였으며, 2013년 3월에는 부실저축은행에서 빌린 돈을 갚지 않은 부실채무기업의 수가 3천여 개가 넘어감에 따라 전담조직(조사2국)을 신설하여 부실채무 기업에 대한 조사를 강화하고 있습니다.

• 외부 전문가 위주의 금융부실책임심의위원회 운영

공사는 부실책임조사 결과에 대한 객관적이고 공정한 심의를 위하여 변호사 등 전문가 위주로 「금융부실책임심의위원회」를 구성하여 운영하고 있으며, 객관적이고도 철저한 부실책임심의를 통해 부실관련자 책임 내용과 범위, 책임금액 등을 심의하고 있습니다.

• 금융부실관련자에 대한 재산조사 실시

공사는 부실관련자에 대한 손해배상청구에 따른 책임재산을 확보하기 위해 부실관련자에 대한 철저한 재산조사를 실시하고 있으며, 부실책임조사결과 및 부실관련자 재산조사 결과를 토대로 해당 금융회사 등을 통하여 손해배상청구소송 및 채권보전조치 등 필요한 법적조치를 취하고 있습니다.

이와 같이 공사는 부실관련자에 대한 철저한 책임추궁을 통하여 기존의 잘못된 경영관행을 혁신하여 건전한 책임경영 풍토를 정착시키고, 투입된 자금을 한푼이라도 더 회수하여 국민부담을 최대한 경감시키고자 최선을 다하고 있습니다.

---

① 금융부실관련자에 대한 예금보험공사의 책임추궁은 법률에 근거한다.
② 예금보험공사는 타 기관과 협조하여 부실채무기업에 대해 조사를 수행하고 있다.
③ 금융회사 부실에 대해 핵심 원인을 제공한 인물만 예금보험공사의 조사 대상이 된다.
④ 예금보험공사는 부실채무기업의 증가에 대해 전담조직 신설을 통해 대응하고 있다.

40 철수는 다음과 같은 길을 따라 A에서 C까지 최단 거리로 이동을 하려고 한다. 이때, 최단 거리로 이동을 하는 동안 B를 지나며 이동하는 경우의 수는?

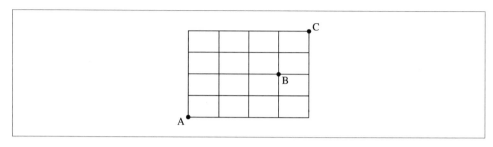

① 15가지

② 24가지

③ 28가지

④ 30가지

41 다음 문장을 논리적 순서대로 바르게 나열한 것은?

> (가) 그렇기 때문에 사람들은 자신의 투자 성향에 따라 각기 다른 금융 상품을 선호한다.
> (나) 그중 주식은 예금에 비해 큰 수익을 얻을 수 있지만 손실의 가능성이 크고, 예금은 상대적으로 적은 수익을 얻지만 손실의 가능성이 적다.
> (다) 그렇다면 금융 회사가 고객들의 투자 성향을 판단하는 기준은 무엇일까?
> (라) 금융 상품에는 주식, 예금, 채권 등 다양한 유형의 투자 상품이 있다.
> (마) 그리고 금융 회사는 이러한 고객의 성향을 고려하여 고객에게 최적의 투자 상품을 추천한다.
> (바) 금융사는 투자의 기대 효용에 대한 고객들의 태도 차이를 기준으로 고객들을 위험 추구형, 위험 회피형 등으로 분류한다.

① (바) – (마) – (다) – (가) – (라) – (나)

② (바) – (마) – (가) – (다) – (라) – (나)

③ (라) – (나) – (가) – (마) – (다) – (바)

④ (라) – (나) – (다) – (바) – (가) – (마)

42 새로 얻은 직장의 가까운 곳에 자취를 시작하게 된 한별이는 도어 록의 비밀번호를 새로 설정하려고 한다. 한별이의 도어 록 번호판은 다음과 같이 0을 제외한 1 ~ 9 숫자로 되어 있다. 비밀번호를 서로 다른 4개의 숫자로 구성한다고 할 때, 5와 6을 제외하고, 1과 8이 포함된 4자리 숫자로 만들 확률은?

〈도어 록 비밀번호〉

1 2 3
4 5 6
7 8 9

① $\dfrac{5}{63}$

② $\dfrac{2}{21}$

③ $\dfrac{1}{7}$

④ $\dfrac{10}{63}$

43 다음 글의 제목으로 가장 적절한 것은?

시장경제는 국민 모두가 잘살기 위한 목적을 달성하는 수단으로서 선택한 나라 살림의 운영 방식이다. 그러나 최근에 재계, 정계 그리고 경제 관료 사이에 벌어지고 있는 시장경제에 대한 논쟁은 마치 시장경제 그 자체가 목적인 것처럼 왜곡되고 있다. 국민들이 잘살기 위해서는 경제가 성장해야 한다. 그러나 경제가 성장했는데도 다수의 국민들이 잘사는 결과를 가져오지 못하고 경제적 강자들의 기득권을 확대 생산하는 결과만을 가져온다면 국민들은 시장경제를 버리고 대안적 경제 체제를 찾을 것이다. 그렇기 때문에 시장경제를 유지하기 위해서는 성장과 분배의 균형이 중요하다.

시장경제는 경쟁을 통해서 효율성을 높이고 성장을 달성한다. 경쟁의 동기는 사적인 이익을 추구하는 인간의 이기적 속성에 기인한다. 국민 각자는 모두가 함께 잘살기 위해서가 아니라 내가 잘살기 위해서 경쟁을 한다. 모두가 함께 잘살기 위한 공동의 목적을 달성하는 수단으로 시장경제를 선택한 것이지만 개개인은 이기적인 동기로 시장에 참여하는 것이다. 이와 같이 시장경제는 개인과 공동의 목적이 서로 상반되는 모순을 갖는 것이 그 본질이다. 그래서 시장경제가 제대로 운영되기 위해서는 국가의 소임이 중요하다.

시장경제에서 국가가 할 일은 크게 세 가지로 나누어 볼 수 있다. 첫째는 경쟁을 유도하는 시장 체제를 만드는 것이고, 둘째는 공정한 경쟁이 이루어지도록 시장 질서를 세우는 것이며, 셋째는 경쟁의 결과로 얻은 성과가 모두에게 공평하게 분배되도록 조정하는 것이다. 최근에 벌어지고 있는 시장경제의 논쟁은 세 가지 국가의 역할 중에서 논쟁의 주체들이 자신의 이해관계에 따라서 선택적으로 시장경제를 왜곡하고 있다. 경쟁에서 강자의 위치를 확보한 재벌들은 경쟁 촉진을 주장하면서 공정 경쟁이나 분배를 말하는 것은 반시장적이라고 매도한다. 정치권은 인기 영합의 수단으로 그리고 일부 노동계는 이기적 동기에서 분배를 주장하면서 분배의 전제가 되는 성장을 위해서 필요한 경쟁을 훼손하는 모순된 주장을 한다. 경제 관료들은 자신의 권력을 강화하기 위한 부처의 이기적인 관점에서 경쟁촉진과 공정 경쟁 사이에서 줄타기 곡예를 하며 분배에 대해서 말하는 것은 금기시한다. 모두가 자신들의 기득권을 위해서 선택적으로 왜곡하고 있다.

경쟁은 원천적으로 공정성을 보장하지 못한다. 서로 다른 능력이 주어진 천부적인 차이는 물론이고, 물려받는 재산과 환경의 차이로 인하여 출발선에서부터 불공정한 경쟁이 시작된다. 그럼에도 불구하고 경쟁은 창의력을 가지고 노력하는 사람에게 성공을 가져다주는 체제이다. 그래서 출발점이 다를지라도 노력과 능력에 따라서 성공의 기회가 제공되도록 보장하기 위해서 공정 경쟁이 중요하다. 경쟁은 또한 분배의 공평성을 보장하지 못한다. 경쟁의 결과는 경쟁에 참여한 모든 사람의 노력으로 이루어진 것이지, 승자만의 노력으로 이루어진 것은 아니다. 경쟁의 결과가 승자에 의해서 독점된다면 국민들은 경쟁의 참여를 거부할 수밖에 없다. 그래서 경쟁에 참여한 모두에게 공평한 분배가 이루어지는 것이 중요하다.

① 시장경제에서의 개인과 경쟁의 상호 관계
② 시장경제에서의 국가의 역할
③ 시장경제에서의 개인 상호 간의 경쟁
④ 시장경제에서의 경쟁의 양면성과 그 한계
⑤ 시장경제에서의 경쟁을 통한 개개인의 관계

44 다음 글의 내용에 대한 〈보기〉의 설명 중 적절한 것을 모두 고르면?

> 과거에는 일반 시민들이 사회 문제에 대한 정보를 얻을 수 있는 수단이 거의 없었다. 따라서 일반 시민들은 신문과 같은 전통적 언론을 통해 정보를 얻었고 전통적 언론은 주요 사회 문제에 대한 여론을 형성하는 데 강한 영향을 끼쳤다. 지금도 신문에서 물가 상승 문제를 반복해서 보도하면 일반 시민들은 이를 중요하다고 생각하고, 그와 관련된 여론도 활성화된다.
>
> 이처럼 전통적 언론이 여론을 형성하는 것을 '의제설정기능'이라고 한다. 하지만 막강한 정보원으로 인터넷이 등장한 이후 전통적 언론의 영향력은 약화되고 있다. 그리고 인터넷을 통한 상호작용매체인 소셜 네트워킹 서비스(이하 SNS)가 등장한 이후에는 그러한 경향이 더욱 강화되고 있다. 일반 시민들이 SNS를 통해 문제를 제기하고, 많은 사람들이 그 문제에 대해 중요하다고 생각하면 역으로 전통적 언론에서 뒤늦게 그 문제에 대해 보도하는 현상이 생기게 된 것이다. 이러한 현상을 일반 시민이 의제설정을 주도한다는 점에서 '역의제설정 현상'이라고 한다.

보기

ㄱ. 현대의 전통적 언론은 의제설정기능을 전혀 수행하지 못하고 있다.
ㄴ. SNS는 일반 시민이 의제설정을 주도하는 것을 가능하게 했다.
ㄷ. 현대 언론은 과거 언론에 비해 의제설정기능의 역할이 강하다.
ㄹ. SNS로 인해 의제설정 현상이 강해지고 있다.

---

① ㄴ
② ㄷ
③ ㄱ, ㄴ
④ ㄱ, ㄹ
⑤ ㄷ, ㄹ

45 M금고에 새로 입사한 사원의 현황이 다음과 같다. 신입사원 중 여자 한 명을 뽑았을 때, 경력직이 뽑힐 확률은?

> **조건**
> • 신입사원의 60%는 여성이다.
> • 신입사원의 20%는 여성 경력직이다.
> • 신입사원의 80%는 여성이거나 경력직이다.

① $\dfrac{1}{3}$ ② $\dfrac{2}{3}$

③ $\dfrac{1}{5}$ ④ $\dfrac{3}{5}$

⑤ $\dfrac{1}{2}$

46 다음은 종이책 및 전자책 성인 독서율에 대한 자료이다. 빈칸 (가)에 들어갈 수치로 적절한 것은? (단, 각 항목의 2021년 수치는 2019년 수치 대비 일정한 규칙으로 변화한다)

〈종이책 및 전자책 성인 독서율〉

(단위 : %)

항목	연도	2019년			2021년		
		사례수(건)	1권 이상	읽지 않음	사례수(건)	1권 이상	읽지 않음
전체	소계	5,000	60	40	6,000	72	28
성별	남자	2,000	60	40	3,000	90	10
	여자	3,000	65	35	3,000	65	35
연령별	20대	1,000	87	13	1,000	87	13
	30대	1,000	80.5	19.5	1,100	88.6	11.4
	40대	1,000	75	25	1,200	90	10
	50대	1,000	60	40	1,200	(가)	
	60대 이상	1,000	37	63	1,400	51.8	48.2
학력별	중졸 이하	900	30	70	1,000	33.3	66.7
	고졸	1,900	63	37	2,100	69.6	30.4
	대졸 이상	2,200	70	30	2,800	89.1	10.9

① 44   ② 52

③ 72   ④ 77

⑤ 82

47 M지원센터는 봄을 맞이하여 동네 주민들에게 사과, 배, 딸기의 세 과일을 한 상자씩 선물하려고 한다. 사과 한 상자 가격은 1만 원이고, 배 한 상자는 딸기 한 상자 가격의 2배이며 딸기 한 상자와 사과 한 상자 가격의 합은 배의 가격보다 2만 원 더 싸다. 10명의 동네 주민들에게 선물을 준다고 하였을 때 M지원센터가 지불해야 하는 총금액은?

① 400,000원
② 600,000원
③ 800,000원
④ 1,000,000원
⑤ 1,200,000원

48 M공사에서는 직원들을 해외로 파견하고자 한다. 다음 파견 조건에 따라 각 직원의 파견 여부와 파견 국가가 결정된다고 할 때, 〈보기〉 중 반드시 참인 것을 모두 고르면?

〈파견 조건〉

• A대리가 인도네시아로 파견되지 않는다면, E주임은 몽골로 파견되지 않는다.
• D주임이 뉴질랜드로 파견된다면, B대리는 우즈베키스탄으로 파견된다.
• C주임은 아일랜드로 파견된다.
• E주임이 몽골로 파견되거나, C주임이 아일랜드로 파견되지 않는다.
• A대리가 인도네시아로 파견되지 않거나, B대리가 우즈베키스탄으로 파견되지 않는다.

보기

ㄱ. B대리는 우즈베키스탄으로 파견되지 않는다.
ㄴ. D주임은 뉴질랜드로 파견되지 않는다.
ㄷ. A대리는 인도네시아로 파견되고, E주임은 몽골로 파견되지 않는다.
ㄹ. C주임과 E주임은 같은 국가로 파견된다.

① ㄱ, ㄴ
② ㄱ, ㄷ
③ ㄴ, ㄷ
④ ㄴ, ㄹ
⑤ ㄷ, ㄹ

49 다음은 우리나라 연도별 적설량에 대한 자료이다. 이를 그래프로 바르게 변환한 것은?

<우리나라 연도별 적설량>

(단위 : cm)

구분	2018년	2019년	2020년	2021년
서울	25.3	12.9	10.3	28.6
수원	12.2	21.4	12.5	26.8
강릉	280.2	25.9	94.7	55.3

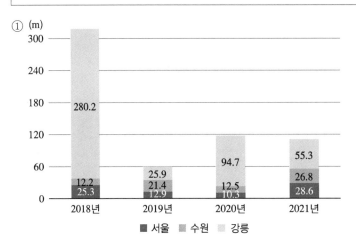

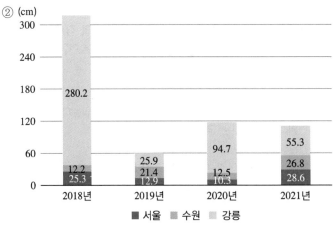

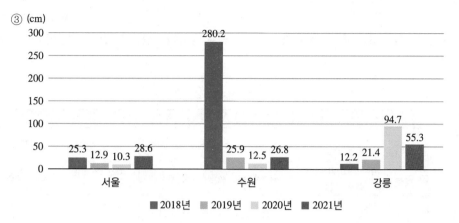

③ (cm)

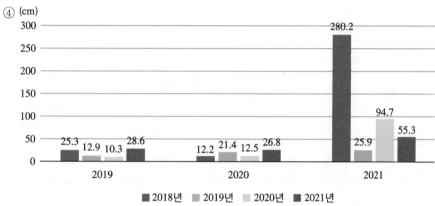

④ (cm)

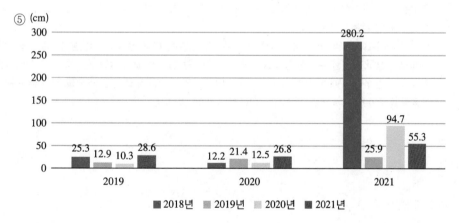

⑤ (cm)

50 다음 자료와 〈조건〉을 바탕으로 철수, 영희, 민수, 철호가 상품을 구입한 쇼핑몰이 바르게 짝지어 진 것은?

<표 이용약관의 주요내용>

구분	주문 취소	환불	배송비	포인트 적립
A쇼핑몰	주문 후 7일 이내 취소 가능	10% 환불수수료, 송금수수료 차감	무료	구입 금액의 3%
B쇼핑몰	주문 후 10일 이내 취소 가능	환불수수료, 송금수수료 차감	20만 원 이상 무료	구입 금액의 5%
C쇼핑몰	주문 후 7일 이내 취소 가능	환불수수료, 송금수수료 차감	1회 이용 시 1만 원	없음
D쇼핑몰	주문 후 당일에만 취소 가능	환불수수료, 송금수수료 차감	5만 원 이상 무료	없음
E쇼핑몰	취소 불가능	고객 귀책 사유에 의한 환불 시에만 10% 환불수수료	1만 원 이상 무료	구입 금액의 10%
F쇼핑몰	취소 불가능	원칙적으로 환불 불가능 (사업자 귀책 사유일 때만 환불 가능)	100g당 2,500원	없음

조건

• 철수는 부모님의 선물로 등산 용품을 구입하였는데, 판매자의 업무 착오로 배송이 지연되어 판매 자에게 전화로 환불을 요구하였다. 판매자는 판매금액 그대로를 통장에 입금해 주었고 구입 시 발생한 포인트도 유지하여 주었다.

• 영희는 옷을 구매할 때 배송료를 고려하여 한 가지씩 여러 번에 나누어 구매하기보다는 가능한 한 한꺼번에 주문하곤 하였다.

• 인터넷 사이트에서 영화티켓을 20,000원에 주문한 민수는 다음 날 같은 티켓을 18,000원에 파는 가게를 발견하고 전날 주문한 물건을 취소하려 했지만 취소가 되지 않아 곤란을 겪은 적이 있다.

• 가방을 10만 원에 구매한 철호는 도착한 물건의 디자인이 마음에 들지 않아 환불 및 송금수수료와 배송료를 감수하는 손해를 보면서도 환불할 수밖에 없었다.

	철수	영희	민수	철호
①	E	B	C	D
②	F	E	D	B
③	E	D	F	C
④	F	C	E	B
⑤	E	C	B	D

앞선 정보 제공! 도서 업데이트

언제, 왜 업데이트될까?

도서의 학습 효율을 높이기 위해 자료를 추가로 제공할 때!
공기업 · 대기업 필기시험에 변동사항 발생 시 정보 공유를 위해!
공기업 · 대기업 채용 및 시험 관련 중요 이슈가 생겼을 때!

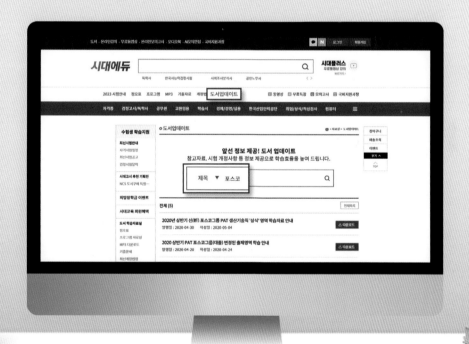

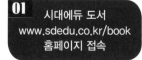

01 시대에듀 도서
www.sdedu.co.kr/book
홈페이지 접속

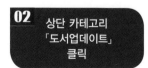

02 상단 카테고리
「도서업데이트」
클릭

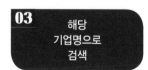

03 해당
기업명으로
검색

참고자료, 시험 개정사항 등 정보 제공으로 학습효율을 높여 드립니다.

시대에듀
금융권 필기시험
시리즈

알차다!
꼭 알아야 할 내용을
담고 있으니까

친절하다!
핵심내용을 쉽게
설명하고 있으니까

명쾌하다!
상세한 풀이로 완벽하게
익힐 수 있으니까

핵심을 뚫는다!
시험 유형과 흡사한
문제를 다루니까

"신뢰와 책임의 마음으로 수험생 여러분에게 다가갑니다."

"농협" 합격을 위한 시리즈

농협 계열사 취업의 문을 여는
Master Key!

2024 하반기 All-New

기출이
답이다

지역농협 | 지역축협 | 품목농협 | 품목축협

지역농협 6급

9개년 기출복원문제 ➕ 기출유형분석 ➕ 무료NCS특강

SDC
SDC는 시대에듀 데이터 센터의 약자로
약 30만 개의 NCS·적성 문제 데이터를 바탕으로
최신출제경향을 반영하여 문제를 출제합니다.

정답 및 해설

NCS 핵심이론
및 대표유형
무료 PDF

[합격시대]
온라인 모의고사
무료쿠폰

시대에듀

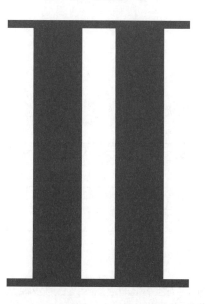

PART

II

기출복원문제
정답 및 해설

01 2024년 상반기 기출복원문제

01 70문항 유형

01	02	03	04	05	06	07	08	09	10	11	12	13	14	15	16	17	18	19	20
④	①	⑤	①	②	⑤	⑤	①	②	⑤	④	②	②	④	①	⑤	④	⑤	④	③

21	22	23	24	25	26	27	28												
④	⑤	⑤	①	⑤	③	②	④												

01 정답 ④

프로폴리스는 꿀벌이 나무의 싹이나 수액에서 수집한 수지질의 혼합물로 천연 항생제로 널리 알려져 있다. 건강기능식품으로서 인정받고 있지만, 알레르기나 설사 같은 부작용이 동반될 수 있다.

02 정답 ①

감자는 대표적인 구황작물로서 양분을 지하줄기에 저장해 구근을 형성하는 알뿌리 식물이다. 감자의 싹에는 솔라닌이라는 독성 물질이 있으며, 약한 전류가 통하므로 전지로도 사용할 수 있다.

03 정답 ⑤

유기물은 탄소가 포함되어 있는 물질을 뜻하며, 넷제로는 탄소 중립이라는 뜻으로 지구상에서 생성되는 탄소량과 흡수되는 탄소량의 총량을 같게 하여 탄소 배출량을 0으로 맞추는 것이다. 그래핀은 탄소 원자들이 육각형의 벌집 모양으로 연결된 탄소 동소체 신소재이다. 마지막으로 다이아몬드는 고온 고압 상태에서 순수한 탄소가 압축되어 구성되는 물질이다.

04 정답 ①

'암팡지다'는 몸이 작아도 힘차고 다부지다는 뜻과 행동이 허술하지 않고 매우 세차고 억세다를 뜻한다.

오답분석

② 옴팡지다 : 보기에 가운데가 좀 오목하게 쏙 들어가 있다.

05 정답 ②

퇴사와 휴직은 육아를 위해 일을 할 수 없는 상황을 의미하며, 유모차와 이유식은 모두 육아에 필요한 용품을 의미한다. 따라서 제시된 단어에서 공통으로 연상할 수 있는 단어는 육아이다.

06 정답 ⑤

제시된 글은 어지러운 시국에 충신과 역신이 뒤바뀌기가 매우 쉽다는 것을 뜻하므로 손바닥을 뒤집는 것 같이 일이 매우 쉬움을 이르는 말인 '여반장(如反掌)'이 빈칸 ⑤에 들어갈 가장 적절한 고사성어이다.

오답분석
① 장광설(長廣舌) : 쓸데없이 장황하게 늘어놓는 말
② 유분수(有分數) : 마땅히 지켜야 할 분수가 있음
③ 등한시(等閒視) : 소홀하게 보아 넘김
④ 도외시(度外視) : 상관하지 아니하거나 무시함

07 정답 ⑤

'미덥다'는 믿음이 가는 데가 있음을 뜻하는 말이다. 밑줄 친 부분은 하는 짓이나 됨됨이가 매우 어리석고 미련하다의 의미가 더욱 적절하므로 '미욱한'이 더 적절한 어휘이다.

오답분석
① 경솔하다 : 말이나 행동이 조심성 없이 가볍다.
② 소요 : 여럿이 떠들썩하게 들고 일어남 또는 그런 술렁거림과 소란
③ 자구책 : 스스로를 구원하기 위한 방책
④ 남루하다 : 옷 따위가 낡아 해지고 차림새가 너저분하다.

08 정답 ①

고령화는 전체 인구 중 65세 이상 노인의 비율이 증가하는 것이다. 65세 이상 노인이 오래 생존하고, 새로 태어나는 아이가 적어지면 65세 이상 노인의 비율이 상승하게 되므로 수명 증가와 저출산은 고령화의 직접적인 원인이 된다.

오답분석
② 고령화는 여러 나라에서 일반적으로 발생하고 있다고 하였으나, 모든 나라에서 공통적으로 발생한다고는 서술되지 않았다.
③ 고령화 비율을 감소시키기 위해서는 출산율의 급격한 증가가 필요하다. 그러나 제시된 글에서 각국의 고령화 대응 정책은 노인관련 정책이 대다수이다. 따라서 고령화 비율의 감소보다 고령 인구의 활용 및 복지가 각국 고령화 대응 정책의 기본이라 할 수 있다.
④ 독일의 경우 노인에 대한 직접적인 지원 정책 이외에도 교육, 고용, 도시개발 등 다양한 과제를 포괄적으로 고려하는 인구전략을 실행하고 있다. 따라서 금전적 지원이 주요 대응 정책이라고는 보기 어렵다.
⑤ 1억 명 중 65세 이상 인구가 1,500만 명이라면 고령화 비율은 15%이다. 65세 이상 인구 비율이 전체의 14%를 넘으므로 고령 사회에 해당한다.

09 정답 ②

두 번째 문단에서 식품은 우리가 먹고 마시는 모든 것을 의미하며, 자연 생태의 음식뿐만 아니라 가공된 음식까지 포함한다고 하였다.

오답분석
① 영양은 식품을 섭취한 후, 식품의 영양소를 흡수하고 사용하는 과정이다.
③ 다섯 번째 문단에서 지방의 과잉은 비만과 심혈관 질환의 위험을 증가시킬 수 있다고 하였으므로 적절하지 않은 설명이다.
④ 다섯 번째 문단에서 비타민 C 결핍은 괴혈병을 유발한다고 하였으므로 적절하지 않은 설명이다.
⑤ 에너지를 만들고, 면역력을 높이는 것은 영양소를 흡수하고 사용하는 과정에 해당하므로 영양으로 설명할 수 있다.

10 정답 ⑤

제시된 글에서는 농촌 고령화, 농촌 소멸, 식량 안보 등 농촌 사회에 닥친 현재의 문제점을 설명하고, 이를 해결하기 위한 청년농업인 육성 방법 및 각종 정책 등을 소개하고 있다. 그러므로 제시된 글의 주제는 농촌 고령화 문제와 식량 안보를 해결하기 위한 청년농업인 육성 정책의 중요성이다.

11 정답 ④

부장 2명 중 1명, 대리 4명 중 1명, 사원 3명 중 1명을 뽑아 팀을 만들 때, 가능한 경우의 수는 $_2C_1 \times _4C_1 \times _3C_1 = 2 \times 4 \times 3 = 24$가지이다.

12 정답 ②

서울에 사는 응답자의 비율은 $0.18 + 0.07 = 0.25$이고, 전체 응답자의 비율의 합은 1이므로 인천에 사는 응답자의 비율은
$1 - (0.25 + 0.2 + 0.1 + 0.1 + 0.05 + 0.05 + 0.05 + 0.1) = 0.1$이다.
인천에 사는 응답자 중 여성의 비율은 전체 응답자 중 여성의 비율과 같으므로 전체 응답자 중 인천에 사는 여성의 비율은 0.1×0.4 $= 0.04$이다. 전체 응답자 중 여성의 비율이 0.4이므로 대구에 사는 여성 응답자의 비율은 $0.4 - (0.07 + 0.03 + 0.04 + 0.07 + 0.05 + 0.03 + 0.01 + 0.08) = 0.02$이다.
따라서 전체 응답자 중 대구에 사는 여성의 비율은 0.02이므로 그 인원은 $1,100 \times 0.02 = 22$명이다.

13 정답 ②

• 연이율 2.4%가 적용되는 만기 2년 단리 적금 상품에 만기 때까지 매월 초 80만 원씩 납입하였을 때 받는 이자

$$80 \times \frac{24 \times 25}{2} \times \frac{0.024}{12} = 48만 \ 원$$

• 연이율 2.4%가 적용되는 만기 2년 월복리 적금 상품에 만기 때까지 매월 초 100만 원씩 납입하였을 때 받는 이자

$$100 \times \frac{\left(1 + \frac{0.024}{12}\right)\left\{\left(1 + \frac{0.024}{12}\right)^{24} - 1\right\}}{\left(1 + \frac{0.024}{12}\right) - 1} - 100 \times 24$$

$$= 100 \times \frac{1.002 \times (1.002^{24} - 1)}{1.002 - 1} - 2,400$$

$$= 100 \times \frac{1.002 \times 0.0491}{0.002} - 2,400$$

$$= 2,459.91 - 2,400$$

$$= 59.91만 \ 원$$

따라서 만기 시 받는 이자의 차이는 $59.91 - 48 = 11.91만 \ 원 = 119,100원$이다.

14 정답 ④

A씨는 매월 500,000원을 사용하므로 각 체크카드의 전월 실적이 500,000일 때, 최대 할인 금액은 다음과 같다.
• A체크카드 : $6,000 + 6,000 + 1,000 = 13,000$원
• H체크카드 : 13,000원
• K체크카드 : $3,000 + 3,000 + 2,000 + 1,000 = 9,000$원
• M체크카드 : $(500,000 \times 0.003) + \left(\frac{100,000}{1,600} \times 40\right) + 10,000 = 14,000$원
• N체크카드 : $500,000 \times 0.002 = 1,000$원
따라서 A씨에게 추천할 카드는 M체크카드이다.

15 정답 ①

K체크카드의 대중교통 혜택 금액은 대중교통 요금의 10%이므로 120,000×0.1=12,000원이지만, 전월 실적에 따른 할인 한도는 3,000원이다. 이동통신 요금 할인 혜택은 5%로 100,000×0.05=5,000원이지만, 월 할인 한도는 최대 3,000원이다. 카페를 이용하지 않으므로 적용되지 않고, 편의점 월 할인 금액은 최대 1,000원이다.

따라서 A씨가 K체크카드를 이용하여 받을 수 있는 월 할인 금액은 최대 3,000+3,000+1,000=7,000원이다.

16 정답 ⑤

2015 ~ 2023년 동안 10kg당 쌀 가격과 고추 가격이 전년 대비 동시에 오른 연도는 2018년, 2020년, 2023년이다.

오답분석

① 2014 ~ 2023년 동안 10kg당 쌀 가격은 2015년을 제외하고 항상 10kg당 고추 가격보다 낮았다.

② 2014 ~ 2023년 동안 10kg당 쌀 가격이 가장 높은 연도는 2021년이고, 10kg당 고추 가격이 가장 높은 연도는 2020년이다.

③ 2014 ~ 2023년 동안 10kg당 쌀 가격이 가장 낮은 연도는 2017년이고, 10kg당 고추 가격이 가장 낮은 연도는 2015년이다.

④ 2015 ~ 2023년 동안 10kg당 쌀 가격의 전년 대비 증감 추이는 '감소 - 감소 - 감소 - 증가 - 증가 - 증가 - 증가 - 감소 - 증가'이고, 10kg당 고추 가격의 전년 대비 증감 추이는 '감소 - 증가 - 감소 - 증가 - 감소 - 증가 - 감소 - 증가 - 증가'로 같지 않다.

17 정답 ④

주어진 조건을 정리하면 다음과 같다.

구분	1일	2일	3일	4일	5일	6일
경우 1	B	E	F	C	A	D
경우 2	B	C	F	D	A	E
경우 3	A	B	F	C	E	D
경우 4	A	B	C	F	D	E
경우 5	E	B	C	F	D	A
경우 6	E	B	F	C	A	D

따라서 B영화는 어떠한 경우에도 1일 또는 2일에 상영된다.

오답분석

① 경우 3 또는 4에서 A영화는 C영화보다 먼저 상영된다.

② 경우 1 또는 5, 6에서 C영화는 E영화보다 늦게 상영된다.

③ D영화는 경우 1 또는 3, 6에서 폐막작으로, 경우 4 또는 5에서 5일에 상영된다.

⑤ E영화는 경우 1 또는 3에서 E영화는 개막작이나 폐막작으로 상영되지 않는다.

18 정답 ⑤

두 번째 조건과 세 번째 조건에 따라 3학년이 앉은 첫 번째 줄과 다섯 번째 줄의 바로 옆줄인 두 번째 줄과 네 번째 줄, 여섯 번째 줄에는 3학년이 앉을 수 없다. 즉, 두 번째 줄, 네 번째 줄, 여섯 번째 줄에는 1학년 또는 2학년이 앉아야 한다. 이때 3학년이 앉은 줄의 수가 1학년과 2학년이 앉은 줄의 수의 합과 같다는 네 번째 조건에 따라 남은 세 번째 줄에는 반드시 3학년이 앉아야 한다.

따라서 ⑤는 항상 거짓이 된다.

오답분석

① 네 번째 줄에는 1학년 또는 2학년이 앉을 수 있다.

② 책상 수가 몇 개인지는 알 수 없다.

③ 학생 수가 몇 명인지는 알 수 없다.

④ 여섯 번째 줄에는 1학년 또는 2학년이 앉을 수 있다.

19 정답 ④

제17조 제2항에 따르면, 개인이 계좌번호와 비밀번호를 타인에게 공유하는 행위는 은행이 책임질 수 없는 사유이므로 은행이 책임지지 않아도 된다.

오답분석

① 제14조 제1항에 따르면, 통장 분실신고는 긴급하거나 부득이할 때는 영업시간 중에 전화로 신고할 수 있으며, 다음 영업일 안에 서면으로 신고하여야 한다.
② 제14조 제2항에 따르면, 비밀번호 변경은 서면 신고 없이 전산통신기기를 이용하여 변경할 수 있다.
③ 제14조 제4항에 따르면 은행은 전산장애 등 불가항력적인 사유로 처리하지 못할 때는 복구 등 사유 해제 시 즉시 처리해야 하지만, 신고자가 해야 할 일은 없다.
⑤ 제시된 약관에서는 확인할 수 없는 내용이다.

20 정답 ③

제17조 제3항에 따르면, 은행의 고의 또는 과실로 인한 귀책사유가 있는 경우 은행은 그 책임의 일부 또는 전체를 부담하여야 한다. H지점의 미흡한 본인 확인은 은행의 귀책사유에 해당하므로 일부 책임을 부담하는 것은 적절한 대처이다.

오답분석

①·② A씨의 변경된 정보를 즉시 최신 정보로 갱신하여야 하며, 해당 대응은 약관에서 확인할 수 없는 내용이다.
④·⑤ H지점의 미흡한 본인 확인으로 발생한 사고를 인정하고 책임을 일부 또는 전체를 부담하여야 한다.

21 정답 ④

유럽연합(EU)은 유럽의 정치·경제의 통합을 실연하기 위한 국가연합으로 현재 27개국이 회원으로 가입하고 있다. 영국의 경우 2020년 브렉시트로 EU에서 탈퇴하였으며, 노르웨이, 러시아, 스위스, 우크라이나, 아이슬란드는 유럽국가임에도 EU에 가입하지 않은 대표적인 비회원국이다.

> **유럽연합(EU) 회원국**
> 벨기에, 룩셈부르크, 프랑스, 독일, 이탈리아, 네덜란드, 덴마크, 아일랜드, 그리스, 스페인, 포르투갈, 스웨덴, 오스트리아, 핀란드, 폴란드, 체코, 헝가리, 슬로바키아, 리투아니아, 슬로베니아, 라트비아, 에스토니아, 키프로스, 몰타, 루마니아, 불가리아, 크로아티아

22 정답 ⑤

지중해는 북쪽으로 유럽, 동쪽으로 아시아, 남쪽으로 아프리카에 둘러싸여 있는 바다이다. 지중해와 접해 있는 연안 국가는 다음과 같다.
• 유럽 : 스페인, 프랑스, 모나코, 이탈리아, 몰타, 슬로베니아, 크로아티아, 보스니아 헤르체고비나, 몬테네그로, 알바니아, 그리스
• 아시아 : 튀르키예, 시리아, 레바논, 이스라엘, 팔레스타인, 키프로스
• 아프리카 : 이집트, 리비아, 튀니지, 알제리, 모로코
조지아는 흑해 동쪽 연안에 위치한 국가이다.

23 정답 ⑤

보기에 제시된 문화재는 석굴암과 경주 불국사 삼층석탑(석가탑)이다.
• 석굴암은 대한민국 국보 제24호이자, 유네스코 세계문화유산이다. 석굴암은 경주시 토함산 동쪽에 있는 암자로 남북국시대 통일신라의 김대성이 창건한 사찰이다.
• 경주 불국사 삼층석탑은 국보 제21호로서 경주시 진현동 불국사 대웅전 앞뜰에 다보탑과 함께 대칭으로 서 있는 석탑으로 석가탑 또는 무영탑이라고도 한다. 탑의 내부에서는 세계 최고(最古)의 목판 인쇄본인 무구정광대다라니경이 발견되었다.
따라서 보기의 문화재와 관련된 시기는 통일신라이다.

24 정답 ①

보기에서 설명하는 것은 애그테크(Agtech)이다. 애그테크는 농업(Agriculture)과 기술(Technology)이 합쳐진 말로 첨단 기술을 농작물의 생산부터 가공, 유통까지 전 과정에 적용하여 농업 생산성 향상 및 품질 개선을 목적으로 하는 신 농업기술이다. 애그테크에 접목되는 대표적인 첨단 기술로는 인공지능(AI), 사물인터넷(IoT), 빅데이터(Big Data), 머신러닝(Machine Learning), 드론(Drone) 등이 있다.

블록체인(Block Chain) 기술은 암호화된 데이터 묶음인 블록을 분산 저장하여 데이터 위변조를 방지하기 위한 기술로 금융거래나 인증 등의 분야에서 활용되는 기술이다. 농산물의 유통 과정을 투명하게 관리하는 데 활용될 수 있으나, 애그테크의 핵심인 농업 생산성 및 품질 개선에 직접적으로 기여하는 기술은 아니다.

25 정답 ⑤

농협의 인재상

- 시너지 창출가 : 항상 열린 마음으로 계통 간, 구성원 간에 존경과 협력을 다하여 조직 전체의 성과가 극대화될 수 있도록 시너지 제고를 위해 노력하는 인재
- 행복의 파트너 : 프로다운 서비스 정신을 바탕으로 농업인과 고객을 가족처럼 여기고 최상의 행복 가치를 위해 최선을 다하는 인재
- 최고의 전문가 : 꾸준히 자기계발을 통해 자아를 성장시키고, 유통·금융 등 맡은 분야에서 최고의 전문가가 되기 위해 지속적으로 노력하는 인재
- 진취적 도전가 : 미래지향적 도전의식과 창의성을 바탕으로 새로운 사업과 성장 동력을 찾기 위해 끊임없이 변화와 혁신을 추구하는 역동적이고 열정적인 인재
- 정직과 도덕성을 갖춘 인재 : 매사에 혁신적인 자세로 모든 업무를 투명하고 정직하게 처리하여 농업인과 고객, 임직원 등 모든 이해관계자로부터 믿음과 신뢰를 받는 인재

26 정답 ③

NH콕뱅크에서 콕(CoK)은 (Agricultural) Cooperatives of Korea의 약자로 대한민국 농업협동조합을 의미한다. NH콕뱅크는 간편 송금, 모바일 현금카드 등의 간편 금융서비스와 농협조합 조합원과 직거래 시 QR 결제를 지원하는 농업인을 위한 서비스가 포함되어 있는 지역농협 전용 모바일 애플리케이션이다.

오답분석

① 간편 인증, 간편 송금, 간편 결제 등의 금융서비스와 쇼핑, 건강 등 생활서비스를 제공하는 농협중앙회 전용 모바일 애플리케이션
② 인증서, OTP, 보안카드 등 인증서비스와 고액 송금 등을 지원하는 농협중앙회 및 지역농협 범용 모바일 애플리케이션
④ 농협 제휴사의 거래, 제휴 혜택 등 통합멤버십 서비스를 제공하는 모바일 애플리케이션
⑤ 농업인과 국민 또는 농협 임직원 간 소통 및 협업을 위한 커뮤니티 모바일 애플리케이션

27 정답 ②

농협은 다양한 사회공헌활동을 수행하고 있으며, 임직원들의 자발적인 후원·기부금으로 4개의 사회공헌 단체를 운영하고 있다.

- 농협재단 : 다양한 장학·복지사업 전개, 농촌 다문화가정 모국 방문 후원
- 도농상생국민운동본부 : 도농교류 활성화, 도농상생 희망이음 의료지원사업
- 우리농업지키기운동본부 : 장수사진 무료 촬영, 소외계층 돌봄
- 나눔축산운동본부 : 지역사회 환경개선활동, 축산물 정 나눔

28 정답 ④

N-Hub는 농협의 올인원 빅데이터 플랫폼으로서 농협, 농촌진흥청, 농림수산식품교육문화정보원, 축산물품질평가원 등 농업 관련 기관의 데이터를 연계·가공하여 이용자가 쉽고 빠르게 활용할 수 있도록 제공한다. N-Hub에서 지원하는 서비스는 총 8가지로 농산물 종합정보, 축산물 종합정보, 하나로마트 매출 돋보기, 귀농·귀촌 메이트, 스마트팜 길라잡이, NH고객 라이프스토리, 농·축협 신용경제 통합뷰, NH유통상품 트렌드가 있다.

01	02	03	04	05	06	07	08	09	10	11	12	13	14	15	16	17	18	19	20
①	②	①	④	③	②	①	④	①	④	①	①	④	③	④	①	③	②	④	④

01 정답 ①

낱알은 하나하나 따로인 알을 뜻하고, 낟알은 껍질을 벗기지 아니한 곡식의 알을 뜻한다. 새가 들판에 남은 곡식의 알을 쪼아 먹고 있는 의미로 쓰였으므로 낟알이 더 정확한 표현이다.

02 정답 ②

견강부회(牽强附會)는 이치에 맞지 않는 말을 억지로 끌어 붙여 자기에게 유리하게 함을 의미한다. A씨의 경우 아침에 먹는 사과와 감기의 상관관계가 없음에도 불구하고, 이치에 맞지 않는 주장을 억지로 주장하고 있으므로 가장 적합한 한자성어는 견강부회이다.

오답분석

① 아전인수(我田引水) : 자기 논에 물 대기라는 뜻으로, 자기에게만 이롭게 되도록 생각하거나 행동함을 이르는 말.
③ 지록위마(指鹿爲馬) : 윗사람을 농락하여 권세를 마음대로 함을 이르는 말
④ 사필귀정(事必歸正) : 모든 일은 반드시 바른길로 돌아감을 뜻하는 말

03 정답 ①

'~밖에'가 '뿐'의 뜻으로 쓰일 때는 하나의 조사이므로 앞말에 붙여 써야 한다.

오답분석

② '~데'가 장소, 경우, 일, 것 따위를 나타낼 때는 의존명사이므로 띄어 쓴다.
③ '~지'가 의문을 나타낼 때는 '~는지', '~은지', '~을지'처럼 하나의 어미이므로 붙여 쓴다.
④ '~만에'가 시간이 경과한 정도를 나타낼 때는 의존명사이므로 띄어 쓴다. 반면, 한정이나 강조를 나타낼 때나 그 정도가 같음을 나타낼 경우에는 조사로 쓰이므로 붙여 쓴다.

04 정답 ④

제시된 문단은 유럽의 협동조합운동에 대한 내용이고 문단 마지막에 프랑스와 독일의 협동조합운동에 대해 언급하고 있으므로 이어서 배치될 문단은 프랑스와 독일의 협동조합운동을 설명하는 (라) 문단이다. (라) 문단을 제외한 나머지 문단은 우리나라의 협동조합에 대한 내용이므로 서유럽과의 시기 차이를 언급하며 내용을 전개하는 (나) 문단이 다음에 와야 한다. (나) 문단에서 1910 ~ 1920년대 우리나라 협동조합이 일제에 의한 경제적 보조기관이므로 협동조합이라고 규정하기 어렵다고 하였으므로 진정한 협동조합이라고 할 수 있는 민간 협동조합운동에 대한 내용인 (마) 문단이 이어져야 한다. 남은 문단 중 (가) 문단의 경우 정치적 색채를 띤 민간협동조합에 대해 언급하고 있으므로 경제적 자력갱생운동 및 계몽활동에 대해 언급한 (다) 문단 뒤에 와야 적절하다. 따라서 제시된 문단에서 이어질 문단을 논리적 순서대로 나열하면 (라) – (나) – (마) – (다) – (가)이다.

05 정답 ③

미디어의 장점에 대해 앞서 설명하고 있고, 빈칸 뒤 문장에도 미디어의 또 다른 긍정적 영향을 설명하고 있으므로 'In addition(게다가)'이 자연스럽다.

- fraud : 사기
- complaint : 불평
- publicity : 평판
- nutrition : 영양
- get involved : 개입되다

신문, 대중 잡지, 라디오, 텔레비전은 소비자에게 도움을 준다. 미디어는 지역적으로 행해지는 사기에 대해 사람들에게 경고하는 중요한 역할을 한다. 그들은 또한 투자, 건강, 영양, 주택 그리고 소비자들에게 특별한 흥미를 주는 다른 주제들에 대한 유용한 조언을 제공한다. 게다가 미디어는 사람들이 소비자 불평을 해결하도록 도와준다. 소비자 혼자서 행동하는 것을 무시하는 기업도 기자들이 관여할 때 빠르게 그리고 우호적으로 반응한다. 이것은 그들이 비우호적인 평판들을 피하기를 원하기 때문이다.

06 정답 ②

처음 집을 나온 후 15분이 지났을 때 돌아갔으므로 집과 다시 돌아갔던 지점 사이의 거리는 $60 \times \dfrac{15}{60} = 15$km이다.

다시 집으로 돌아갔을 때의 속력은 $60 \times 1.5 = 90$km/h이고, 집에서 회사로 다시 갈 때의 속력은 $90 \times 1.2 = 108$km/h이다.

집에서부터 회사까지의 거리를 $x$km라고 하면, 출근할 때 소비한 전체 시간이 50분이므로

$$\dfrac{15}{60} + \dfrac{15}{90} + \dfrac{x}{108} = \dfrac{50}{60}$$

$\rightarrow 135 + 90 + 5x = 450 \rightarrow 5x = 225$

$\therefore x = 45$

따라서 N사원의 집에서 회사까지의 거리는 45km이다.

07 정답 ①

8명 중 팀장 2명을 뽑는 경우의 수 : $_8\mathrm{C}_2$

남자 4명 중 팀장 2명을 뽑는 경우의 수 : $_4\mathrm{C}_2$

$$\dfrac{_4\mathrm{C}_2}{_8\mathrm{C}_2} = \dfrac{4 \times 3}{8 \times 7} = \dfrac{3}{14}$$

따라서 구하고자 하는 확률은 $\dfrac{3}{14}$ 이다.

08 정답 ④

욕조를 가득 채우는 데 필요한 물의 양을 1이라고 하고, A관과 B관을 동시에 틀고 배수를 할 때 욕조가 가득 채워질 때까지 걸리는 시간을 x분이라고 하면, A관에서 1분 동안 나오는 물의 양은 $\dfrac{1}{30}$, B관에서 1분 동안 나오는 물의 양은 $\dfrac{1}{40}$ 이고, 1분 동안 배수되는 양은 $\dfrac{1}{20}$ 이므로

$$\left(\dfrac{1}{30} + \dfrac{1}{40} - \dfrac{1}{20}\right)x = 1 \rightarrow \dfrac{1}{120}x = 1$$

$\therefore x = 120$

따라서 A관과 B관을 동시에 틀고, 동시에 배수를 할 때, 욕조에 물이 가득 채워질 때까지 걸리는 시간은 120분이다.

09 정답 ①

분자는 36부터 1씩 더하고, 분모는 2의 거듭제곱 형태, 즉 2^1, 2^2, 2^3, 2^4, 2^5인 수열이다.

따라서 ( ) $= \dfrac{39+1}{2^5} = \dfrac{40}{32}$ 이다.

10 정답 ④

제시된 수열은 7^3+7, 6^3+6, 5^3+5, …의 규칙을 갖고 있다. 따라서 빈칸에 들어갈 수는 $4^3+4=64+4=68$이다.

11 정답 ①

A기업의 대출기간은 1년, 대출금액은 5천만 원, 대출금리는 연 3%이다.

만기일시상환 방식으로 월 이자는 $50,000,000 \times 0.03 \times \frac{12}{12} \div 12 = 125,000$원이고, 마지막 달에는 원금과 함께 납입해야 되기 때문에 마지막 달의 비용은 $50,000,000+125,000=50,125,000$원이다.

12 정답 ①

연이율 3.6%가 적용되는 만기 3년 단리 적금 상품에 만기 때까지 매월 초 a만 원씩 납입할 때 만기 시 받는 이자는

$a \times \frac{36 \times 37}{2} \times \frac{0.036}{12} = 99.9$만 원이므로 매월 초 납입해야 하는 금액은 $a = \frac{99.9 \times 2}{0.003 \times 36 \times 37} = 50$만 원이다.

13 정답 ④

연이율 6%가 적용되는 만기 3년 월복리 적금 상품에 만기 때까지 매월 초 50만 원씩 납입할 때 만기 수령액은 다음과 같다.

$$50 \times \frac{\left(1+\frac{0.06}{12}\right)\left\{\left(1+\frac{0.06}{12}\right)^{36}-1\right\}}{\left(1+\frac{0.06}{12}\right)-1}$$

$$=50 \times \frac{1.005(1.005^{36}-1)}{1.005-1}$$

$$=50 \times \frac{1.005 \times 0.2}{0.005}$$

$$=2,010$$만 원

따라서 만기 시 수령액은 2,010만 원이다.

14 정답 ③

상품 전체 구매 금액은 $(2,000 \times 3)+(3,000 \times 2)+(2,500 \times 1)+(4,000 \times 2)+(6,000 \times 4)=6,000+6,000+2,500+8,000+24,000=46,500$원이다.

따라서 부가세액은 $46,500 \times 0.1 = 4,650$원이므로 전체 합계 금액은 $46,500+4,650=51,150$원이다.

15 정답 ④

'책을 많이 읽음'을 P, '어휘력이 풍부함'을 Q, '안경을 씀'을 R, '시력이 나쁨'을 S라 할 때, 제시된 명제를 벤 다이어그램으로 나타내면, '어휘력이 풍부한 어떤 사람은 시력이 좋다.'는 다음과 같다.

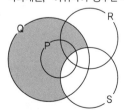

따라서 '어휘력이 풍부한 어떤 사람은 시력이 좋다.'는 명제는 항상 참이다.

①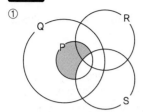

위와 같은 영역에서는 책을 많이 읽었지만, 시력이 좋은 사람이 있다.

②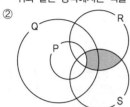

위와 같은 영역에서는 시력이 나빠 안경을 썼지만, 책을 많이 읽지 않는 사람이 있다.

③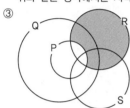

위와 같은 영역에서는 책을 많이 읽지 않았지만, 안경을 쓴 사람이 있다.

16 정답 ①

'늦잠을 잠'을 P, '부지런함'을 Q, '건강함'을 R, '비타민을 챙겨먹음'을 S라 하면, 각각 '~P → Q', 'P → ~R', 'S → R'이다. 어떤 명제가 참이면 그 대우도 참이므로, 첫 번째·세 번째 명제와 두 번째 명제의 대우를 연결하면 'S → R → ~P → Q'가 된다. 따라서 'S → Q'는 참이다.

② S → Q의 역이며, 참인 명제의 역은 참일 수도, 거짓일 수도 있다.
③ P → S이므로 참인지 거짓인지 알 수 없다.
④ ~P → Q의 이이며, 참인 명제의 이는 참일 수도, 거짓일 수도 있다.

17 정답 ③

A가 거짓말을 하고 있다는 B의 진술이 참이면 A는 거짓말을 하고 있으므로 범인이지만, A가 범인이 아니라는 C의 진술 또한 거짓이 되므로 모순이 발생한다.
따라서 B는 거짓말을 하는 범인이다. 나머지 4명의 진술은 참이므로 E가 확실히 범인이라는 D의 진술에 의해 범인은 B, E이다.

18 정답 ②

1열 3번, 1열 4번 자리에 여자가 앉으면 1열 2번, 1열 5번 자리에는 남자가 앉는다. 같은 번호에 다른 성별의 사람이 앉을 수 없으므로 2열 5번 자리에 여자가 앉을 수 없고, 그와 이웃한 6번 자리에 앉는 사람은 없다.

오답분석

① 1열 1번 자리에 여자가 앉으면 1열 2번 자리에는 남자가 앉지만, 1열 4번 자리에 여자가 앉을 수 있다.

③ 2열 3번, 2열 4번 자리에 남자가 앉으면 2열 2번, 2열 5번 자리에는 여자가 앉는다. 같은 번호에 다른 성별이 앉을 수 없고, 1열 3번, 1열 4번에는 남자가 앉을 수 없다. 따라서 반드시 1열 5번에는 여자가 앉고, 1열 6번에는 남자가 앉는다.

④ 모든 열의 6번 자리에 남자가 앉더라도 3번, 4번 자리에 앉지 않으면 1번 자리에 여자가 앉을 수 있다.

19 정답 ④

인천에서 샌프란시스코까지 비행 시간은 10시간 25분이므로, 샌프란시스코 도착 시각에서 거슬러 올라가면 샌프란시스코 시각으로 00시 10분에 출발한 것이 된다. 이때 한국은 샌프란시스코보다 16시간 빠르기 때문에 한국 시각으로는 16시 10분에 출발한 것이다. 그러나 비행기 티켓팅을 위해 출발 1시간 전에 인천공항에 도착해야 하므로 15시 10분까지 공항에 도착해야 한다.

20 정답 ④

대한민국의 국가번호는 '82'이다. 그러나 제시된 초안에는 국가번호가 '85'로 되어 있다.

01 70문항 유형

01	02	03	04	05	06	07	08	09	10	11	12	13	14	15	16	17	18	19	20
⑤	④	③	②	①	⑤	②	②	①	③	③	④	⑤	②	②	①	①	③	②	①
21	22																		
④	②																		

01 정답 ⑤

현악기는 줄을 이용해 소리를 내는 악기의 총칭이다. 따라서 바이올린, 줄, 우쿨렐레를 통해 '현악기'를 연상할 수 있다.

02 정답 ④

'−데'는 경험한 지난 일을 돌이켜 말할 때 쓰는 회상을 나타내는 종결어미이며, '−대'는 '다(고)해'의 준말이다. 또한 '−대'는 화자가 문장 속의 주어를 포함한 다른 사람으로부터 들은 이야기를 청자에게 간접적으로 전달하는 의미를 갖고 있다.
따라서 ④는 영희에게 들은 말을 청자에게 전달하는 의미로 쓰였으므로 '맛있대'로 쓰는 것이 옳다.

03 정답 ③

- 매립(埋立) : 우묵한 땅이나 하천, 바다 등을 돌이나 흙 따위로 채움
- 굴착(掘鑿) : 땅이나 암석 따위를 파고 뚫음

오답분석
① 당착(撞着) : 말이나 행동 따위의 앞뒤가 맞지 않음
　모순(矛盾) : 어떤 사실의 앞뒤, 또는 두 사실이 이치상 어긋나서 서로 맞지 않음
② 용인(庸人)·범인(凡人) : 평범한 사람
④ 체류(滯留)·체재(滯在) : 객지에 가서 머물러 있음
⑤ 모범(模範) : 본받아 배울 만한 대상
　귀감(龜鑑) : 거울로 삼아 본받을 만한 모범

04 정답 ②

'수주대토(守株待兔)'란 이전부터 행해지던 관습이나 사례들을 융통성 없이 계속하여 따르는 발전 없는 사람을 일컫는 것으로, 제시문에서 '단순히 안전 구호를 외치며 안전 체조를 하던 과거 방식을 고집하는 일부 건설사'와 가장 관련이 있는 한자성어이다.

오답분석

① 각주구검(刻舟求劍) : 어리석고 우둔하여 현실과 맞지 않는 융통성 없는 행동을 하는 사람을 의미한다. 제시문에서 일부 건설사가 현실과 맞지 않는 방식을 고집하는 것은 어리석고 우둔하기보다는 낡은 과거 방식을 계속하여 고집하는 것이기 때문에 '각주구검'보다는 '수주대토'가 더 적절하다.
③ 자강불식(自强不息) : 스스로 강인하게 매진하여 쉬지 않고 끊임없이 목표를 향해 나아간다는 의미이다.
④ 오하아몽(吳下阿蒙) : 힘은 있으나 배워서 얻은 지식이 없는 사람을 비웃는 말이다.
⑤ 일취월장(日就月將) : 하루가 다르게 더 좋은 상태로 나아간다는 의미이다.

05 정답 ①

제시문의 내용은 다음과 같다. (가) 친환경 농업은 건강과 직결되어 있기 때문에 각광받고 있다. - (나) 병충해를 막기 위해 사용된 농약은 완전히 제거하기 어려우며 신체에 각종 손상을 입힌다. - (다) 생산량 증가를 위해 사용한 농약과 제초제가 오히려 인체에 해를 입힐 수 있다. 따라서 (가) - (나) - (다) 순서로 나열되어야 한다.

06 정답 ⑤

농작물 재배 능력이 낮고 영농 기반이 부족한 청년농업인들에게는 기존의 농업방식보다는 자동화 재배관리가 가능한 온프레시팜 방식이 농작물 재배에 더 용이할 수는 있으나, 초기 시설비용이 많이 들고 재배 기술의 확보가 어려워 접근이 더 수월하다고 볼 수는 없다.

오답분석

① 온프레시팜 지원 사업은 청년농업인들이 보다 쉽게 농작물을 재배하는 것은 물론 경제적으로도 정착할 수 있도록 도와주는 사업이다.
② 온프레시팜 방식은 농업에 이제 막 뛰어든 청년농업인들이 보다 수월하게 농업을 경영할 수 있도록 돕는 사업이다.
③·④ 온프레시팜 방식은 토양 없이 식물 뿌리와 줄기에 영양분이 가득한 물을 분사해 농작물을 생산하는 방식이기 때문에 흙 속에 살고 있는 병해충으로 인한 피해를 예방할 수 있을 뿐만 아니라 흙이 없어 다층으로의 재배도 가능해 동일한 면적에서 기존 농업방식보다 더 많은 농작물을 재배할 것으로 예상된다.

07 정답 ②

제시문에서는 OECD 회원국 가운데 꼴찌를 차지한 한국인의 부족한 수면 시간에 대해 언급하며, 이로 인해 수면장애 환자가 늘어나고 있음을 설명하고 있다. 또한 불면증, 수면무호흡증, 렘수면 행동장애 등 다양한 수면장애를 설명하며, 이러한 수면장애들이 심혈관계질환, 치매, 우울증 등의 원인이 될 수 있다는 점을 통해 심각성을 이야기한다. 마지막으로 이러한 수면장애를 방치해서는 안 되며, 전문적인 치료가 필요하다고 제시하고 있다. 따라서 글을 읽고 수면 마취제와 관련된 내용인 ②는 알 수 없다.

08 정답 ②

앞의 항에 $+3^1$, $+3^2$, $+3^3$, $+3^4$, …인 수열이다.
따라서 ( )=$122+3^5=122+243=365$이다.

09 정답 ①

홀수 항은 2씩 곱하고, 짝수 항은 2씩 더하는 문자열이다.

ㄱ	ㄷ	ㄴ	(ㅁ)	ㄹ	ㅅ
1	3	2	5	4	7

10 정답 ③

경주용 B차의 속도를 시속 $x$km라고 하면, 2시간 만에 경주용 A차와 1바퀴의 차이가 나므로 다음과 같은 식이 성립한다.
$2x-400=6$
$\therefore x=203$
따라서 경주용 B차의 속도는 203km/h이다.

11 정답 ③

전체 일의 양을 1로 하고, A사원과 B사원이 하루 동안 하는 일의 양을 x, B사원은 y로 가정하면, 다음과 같은 식이 성립한다.
$(x+y)\times2=1 \rightarrow 2x+2y=1 \cdots \bigcirc$
$x+4y=1 \cdots \bigcirc$

$\bigcirc$, $\bigcirc$을 연립하면, $x=\dfrac{1}{3}$, $y=\dfrac{1}{6}$ 이다.

따라서 B사원이 하루에 할 수 있는 일의 양은 $\dfrac{1}{6}$ 이므로, B사원이 혼자 일하는 데 걸리는 기간은 6일이다.

12 정답 ④

월복리 적금 상품의 연이율이 2.4%이므로 월이율은 $\dfrac{0.024}{12}=0.002=0.2\%$이다.

그러므로 연이율 2.4%인 3년 만기 월복리 적금 상품에 매월 초 100만 원씩 36개월간 납입할 때 만기 시 원리합계는
$\dfrac{100\times1.002\times(1.002^{36}-1)}{1.002-1}=\dfrac{100\times1.002\times(1.075-1)}{0.002}=3,757.5$만 원이다.

3년 만기 단리 예금 상품의 연이율을 $r\%$라고 하면, 3,600만 원을 예치할 때 만기 시 원리합계는 다음과 같다.

$3,600(1+36\times\dfrac{r}{12})>3,757.5 \rightarrow 10,800r>157.5$

$\therefore r>\dfrac{157.5}{10,800}≒0.0145≒1.45\%$

따라서 단리 상품의 연이율은 최소 약 1.5% 이상이어야 한다.

13 정답 ⑤

월복리 적금 상품의 연이율이 1.8%이므로 월이율은 $\dfrac{0.018}{12}=0.0015=0.15\%$이다.

따라서 만기 시 원리합계는 $\dfrac{60\times1.0015\times(1.0015^{12}-1)}{1.0015-1}=\dfrac{60\times1.0015\times(1.018-1)}{0.0015}=721.08$만 원이므로, 이자는 721.08−$(60\times12)=721.08-720=1.08$만 원, 즉 10,800원이다.

14 정답 ②

논 면적이 가장 많이 감소한 해는 213−193=20ha로 2014년이지만, 20kg당 쌀값이 가장 비싼 해는 57,000원인 2021년이다.

오답분석

① 조사 기간 동안 논 면적은 매년 감소하고 있다.

③ 2013~2022년 중 20kg당 쌀값이 상승한 연도는 2017~2021년으로 5년 연속 상승하였다.

④ 2013년과 2018년의 전체 쌀값이 A원으로 같다면 논 1ha당 수확한 쌀의 무게는 $\dfrac{20\text{A}}{(\text{논의 면적})\times(20\text{kg당 쌀값})}$이다.

- 2013년 : $\dfrac{20\text{A}}{213\times44,000}=\dfrac{\text{A}}{468,600}\,\text{kg/ha}$

- 2018년 : $\dfrac{20\text{A}}{173\times45,000}=\dfrac{\text{A}}{389,250}\,\text{kg/ha}$

따라서 1ha당 수확한 쌀의 양은 2018년이 더 많다.

⑤ 논 1ha당 수확 가능한 쌀의 무게를 $a$kg이라 하면, 2015년의 전체 쌀값은 $\dfrac{187\times a\times37,500}{20}=350,625a$원이고 2020년의

전체 쌀값은 $\dfrac{166\times a\times50,000}{20}=415,000a$원이다. 따라서 2020년의 전체 쌀값은 2015년의 전체 쌀값보다 비싸다.

15 정답 ②

연도별 상·하반기 공립 유치원 수의 6배와 공립 어린이집 수를 비교하면 다음과 같다.
- 2021년 상반기 : 516×6=3,096 < 3,312
- 2021년 하반기 : 504×6=3,024 < 3,187
- 2022년 상반기 : 492×6=2,952 < 3,052
- 2022년 하반기 : 463×6=2,778 > 2,728
- 2023년 상반기 : 453×6=2,718 > 2,620

따라서 2022년 하반기, 2023년 상반기의 공립 어린이집 수는 공립 유치원 수의 6배 미만이다.

오답분석

① 매 시기 공립 및 사립 유치원 수와 공립 및 사립 어린이집 수가 감소하고 있으므로 전체 유치원 수와 어린이집 수는 감소하는 추세이다.

③ 2021년 상반기 대비 2023년 상반기의 공립 유치원 수 감소율은 $\dfrac{516-453}{516}\times100≒12.2\%$으로 20% 미만이다.

④ 2021년 상반기 대비 2023년 상반기의 사립 유치원 수는 386−297=89개로 70개 이상 감소하였다.

⑤ 시기별 공립 어린이집 수 감소폭과 사립 어린이집 수 감소폭은 다음과 같다.
- 2021년 하반기
  - 공립 어린이집 : 3,312−3,187=125개
  - 사립 어린이집 : 2,339−2,238=101개
- 2022년 상반기
  - 공립 어린이집 : 3,187−3,052=135개
  - 사립 어린이집 : 2,238−2,026=212개
- 2022년 하반기
  - 공립 어린이집 : 3,052−2,728=324개
  - 사립 어린이집 : 2,026−1,850=176개
- 2023년 상반기
  - 공립 어린이집 : 2,728−2,620=108개
  - 사립 어린이집 : 1,850−1,802=48개

따라서 공립 어린이집 수의 감소폭이 가장 클 때는 2022년 하반기이고, 사립 어린이집 수의 감소폭이 가장 클 때는 2022년 상반기이므로 그 시기가 다르다.

16 정답 ①

제시된 조건을 기호화하여 나타내면 다음과 같다.

- A → ~F&B
- C → ~D
- ~E → C
- B or E
- D

마지막 조건에 의해 D가 참여하므로 두 번째 조건의 대우인 D → ~C에 의해 C는 참여하지 않고, 세 번째 조건의 대우인 ~C → E에 의해 E는 참여한다. E가 참여하므로 네 번째 조건에 의해 B는 참여하지 않는다. 또한 첫 번째 조건의 대우인 F or ~B → ~A에 의해 A는 참여하지 않는다. 그리고 F는 제시된 조건으로는 반드시 참여하는지 알 수 없다.

따라서 반드시 체육대회에 참여하는 직원은 D, E 2명이다.

17 정답 ①

한 번 거주했던 층에는 다시 거주할 수 없기 때문에 가~라 4명의 기숙사 배치를 표로 정리하면 다음과 같다.

구분	가	나	다	라
4층	×	×		×
3층		×	×	
2층	×			×
1층	×	×		

마지막 조건에 따라 4층에 거주할 수 있는 사람은 다 1명뿐이다. 따라서 반드시 참인 것은 ①이다.

오답분석

②·③·④ 주어진 조건만으로는 판단하기 힘들다.

⑤ 매년 새롭게 층을 배정하기 때문에 나 또한 3년 이상 거주했을 것이다.

18 정답 ③

탄소Zero챌린지 적금 상품은 재예치가 불가능한 상품이므로 만기일은 2024년 9월 5일이고 이후에 재예치할 수 없다.

오답분석

① A씨는 탄소중립 생활실천 12개 항목 중 5개 항목은 동의하지 않았으므로 탄소Zero생활 실천 우대이율의 조건에 충족하지 않는다. 또한 실물 종이통장을 발급받았으므로 종이거래Zero 실천 우대이율을 받을 수 없다. 반면, 2023년 10월부터 2024년 6월까지 9개월 동안 매월 5회 이상 N은행 채움카드 후불교통카드를 이용할 것이므로 대중교통 이용 우대조건을 충족하여 우대이율 0.2%p를 받을 수 있다. 따라서 A씨는 3.3+0.2=3.5%의 연이율을 받는다.

② A씨는 스마트뱅킹을 통해 초입금 1만 원 이상, 매월 1만 원 이상 10만 원 이하를 납입할 예정이므로 가입 조건을 충족한다.

④ 탄소Zero챌린지 적금 상품은 중도인출이 불가능한 상품이다.

⑤ 종이통장을 발급받지 않는다면 종이거래Zero 실천 우대이율 0.05%p의 추가이율을 적용받아 최고 우대이율 0.25%p를 받을 수 있다.

19 정답 ②

고객은 'Zgm.고향으로카드'를 해외에서 이용할 때보다 국내에서 이용할 때 더 많은 포인트가 적립되는지 여부 및 우대서비스를 적용받기 위한 전월실적의 필요 여부에 대해 문의하고 있다.

첫 번째 문의는 평일에는 적립률이 국내와 해외 모두 동일하고, 주말에는 국내에서 이용하는 경우가 해외에서 이용하는 경우보다 0.3%p 더 많이 적립됨을 안내하면 된다.

두 번째 문의는 우대서비스를 적용받으려면 전월실적 40만 원 이상이 필요하지만, 카드 사용 등록일로부터 그다음 달 말일까지는 전월실적을 충족하지 않아도 서비스가 제공됨을 안내하면 된다.

20 정답 ①

농업인의 '경제·사회·문화적 지위 향상'은 농협의 윤리경영에서 추구하는 가치이다.

농협 사회공헌사업의 중점 과제
- 경관보전, 깨끗하고 아름다운 마을 조성
- 농촌복지·의료·문화·교육서비스 확대
- 농업의 공익적 가치를 국민과 공유
- 전통문화 계승·발전, 도시민 힐링
- 이웃사랑·소외계층 나눔 확대

21 정답 ④

농업·농촌 발전을 위한 농협의 사회운동
- 새농민 운동(1965년) : 농협이 창립 4주년을 맞아 자립·과학·협동을 모토로 농민 주체 의식 확립과 선도 농민을 육성하기 위해 시행되었다.
- 신토불이 운동(1989년) : 우루과이라운드 협상으로 인한 농산물 시장 개방을 저지하기 위한 국산 농산물 장려운동으로 우리 농산물이 우리 몸에 더 좋다는 뜻의 신토불이(身土不二)를 구호로 사용하여 큰 호응을 얻었다.
- 食사랑農사랑 운동(2011년) : 농협이 창립 50주년을 맞아 식(食)을 통한 농(農)의 가치 확산을 목표로 시행한 농산물 장려운동이다. 농산물 수입 자유화와 식품 산업화가 급격히 진행되는 상황에서 우리 농산물을 기반으로 올바른 식문화를 확산시키는 등 국민 건강과 농촌의 가치를 증진시키기 위한 운동이다.
- 또 하나의 마을 만들기 운동(2016년) : 농협에서 추진하는 도농 협동 사업모델로 기업 CEO나 단체장 등을 농촌마을의 '명예이장'으로 위촉하고, 기업의 임원 및 직원을 '명예주민'으로 참여시켜 일손 돕기, 전화·서신교환, 마을 농산물 홍보 등 다양한 지역사회 활동을 통해 농촌마을에 '또 하나의 마을'을 만들어 도농협동을 통한 농촌 활력화 증진을 도모하는 운동이다.

22 정답 ②

구제역은 발굽이 둘로 갈라진 우제류에 속하는 동물에게 퍼지는 바이러스성 감염병으로, 발굽이 하나인 말이나 당나귀 등의 기제류 동물은 구제역에 걸리지 않는다.

01	02	03	04	05	06	07	08	09	10	11	12	13	14	15	16	17	18	19	20
③	①	③	④	①	④	②	③	③	①	③	①	②	③	③	①	③	④	②	①

21	22	23	24	25	26	27													
④	③	②	②	③	①	②													

01 정답 ③

'선연하다'는 '실제로 보는 것같이 생생하다.'는 의미로, '엉클어지거나 흐리지 않고 아주 분명하다.'는 의미의 '뚜렷하다'와 유의 관계이다.

오답분석

① 성기다 : 물건의 사이가 뜨다.
② 선선하다 : 시원한 느낌이 들 정도로 서늘하다.
④ 막연하다 : 갈피를 잡을 수 없게 아득하다.

02 정답 ①

'타의'는 '다른 사람의 생각이나 뜻'을 의미하므로 '자기의 생각이나 의견'이라는 의미의 '자의'와 반의 관계이다.

오답분석

② 고의(故意) : 일부러 하는 생각이나 태도
③ 과실(過失) : 부주의나 태만에서 비롯된 잘못이나 허물
④ 임의(任意) : 일정한 기준이나 원칙 없이 하고 싶은 대로 함

03 정답 ③

제시된 상황에서 A가 가장 먼저 메일을 보내야 할 사람은 메일을 보낸 당사자인 경영지원팀 직원 B이며, 바뀐 사내 행사의 내용과 일정에 대해 확인하는 것이 가장 먼저이다.

오답분석

①·② 담당자 업무와 관련한 내용을 담당자에게 알리기 전 곧바로 윗사람에게 보고하는 것은 상호 간 예의에서 벗어난 행동이다.
④ A가 답장해야 할 내용이 사내 행사와 관련된 것은 맞지만, 사내 행사의 직접적인 관련자보다는 우선 그 메일을 보낸 사람인 B에게 먼저 답장을 하는 것이 더 적절한 행동이다.

04 정답 ④

'사람의 생각으로 비추어 볼 때 짐작할 수 없는 신비한 것'을 뜻하는 단어의 옳은 표기법은 '불가사이'가 아닌 '불가사의'이다.

오답분석

① 북적이다 : 다수의 사람들이 한 곳에 집중되어 매우 어수선한 상황을 의미하는 단어로, 옳은 표기이다.
② 북새통 : 수많은 사람들이 한 곳에 모여 매우 떠들썩하게 있는 것을 의미하는 단어로, 옳은 표기이다.
③ 낚싯대 : 물고기를 낚을 때 쓰는 낚시 도구를 의미하는 단어로, 옳은 표기이다.

05 정답 ①

㉠ 복구(復舊) : 회복할 복(復)+옛 구(舊) → 손실 이전의 상태로 회복함
㉡ 복원(復元) : 회복할 복(復)+으뜸 원(元) → 원래대로 회복함

오답분석

• 복구(復仇) : 회복할 복(復)+원수 구(仇) → 원수를 되갚아 줌
• 복원(復員) : 회복할 복(復)+인원 원(員) → 전시 체제에 있던 군대를 평상 체제로 돌려 군인의 소집을 해제하는 일

06 정답 ④

'순망치한(脣亡齒寒)'은 '두 쪽 중 한쪽이 잘못되면 다른 한쪽도 그 영향을 피할 수 없어 이해관계가 얽혀 있는 사이'를 의미하는 한자성어로, 제시문의 상황에서 홈쇼핑과 케이블TV는 서로 이해관계가 얽혀 있으므로 한쪽이 잘못되면 다른 한쪽도 그 피해를 입는 관계이다. 따라서 제시문과 가장 어울리는 한자성어이다.

오답분석

① 간난신고(艱難辛苦) : 어렵고 또 어렵고 맵고 쓰다는 의미로, 매우 힘들고 어려운 때를 보내는 상황을 의미하는 한자성어이다.
② 견원지간(犬猿之間) : 만나면 항상 싸우는 개와 원숭이처럼 두 사이가 매우 안 좋은 것을 의미하는 한자성어이다.
③ 난형난제(難兄難弟) : 두 대상이 비등하여 어느 쪽이 더 월등하고 어느 쪽이 더 부족한지 말하기 어려운 것을 의미하는 한자성어이다.

07 정답 ②

• check in : (호텔에) 투숙하다, 숙박부에 기재하다(register)
• check out : (호텔에서) 퇴숙하다

A : 안녕하세요. 도와드릴까요?
B : 예. <u>저는 투숙을 원합니다.</u> 이름은 존 스미스입니다. 3일 동안 예약할 겁니다.

08 정답 ③

제시문은 과거의 연구 결과에 의하면 'frequent stress(잦은 스트레스)'를 경험하는 것이 심혈관 질환의 주요 원인이 될 수 있다는 내용이다. 이는 (C)의 '잦은 스트레스의 한 가지 원인'과 연결되는데, (C)에서는 그 원인으로 운전을 제시하고 있다. 이 내용은 (A)에서 'this'로 받아서 그렇다면 운전을 하면 심장병에 걸리게 되는지 질문을 던지며 스트레스를 줄일 방안이 있는지 묻는다. 그에 대한 대답으로 (B)에서 'there is(존재한다)'라고 하며, 운전 중 음악 청취라는 방법을 소개한다. 따라서 (C)-(A)-(B) 순서로 나열되어야 한다.
• risk factor : 위험 요인, 위험 요소
• cardiovascular : 심혈관의
• on a daily basis : 매일
• stressor : 스트레스 요인

과거의 연구는 빈번한 심리적 스트레스를 경험하는 것이 미국의 20세 이상 성인 중 거의 절반에게 영향을 주는 문제인 심혈관 질환의 주요 위험 요인이 될 수 있다는 것을 보여주었다. (C) 잦은 스트레스의 한 가지 원인은 운전으로, 그것은 교통체증과 연관된 스트레스 요인이거나 또는 초보 운전자들에게 흔히 동반되는 불안일 수도 있다. (A) 그렇지만, 이 말은 매일 운전하는 사람들이 심장병에 걸리게 된다는 의미일까? 그게 아니면 운전 스트레스를 덜어줄 간단한 방법이 있을까? (B) 새로운 연구에 따르면, 존재한다. 연구원들은 운전하면서 음악을 듣는 것이 심장 건강에 영향을 미치는 스트레스를 완화시키는 데 도움을 준다는 것에 주목했다.

09 정답 ③

세 번째 문단에서 '수급자들의 근로소득 공제율이 낮아 근로를 하고 싶어도 수급자 탈락을 우려해 일을 하지 않거나 일부러 적게 하는 경우도 생겨나고 있다.'라고 하였다. 즉, 수급자들은 수급자 탈락을 우려해 근로를 피하고 있으므로, 근로소득 공제율을 높이는 것이 탈수급을 촉진한다고 보기 어렵다.

오답분석

① 첫 번째 문단의 '신청조차 할 수 없도록 한 복지제도가 많아 역차별 논란'이라는 내용과 마지막 문단의 '기초수급자들은 생계급여를 받는다는 이유로 긴급복지지원제도ㆍ국민내일배움카드ㆍ노인일자리사업ㆍ구직촉진수당ㆍ연금(기초ㆍ공적연금) 등 5가지 복지제도에 신청조차 할 수 없다.'라는 내용을 통해 알 수 있다.

② 세 번째 문단에 따르면 근로를 하다가 수급자 탈락을 할 가능성이 있어 근로 이전보다 생계가 어려워질 수도 있다.

④ 마지막 문단의 '수급자들은 생필품조차 제대로 구입하지 못하고 있는 것으로 나타났으며'라는 내용을 통해 알 수 있다.

10 정답 ①

사막화를 막는 방안은 제시문을 통해 알 수 없다.

오답분석

② 아프리카, 중동, 호주, 중국을 말하고 있다.

③ 지구 온난화, 과도한 경작, 무분별한 벌목으로 인한 삼림 파괴 등에 의해 일어날 수 있다고 말하고 있다.

④ 사막화란 건조 지대에서 일어나는 토지 황폐화 현상이다.

11 정답 ③

제시문은 자연 개발에 대한 찬반 입장과 두 입장을 모두 비판하는 주장을 소개하는 내용의 글이다. 따라서 (다) 자연 개발에 상반된 주장이 대두 – (나) 자연에 손을 대는 것이 불가피하다는 입장 – (가) 자연에 손을 대는 것을 반대하는 입장 – (라) 두 주장을 모두 비판하는 입장 순서로 연결되어야 한다.

12 정답 ①

홀수 항에는 2를 곱하고 짝수 항에는 3을 곱하는 수열이다.
따라서 ( )=4×2=8이다.

13 정답 ②

앞의 두 항의 합이 다음 항이 되는 피보나치 수열이다.
따라서 ( )=5+8=13이다.

14 정답 ③

앞에 항에 2씩 더하는 문자열이다.

J	L	N	(P)	R	T
10	12	14	16	18	20

15 정답 ③

A씨는 월요일부터 시작하여 2일 간격으로 쉬고, B씨는 그다음 날인 화요일부터 3일마다 쉬므로, 이를 정리하면 다음 표와 같다.

월	화	수	목	금	토	일
A		A		A		A
	B			B		

따라서 A씨와 B씨가 동시에 쉬는 날은 같은 주 금요일이다.

16 정답 ①

전체 일의 양을 1이라고 하면, 1시간 동안 준희와 민기가 할 수 있는 일의 양은 각각 $\dfrac{1}{14}$, $\dfrac{1}{35}$ 이다.

둘이 동시에 일을 하여 x시간이 걸렸다고 가정하면 다음 식이 성립한다.

$$\left(\frac{1}{14}+\frac{1}{35}\right)\times x=1 \rightarrow \frac{1}{10}x=1$$

$\therefore x=10$

따라서 준희와 민기가 동시에 일한다면 총 10시간이 걸린다.

17 정답 ③

농도 5%의 소금물 320g에 들어있는 소금의 양은 다음과 같다.

$$\frac{5}{100}\times 320=16$$

$$\rightarrow \frac{16}{320+80}\times 100=4$$

따라서 소금물 320g에 물 80g을 섞으면 농도 4%의 소금물이 된다.

18 정답 ④

B업체 견인차의 속력을 $x$km/h(단, $x \neq 0$)라 하면, A업체 견인차의 속력이 63km/h일 때 40분 만에 사고지점에 도착하므로 A업체부터 사고지점까지의 거리는 $63\times\dfrac{40}{60}=42$km이다.

사고지점은 B업체보다 A업체에 40km 더 가까우므로 B업체에서 사고지점까지의 거리는 42+40=82km이다.

B업체의 견인차가 A업체의 견인차보다 늦게 도착하지 않으려면 사고지점에 도착하는 데 걸리는 시간이 40분보다 적거나 같아야 하므로 다음 식이 성립한다.

$$\frac{82}{x}\leq \frac{2}{3}$$

$$\rightarrow 2x\geq 246$$

$\therefore x\geq 123$

따라서 B업체의 견인차가 내야 하는 최소 속력은 123km/h이다.

19 정답 ②

성호가 먼저 20만 원을 지불하고 남은 금액은 80만 원이다.

매달 갚아야 할 금액을 a원이라고 하면, 매달 성호가 a원을 갚고 남은 금액은 다음과 같다.

- 1개월 후 : $80\times 1.03-a$
- 2개월 후 : $80\times 1.03^2-a\times 1.03-a$
- 3개월 후 : $80\times 1.03^3-a\times 1.03^2-a\times 1.03-a$

$$\vdots$$

- 6개월 후 : $80 \times 1.03^6 - a \times 1.03^5 - a \times 1.03^4 - a \times 1.03^3 - a \times 1.03^2 - a \times 1.03 - a = 0$

그러므로 다음과 같은 식이 성립한다.

$$80 \times 1.03^6 = \frac{a(1.03^6 - 1)}{1.03 - 1}$$

$$\rightarrow 80 \times 1.2 = \frac{a \times (1.2 - 1)}{0.03}$$

$$\therefore a = 80 \times 1.2 \times \frac{0.03}{0.2} = 14.4$$

따라서 성호는 매달 14.4만 원씩 갚아야 한다.

20 정답 ①

월복리 적금 상품의 연이율이 2.4%이므로 월이율은 $\frac{0.024}{12} = 0.002 = 0.2\%$이다.

- 월초에 100만 원씩 24개월간 납입할 때 만기 시 원리합계 : $\frac{100 \times 1.002 \times (1.002^{24} - 1)}{1.002 - 1} = \frac{100 \times 1.002 \times (1.049 - 1)}{0.002}$
  $= 2,454.9$만 원

- 월초에 200만 원씩 12개월간 납입할 때 만기 시 원리합계 : $\frac{200 \times 1.002 \times (1.002^{12} - 1)}{1.002 - 1} = \frac{200 \times 1.002 \times (1.024 - 1)}{0.002}$
  $= 2,404.8$만 원

따라서 차이는 $2,454.9 - 2,404.8 = 50.1$만 원이다.

21 정답 ④

- 1972년 대비 1982년의 도시 인구수 증가율 : $\frac{16,573 - 6,816}{6,816} \times 100 ≒ 143\%$

- 1972년 대비 1982년의 농촌 인구수 감소율 : $\frac{18,831 - 28,368}{28,368} \times 100 ≒ -34\%$

따라서 1972년 대비 1982년 도시 인구수는 100% 이상 증가하였고, 농촌 인구수는 25% 이상 감소하였다.

오답분석

① $6,816 \times 4 = 27,264 < 28,368$이므로 1972년의 농촌 인구수는 도시 인구수의 4배 이상이다.

② 2012년 대비 2022년의 도시 인구수는 감소하였고, 농촌 인구수는 증가하였다.

③ 연도별 전체 인구수는 다음과 같다.
  - 1972년 : $6,816 + 28,368 = 35,184$천 명
  - 1982년 : $16,573 + 18,831 = 35,404$천 명
  - 1992년 : $32,250 + 14,596 = 46,846$천 명
  - 2002년 : $35,802 + 12,763 = 48,565$천 명
  - 2012년 : $36,784 + 12,402 = 49,186$천 명
  - 2022년 : $33,561 + 12,415 = 45,976$천 명

  따라서 전체 인구수는 1982년부터 2012년까지 증가하였고, 2022년에 감소하였다.

22 정답 ③

오답분석

① 세 번째 명제의 대우와 첫 번째 명제를 통해 알 수 있다.

② 첫 번째 명제의 대우이다.

④ 두 번째 명제의 대우이다.

23 정답 ②

ⓒ '인터넷전문은행의 활성화 및 빅테크의 금융업 진출 확대 추세'는 강력한 경쟁 상대의 등장을 의미하므로 조직 내부의 약점(W)이 아니라 조직 외부로부터의 위협(T)에 해당한다.

오답분석

① 조직의 목표 달성을 촉진할 수 있으며 조직 내부의 통제 가능한 강점(S)에 해당한다.

ⓒ 조직 외부로부터 비롯되어 조직의 목표 달성에 도움이 될 수 있는 통제 불가능한 기회(O)에 해당한다.

ⓔ 조직 외부로부터 비롯되어 조직의 목표 달성을 방해할 수 있는 통제 불가능한 위협(T)에 해당한다.

24 정답 ②

제시된 사례에서 텀블러 블렌더는 음료를 보관하고 쉽게 휴대할 수 있는 텀블러의 기능과 내용물을 분쇄하여 취식할 수 있는 블렌더의 기능을 결합한 제품으로써 두 가지 기능을 하나의 상품에 결합한 것이다. 이는 SCAMPER 방법론 중 'Combine(결합)'에 해당한다.

25 정답 ③

• A고객 : Y앱 관련 결제에 대한 할인과 알뜰폰 통신사에 대한 할인을 제공하지 않는 Play++카드는 A고객에게 부적절하다. 남은 카드 중에서 국내 결제에 대하여 할인을 제공하는 카드는 Thepay카드이므로 A고객이 사용하기에 적절한 카드는 Thepay 카드이다.

• B고객 : 해외여행 및 해외출장이 잦으므로 휴가중카드 또는 Thepay카드를 사용하는 것이 적절하지만, 할인 혜택을 제공하는 카드는 Thepay카드뿐이므로 B고객이 사용하기에 적절한 카드는 Thepay카드이다.

26 정답 ①

농협 윤리경영위원회의 업무(농협중앙회 임직원 윤리강령 제31조 제2항)
윤리경영위원회는 다음 각호의 1에 해당하는 업무를 수행한다.
1. 윤리경영 추진에 관한 중요정책 결정
2. 윤리경영 관련 규정의 제정 및 개정
3. 윤리경영 관련 중요규정에 대한 유권해석
4. 임직원의 강령 실천에 관한 사항
5. 기타 윤리경영 실천·강령의 운영 및 이행 등을 위하여 필요한 사항

27 정답 ②

농식품바우처 사업은 소득 불평등 심화, 고령화 등으로 경제적 취약계층이 확대되고, 영양섭취 수준과 식습관 악화로 건강 위험이 심화됨에 따라 미래에 부담해야 하는 의료비 등 사회적 비용 감소를 위해 경제적 취약계층을 대상으로 영양 보충 정책의 일환으로 시행되는 제도이다. 농식품바우처 시범지역은 2023년 기준 부산, 인천, 대구 등 총 18개 지역에서 실행되고 있으며, 농협하나로마트, 온라인 농협몰 등 다양한 곳에서 사용할 수 있다.

오답분석

① 방방곡곡 온기나눔 RUN : 전국 농촌·도시 취약계층에 100억 원 상당의 우리 농산물 및 생필품 꾸러미를 나누는 농협의 사회공헌사업
③ 하나로 행복나눔 : 농업인과 사회취약계층 후원을 위해 하나로마트에서 판매하는 178개 품목을 행복나눔상품으로 지정하고 판매금액의 일부를 후원금으로 적립하는 사회공헌 캠페인
④ 농식품올바로 : 건강·웰빙 트렌드를 반영하여 식품 영양 및 기능성 정보 등 다양한 정보를 제공하는 농촌진흥청 사이트

01 70문항 유형

01	02	03	04	05	06	07	08	09	10	11	12	13	14	15	16	17	18	19	20
②	②	⑤	⑤	②	⑤	③	⑤	③	①	③	③	③	④	③	③	①	③	④	①

01 정답 ②

참견하지 않고 앉아서 보기만 함을 의미하는 '좌시(坐視)'와 어떤 일에 직접 나서서 관여하지 않고 곁에서 보기만 함을 의미하는 '방관(傍觀)'은 유의 관계이다. 반면, ①·③·④·⑤는 반의 관계이다.

오답분석

① 밀집(密集) : 빈틈없이 빽빽하게 모임
   산재(散在) : 여기저기 흩어져 있음
③ 훼방(毀謗) : 남을 헐뜯어 비방함. 또는 그런 비방
   협조(協助) : 힘을 보태어 도움
④ 방만(放漫) : 맺고 끊는 데가 없이 제멋대로 풀어져 있다는 의미인 '방만하다'의 어근
   절연(截然) : 맺고 끊음이 칼로 자르듯이 분명하다는 의미인 '절연하다'의 어근
⑤ 옹색(壅塞) : 형편이 넉넉하지 못하여 생활에 필요한 것이 없거나 부족함. 또는 그런 형편
   윤택(潤澤) : 살림이 넉넉함

02 정답 ②

갤런(gal), 배럴(bbl), 온스(oz)는 '부피'를 나타내는 단위이다.

03 정답 ⑤

'사상누각(沙上樓閣)'은 모래 위에 세워진 누각이라는 뜻으로, 기초가 튼튼하지 못하면 곧 무너지고 만다는 것을 의미한다. 따라서 빈칸에 들어갈 한자성어로 가장 적절한 것은 ⑤이다.

오답분석

① 혼정신성(昏定晨省) : 밤에는 부모의 잠자리를 보아 드리고 이른 아침에는 부모의 안부를 여쭈어 본다는 뜻으로, 부모님께 효성을 다하는 모습을 나타내는 말이다.
② 표리부동(表裏不同) : 겉으로 드러나는 언행과 속으로 가지는 생각이 다르다는 의미이다.
③ 철저성침(鐵杵成針) : 철 절굿공이로 바늘을 만든다는 뜻으로, 아주 오래 노력하면 성공한다는 말을 나타낸다.
④ 격화소양(隔靴搔癢) : 신을 신고 발바닥을 긁는다는 뜻으로, 성에 차지 않거나 철저하지 못한 안타까움을 이르는 말이다.

04 정답 ⑤

밑줄 친 '말'은 일정한 주제나 줄거리를 가진 이야기를 의미하므로 이와 같은 의미로 사용된 것은 ⑤이다.

오답분석

① 사람의 생각이나 느낌 따위를 표현하고 전달하는 데 쓰는 음성 기호
② 단어, 구, 문장 따위를 통틀어 이르는 말
③ 음성 기호로 생각이나 느낌을 표현하고 전달하는 행위 또는 그런 결과물
④ 소문이나 풍문 따위를 이르는 말

05 정답 ②

제시문에 따르면 농업은 과학 기술의 발전성과를 수용하여 새로운 상품과 시장을 창출할 수 있는 잠재적 가치를 가지고 있으므로, 농업의 성장을 위해서는 과학 기술의 문제점을 성찰하기보다는 과학 기술을 어떻게 활용할 수 있는지를 고민해보는 것이 적절하다. 따라서 과학 기술의 문제점을 성찰해야 한다는 ②는 적절하지 않다.

06 정답 ⑤

마지막 문단에 따르면 '라이헨바흐는 자연이 일양적일 수도 있고 그렇지 않을 수도 있음을 전제'하며, '자연이 일양적인지 그렇지 않은지 알 수 없는 상황에서는 귀납을 사용하는 것이 옳은 선택'이라고 한다. 그러나 ⑤와 같이 귀납이 현실적으로 옳은 추론 방법임을 밝히기 위해 자연의 일양성이 선험적 지식임을 증명하고 있는 것은 아니다.

오답분석

① 라이헨바흐는 '어떤 방법도 체계적으로 미래 예측에 계속해서 성공할 수 없다는 논리적 판단을 통해 귀납은 최소한 다른 방법보다 나쁘지 않은 추론'이라고 확언한다. 하지만 이것은 귀납의 논리적 허점을 현실적 차원에서 해소하려는 것이며, 논리적 허점을 완전히 극복한 것은 아니라는 점에서 비판의 여지가 있다.
② 라이헨바흐는 '귀납의 정당화 문제로부터 과학의 방법인 귀납을 옹호하기 위해 현실적 구제책'을 제시한다. 이것은 귀납이 과학의 방법으로 사용될 수 있음을 지지하려는 것이다.
③ 라이헨바흐는 '자연이 일양적일 경우, 우리의 경험에 따라 귀납이 점성술이나 예언 등의 다른 방법보다 성공적인 방법이라고 판단'하며, '자연이 일양적이지 않다면, 어떤 방법도 체계적으로 미래 예측에 계속해서 성공할 수 없다는 논리적 판단을 통해 귀납은 최소한 다른 방법보다 나쁘지 않은 추론'이라고 확언한다. 따라서 라이헨바흐가 귀납과 다른 방법을 비교하기 위해 경험적 판단과 논리적 판단을 활용했음을 알 수 있다.
④ 라이헨바흐는 '자연이 일양적인지 그렇지 않은지 알 수 없는 상황에서는 귀납을 사용하는 것이 옳은 선택'이라고 본다. 따라서 라이헨바흐는 귀납과 견주어 미래 예측에 더 성공적인 방법이 없다는 판단을 근거로 귀납의 가치를 보여 주고 있다.

07 정답 ③

제시문은 애그테크의 정의와 효과, 적용되는 기술을 설명하는 글이다. 그러므로 애그테크에 대한 정의인 (다) 문단이 가장 앞에 와야 하고, 이어서 애그테크의 효과에 대한 (가) 문단이 와야 한다. 이후 애그테크에 적용되는 다양한 기술을 설명한 (나) 문단이 이어져야 하고, 결론인 (라) 문단이 와야 한다. 따라서 문단 순서가 바르게 나열된 것은 (다) - (가) - (나) - (라)이다.

08 정답 ⑤

각 항을 네 개씩 묶고 각각을 A, B, C, D라고 하면 다음과 같은 규칙을 갖는다.
$\underline{A \ B \ C \ D} \rightarrow A+B+C+D=10$
$\underline{1.5 \ 3.5 \ 3 \ (\quad)} \rightarrow 1.5+3.5+3+(\quad)=10$
따라서 ( )=$10-1.5-3.5-3=10-8=2$이다.

> 군수열은 2~4개의 항이 묶인 상태로 규칙이 형성된다.
> 따라서 일반적인 방법으로 규칙이 보이지 않는다면 군수열을 의심하고, n개의 항을 묶어서 생각한다.

09　정답 ③

홀수 항은 10을 더한 후 2로 나누고, 짝수 항은 -10씩 곱하는 수열이다.

따라서 (　)$=\left(\dfrac{7}{4}+10\right)\div 2=\dfrac{47}{4}\times\dfrac{1}{2}=\dfrac{47}{8}$ 이다.

10　정답 ①

n을 자연수라고 하면, n항과 $(n+2)$항을 곱한 값이 $(n+1)$항이 되는 수열이다.

따라서 $\dfrac{1}{36}\times($　$)=\dfrac{1}{9}$ 이므로, (　)$=\dfrac{1}{9}\times 36=4$이다.

11　정답 ③

(분자)+(분모)$=500$인 수열이다.

따라서 (　)$=\dfrac{19}{481}$ 이다.

12　정답 ③

2년 동안의 수익률과 연말 금액을 정리하면 다음과 같다.

구분	수익률	연말 금액
작년 말	200%	400만 원×3=1,200만 원
올해 말	−60%	1,200만 원×0.4=480만 원

따라서 원금 400만 원에서 480만 원이 되었으므로 누적 수익률은 20%이다.

> 누적 수익률과 평균 수익률은 동일하지 않다.
>
> 또한 산술평균으로 계산하면 수익률은 $\dfrac{200\%+(-60\%)}{2}=70\%$가 나오지만, 실제로는 그렇지 않다.

13　정답 ③

ⅰ) 동일한 숫자 2개가 2개 있는 경우

　　0부터 9까지의 숫자 중에서 동일한 숫자 2개를 뽑는 경우의 수는 $_{10}C_2=45$가지이다.

　　뽑은 2개의 수로 4자리를 만드는 경우의 수는 $\dfrac{4!}{2!2!}=6$가지이다.

　　그러므로 설정할 수 있는 비밀번호는 $45\times 6=270$가지이다.

ⅱ) 동일한 숫자가 2개만 있는 경우

　　0부터 9까지의 숫자 중에서 동일한 숫자 1개를 뽑는 경우의 수는 10가지이다.

　　나머지 숫자 2개를 뽑는 경우의 수는 $_9C_2=36$가지이다.

　　뽑은 3개의 수로 4자리를 만드는 경우의 수는 $\dfrac{4!}{2!}=12$가지이다.

　　그러므로 설정할 수 있는 비밀번호는 $10\times 36\times 12=4,320$가지이다.

따라서 가능한 모든 경우의 수는 $270+4,320=4,590$가지이다.

14 정답 ④

프로젝트를 끝내는 일의 양을 1이라고 가정한다.

하루에 할 수 있는 일의 양은 혼자 일을 할 경우 서주임은 $\frac{1}{24}$, 김대리는 $\frac{1}{16}$이며, 함께 할 경우 $\frac{1}{24}+\frac{1}{16}=\frac{5}{48}$이다.

서주임과 김대리는 3일간 함께 일을 했으며, 김대리 혼자 일을 한 날을 x일이라고 하면 다음과 같은 식이 성립한다.

$$\frac{5}{48}\times3+\frac{1}{16}\times x=1 \rightarrow \frac{5}{16}+\frac{1}{16}\times x=1 \rightarrow \frac{1}{16}\times x=\frac{11}{16}$$

$$\therefore x=11$$

따라서 김대리가 혼자 일한 기간은 11일이고, 보고서를 제출할 때까지 걸린 기간은 $3+11=14$일이다.

15 정답 ③

간부 A ~ D의 적금 만기 시 적용금리는 다음과 같다.
- A : 3.1(기본금리)+3.0(급여이체)+0.2(카드 사용)=6.3%
- B : 3.1%(기본금리)
- C : 3.1(기본금리)+0.2(카드 사용)+0.2(주택청약 가입)+0.2(대출 실적 보유)=3.7%
- D : 3.1(기본금리)+3.0(급여이체)+0.2(주택청약 가입)+0.1(펀드 가입)+0.2(대출 실적 보유)=6.6%

따라서 적금 만기 시 적용되는 금리가 작은 사람부터 순서대로 나열하면 B－C－A－D이다.

16 정답 ③

간부 A ~ D의 적금 만기 시 원리합계 금액은 다음과 같다.
- A : 매월 30만 원씩 입금하였고, 만기 시 연 이율이 6.3%이므로

$$\frac{30\times\left(1+\frac{0.063}{12}\right)\times\left\{\left(1+\frac{0.063}{12}\right)^{24}-1\right\}}{\frac{0.063}{12}}=\frac{30\times(12+0.063)\times(1.133-1)}{0.063}=763.99만 원$$

- B : 매월 50만 원씩 입금하였고, 만기 시 연 이율이 3.1%이므로

$$\frac{50\times\left(1+\frac{0.031}{12}\right)\times\left\{\left(1+\frac{0.031}{12}\right)^{24}-1\right\}}{\frac{0.031}{12}}=\frac{50\times(12+0.031)\times(1.064-1)}{0.031}\fallingdotseq1,241.91만 원$$

- C : 매월 20만 원씩 입금하였고, 만기 시 연 이율이 3.7%이므로

$$\frac{20\times\left(1+\frac{0.037}{12}\right)\times\left\{\left(1+\frac{0.037}{12}\right)^{24}-1\right\}}{\frac{0.037}{12}}=\frac{20\times(12+0.037)\times(1.077-1)}{0.037}\fallingdotseq501만 원$$

- D : 매월 40만 원씩 입금하였고, 만기 시 연 이율이 6.6%이므로

$$\frac{40\times\left(1+\frac{0.066}{12}\right)\times\left\{\left(1+\frac{0.066}{12}\right)^{24}-1\right\}}{\frac{0.066}{12}}=\frac{40\times(12+0.066)\times(1.141-1)}{0.066}\fallingdotseq1,031.09만 원$$

17 정답 ①

삼단논법이 성립하려면 '타인을 사랑하면 서로를 사랑한다.'라는 명제가 필요한데, 이 명제의 대우는 ①이다.

18　정답　③

빈칸 (가)에 들어갈 내용은 선택지 중 가장 긴급하면서 중요한 일인 ③이 적절하다.

오답분석
① 긴급하지 않고, 중요하지 않은 일
② 긴급하지 않지만, 중요한 일
④ 긴급하지 않고, 중요하지 않은 일
⑤ 긴급하지 않고, 중요하지 않은 일

19　정답　④

조건의 주요 명제들을 순서대로 논리 기호화하여 표현하면 다음과 같다.
• 두 번째 명제 : 햇살론 → (~출발적금 ∧ ~미소펀드)
• 세 번째 명제 : ~대박적금 → 햇살론
• 네 번째 명제 : 미소펀드
• 다섯 번째 명제 : (미소펀드 ∨ 출발적금) → 희망예금
네 번째 명제에 따라 미소펀드는 반드시 가입하므로, 다섯 번째 명제에 따라 출발적금 가입 여부와 무관하게 희망예금에 가입하고,
두 번째 명제의 대우 '(미소펀드 ∨ 출발적금) → ~햇살론'에 따라 햇살론에는 가입하지 않는다.
따라서 세 번째 명제의 대우 '~햇살론 → 대박적금'에 따라 대박적금은 가입하게 되고, 첫 번째 명제에 따라 미소펀드, 희망예금,
대박적금 3가지를 가입하므로 햇살론, 출발적금은 가입하지 않는다.

20　정답　①

'4. 지급대상자 선정'에 따르면 '지급신청 시 농민수당 수급권자 이행 서약서(별지 제3호 서식)에 날인한 경우 대상자로 선정'한다고
하였으므로, 농민수당 신청 시 제출해야 할 서류는 ㄱ, ㄷ, ㅁ이다.

02　60문항 유형

01	02	03	04	05	06	07	08	09	10	11	12	13	14	15	16	17	18	19	20
④	②	②	④	④	④	③	①	③	④	④	①	③	③	①	②	④	④	②	④
21	22	23	24	25															
③	①	②	③	②															

01　정답　④

'창출'은 '전에 없던 것을 처음으로 생각하여 지어내거나 만들어냄'을 뜻하므로, '창조'와 유의어이다.

오답분석
① 발췌 : 책, 글 따위에서 필요하거나 중요한 부분을 가려 뽑아냄. 또는 그런 내용
② 추출 : 전체 속에서 어떤 물건, 생각, 요소 따위를 뽑아냄
③ 구출 : 위험한 상태에서 구하여 냄

02 정답 ②

'나위'는 '더 할 수 있는 여유나 더 해야 할 필요'를 뜻한다. 따라서 '어떤 일을 하거나 어떤 일이 일어날 가능성이나 희망'을 뜻하는 '여지'와 유의어이다.

오답분석
① 유용(有用) : 쓸모가 있음
③ 자취 : 어떤 것이 남긴 표시나 자리
④ 지경(地境) : 경우나 형편, 정도의 뜻을 나타내는 말

03 정답 ②

한글 맞춤법 제3절 제47항에 따르면 보조 용언은 띄어 씀을 원칙으로 하되, 경우에 따라 붙여 씀도 허용한다. 따라서 원칙에 따라 '비가 올 성싶다.'로 띄어 쓰는 것이 옳으며, '비가 올성싶다.'도 허용한다.

오답분석
① '뿐'은 대명사 '너' 뒤에 쓰인 보조사이므로 붙여 쓴다. → 너뿐이야
③ '만큼'은 동사의 관형사형 뒤에 쓰인 의존 명사이므로 띄어 쓴다. → 들릴 만큼
④ '께, 만큼, 은'은 모두 조사이므로 붙여 쓴다. → 선생님께만큼은

04 정답 ④

• 가게용 → 가계용
• 증빈자료 → 증빙자료
• 재출 → 제출
• 가담 → 부담

05 정답 ④

공문서는 반드시 일정한 양식과 격식을 갖추어 작성해야 한다.

오답분석
① 공문서는 회사 외부로 전달되는 문서로 누가, 언제, 어디서, 무엇을, 어떻게(혹은 왜)가 정확하게 드러나도록 작성해야 한다.
② 공문서의 날짜 작성 시 날짜 다음에 괄호를 사용할 경우에는 마침표를 찍지 않는다.
③ 도표를 사용하는 것은 설명서의 특징이며, 공문서의 경우 복잡한 내용은 '-다음-'이나 '-아래'와 같이 항목별로 구분한다.

06 정답 ④

전화를 못 받아서 미안하다는 A의 말에 '메시지를 남기시겠습니까?'라는 B의 대답은 적절하지 않다.

오답분석
① A : 우리 점심 몇 시에 먹어?
   B : 정오 전에 준비될 거야.
② A : 너에게 여러 번 전화했어. 왜 전화 안 받았니?
   B : 이런, 내 휴대전화의 전원이 꺼졌던 것 같아.
③ A : 이번 겨울에 휴가를 갈 거니?
   B : 그렇게 할지도 몰라. 아직 결정 못 했거든.

07 정답 ③

제시문은 인구 폭발이 야기하는 문제를 지적하는 내용이다. 따라서 문제점을 구체적으로 제시하는 (C) – 문제점을 걱정하는 (A) – 그래서 점점 더 많은 문제와 직면하게 된다는 결론의 (B) 순서가 적절하다.

> 인구 폭발은 많은 문제를 야기한다.
> (C) 그것들 중 하나는 세상의 모든 사람들에게 공급할 충분한 식량과 관련이 있다.
> (A) 또한, 이 염려는 그들 모두, 특히 나이 든 사람들에 대한 적절한 의학적 보살핌과 관련이 있다.
> (B) 따라서, 우리는 점점 더 많은 문제와 직면하게 된다.

08 정답 ①

보기는 기존의 쌀 소득보전 직불제의 도입 배경과 한계점에 대한 내용이다. 공익직불제는 쌀 과잉공급 등 기존 직불제의 한계점을 해결하기 위해 시행된 제도이므로 보기의 문단이 들어갈 위치로 가장 적절한 곳은 (가)이다.

09 정답 ③

네 번째 문단에 따르면 각 지자체는 정부 광고매체를 활용해 모금할 수 있지만, 지자체가 주최 · 주관 · 후원하는 행사에서 권유 · 독려를 금지하고 있으며 이를 위반했을 경우 최대 8개월까지 기부금 모금이 제한된다.

오답분석

① 기부자는 주민등록증 · 운전면허증 등 신분증을 가지고 농협 근무시간에 방문하여 현장에서 기부할 수 있다.
② 고향사랑e음은 국세청 연말정산시스템과 연계하여 자동으로 세액공제 혜택을 받을 수 있다.
④ 고향사랑e음을 통해 기부 시 기부금의 30%를 포인트로 받아 원하는 시기에 원하는 답례품을 선택할 수 있다.

10 정답 ④

나열된 수를 각각 A, B, C, D라고 하면 다음과 같은 규칙이 성립한다.
$\underline{A\ B\ C\ D} \rightarrow A+B+C=D$
$\therefore (\quad)=5+6+2=13$

11 정답 ④

홀수 항은 2씩 더하고, 짝수 항은 4씩 곱하는 수열이다.

c	A	(e)	D	g	P
3	1	5	4	7	16

12 정답 ①

원가에 x원을 가산했을 때의 총매출액은 $400 \times 80 + 9,600 = 41,600$원이며, 이를 80으로 나누면 개당 520원에 판매했음을 알 수 있다.
따라서 $x = 520 - 400 = 120$이므로, 원가에 120원을 가산하여 판매하였다.

13 정답 ③

단리예금일 경우, 이자는 원금에 대해서만 붙으므로 3년 후 $1,000 \times 0.1 \times 3 = 300$만 원이 되며, 원리합계는 $1,000 + 300 = 1,300$만 원이다. 복리예금일 경우, 원리합계는 $1,000 \times 1.1^3 = 1,000 \times 1.331 = 1,331$만 원이 된다.
따라서 두 경우의 원리합계 금액의 합은 $1,300 + 1,331 = 2,631$만 원이다.

14 정답 ③

$a_1=3$, $a_2=3+2=5$, $a_3=5+2=7$, $a_4=7+3=10$, $a_5=10+3=13$, ···

홀수 번째 수는 계차가 4, 6, 8, ···로 증가한다.

홀수 번째 수를 b_m이라고 할 때, 다음과 같은 식이 성립한다.

$b_{m+1}-b_m=2m+2$

$b_{m+1}-b_1=2\sum_{k=1}^{m}k+2m=m(m+1)+2m$

$\therefore\ b_m=b_1+(m-1)m+2(m-1)=3+m^2+m-2=m^2+m+1$

따라서 $a_{2023}=a_{2\times1012-1}$이므로 $a_{2023}=b_{1012}=1{,}012^2+1{,}012+1=1{,}012^2+1{,}013$이다.

15 정답 ①

2021년	2022년
• (이자보상배율)$=\dfrac{485}{320}=1.515625\fallingdotseq1.5$배	• (이자보상배율)$=\dfrac{525}{540}=0.9722222\cdots\fallingdotseq1$배
• (이자보상비율)$=1.5\times100=150\%$	• (이자보상비율)$=1\times100=100\%$

2021년의 이자보상비율은 150%로 2022년의 100%보다 50%가량 높다.

16 정답 ②

창조적인 기업은 융통성이 있고, 융통성이 있는 기업 중의 일부는 오래간다. 즉, 창조적인 기업이 오래 갈지 아닐지 알 수 없다.

17 정답 ④

주로 사용하는 용지가 A3, A4, B5이므로 사용 가능 용지에 A3, A4, B5가 포함되어 있지 않은 B, E, F, H복합기는 제외한다.
컬러 인쇄를 주로 사용하므로 C복합기도 제외한다.
남은 A, D, G복합기 중에서 컬러 인쇄의 분당 출력 매수가 15매 미만인 D복합기를 제외한다.
A복합기와 G복합기 중에서 G복합기를 24개월 대여했을 때 비용은 $12\times24=288$만 원이고, A복합기를 구매하면 300만 원이다.
따라서 조건을 만족하는 복합기는 G복합기이다.

18 정답 ④

A ~ D농가의 손해액과 보험가액의 80%, 보험가입금액은 다음과 같다.

(단위 : 백만 원)

구분	A농가	B농가	C농가	D농가
손해액	20	24	5	25
보험가액의 80%	400	320	640	240
보험가입금액	450	300	600	500

A ~ D농가의 보험지급액은 다음과 같다.

• A농가 : 20백만 원

• B농가 : $24\times\dfrac{300}{320}=22.5$백만 원

• C농가 : $5\times\dfrac{600}{640}=4.6875$백만 원

• D농가 : 25백만 원

따라서 보험지급액이 가장 많은 농가는 D농가이다.

19 정답 ②

$(보험료율)=\dfrac{(보험지급액)}{(보험가입금액)}\times100$이므로 A ~ D농가의 보험료율은 다음과 같다.

- A농가 : $\dfrac{20}{450}\times100\fallingdotseq4.44\%$

- B농가 : $\dfrac{22.5}{300}\times100=7.5\%$

- C농가 : $\dfrac{4.6875}{600}\times100\fallingdotseq0.78\%$

- D농가 : $\dfrac{25}{500}\times100=5\%$

따라서 보험료율이 가장 높은 농가는 B농가이다.

20 정답 ④

브레인스토밍은 어떤 문제의 해결책을 찾기 위해 여러 사람이 자유롭게 아이디어를 제시하도록 요구하는 방법으로, 가능한 한 많은 양의 아이디어를 모아 그 속에서 해결책을 찾는 방법이다. 따라서 제시된 아이디어에 대해 비판해서는 안 되며, 다양한 아이디어를 결합하여 최적의 방안을 찾아야 한다.

브레인스토밍 진행 방법
1. 주제를 구체적이고 명확하게 정한다.
2. 구성원의 얼굴을 볼 수 있는 좌석 배치와 큰 용지를 준비한다.
3. 구성원들의 다양한 의견을 도출할 수 있는 사람을 리더로 선출한다.
4. 구성원은 다양한 분야의 사람들 5 ~ 8명 정도로 구성한다.
5. 발언은 누구나 자유롭게 할 수 있도록 하며, 모든 발언 내용을 기록한다.
6. 다른 사람들의 아이디어에 대해 비판해서는 안 된다.

21 정답 ③

MECE는 중복되지 않고, 누락이 없게 하는 것으로 다음과 같은 절차를 거친다.
1. 문제 파악
2. 문제 분해
3. 불필요한 문제 제거
4. 가설
5. 계획 수립
6. 분석과 종합
7. 메시지 전달

22 정답 ①

NH농협의 마스코트 아리(Ari)는 농업의 근원인 씨앗을 모티브로 하여 쌀알, 밀알, 콩알에서의 '알'을 따와서 이름 붙였다. 2000년에 농협이 축협과 통합하면서 새 출발하는 농협의 미래지향적인 기업 이미지를 캐릭터를 통해 발현시키고자 하였으며, 우리의 전통 음율 '아리랑'을 연상하게 하여 '흥', '어깨춤' 등 동적인 이미지를 지님과 동시에 곡식을 담을 '항아리'도 연상케 하여 '풍요'와 '결실'의 의미도 지닌다.

23 정답 ②

감사위원회사무처에 속하는 경영감사부와 사업감사부는 농협중앙회 총회와 독립된 부서이다.

24 정답 ③

농협의 5대 핵심가치

1. 농업인과 소비자가 함께 웃는 유통 대변화
   소비자에게 합리적인 가격으로 더 안전한 먹거리를, 농업인에게 더 많은 소득을 제공하는 유통개혁 실현
2. 미래 성장 동력을 창출하는 디지털 혁신
   4차 산업혁명 시대에 부응하는 디지털 혁신으로 농업·농촌·농협의 미래 성장 동력 창출
3. 경쟁력 있는 농업, 잘사는 농업인
   농업인 영농지원 강화 등을 통한 농업경쟁력 제고로 농업인 소득 증대 및 삶의 질 향상
4. 지역과 함께 만드는 살고 싶은 농촌
   지역사회의 구심체로서 지역사회와 협력하여 살고 싶은 농촌 구현 및 지역경제 활성화에 기여
5. 정체성이 살아 있는 든든한 농협
   농협의 정체성 확립과 농업인 실익 지원 역량 확충을 통해 농업인과 국민에게 신뢰받는 농협 구현

> NH농협은행은 2024년을 맞아 '비전 2030'을 발표하였으며, 그에 따른 핵심가치를 다음과 같이 공시하였다.
>
> **농협의 비전 2030 핵심가치**
>
> 1. 국민에게 사랑받는 농협
>   지역사회와 국가경제 발전에 공헌하여 온 국민에게 신뢰받고 사랑받는 농협을 구현
> 2. 농업인을 위한 농협
>   농업인의 행복과 발전을 위해 노력하고, 농업인의 경제적·사회적·문화적 지위 향상을 추구
> 3. 지역 농축협과 함께하는 농협
>   협동조합의 원칙과 정신에 의거 협동과 상생으로 지역 농축협이 중심에 서는 농협을 구현
> 4. 경쟁력 있는 글로벌 농협
>   미래 지속가능한 성장을 위하여 국내를 벗어나 세계 속에서도 경쟁력을 갖춘 농협으로 도약

25 정답 ②

농약, 원제 및 농약활용기자재의 표시기준 제4조(표시방법 및 기준 등) 제1호

표시사항은 포장지 전체를 고려하여 사용자가 쉽게 알아볼 수 있도록 크게 하여야 하며 아래의 개별 표시사항은 포장지 앞면(다단일 경우에는 상표명 표시부분)에 우선적으로 배치하여야 한다.

구분	표기 문자	표기 위치
'농약' 문자 표기	한글	최상단 중앙
품목등록번호	한글 및 숫자	'농약' 문자 우측 표기
용도 구분	한글	'농약' 문자 좌측 표기
상표명	한글	임의배치
품목명	한글	상표명 하단
기본 주의사항 및 해독·응급처치 방법	한글	독성·행위금지 등 그림문자 상단
포장단위	숫자, OGS단위	임의배치
상호	한글, 숫자 및 영문	임의배치
인축독성·어독성 구분	한글 및 로마자	품목등록번호 하단
작용기작 그룹표시	한글, 숫자 및 영문	용도 구분 하단
독성·행위금지 등 그림문자	그림문자	최하단
독성·행위금지 등 그림문자 설명	한글	독성·행위금지 등 그림문자 우측 또는 하단

CHAPTER 04 2022년 하반기 기출복원문제

01 70문항 유형

01	02	03	04	05	06	07	08	09	10	11	12	13	14	15	16	17	18	19	20
⑤	④	①	⑤	④	③	③	⑤	②	②	③	④	②	②	④	③	③	①	④	③
21	22	23	24	25															
②	①	④	②	⑤															

01 정답 ⑤

'천재일우(千載一遇)'란 '천 년 동안 단 한 번 만난다.'는 뜻으로, 좀처럼 만나기 어려운 좋은 기회를 이르는 말이다.
한편, ①~④는 모두 뛰어난 인물을 나타내는 말이다.

오답분석
① 군계일학(群鷄一鶴) : 많은 사람 가운데서 뛰어난 인물을 이르는 말
② 철중쟁쟁(鐵中錚錚) : 같은 무리 가운데서도 가장 뛰어남. 또는 그런 사람을 이르는 말
③ 태산북두(泰山北斗) : 모든 사람들이 존경하는 뛰어난 인물을 비유하는 말
④ 낭중지추(囊中之錐) : 재능이 뛰어난 사람은 숨어 있어도 저절로 사람들에게 알려짐을 이르는 말

02 정답 ④

'당랑거철(螳螂拒轍)'은 제 역량을 생각하지 않고 강한 상대나 되지 않을 일에 덤벼드는 무모한 행동거지를 비유하는 말로, 댐 건설 사업 공모에 무리하게 참여한 ○○건설회사를 표현하기에 적절하다.

오답분석
① 각골난망(刻骨難忘) : 은혜를 입은 고마움이 뼈에 깊이 새겨져 잊히지 않음
② 난공불락(難攻不落) : 공격하기에 어려울 뿐 아니라 결코 함락되지 않음
③ 토사구팽(兎死狗烹) : 필요할 때 요긴하게 사용하고 쓸모가 없어지면 버림
⑤ 파죽지세(破竹之勢) : 대나무를 쪼개는 기세라는 뜻으로, 세력이 강대하여 대적을 거침없이 물리치고 쳐들어가는 기세

03 정답 ①

'가슴을 태우다.'는 '몹시 애태우다.'라는 뜻이다.

04 정답 ⑤

'수난하다'란 '부끄러워 얼굴을 붉히다.'라는 뜻이다.

05 정답 ④

밑줄 친 '호들갑을 떨다'는 '행동을 경망스럽게 자꾸 하거나, 그런 성질을 겉으로 나타내다.'라는 뜻이다. 따라서 반대되는 의미를 가진 단어는 '조용한 마음으로 대상의 본질을 바라봄'의 뜻을 가진 '관조'가 적절하다.

오답분석

① 관람(觀覽) : 연극, 영화, 경기, 미술품 따위를 구경함
② 관찬(官撰) : 관청에서 편찬함
③ 관상(觀相) : 사람의 얼굴을 보고 성질이나 운명 따위를 판단함
⑤ 관망(觀望) : 한발 물러나서 어떤 일이 되어 가는 형편을 바라봄

06 정답 ③

'도약(跳躍)'은 더 높은 단계로 발전하는 것을 비유적으로 이르는 말이다.

오답분석

① 도모(圖謀) : 어떤 일을 이루기 위하여 대책과 방법을 세움
② 도전(挑戰) : 정면으로 맞서 싸움을 걺
④ 도치(倒置) : 차례나 위치 따위를 서로 뒤바꿈
⑤ 도래(到來) : 어떤 시기나 기회가 닥쳐옴

07 정답 ③

밑줄 친 '다루다'는 '어떤 물건이나 일거리 따위를 어떤 성격을 가진 대상 혹은 어떤 방법으로 취급하다.'는 의미로 사용되었으므로 '취급하다'로 바꾸어 사용할 수 있다.

오답분석

① 사고팔다 : 물건 따위를 사기도 하고 팔기도 하다.
② 사용하다 : 일정한 목적이나 기능에 맞게 쓰다.
④ 상대하다 : 1. 서로 마주 대하다.
　　　　　　　 2. 서로 겨루다.
⑤ 부리다 : 기계나 기구 따위를 마음대로 조종하다.

08 정답 ⑤

'매이다'는 '(어떤 사람이 다른 사람이나 조직, 일에) 구속되거나 부림을 받아 자유로운 행동을 할 수 없게 되다.'를 뜻한다. 따라서 '매이다'의 활용형인 '매여서'를 쓰는 것이 옳다.

오답분석

① 매이다 : (줄이나 끈이) 풀리지 않도록 양쪽 끝이 서로 감아져 매듭이 만들어지다.
② 매이다 : 논밭에 난 잡풀을 뽑게 하다. '매다'의 사동사
③ 메이다 : 어깨에 걸쳐지거나 올려 놓이다. '메다'의 피동사
④ 매다 : 어떤 책임을 지거나 임무를 맡다.

09 정답 ②

제시문은 음악을 쉽게 복제할 수 있는 환경을 비판하는 시각에 대하여 반박하며 미래에 대한 기대를 나타내는 내용을 담고 있다. 따라서 (다) 음악을 쉽게 변모시킬 수 있게 된 환경의 도래 - (가) 음악 복제에 대한 비판적인 시선의 등장 - (라) 이를 반박하는 복제품 음악의 의의 - (나) 복제품으로 새롭게 등장한 전통에 대한 기대 순서로 나열하는 것이 적절하다.

10 정답 ②

$414-(13\times32)+323=414-416+323=321$

11 정답 ③

$\dfrac{35}{77}\times11^2+25=5\times11+25=80$

12 정답 ④

앞의 숫자에 각각 $\div6$, $\times5$, $\div4$, $\times3$, …을 규칙으로 하는 수열이다.

360	60	300	75	( )
	$\div6$	$\times5$	$\div4$	$\times3$

따라서 ( )$=75\times3=225$이다.

13 정답 ②

앞의 문자에 각각 $+1$, -2, $+3$, -4, $+5$, -6, …을 규칙으로 하는 문자열이다.

F	G	E	H	D	(I)	C
6	7	5	8	4	9	3

14 정답 ②

첫 번째 조건에서 2019년 11월 요가 회원은 $a=50\times1.2=60$명이 되고, 세 번째 조건에서 2020년 1월 필라테스 예상 회원 수는 2019년 4분기 월 평균 회원 수가 되어야 하므로 $d=\dfrac{106+110+126}{3}=\dfrac{342}{3}=114$명이다.

두 번째 조건에 따라 2019년 12월 G.X 회원 수 c를 구하면 $(90+98+c)+37=106+110+126 \rightarrow c=342-225=117$이다.
b를 구하기 위해 방정식 $2a+b=c+d$에 a, c, d에 해당하는 수를 대입하면 $(2\times60)+b=117+114 \rightarrow b=231-120=111$이다.
따라서 2019년 12월 요가 회원 수는 111명임을 알 수 있다.

15 정답 ④

1바퀴를 도는 데 갑은 2분, 을은 3분, 병은 4분이 걸린다.
2, 3, 4의 최소공배수는 12, 즉 세 사람이 다시 만나는 데 걸리는 시간은 12분이다.
따라서 출발점에서 다시 만나는 시각은 4시 42분이다.

16 정답 ③

ㄷ. 2018 ~ 2020년에 사망자 수는 1,850명 → 1,817명 → 1,558명으로 감소하고 있고, 부상자 수는 11,840명 → 12,956명 → 13,940명으로 증가하고 있다.
ㄹ. 연도별 검거율을 구하면 다음과 같다.

- 2017년 : $\dfrac{12,606}{15,280}\times100=82.5\%$
- 2018년 : $\dfrac{12,728}{14,800}\times100=86\%$
- 2019년 : $\dfrac{13,667}{15,800}\times100=86.5\%$
- 2020년 : $\dfrac{14,350}{16,400}\times100=87.5\%$

따라서 검거율은 매년 높아지고 있다.

ㄱ. 사고건수는 2018년까지 감소하다가 2019년부터 증가하고 있고, 검거 수는 매년 증가하고 있다.

ㄴ. 2018년과 2019년의 사망률 및 부상률은 다음과 같다.

• 2018년 사망률 : $\dfrac{1,850}{14,800} \times 100 = 12.5\%$, 부상률 : $\dfrac{11,840}{14,800} \times 100 = 80\%$

• 2019년 사망률 : $\dfrac{1,817}{15,800} \times 100 = 11.5\%$, 부상률 : $\dfrac{12,956}{15,800} \times 100 = 82\%$

따라서 사망률은 2018년이 더 높지만, 부상률은 2019년이 더 높다.

17 정답 ③

기획개발팀 팀원 1명이 15회의 경기에서 모두 이긴 경우, 105점을 받는다.

여기에서 이긴 경기 대신 비긴 경기 혹은 진 경기가 있는 경우, 최고점인 105점에서 비긴 경기 1경기당 4점씩(∵ 이긴 경우 점수−비긴 경우 점수=4점) 감소하며, 진 경기가 있는 경우 진 경기 1경기당 11점씩(∵ 이긴 경우 점수−진 경우 점수=11점) 감소한다.

그러므로 가능한 점수는 105−[(4×비긴 경기 수)+(11×진 경기 수)]뿐이다.

이에 따라 팀원들의 경기 성적을 정리하면 다음과 같다.

구분	이긴 경기	비긴 경기	진 경기
A팀장	12	3	0
B대리	13	1	1
D연구원	12	1	2
E연구원	10	2	3

따라서 발표한 점수가 위 수식으로 도출 불가능한 점수인 사람은 C대리뿐이므로, 거짓을 말한 사람은 C대리이다.

18 정답 ①

'물을 녹색으로 만든다.'를 p, '냄새 물질을 배출한다.'를 q, '독소 물질을 배출한다.'를 r, '물을 황색으로 만든다.'를 s라고 하면 $p \rightarrow q$, $r \rightarrow \sim q$, $s \rightarrow \sim p$가 성립한다. 첫 번째 명제의 대우인 $\sim q \rightarrow \sim p$가 성립함에 따라 $r \rightarrow \sim q \rightarrow \sim p$가 성립한다.

따라서 '독소 물질을 배출하는 조류는 물을 녹색으로 만들지 않는다.'는 반드시 참이다.

19 정답 ④

한 분야의 모든 사람이 한 팀에 들어갈 수는 없다는 조건이 있으므로 가와 나는 한 팀이 될 수 없다.

① 갑과 을이 한 팀이 되는 것과 상관없이 한 분야의 모든 사람이 한 팀에 들어갈 수는 없기 때문에 가와 나는 반드시 다른 팀이어야 한다.

② 두 팀에 남녀가 각각 2명씩 들어갈 수도 있지만 (남자 셋, 여자 하나), (여자 셋, 남자 하나)의 경우도 있다.

③ a와 c는 성별이 다르기 때문에 같은 팀에 들어갈 수 있다.

⑤ 주어진 조건에 따라 배치하면 c와 갑이 한 팀이 되면 한 팀의 인원이 5명이 된다.

20 정답 ③

시행기업당 참여직원 수를 구하면 다음과 같다.

• 2018년 : $\dfrac{3,197}{2,079} \coloneqq 1.54$명

• 2019년 : $\dfrac{5,517}{2,802} \coloneqq 1.97$명

• 2020년 : $\dfrac{10,869}{5,764} \coloneqq 1.89$명

• 2021년 : $\dfrac{21,530}{7,686} \coloneqq 2.80$명

따라서 시행기업당 참여직원 수가 가장 많은 해는 2021년이다.

① 직접 계산을 하지 않고 눈으로도 판단이 가능한 선택지이다. 2019년 이후 전년보다 참여직원 수가 가장 많이 증가한 해는 2021년인 반면, 시행기업 수가 가장 많이 증가한 해는 2020년이므로 둘은 동일하지 않다.
② 2021년 남성육아휴직제 참여직원 수는 21,530명이며, 2018년은 3,197명이므로 2021년의 참여직원 수는 2018년의 약 6.7배이다.
④ 2021년 시행기업 수의 2019년 대비 증가율은 $\frac{7,686-2,802}{2,802}\times100≒174.30\%$이고, 참여직원 수의 증가율은 $\frac{21,530-5,517}{5,517}$ $\times100≒290.25\%$이므로 옳지 않은 내용이다.
⑤ 2021년 참여직원 수는 2018년 대비 18,333명 증가하였으므로 3년간 증가인원의 평균은 6,111명으로 6,000명을 넘는다.

21 정답 ②

편리성 추구는 너무 편한 방향으로 자원으로 활용하는 것을 의미한다. 일회용품을 사용하는 것, 늦잠을 자는 것, 주위 사람들에게 멋대로 대하는 것 등이 이에 포함된다. 지나친 편리성 추구는 물적자원뿐만 아니라 시간과 돈의 낭비를 초래할 수 있으며, 주위의 인맥도 줄어들게 될 수 있다.

① 비계획적 행동 : 자원을 어떻게 활용하는 것인가에 대한 계획이 없는 것으로, 계획 없이 충동적이고 즉흥적으로 행동하여 자원을 낭비하게 된다.
③ 자원에 대한 인식 부재 : 자신이 가지고 있는 중요한 자원을 인식하지 못하는 것으로, 무의식적으로 중요한 자원을 낭비하게 된다.
④ 노하우 부족 : 자원관리의 중요성을 인식하면서도 자원관리에 대한 경험이나 노하우가 부족하여 자원을 효과적으로 활용할 줄 모르는 경우를 말한다.
⑤ 잘못된 가치 판단 : 자원이 지니고 있는 가치를 잘못 판단하게 되어 자원을 낭비하는 경우를 말한다.

22 정답 ①

인맥을 활용하면 각종 정보와 정보의 소스를 주변 사람으로부터 획득할 수 있다. 또한 '나' 자신의 인간관계나 생활에 대해서 알 수 있으며, 이로 인해 자신의 인생에 탄력을 불어넣을 수 있다. 게다가 주변 사람들의 참신한 아이디어를 통해 자신만의 사업을 시작할 수도 있다. 따라서 N사원의 메모는 모두 옳은 내용이다.

23 정답 ④

비공식조직이 회사 내 동호회와 같이 공식조직 내에 있을 경우, 비공식조직 내에서의 취미 공유 등 행동의 공유는 공식조직에서의 업무 효율을 증대시키기도 한다.

① 공식조직과 비공식조직의 구분 기준은 규모가 아니라 공식화 정도이다.
② 조직발달의 역사는 인간관계에 기반을 둔 비공식조직에서 시작하여 여러 공식적인 체계가 형성되는 공식조직 순서로 발전하였다.
③ 환경보존이라는 공익적 메시지를 담은 상품을 판매하더라도, 그 수익을 극대화하려는 목적에서 운영된다면 영리조직에 해당한다.
⑤ 정부조직은 대표적인 비영리조직이자 공식조직에 해당한다.

24 정답 ②

ㄷ. 1년 중 90일 이상 농업에 종사하는 자

25 정답 ⑤

농협조합원 탈퇴는 임의 탈퇴, 양도 탈퇴, 당연(법정) 탈퇴, 제명으로 구분된다. 고의 또는 중대한 과실로 조합에 손실을 끼치거나 조합의 신용을 잃게 한 경우는 제명 사유에 해당한다.

02 60문항 유형

01	02	03	04	05	06	07	08	09	10	11	12	13	14	15	16	17	18	19	20
①	①	③	③	④	③	②	③	④	③	②	④	④	②	③	④	②	②	③	④

01 정답 ①

<u>오답분석</u>
② 우공이산(愚公移山) : 남이 보기엔 어리석은 일처럼 보이지만 한 가지 일을 끝까지 밀고 나가면 언젠가는 목적을 달성할 수 있음
③ 노갑이을(怒甲移乙) : 갑에게서 당한 노여움을 을에게 옮긴다는 뜻으로, 어떠한 사람에게서 당한 노여움을 애꿎은 다른 사람에게 화풀이함
④ 곡학아세(曲學阿世) : 정도(正道)를 벗어난 학문으로 세상 사람에게 아첨함

02 정답 ①

'장난스럽게 남을 괴롭고 귀찮게 하여 달갑지 아니하다.'라는 뜻의 단어는 '짓궂다'이다.

<u>오답분석</u>
② 왠지 : 왜 그런지 모르게. 또는 뚜렷한 이유도 없이
③ 박이다 : 손바닥, 발바닥 따위에 굳은살이 생기다.
④ 금세 : 지금 바로. '금시에'가 줄어든 말

03 정답 ③

'각심(刻心)'은 '잊지 않도록 마음 깊이 새겨 둠'을 뜻한다.

04 정답 ③

<u>오답분석</u>
① 천금(天衾) : 송장을 관에 넣고서 덮은 이불
② 침금(寢衾) : 이불과 요를 통틀어 이르는 말
④ 금구(衾具) : 이불과 요를 통틀어 이르는 말

05 정답 ④

'듯'은 의존 명사이므로 앞에 오는 관형형 '올'과 띄어 써야 한다.

06 정답 ③

북극성이나 은하수를 보고 길을 찾는 곤충이 있으나, 이런 곤충의 시스템이 조명으로 인해 흔들리고 있다고 이야기하므로 ㉠에는 역접의 접속어인 '하지만'이 적절하다. 다음으로 ㉡ 뒤의 문장에서는 북미의 반딧불이는 불빛을 내며 짝짓기 상대를 유혹했지만, 이제는 거리의 불빛에 묻혀버렸다고 이야기하므로 ㉡에는 '그러나'가 적절하다. 마지막으로 ㉢ 뒤의 문장에서는 또 다른 빛 공해의 문제점을 이야기하므로 ㉢에는 다른 측면을 언급할 때 쓰이는 '또한'이 적절하다.

07 정답 ②

(나)에서 문학과 역사의 차이는 문학 연구가와 역사 연구가를 비교할 때 더욱 뚜렷하게 드러난다고 했으므로 (나) 다음으로는 문학 연구가와 역사 연구가에 대한 설명이 와야 한다. (가)에서 역사 연구가는 대상을 마음대로 조립할 수 있다고 한 반면, (라)에서는 문학 연구가의 조립이 불가능하다고 했으므로 문맥상 (나) – (가) – (라)로 이어지는 것이 자연스럽다. 또한 (다)의 수정 불가능한 '그것'은 조립이 불가능한 이광수의 『무정』을 설명하는 것이므로 가장 마지막 문장은 (다)가 된다.

08 정답 ③

일반적으로 사탕을 선물하는 화이트데이에 사탕 대신 꽃을 선물하도록 하여 침체된 화훼농가를 돕고자 하는 농협의 '화(花)이트데이'에 대한 기사 내용이므로, 제목으로 ③이 가장 적절하다.

오답분석

① 1 Table 1 Flower 등 침체된 화훼 생산 농가를 위한 방안도 제시하고 있지만, 주된 내용은 화이트데이와 관련된 것이다.
② 장미뿐만 아니라 화이트데이에 선물하기 좋은 다양한 꽃을 추천하고 있다.
④ 화이트데이에 사탕보다 꽃으로 사랑을 전하자는 내용이다.

09 정답 ④

n을 자연수라 하면 $(n+1)$항에서 n항을 더하고 $+2$를 한 값이 $(n+2)$항이 되는 수열이다.
따라서 (   )$=48+29+2=79$이다.

10 정답 ③

각 항을 네 개씩 묶고, A B C D라고 하면 다음과 같은 규칙이 성립한다.
$\underline{A\ B\ C\ D} \rightarrow A+B+C+D=0$
$\underline{6\ -7\ 5\ (\quad)} \rightarrow 6-7+5+(\quad)=0$
따라서 (   )$=-4$이다.

11 정답 ②

$$\sum_{k=1}^{32} \frac{1}{\sqrt{k+4}+\sqrt{k+3}}$$

$$=\sum_{k=1}^{32} \frac{\sqrt{k+4}-\sqrt{k+3}}{\left(\sqrt{k+4}+\sqrt{k+3}\right)\times\left(\sqrt{k+4}-\sqrt{k+3}\right)}$$

$$=\sum_{k=1}^{32} \frac{\sqrt{k+4}-\sqrt{k+3}}{\left(\sqrt{k+4}\right)^2-\left(\sqrt{k+3}\right)^2}$$

$$=\sum_{k=1}^{32} \frac{\sqrt{k+4}-\sqrt{k+3}}{k+4-(k+3)}$$

$$=\sum_{k=1}^{32} \left(\sqrt{k+4}-\sqrt{k+3}\right)$$

$$=\left(\sqrt{1+4}-\sqrt{1+3}\right)+\left(\sqrt{2+4}-\sqrt{2+3}\right)+\cdots+\left(\sqrt{32+4}-\sqrt{32+3}\right)$$

$$=-\sqrt{1+3}+\sqrt{32+4}$$

$$=-2+6$$

$$=4$$

12 정답 ④

원기둥 윗면의 넓이는 $\pi r^2=3\times4^2=48\text{cm}^2$ (r : 원의 반지름)이고, 원기둥의 높이는 20cm이다.

따라서 원기둥의 부피는 $48\text{cm}^2\times20\text{cm}=960\text{cm}^3$이다.

13 정답 ④

ㄱ. 탐색형 문제 : 현재의 상황을 개선하거나 효율을 높이기 위한 문제이다. 눈에 보이지 않는 문제로, 이를 방치하면 뒤에 큰 손실이 따르거나 결국 해결할 수 없는 문제로 확대되기도 한다.

ㄴ. 발생형 문제 : 우리 눈앞에 발생되어 당장 걱정하고 해결하기 위해 고민하는 문제이다. 눈에 보이는 이미 일어난 문제로, 어떤 기준을 일탈함으로써 생기는 일탈 문제와 기준에 미달하여 생기는 미달 문제로 대변되며 원상복귀가 필요하다.

ㄷ. 설정형 문제 : 미래상황에 대응하는 장래 경영전략의 문제로 '앞으로 어떻게 할 것인가'에 대한 문제이다. 지금까지 해오던 것과 전혀 관계없이 미래 지향적으로 새로운 과제 또는 목표를 설정함에 따라 일어나는 문제로서, 목표 지향적 문제이기도 하다.

14 정답 ②

'부족한 리스크 관리 능력'은 기업 내부환경의 약점 요인에 해당한다. 위협은 외부환경 요인에 해당하므로 위협 요인에는 회사 내부를 제외한 외부에서 비롯되는 요인이 들어가야 한다.

> **SWOT 분석**
> 기업의 내부환경과 외부환경을 분석하여 강점(Strength), 약점(Weakness), 기회(Opportunity), 위협(Threat) 요인을 규정하고 이를 토대로 경영전략을 수립하는 기법
> • 강점(Strength) : 내부환경(자사 경영자원)의 강점
> • 약점(Weakness) : 내부환경(자사 경영자원)의 약점
> • 기회(Opportunity) : 외부환경(경쟁사, 고객, 거시적 환경)에서 비롯된 기회
> • 위협(Threat) : 외부환경(경쟁사, 고객, 거시적 환경)에서 비롯된 위협

15 정답 ③

시네틱스(Synetics)는 서로 관련이 없어 보이는 것들을 조합하여 새로운 것을 도출하는 방법으로 비교발상법 중 하나이다.

① 강제연상법에 대한 설명이다.
② 비교발상법 중 NM법에 대한 설명이다.
④ 자유연상법 중 브레인스토밍에 대한 설명이다.

16 정답 ④

'경위'를 A, '파출소장'을 B, '30대'를 C라고 하면, 첫 번째 명제와 마지막 명제는 다음과 같은 벤다이어그램으로 나타낼 수 있다.
1) 첫 번째 명제

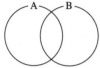

2) 마지막 명제

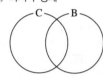

마지막 명제가 참이 되기 위해서는 B와 공통되는 부분의 A와 C가 연결되어야 하므로 A를 C에 모두 포함시켜야 한다. 즉, 다음과 같은 벤다이어그램이 성립할 때 마지막 명제가 참이 될 수 있으므로 빈칸에 들어갈 명제는 '모든 경위는 30대이다.'의 ④이다.

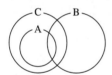

①·② 다음과 같은 경우 성립하지 않는다.

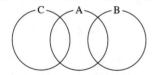

③ 다음과 같은 경우 성립하지 않는다.

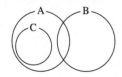

17 정답 ②

ⓒ 고객이 당장 오늘 내로 문제 해결 방법을 알려달라는 강한 불만을 제기했으므로 긴급하면서도 중요한 문제이다. 따라서 제1사분면에 위치하는 것이 가장 적절하다.

ⓐ 다음 주에 상부에 보고해야 하는 업무는 중요하지만, 아직 시간이 조금 남아있는 상태이므로 긴급한 업무는 아니다. 따라서 제2사분면에 위치하는 것이 가장 적절하다.

ⓑ 친구와의 약속은 업무에서 중요하지 않고 긴급한 일이 아니다. 따라서 제4사분면에 위치하는 것이 가장 적절하다.

18 정답 ②

인적자원은 조직차원뿐만 아니라 개인에게 있어서도 매우 중요하다.

19 정답 ③

청년농부사관학교의 모집 대상은 만 39세 이하(당해 연도 1월 1일 기준)의 창농 희망자이다.

20 정답 ④

ㄱ. 미래 농업・농촌을 이끌 영농 인력 육성 : 농협은 미래 농업・농촌의 발전을 이끌어갈 영농 인력 조직과 양성을 위한 다양한 지도 사업을 실시한다. 농촌 지역 일손 부족 해소를 위한 영농 인력 공급과 취약농가 인력 지원 사업도 지속적으로 추진한다.

ㄴ. 농업・농촌의 가치를 알리는 농정홍보 활동 : 농협은 농업 현장의 어려움과 개선사항을 정책에 적극 반영하기 위한 농정 활동, 농업・농촌의 가치를 전 국민에게 알리기 위한 홍보 활동을 다방면으로 펼친다.

ㄷ. 사회공헌 및 국제교류 : 농협은 농업인의 복지 증진과 지역사회 발전을 위해 지속적으로 사회공헌 활동을 실천하며, 활발한 국제교류 활동을 통해 세계 속의 한국 협동조합을 알린다.

ㄹ. 농촌에 활력을 불어넣는 다양한 교류 사업 추진 : 농협은 우리 농업・농촌에 대한 범국민적 공감대를 형성하고 이를 통해 농촌 마을에 활력을 불어넣고자 '또 하나의 마을 만들기' 등 다양한 도농협동 운동을 펼친다.

05 2022년 상반기 기출복원문제

01 70문항 유형

01	02	03	04	05	06	07	08	09	10	11	12	13	14	15	16	17			
⑤	③	④	④	②	⑤	⑤	②	①	①	⑤	④	④	③	③	④	④			

01 정답 ⑤

오답분석

① 신언서판(身言書判) : 중국 당나라 때 관리를 등용하는 시험에서 인물평가의 기준으로 삼았던 몸·말씨·글씨·판단의 네 가지를 이르는 말
② 신상필벌(信賞必罰) : 상을 줄 만한 훈공이 있는 자에게 반드시 상을 주고, 벌할 죄과가 있는 자에게는 반드시 벌을 준다는 뜻으로, 상벌(賞罰)을 공정(公正)·엄중(嚴重)히 하는 일을 말함
③ 순망치한(脣亡齒寒) : 입술이 없으면 이가 시리다는 말로, 서로 떨어질 수 없는 밀접한 관계라는 뜻
④ 어불성설(語不成說) : 말이 이치에 맞지 아니함

02 정답 ③

'강직하다'는 '마음이 꼿꼿하고 곧다.'는 뜻으로, 문장에서의 쓰임이 적절하지 않다.

오답분석

① 구김지다 : 옷 따위에 구겨진 선이 생기다.
② 알알이 : 한 알 한 알마다
④ 옴니암니 : 아주 자질구레한 것이나 그런 일까지 좀스럽게 셈하거나 따지는 모양
⑤ 답보하다 : 상태가 나아가지 못하고 한자리에 머무르다.

03 정답 ④

NH 로고의 세 가지 뜻 중 Nature & Human, New Hope를 제외한 나머지 하나는 New Happiness로, 새로운 행복을 상징적으로 표현하고 있다.

04 정답 ④

• 가지런하다 : 여럿이 층이 나지 않고 고르게 되어 있다.
• 들쭉날쭉하다 : 들어가기도 하고 나오기도 하여 가지런하지 아니하다.

05 　정답　②

• 는개 : 안개비보다는 조금 굵고 이슬비보다는 가는 비
• 안개비 : 내리는 빗줄기가 매우 가늘어서 안개처럼 부옇게 보이는 비

오답분석
① 작달비 : 장대처럼 굵고 거세게 좍좍 내리는 비(≒장대비)
③ 개부심 : 장마로 큰 물이 난 뒤, 한동안 쉬었다가 다시 퍼붓는 비
④ 그믐치 : 음력 그믐께에 내리는 비나 눈
⑤ 여우비 : 볕이 나 있는 날 잠깐 오다가 그치는 비

06 　정답　⑤

①·②·③·④는 포함 관계이지만, ⑤는 대등 관계이다.

07 　정답　⑤

'구근식물'은 일반적으로 뿌리나 줄기, 잎 등이 변형되어 영양분을 보관하는 공간을 지닌 식물군을 말하며, '근채류'는 뿌리를 식용하는 야채를 말한다. 이와 더불어 '외떡잎'을 통해 공통으로 연상할 수 있는 것은 '튤립'이다.

08 　정답　②

제시문은 어떤 주장에 대해 증명할 수 없거나 결코 알 수 없음을 들어 거짓이라고 반박하는 '무지에 호소하는 오류'를 범하고 있으며, ②의 문장 또한 이와 같은 오류에 해당한다.

오답분석
① 원천 봉쇄의 오류
③ 군중에 호소하는 오류
④ 결합의 오류
⑤ 원인 오판의 오류

09 　정답　①

나열된 수를 각각 A, B, C, D라고 하면, 다음과 같은 규칙이 성립한다.
A　B　C　D → $A \times B = C + D$
따라서 빈칸의 수는 $7 \times 3 = 9 + (\quad)$로, 12이다.

10 　정답　①

작년 기획팀 팀원 전체 나이의 합은 $20 \times 35 = 700$세였다. 여기서 65세 팀원 A와 55세 팀원 B가 퇴직하였으므로 두 직원을 제외한 팀원 전체 나이의 합은 $700 - (65 + 55) = 580$세이다.
이때, 새로 입사한 직원 C의 나이를 c라고 하면, 다음과 같은 식이 성립한다.
$$\frac{580 + c}{19} = 32$$
$$\rightarrow 580 + c = 608$$
$$\rightarrow c = 608 - 580$$
$$\therefore c = 28$$
따라서 직원 C의 나이는 28세이다.

11 정답 ⑤

• 휴대전화 한 달 요금제 : 45,000원
• 휴대전화 한 달 할부 금액 : 360,000÷24=15,000원
• 휴대전화 할부 월 이자 : 360,000×0.005=1,800원
따라서 A사원이 한 달에 납부해야 하는 금액은 45,000+15,000+1,800=61,800원이다.

12 정답 ④

할인받기 전 김팀장이 지불할 금액은 (25,000×2)+(8,000×3)=74,000원이다.
통신사 할인과 이벤트 할인을 적용한 금액은 {(25,000×2×0.85)+(8,000×3×0.75)}×0.9=54,450원이다.
따라서 김팀장이 할인받은 금액은 74,000−54,450=19,550원이다.

13 정답 ④

원형 테이블에 먼저 기준이 되는 C팀장을 앉히고 나머지를 배치하면, 마지막 조건에 따라 C팀장 왼쪽 자리에는 D주임이 앉아야
한다. 다음으로 두 번째 조건에 따라 C팀장 맞은편에는 F팀장이 앉아야 하며, 첫 번째 조건에 따라 F팀장 바로 옆자리에는 E사원이
앉아야 한다. 이때, E사원은 F팀장의 오른쪽 또는 왼쪽에 모두 앉을 수 있으므로 가능한 경우를 고려하여 정리하면 다음과 같다.
ⅰ) E사원이 F팀장의 왼쪽에 앉았을 때   ⅱ) E사원이 F팀장의 오른쪽에 앉았을 때

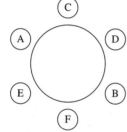 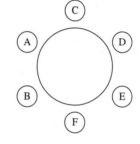

따라서 항상 옳은 것은 ④이다.

오답분석
① E사원은 D주임과 마주 앉을 수도 아닐 수도 있다.
② D주임은 B대리와 마주 앉을 수도 아닐 수도 있다.
③ B대리는 D주임 옆자리에 앉을 수도 아닐 수도 있다.
⑤ C팀장의 오른쪽에는 A사원이 앉는다.

14 정답 ③

ⅰ) A가 찬성, B가 반대인 경우
   다섯 번째 조건과 대우 명제에 의해 F와 G가 찬성한다. 그러면 첫 번째 조건에 의해 E는 반대한다. 또한 문제에서 네 명이
   찬성이라고 했기 때문에 C와 D 중 한 명은 찬성, 한 명은 반대를 한다.
   ∴ 찬성−A, C(D), F, G, 반대−B, D(C), E
ⅱ) A가 반대, B가 찬성인 경우
   세 번째, 네 번째 조건에 의해 E는 반대, C, D는 찬성한다. F가 찬성을 하면 G도 찬성을 해서 찬성자가 다섯 명이 되므로
   F는 반대, G는 찬성을 한다.
   ∴ 찬성−B, C, D, G, 반대−A, E, F
따라서 C와 D는 같은 입장을 취할 수도 있고, 다른 입장을 취할 수도 있다.

15 정답 ③

주어진 조건에 따라 레스토랑의 코스 순서를 추론해보면 다음과 같다.

1번째 코스	스프
2번째 코스	치킨 샐러드
3번째 코스	생선 튀김
4번째 코스	버섯 파스타
5번째 코스	스테이크
6번째 코스	치즈 케이크
7번째 코스	푸딩

따라서 스테이크 다음으로 나올 음식은 치즈 케이크이며, 버섯 파스타는 스테이크 이전에 나오는 메뉴이다.

16 정답 ④

A균과 B균의 증감 규칙은 다음과 같다.

• A균

앞의 항에 $+3$을 하는 등차수열이다.

• B균

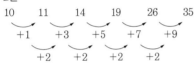

주어진 수열의 계차는 공차가 $+2$인 등차수열이다.

11주 후 A균의 수는 $35+5\times3=50$개이고, B균의 수는 $35+\sum_{k=1}^{5}(9+2k)=35+9\times5+2\times\dfrac{5\times6}{2}=110$개이다.

따라서 A균와 B균 수의 합은 $50+110=160$개이다.

17 정답 ④

선택지별 부품 구성에 따른 총개수 및 총가격과 총소요시간을 계산하면 다음과 같으며, 총소요시간에서 30초는 0.5분으로 환산한다.

구분	부품	총개수	총가격	총소요시간
①	B, C, E	$2+3+2=7$개	$(35\times2)+(40\times3)+(90\times2)=370$원	$(2\times2)+(1.5\times3)+(2.5\times2)=13.5$분
②	A, D, E	$4+3+2=9$개	$(20\times4)+(50\times3)+(90\times2)=410$원	$(1\times4)+(4\times3)+(2.5\times2)=21$분
③	B, C, F	$2+3+1=6$개	$(35\times2)+(40\times3)+120=310$원	$(2\times2)+(1.5\times3)+3.5=12$분
④	A, D, F	$4+3+1=8$개	$(20\times4)+(50\times3)+120=350$원	$(1\times4)+(4\times3)+3.5=19.5$분
⑤	B, D, F	$2+3+1=6$개	$(35\times2)+(50\times3)+120=340$원	$(2\times2)+(4\times3)+3.5=19.5$분

중요도에서 가장 먼저 고려해야 할 가격 조건 만족에 해당하는 부품 구성은 (B, C, F), (B, D, F)이다.
이어서 두 번째로 중요도가 높은 부품 개수를 비교하면 6개로 동일하고, 총소요시간은 (B, C, F)가 더 짧다.
따라서 조건에 부합하는 부품 구성은 'B, C, F'이다.

01	02	03	04	05	06	07	08	09	10	11	12	13	14	15	16	17	18	19	
③	④	②	①	④	①	③	③	②	②	③	④	③	④	②	④	③	④	④	

01 정답 ③

여명, 동트기, 개동은 먼동이 트려 할 무렵인 새벽을 의미하나, 상오는 '자정부터 낮 열두 시까지의 시간'을 의미한다.

02 정답 ④

뜨더귀는 '조각조각으로 뜯어내거나 가리가리 찢어내는 짓, 또는 그 조각'을 뜻한다.

03 정답 ②

해의추식(解衣推食)은 '옷을 입히고, 음식을 밀다'는 의미로, '입고 있던 옷을 벗어 입혀주고 음식을 나누어 준다.'는 뜻이다. 이는 남에게 은혜를 베푸는 것을 말하므로, 제시문의 봉사활동과 그 의미가 가장 일맥상통한다.

오답분석
① 음마투전(飮馬投錢) : 말에게 물을 마시게 할 때 먼저 돈을 물 속에 던져서 물 값을 갚는다는 뜻으로, 결백한 행실을 비유함
③ 괄목상대(刮目相對) : 눈을 비비고 상대방을 대한다는 뜻으로, 상대방의 학식이나 재주가 갑자기 몰라볼 정도로 나아졌음을 이르는 말
④ 반계곡경(盤溪曲徑) : 꾸불꾸불한 길이라는 뜻으로, 정당하고 평탄한 방법으로 하지 아니하고 그릇되고 억지스럽게 함을 이르는 말

04 정답 ①

어물쩡은 '말이나 행동을 분명하게 하지 않고 적당히 넘기는 모양'을 이르는 부사인 '어물쩍'의 잘못된 표기이다.

오답분석
② 웬일 : 어찌 된 일. 의외의 뜻을 나타낸다.
③ 박이다 : 손바닥, 발바닥 따위에 굳은살이 생기는 것을 의미한다.
④ -든지 : 나열된 동작이나 상태, 대상 중에서 어느 것이든 선택될 수 있음을 나타내는 연결 어미

05 정답 ④

선택지가 모두 (가)로 시작하므로, (가) 문단을 제외한 나머지 문단의 순서를 확인하는 것이 효율적이다.
먼저 (라) 문단은 나무를 양육할 때 주로 저지르는 실수로 나무 간격을 촘촘하게 심는 것을 언급하고 있으므로, (가) 문단 뒤에 이어지는 것이 적절하다. 다음으로 (라) 문단에 대한 이유를 설명하는 (다) 문단이 와야 한다. 마지막으로 또 다른 식재계획 시 주의점에 대해서 이야기하는 (나) 문단이 이어지는 것이 적절하다. 따라서 (가) - (라) - (다) - (나) 순서로 나열하는 것이 적절하다.

06 정답 ①

감자꽃은 유채꽃보다 늦게 피므로 유채꽃이 피기 전이라면 감자꽃도 피지 않았다.

07 정답 ③

$4,646-2,351-5,456+5,441$
$=10,087-7,807$
$=2,280$

08 정답 ③

주어진 식을 분모의 유리화를 이용하여 간단히 하면 다음과 같다.

$$\frac{1}{\sqrt{x+1}+\sqrt{x}}+\frac{1}{\sqrt{x+1}-\sqrt{x}}=\frac{(\sqrt{x+1}-\sqrt{x})+(\sqrt{x+1}+\sqrt{x})}{(\sqrt{x+1}+\sqrt{x})(\sqrt{x+1}-\sqrt{x})}=\frac{2\sqrt{x+1}}{(x+1)-x}=2\sqrt{x+1}$$

09 정답 ②

$$x^2+\frac{1}{x^2}=\left(x+\frac{1}{x}\right)^2-2=9-2=7$$

10 정답 ②

원래 가격을 x원라고 하면, 최종 판매 가격은 $x\times0.7\times0.9=0.63x$원이다.
따라서 37% 할인된 가격으로 판매되었다.

11 정답 ③

작년의 임원진 3명은 연임하지 못하므로 올해 임원 선출이 가능한 인원은 $17-3=14$명이다.
14명 중에서 회장, 부회장, 총무를 각 1명씩 뽑을 수 있는 방법은 다음과 같다.
$_{14}\mathrm{P}_3=14\times13\times12=2,184$
따라서 올해 임원을 선출할 수 있는 경우의 수는 2,184가지이다.

12 정답 ④

i) 첫 번째 시행에서 A회사의 용지 묶음을 꺼낼 확률 : $\frac{7}{12}$

ii) 두 번째 시행에서 A회사의 용지 묶음을 꺼낼 확률 : $\frac{6}{11}$

따라서 구하는 확률은 $\frac{7}{12}\times\frac{6}{11}=\frac{7}{22}$ 이다.

13 정답 ③

$+3$, $\div2$ …을 규칙으로 하는 문자열이다.

캐	해	새	채	매	애	(래)
11	14	7	10	5	8	4

따라서 빈칸에 들어갈 문자는 '래'이다.

14 정답 ④

창업교육을 미이수한 폐업 자영업자 중 생존기간이 10개월인 자영업자의 비율이 약 68%이어서 생존기간이 10개월 미만인 자영업자의 비율은 약 32%이다. 따라서 옳은 내용임을 알 수 있다.

오답분석

① 주어진 그래프를 통해서는 기간별 생존비율만을 알 수 있을 뿐 창업교육을 이수 또는 미이수한 폐업 자영업자 수는 알 수 없다.
② 0 ~ 5개월 구간과 48 ~ 50개월 구간에서는 두 그룹의 생존비율이 같으나 나머지 구간에서는 모두 창업교육 미이수 그룹의 생존비율이 창업교육 이수 그룹에 비해 낮다. 따라서 평균 생존기간은 창업교육 이수 그룹이 더 길다.
③ 창업교육을 이수한 폐업 자영업자의 생존비율과 창업교육을 미이수한 폐업 자영업자의 생존비율의 차이는 창업 후 45 ~ 48개월의 구간에서 약 30%p로 가장 크다는 것을 알 수 있으므로 옳지 않은 내용이다.

15 정답 ②

2021년 친환경인증 농산물의 종류별 생산량에서 무농약 농산물 생산량이 차지하는 비중을 구하면 서류는 약 72.2%$\left(≒\dfrac{30,157}{41,782}\times100\right)$, 곡류는 약 78.4%$\left(≒\dfrac{269,280}{343,380}\times100\right)$이므로 옳지 않은 내용이다.

오답분석

① 2021년 친환경인증 농산물 종류 중 생산 감소량이 전년 대비 큰 순서대로 나열하면 채소류(약 17만 톤), 과실류(약 12만 톤), 곡류(약 2.8만 톤)으로 곡류가 세 번째로 크다. 따라서 옳은 내용이다.
③ 2021년 서울의 인증형태별 생산량 순위를 살펴보면 1위가 무농약 농산물, 2위가 유기 농산물, 3위가 저농약 농산물이다. 나머지 지역 중에서 이와 같은 순위 분포를 보이는 지역은 인천과 강원도뿐이므로 옳은 내용이다.
④ 2020년에 비해 2021년 친환경인증 농산물의 생산량이 감소한 지역은 9곳으로, 감소율을 각각 계산한 값은 다음과 같다.

- 서울 : $\dfrac{1,938-1,746}{1,938}\times100≒9.9\%$
- 부산 : $\dfrac{6,913-4,040}{6,913}\times100≒41.56\%$
- 대구 : $\dfrac{13,852-13,835}{13,852}\times100≒0.12\%$
- 광주 : $\dfrac{7,474-5,946}{7,474}\times100≒20.44\%$
- 대전 : $\dfrac{1,550-1,521}{1,550}\times100≒1.87\%$
- 울산 : $\dfrac{13,792-10,859}{13,792}\times100≒21.27\%$
- 경기도 : $\dfrac{126,209-109,294}{126,209}\times100≒13.4\%$
- 충청도 : $\dfrac{207,753-159,495}{207,753}\times100≒23.23\%$
- 전라도 : $\dfrac{922,641-611,468}{922,641}\times100≒33.73\%$

따라서 친환경인증 농산물의 생산량이 전년 대비 30% 이상 감소한 지역은 부산, 전라도 2곳이다.

16 정답 ④

(가) 하드 어프로치 : 하드 어프로치에 의한 문제해결 방법은 상이한 문화적 토양을 가지고 있는 구성원을 가정하고, 서로의 생각을 직설적으로 주장하고 논쟁이나 협상을 통해 서로의 의견을 조정해 가는 방법이다.
(나) 퍼실리테이션 : 퍼실리테이션이란 '촉진'을 의미하며, 어떤 그룹이나 집단이 의사결정을 잘하도록 도와주는 일을 의미한다. 퍼실리테이션에 의한 문제해결 방법은 깊이 있는 커뮤니케이션을 통해 서로의 문제점을 이해하고 공감함으로써 창조적인 문제해결을 도모한다.
(다) 소프트 어프로치 : 소프트 어프로치에 의한 문제해결 방법은 대부분의 기업에서 볼 수 있는 전형적인 스타일로 조직 구성원들을 같은 문화적 토양을 가지고 이심전심으로 서로를 이해하는 상황을 가정한다.

17 정답 ③

우선 프로젝트의 최단기간을 먼저 확인하면, 최단기간에 완료하기 위해서는 각 작업을 동시에 진행해야 한다. 다만, B작업은 A작업이 완료된 이후에 시작할 수 있고, E작업은 D작업이 완료된 이후에 시작할 수 있다는 점을 고려하여야 한다. C작업은 50일, A+B작업은 28일, D+E작업은 34일이 걸리므로, 프로젝트가 완료되는 최단기간은 50일이다. 여기서 C작업은 50일 내내 작업해야 하므로 반드시 5명이 필요한데, 나머지 작업은 50일을 안분하여 진행해도 된다. 그러므로 먼저 A작업에 5명을 투입하고, 작업이 완료된 후 그들 중 3명은 B작업에, 2명은 D작업에 투입한다. 그리고 B, D작업을 완료한 5명 중 4명만 E작업에 투입한다. 따라서 작업기간은 10일(A)+18일(B와 D 동시진행)+16일(E)=44일이 걸리며, 프로젝트를 최단기간에 완료하는 데 투입되는 최소 인력은 10명이다.

18 정답 ④

• N씨가 인천공항에 도착한 현지 날짜 및 시각

독일시각	11월 2일 19시 30분
소요시간	+12시간 20분
시차	+8시간
	=11월 3일 15시 50분

인천공항에 도착한 시각은 한국시각으로 11월 3일 15시 50분이고, N씨는 3시간 40분 뒤에 일본으로 가는 비행기를 타야 한다. 비행 출발 시각 1시간 전에는 공항에 도착해야 하므로, 참여 가능한 환승투어 코스는 소요 시간이 두 시간 이내인 엔터테인먼트, 인천시티, 해안관광이다.

따라서 N씨의 인천공항 도착시각과 환승투어 코스가 바르게 연결된 것은 ④이다.

19 정답 ④

A가 적용받는 우대사항은 '장기거래'와 '첫 거래', '주택청약종합저축'이다.

• A는 총 12회를 자동이체를 통해 납입하였는데, 이는 20개월의 2/3 이상인 14회 미달이므로 '자동이체 저축' 우대이율은 적용받지 못한다.
• 2014년부터 5년 이상 거래하였으므로 '장기거래' 우대이율을 적용받는다.
• 2019년 1월에 가입한 K적금 상품은 2020년 9월 이전에 만기이므로, '첫 거래' 우대이율을 적용받는다.
• 2020년 11월 31일 이전에 주택청약종합저축에 가입하였으므로 '주택청약종합저축' 우대이율을 적용받는다.

그러므로 적용금리는 기본금리 1.8%에 우대금리 0.6%p를 더한 2.4%이고, 이때의 환급이자와 원금은 다음과 같다.

• 환급이자 : $100,000 \times \frac{20 \times 21}{2} \times \frac{0.024}{12} = 42,000$원

• 원금 : $100,000 \times 20 = 2,000,000$원

따라서 만기환급금액은 2,042,000원이다.

06 2021년 기출복원문제

01 70문항 유형

01	02	03	04	05	06	07	08	09	10	11	12	13	14	15	16	17	18	19	
①	②	⑤	①	③	④	⑤	⑤	⑤	⑤	②	④	③	④	⑤	①	④	④	①	

01 정답 ①

발굽이 둘로 갈라진 '돼지', '소', '염소'에서 발생하는 가축 전염병인 '구제역'을 연상할 수 있다.

02 정답 ②

'무가당'은 '천연과즙' 외에 어떠한 감미료도 첨가되지 않은 '주스'로 '천연당'만이 들어있다.

03 정답 ⑤

'겨울'에 먹는 별미인 '팥죽'은 24절기 중 22번째 '절기'인 동지에 먹으므로 '동지'를 연상할 수 있다.

04 정답 ①

밑줄 친 '먹었다'는 '어떤 마음이나 감정을 품다.'라는 뜻으로 사용되었다. 이와 같은 뜻으로 쓰인 것은 ①이다.

오답분석
② 연기나 가스 따위를 들이마시다.
③ 겁, 충격 따위를 느끼게 되다.
④ 어떤 등급을 차지하거나 점수를 따다.
⑤ 구기 경기에서, 점수를 잃다.

05 정답 ③

밑줄 친 '엿볼(엿보다)'은 '남이 보이지 아니하는 곳에 숨거나 남이 알아차리지 못하게 하여 대상을 살펴보다.'는 뜻으로 사용되었다. 이와 같은 뜻으로 쓰인 것은 ③이다.

오답분석
①·② 잘 보이지 아니하는 대상을 좁은 틈 따위로 바라보다.
④·⑤ 잘 드러나지 아니하는 마음이나 생각을 알아내려고 살피다.

06 정답 ④

밑줄 친 '기르다'는 '육체나 정신을 단련하여 더 강하게 만들다.'는 뜻으로 이와 같은 의미로 쓰인 것은 ④이다.

오답분석

① 동식물을 보살펴 자라게 하다.
② 아이를 보살펴 키우다.
③ 습관 따위를 몸에 익게 하다.
⑤ 머리카락이나 수염 따위를 깎지 않고 길게 자라도록 하다.

07 정답 ⑤

집에 가서 밥 <u>먹어야할</u> 텐데. → 집에 가서 밥 <u>먹어야 할</u> 텐데.

08 정답 ⑤

'탁상공론(卓上空論)'은 '현실성이나 실천 가능성이 없는 허황(虛荒)된 이론'을 뜻한다.

오답분석

① 토사구팽(兎死狗烹) : 토끼 사냥이 끝나면 사냥개를 삶아 먹는다는 뜻으로, 쓸모가 없어지면 버려진다는 의미
② 계명구도(鷄鳴狗盜) : 닭의 울음소리와 개 도둑이라는 뜻으로, 하찮은 재주도 쓸모가 있다는 의미
③ 표리부동(表裏不同) : 겉과 속이 같지 않다는 뜻
④ 사면초가(四面楚歌) : 사방이 초나라 노래라는 뜻으로, 도움을 받을 수 없는 고립된 상태라는 의미

09 정답 ⑤

'육지행선(陸地行船)'은 '육지에서 배를 저으려한다.'는 뜻으로, '되지 않을 일을 억지로 하고자 함'을 비유하는 말이다.

오답분석

① 오매불망(寤寐不忘) : 자나 깨나 잊지 못함
② 이란투석(以卵投石) : 약한 것으로 강한 것을 당해 내려는 어리석은 짓
③ 사필귀정(事必歸正) : 모든 일은 결국 이치대로 돌아감
④ 미생지신(尾生之信) : 우직하게 약속만을 굳게 지킴

10 정답 ⑤

인공지능은 인간이 만든 도구일 뿐이고, 이런 도구가 인간을 평가하면 주체와 객체가 뒤바뀌는 상황이 발생하므로, 기계가 인간을 판단하는 것은 정당하지 않다고 주장하는 글이다.

오답분석

① 인공지능과 인간의 차이점을 통해 논지를 주장하고 있다.
② 인공지능은 빅데이터를 바탕으로 결과를 도출해 내는 기계에 불과하므로, 통계적 분석을 할 뿐 타당한 판단을 내릴 수 없다.
③ 인간은 사회에서 의사소통을 통해 관계를 형성한다.
④ 미래에 인공지능이 인간을 대체할 것인지에 대해서는 제시문을 통해 알 수 없다.

11 정답 ②

우선, 문단 ㄴ의 '이 같은', 문단 ㄷ의 '이번 합의각서'가 의미하는 내용이 무엇인지 알 수 없으므로 문단 ㄴ과 ㄷ은 가장 먼저 올 수 없다. 또한 문단 ㄹ이 접속사 '또한'으로 시작하므로 이 역시 가장 먼저 올 수 없다. 따라서 가장 먼저 올 문단은 ㄱ이다. 문단 ㄱ 다음에는 '합의각서'에 대한 내용이 서술되어 있는 문단 ㄷ이 이어지는 것이 적절하며, 그 다음으로는 이러한 김치공장의 통합방식 체결에 대한 배경이 서술되어 있는 문단 ㄴ이 앞으로의 계획에 대해 언급하는 문단 ㄹ보다 먼저 오는 것이 적절하다.

12 정답 ④

앞의 항에 ×9, +1.7의 규칙을 반복하여 적용하는 수열이다.
따라서 ( )=−145×9=−1,305이다.

13 정답 ③

'1 2 4 8 16 32'는 2배로 커지는 규칙이다.

오답분석

①·②·④·⑤ 맨 처음 항이 더해지는 규칙이다.

14 정답 ④

ⅰ) 두 개의 주사위를 굴려서 나올 수 있는 모든 경우의 수 : 6×6=36가지

ⅱ) 눈의 합이 12 이상이 나오는 확률 : 주사위의 눈이 (6, 6)이 나오는 경우로 $\frac{1}{36}$

ⅲ) 눈의 합이 7이 나오는 확률 : 주사위의 눈이 (1, 6), (2, 5) (3, 4) (4, 3) (5, 2) (6, 1)이 나오는 경우로 $\frac{6}{36}$

따라서 두 확률의 합은 $\frac{1}{36}+\frac{6}{36}=\frac{7}{36}$ 이다.

15 정답 ⑤

(전체 직원 중 안경을 쓴 비율)=(여자 직원 중 안경을 쓴 비율)+(남자 직원 중 안경을 쓴 비율)

$\left(\frac{3}{5}\times\frac{20}{100}\right)+\left(\frac{2}{5}\times\frac{80}{100}\right)=\frac{12}{100}+\frac{32}{100}=\frac{44}{100}$

따라서 44%이다.

16 정답 ①

일률은 1시간 동안 쉬지 않고 옮긴 농기구 수이므로 A의 일률은 $100\div\frac{90}{60}≒66$개이고, B의 일률은 $110\div\frac{110}{60}=60$개이다.

따라서 B가 농기구를 옮긴 일률은 A가 농기구를 옮긴 일률의 $\frac{60}{66}\times100≒90\%$이다.

17 정답 ④

고객 A의 가입 기간은 3년, 월 100만 원 입금, 연이율은 기본금리 2%에 준조합원 우대금리(0.1%p), 행복이음 패키지 보유(0.1%p), 공과금 이체(0.2%p)를 적용하여 2.4%이다.
월초 a원, 연이율 r%일 때 단리 적금 n개월 후의 만기환급금 공식은 다음과 같다.

$a\times n+a\times\frac{r}{12}\times\frac{n\times(n+1)}{2}$

만기환급금 공식에 대입하면 다음과 같다.

$1,000,000\times36+1,000,000\times\frac{0.024}{12}\times\frac{36\times(36+1)}{2}$

$\rightarrow 36,000,000+2,000\times\frac{1,332}{2}$

$\rightarrow 36,000,000+1,332,000=37,332,000$

따라서 만기환급금은 37,332,000원이다.

18 정답 ④

㉤에는 외부 위협 요인을 줄이거나 제거하는 ST전략이 와야 하지만, ④는 안정적인 자금력(S)을 통해 약점(W)인 부유층 고객을 늘리거나, 부유층 고객이 이동하는 기회(O)를 잡으려는 전략(SW, SO)에 해당하므로 적절하지 않다.

19 정답 ①

브레인스토밍은 자유연상법의 하나로 주제를 정하고, 자유롭게 아이디어를 말하고 이를 결합하여 최적의 방안을 찾는 방법이다.

오답분석
② 자유연상법은 생각나는 대로 자유롭게 발상하는 방법이다.
③ 비교발상법은 주제의 본질과 닮은 것을 힌트로 발상하는 방법이다.
④ NM법은 대상과 비슷한 것을 찾아내 그것을 힌트로 새로운 아이디어를 생각하는 방법이다.
⑤ 시네틱스는 서로 관련이 없어 보이는 것들을 조합하여 새로운 것을 도출하는 방법이다.

02 60문항 유형

01	02	03	04	05	06	07	08	09	10	11	12	13	14	15					
①	②	④	①	④	②	③	②	④	②	④	④	①	③	③					

01 정답 ①

• 털끝 : 아주 적거나 사소한 것을 비유적으로 이르는 말
• 일호 : 극히 작은 정도를 이르는 말

오답분석
② 끝장 : 일이 더 나아갈 수 없는 막다른 상태
③ 관대 : 죄나 허물 따위를 너그럽게 용서함
④ 궁극 : 어떤 과정의 마지막이나 끝

02 정답 ②

• 안손님 : 여자 손님
• 여객 : 여자 손님

오답분석
① 바깥손님 : 남자 손님
③ 외객 : 남자 손님
④ 동료 : 같은 직장이나 같은 부문에서 함께 일하는 사람

03 정답 ④

• 군더더기 : 쓸데없이 덧붙은 것
• 사족 : '뱀에 다리를 그린다.'는 말로 쓸데없는 짓을 하여 잘못되게 하는 것

04 정답 ①

항상 열린 마음으로 계통 간, 구성원 간에 존경과 협력을 다하여 조직 전체의 성과가 극대화될 수 있도록 시너지 <u>제고</u>를 위해 노력하는 인재
• 재고 : 재차 고려하다, 다시 생각하다.
• 제고 : 쳐들어 높임

05 정답 ④

• 사업(事業) : 어떤 일을 일정한 목적과 계획을 가지고 짜임새 있게 지속적으로 경영함. 또는 그 일
• 결의(決意) : 뜻을 정하여 굳게 마음을 먹음. 또는 그런 마음

오답분석

• 사업(司業) : 신라, 고려, 조선 시대의 벼슬
• 사업(邪業) : 나쁜 행위. 또는 올바른 길에서 벗어나는 행위
• 결의(決議) : 의논하여 결정함. 또는 그런 결정

06 정답 ②

공문서는 주로 문어체로 작성한다.

오답분석

① 연도와 월일을 반드시 함께 기입한다.
③ 누가, 언제, 어디서, 무엇을, 어떻게(왜)가 정확하게 드러나도록 작성해야 한다.
④ 마지막엔 반드시 '끝'자로 마무리한다.

07 정답 ③

지구 온난화 현상을 막기 위한 방법들이 있으며, 본질적으로 해결할 수 없다는 내용은 제시문에서 찾을 수 없다.

오답분석

① 지구 온난화는 식물과 동물을 죽이고 결과적으로 인류를 멸망시킬 수 있다.
② 온실 기체를 온난화의 유력한 원인으로 보고 있으며, 다른 가설들은 과학적 합의점에 이르지 못했다.
④ 프레온 가스는 분자당 온실 효과를 가장 크게 일으키는 원인이 된다.

08 정답 ②

'이에 따라 타 지역에서도 스마트폰 하나로 실시간 경매 상황을 확인하는 것은 물론 경매 응찰까지도 가능해 지고 있어'라는 내용을 통해 공간 제약은 받지 않지만, "경매참여자는 경매 시간에 맞춰 '가축시장' 앱을 실행한 뒤"라는 내용을 통해 시간의 제약은 받고 있음을 알 수 있다.

① 스마트 가축시장 플랫폼은 가축시장 경매를 위한 것으로 축사의 관리와는 관련이 없다.
③ '굳이 … 가축시장에 나오지 않는 농가가 크게 늘어'라는 내용을 통해 가축시장에 직접 나와 경매에 참여하는 농가도 있음을 유추할 수 있다.
④ '굳이 가축시장까지 나가지 않아도 실시간으로 경매에 참여하거나 낙찰정보를 확인할 수 있어 … '라는 내용을 통해 기존에는 직접 방문하여야 실시간으로 경매 상황을 알 수 있었음을 유추해볼 수 있다.

09 정답 ④

연속하는 세 수의 합이 27인 경우는 8, 9, 10이다.
56a300+4bc80=1,050,380원을 만족하는 값은 a=9, b=8, c=10이다.
따라서 (6×a)+(31×b)+(9×c)=54+248+90=392이다.

10 정답 ②

주어진 조건을 바탕으로 감자 → 고구마 → 오이 → 토마토 → 고추 순으로 배열하여 표로 정리하면 다음과 같다.

구분	감자	고구마	오이	토마토	고추
A	×	×	×	○	
B			○		
C	○				
D		○	×		
E	×	×	×	×	○

첫 번째 조건에 따라 A는 토마토와 고추 중 우선순위에 따라 토마토를 가꾼다.
세 번째 조건에 따라 E는 고추만을 가꾼다.
마지막 조건에 따라 C는 감자와 토마토 중 A가 가꾸는 토마토를 제외한 감자를 가꾼다.
두 번째 조건에 따라 남은 작물 중 고구마와 오이 중 D는 오이를 가꾸지 못하므로 고구마를 가꾼다.
따라서 D는 고구마를 가꾼다.

11 정답 ④

'축산업이 발전함'을 p, '소득이 늘어남'을 q, '해외수입이 줄어듦'을 r이라고 하면
• 첫 번째 조건 : $p \rightarrow q$
• 두 번째 조건 : $r \rightarrow p$
따라서 $r \rightarrow p \rightarrow q$의 관계가 되어 $r \rightarrow q$인 ④는 반드시 참이다.

12 정답 ④

운전자가 제일 하급자일 경우 조수석 뒷자리 – 운전석 뒷자리 – 조수석 순서로 제일 상급자부터 탑승한다.
따라서 조수석에는 사원, 조수석 뒷자리에는 팀장, 운전석 뒷자리에는 대리가 탑승하고, 운전자가 가장 상급자일 경우 조수석 – 조수석 뒷자리 – 운전석 뒷자리 순서로 탑승한다.

13 정답 ①

1분기 예산서 중 간접비는 '일반관리비'이다. 따라서 간접비 총액은 7,500,000원이다.
한편, 가 ~ 라는 모두 직접비이다.
• 직접비 : 예 재료비, 원료와 장비, 시설비, 여행(출장) 및 잡비, 인건비
• 간접비 : 예 보험료, 건물관리비, 광고비, 통신비, 공과금, 사무 비품비

14 정답 ③

- 술을 마시는 사람 6명의 주류와 음료수 주문
  - 주류 : 4,000×6=24,000원
  - 음료수 : 1,000×6=6,000원
- 술을 못 마시는 사람 4명의 음료수 주문
  - 1,000×8=8,000원
- A세트 주문
  - 3개 주문 : 34,000×2=68,000원 → 할인 적용 : 1개 무료
- B세트 주문
  - 2개 주문 : 28,000×2=56,000원
- C세트 주문
  - 5개 주문 : 30,000×4=120,000원 → 할인 적용 : 1개 무료

주문금액의 합은 24,000+6,000+8,000+68,000+56,000+120,000=282,000원이고, 200,000원 초과이므로 10% 할인된다.
따라서 N모임에서 지불한 비용은 282,000×0.9=253,800원이다.

15 정답 ③

5명이 주고받은 선물은 다음과 같다.
- A
  한 해 동안 선물받은 총가격
  =38+(24×4)+(18×5)+(12×6)
  =38+96+90+72=296만 원
  한 회계연도에 300만 원 미만이므로 법에 위배되지 않는다.
- B
  - 여름 : (6×12)+(11×8)+(12×4)=72+88+48=208만 원
  - 가을 : (24×3)+(18×2)=72+36=108만 원
  총 316만 원이지만, 각각 다른 사람에게 주었으므로 법에 위배되지 않는다.
- C
  한 해 동안 선물한 총가격
  =(38×2)+(24×4)+(6×5)+(11×3)+(18×3)+12
  =76+96+30+33+54+12=301만 원
  한 회계연도에 300만 원 초과이므로 법에 위배된다.
- D : 인삼주를 한 번에 받았으므로 18×6=108만 원으로, 1회에 100만 원 초과로 법에 위배된다.
- E
  - 2분기 : 38+(18×5)=38+90=128만 원 선물받음
  - 4분기 : (24×5)+(12×2)=120+24=144만 원 선물함
  총 272만 원으로, 한 회계연도에 300만 원 미만이므로 법에 위배되지 않는다.

따라서 김영란법에 위배되는 사람은 C, D이다.

07 2020년 기출복원문제

01 70문항 유형

01	02	03	04	05	06	07	08	09	10	11	12	13	14	15	16	17	18	19	20
④	④	④	②	④	⑤	③	③	③	②	④	⑤	⑤	④	⑤	③	②	④	③	③
21	22	23	24	25	26	27	28	29	30	31	32	33	34	35	36	37	38	39	
②	④	①	③	①	③	②	⑤	⑤	⑤	①	①	①	④	③	②	②	④	③	

01 정답 ④

'식별(識別)'은 '분별하여 알아봄'을 뜻한다.

오답분석

① 판별(判別) : 옳고 그름이나 좋고 나쁨을 판단하여 구별함. 또는 그런 구별
② 구별(區別) : 성질이나 종류에 따라 차이가 남. 또는 성질이나 종류에 따라 갈라놓음
③ 구분(區分) : 일정한 기준에 따라 전체를 몇 개로 갈라 나눔
⑤ 분별(分別) : 1. 서로 다른 일이나 사물을 구별하여 가름
　　　　　　　 2. 세상 물정에 대한 바른 생각이나 판단
　　　　　　　 3. 어떤 일에 대하여 배려하여 마련함

02 정답 ④

제시된 단어는 유의 관계이다. '마수걸이'의 유의어는 '개시'이고, '또렷하다'의 유의어는 '선명하다'이다.
• 마수걸이 : 맨 처음으로 물건을 파는 일. 또는 거기서 얻은 소득
• 개시(開市) : 시장을 처음 열어 물건의 매매를 시작함
• 또렷하다 : 엉클어지거나 흐리지 않고 아주 분명하다.
• 선명(鮮明)하다 : 산뜻하고 뚜렷하여 다른 것과 혼동되지 아니하다.

오답분석

① 흐릿하다 : 조금 흐린 듯하다.
② 복잡하다 : 1. 일이나 감정 따위가 갈피를 잡기 어려울 만큼 여러 가지가 얽혀 있다.
　　　　　　 2. 복작거리어 혼잡스럽다.
③ 깔끔하다 : 1. 생김새 따위가 매끈하고 깨끗하다.
　　　　　　 2. 솜씨가 야물고 알뜰하다.
⑤ 산뜻하다 : 1. 기분이나 느낌이 깨끗하고 시원하다.
　　　　　　 2. 보기에 시원스럽고 말쑥하다.

03 　정답　④

'모임'과 '회합'은 서로 유사한 의미를 지닌 고유어와 한자어의 관계이므로 이와 유사한 관계는 '이야기'와 '대화'인 ④이다.
• 모임 : 어떤 목적 아래 여러 사람이 모이는 일
• 회합(會合) : 토론이나 상담을 위하여 여럿이 모이는 일. 또는 그런 모임
• 이야기 : 어떤 사물이나 사실, 현상에 대하여 일정한 줄거리를 가지고 하는 말이나 글
• 대화(對話) : 마주 대하여 이야기를 주고받음. 또는 그 이야기

　오답분석

① 서로 반대되는 의미를 지닌 고유어이다.
② 서로 유사한 의미를 지닌 한자어이다.
③ 서로 반대되는 의미를 지닌 고유어와 한자어이다.
⑤ 서로 유사한 의미를 지닌 고유어이다.

04 　정답　②

• 느긋하다 : 마음에 흡족하여 여유가 있고 넉넉하다.
• 성마르다 : 참을성이 없고 성질이 조급하다.

　오답분석

① 설면하다 : 1. 자주 만나지 못하여 낯이 좀 설다.
　　　　　　　2. 사이가 정답지 아니하다.
③ 평탄(平坦)하다 : 1. 바닥이 평평하다.
　　　　　　　　　2. 마음이 편하고 고요하다.
　　　　　　　　　3. 일이 순조롭게 되어 나가는 데가 있다.
④ 원만(圓滿)하다 : 1. 성격이 모난 데가 없이 부드럽고 너그럽다.
　　　　　　　　　2. 일의 진행이 순조롭다.
　　　　　　　　　3. 서로 사이가 좋다.
⑤ 무사(無事)하다 : 1. 아무런 일이 없다.
　　　　　　　　　2. 아무 탈 없이 편안하다.

05 　정답　④

'라켓'으로 셔틀콕('깃털'로 만들어진 공)을 쳐서 '네트'를 넘기는 경기인 '배드민턴'을 연상할 수 있다.

06 　정답　⑤

'향찰'로 표기된 우리나라 고유의 정형시로, '신라시대'의 대표적인 '운문'인 '향가'를 연상할 수 있다.

07 　정답　③

'메주'를 소금물에 담가 우려낸 '짠맛(짜다)'이 나는 흑갈색 '액체'인 '간장'을 연상할 수 있다.

08 　정답　③

'말미'는 일정한 직업이나 일 따위에 매인 사람이 다른 일로 말미암아 얻는 겨를을 의미하므로 ① · ② · ④ · ⑤와 바꾸어 쓸 수 있다.
• 앎 : 1. 사람끼리 서로 아는 일
　　　2. 지식이나 지혜가 있음
　　　3. 신의 보호나 신이 보호하여 준 보람

① 휴가(休暇) : 직장・학교・군대 따위의 단체에서, 일정한 기간 동안 쉬는 일. 또는 그런 겨를
② 여유(餘裕) : 물질적・공간적・시간적으로 넉넉하여 남음이 있는 상태
④ 겨를 : 어떤 일을 하다가 생각 따위를 다른 데로 돌릴 수 있는 시간적인 여유
⑤ 여가(餘暇) : 일이 없어 남는 시간

09 　정답　 ③

㉠ 느린 : 고령 운전자의 반응 시간은 1.4초이므로 0.7초인 비고령 운전자에 비해 느리다.
㉡ 길다 : 고령 운전자의 제동거리는 30 ~ 50대 운전자의 약 2배이므로 비고령 운전자보다 길다.
㉢ 줄어들었다 : 경찰청은 고령 운전자 교통사고를 예방하기 위해 75세 이상 운전자의 면허 갱신 기간을 5년에서 3년으로 줄였다.

10 　정답　 ②

후광효과란 어떤 대상이나 사람에 대한 일반적 견해가 그것의 구체적 특성을 평가하는 데 영향을 미치는 현상으로, 대기업의 제품이 다른 제품에 비해 성능이 뛰어날 것이라는 생각으로 상품을 구매하는 것은 후광효과의 대표적인 사례에 해당한다.

① 경쟁에서 열세에 있는 약자를 더 응원하고 지지하는 언더독(Underdog) 효과의 사례에 해당한다.
③ 타인들과의 관계에서 소외되지 않기 위해 대중적으로 유행하는 정보를 따라 상품을 구매하는 밴드왜건(Band Wagon) 효과의 사례에 해당한다.
④ 처음에는 싫어하거나 무관심했지만, 대상에 대한 반복 노출이 거듭될수록 호감도가 증가하게 되는 에펠탑(Eiffel Tower) 효과의 사례에 해당한다.
⑤ 하나의 제품을 구입한 후 그와 어울리는 물건을 계속 구매하는 디드로(Diderot) 효과의 사례에 해당한다.

11 　정답　 ④

구들장 논의 단면도를 보면, 크고 작은 돌로 축조된 (다)는 석축에 해당하므로 이를 중심으로 석축 위에 조성된 (나)는 혼합토층(밑복글)에 해당하는 것을 알 수 있다. 혼합토층은 작은 돌과 흙을 혼합하여 다진 층으로, 용수의 침출을 방지하는 역할을 한다.

① 표토층(윗복글)에 대한 설명으로 (가)에 해당한다.
② 샛똘에 대한 설명으로 (마)에 해당한다.
③ 석축에 대한 설명으로 (다)에 해당한다.
⑤ 통수로에 대한 설명으로 (라)에 해당한다.

12 　정답　 ⑤

구들장 논은 상부 논에서 배수된 물을 하부 논에 이용하는 중간 낙수 방식을 통해 관개용수를 절약할 수 있으므로 소량의 관개용수로도 경작이 가능하여 농업용수를 효율적으로 이용할 수 있다.

① 구들장 논은 경사가 급한 지형의 청산도에서 농지를 확보하기 위한 농민들의 노력으로 만들어졌다.
② 구들장 논은 상부 논에서 집수된 물을 수로를 통해 하부 논으로 배수하는 연속관개구조의 논이다.
③ 구들장 논은 관개용수 침투율이 낮은 혼합토층을 표토층 아래 조성하여 물을 저류하는 능력을 향상시켰다.
④ 구들장 논은 상부 통수로를 개폐함으로써 농작물의 종류에 따라 공급되는 물의 양을 조절할 수 있다.

13 　정답 ⑤

제시문에서는 우리 민족과 함께해 온 김치의 역사를 비롯하여 김치의 특징과 다양성 등을 함께 이야기하고 있으며, 복합 산업으로 발전하면서 규모가 성장하고 있는 김치 산업에 대해서도 이야기하고 있다. 따라서 제시문 전체의 내용을 아우를 수 있는 제목으로 가장 적절한 것은 ⑤이다.

오답분석

① · ④ 첫 번째 문단이나 두 번째 문단의 소제목은 될 수 있으나, 제시문 전체 내용을 나타내는 제목으로는 적절하지 않다.
② 마지막 문단에서 김치 산업에 대한 내용을 언급하고 있지만, 이는 현재 김치 산업의 시장 규모에 대한 내용일 뿐이므로 산업의 활성화 방안과는 거리가 멀다.
③ 제시문을 통해 알 수 없는 내용이다.

14 　정답 ④

앞의 항에 $\div 6$, $\times 5$, $\div 4$ …이 적용되는 수열로, $\div$와 $\times$를 반복하는 규칙이다.

$$\underset{\div 6}{360} \qquad \underset{\times 5}{60} \qquad \underset{\div 4}{300} \qquad \underset{\times 3}{75} \qquad (\quad)$$

따라서 (　)$=75\times 3=225$이다.

15 　정답 ⑤

앞의 두 항의 곱이 다음 항이 되는 수열이다.

$$\underset{}{3} \qquad \underset{3\times 4}{4} \qquad \underset{4\times 12}{12} \qquad \underset{12\times 48}{48} \qquad (\quad)$$

따라서 (　)$=12\times 48=576$이다.

16 　정답 ③

앞의 항에 $+7\times 2$, $+7\times 3$, $+7\times 4$ …이 적용되는 수열이다.

$$\underset{+14}{1} \qquad \underset{+21}{15} \qquad \underset{+28}{36} \qquad \underset{+35}{64} \qquad (\quad)$$

따라서 (　)$=64+35=99$이다.

17 　정답 ②

O씨가 준비한 박스의 수를 x개라고 하면 다음과 같은 식이 성립한다.
$4(x-1)+2=10(x-2)$
$\rightarrow 4x-2=10x-20$
$\rightarrow 6x=18$
$\therefore x=3$
따라서 O씨가 준비한 박스는 3개이다.

18 정답 ④

첫날 경작한 논의 넓이를 1이라고 할 때, 마지막 날까지 경작한 논의 넓이는 다음과 같다.

1일	2일	3일	4일	5일	6일	7일	8일
1	2	4	8	16	32	64	128

전체 경작한 논의 넓이가 128이므로 논 전체의 $\frac{1}{4}$은 32이다.

따라서 A씨는 경작을 시작한 지 6일째 되는 날 논 전체의 $\frac{1}{4}$을 경작할 수 있다.

19 정답 ③

두 사람이 각각 헤어숍에 방문하는 간격인 10과 16의 최소공배수는 80일이다.
80일을 일주일 단위로 계산하면 11주하고 3일(80÷7=11 ⋯ 3)이 되므로 두 사람은 일요일의 3일 후인 수요일에 다시 만난다.

20 정답 ③

여학생의 수를 x명, 남학생의 수를 y명이라고 하자.
$81x+87y=84(x+y)$
$\rightarrow 3x=3y$
$\therefore x=y$
따라서 여학생과 남학생의 성비는 1 : 1이다.

다른 풀이

가중평균에 대한 문제이다. 선택지의 값을 점수와 곱해서 평균을 구한다.
$81 \times 1+87 \times 1=84 \times (1+1)=81+87=168$
따라서 여학생과 남학생의 성비는 1 : 1이다.

21 정답 ②

은경이가 처음에 가지고 있던 한국 돈을 x원이라고 하자.
x원을 아랍에미리트 통화로 환전한 금액은 $x \div 320$AED이고, 여행 중에 사용하고 남은 금액은 $x \div 320 \times (1-0.68)$AED이다.
이를 다시 한국 돈으로 환전하는데, 팔 때의 금액이 250원/AED이므로 $x \div 320 \times 0.32 \times 250$원이다.
따라서 남은 돈은 처음 금액의 $\dfrac{x \div 320 \times 0.32 \times 250}{x} \times 100 = 25\%$이다.

22 정답 ④

ㄴ. 행정고시 기술직 합격자 중 여성의 수는 2018년에 73×0.219≒16명이고, 2020년에 71×0.197≒14명이다. 따라서 2020년에 감소하였다.

ㄹ. 여성 대비 남성의 비율은 2018년 행정고시 전체의 경우 $\dfrac{63.3}{36.7}$≒1.70이고, 2020년 변호사 시험의 경우 $\dfrac{54.5}{45.5}$≒1.20이다. 따라서 2018년에 행정고시의 여성 대비 남성의 비율이 더 높았다.

오답분석

ㄱ. 2018년 행정고시 행정직 합격자의 남성 비율은 100−40.5=59.5%이다. 따라서 여성 대비 남성의 성비는 $\dfrac{59.5}{40.5}$≒1.5이므로 약 1.5 : 1이다. 따라서 옳지 않다.

ㄷ. 변호사 시험 합격자 중 남성의 수는 2018년에 2,724×0.56≒1,525명, 2019년에 2,053×0.557≒1,144명이므로 2019년에 전년 대비 감소하였다.

23 정답 ①

2019년 4분기에 인천의 한육우 농가 수는 직전분기 대비 $\frac{526-507}{526}\times100=3.6\%$ 감소하였다. 따라서 옳지 않은 설명이다.

오답분석

② 전국의 2014년 3분기와 4분기 대비 2019년 3분기와 4분기의 한육우 농가 수는 감소하였고, 마리 수는 증가하였다.

③ 2014년과 2019년 전북의 한육우 농가 수의 증감추이는 매분기 감소로 동일하다.

④ 2019년 2분기 대비 4분기에 한육우 마리 수가 증가한 지역은 부산, 인천, 광주, 경기, 충남, 전북, 전남으로 7곳이다.

⑤ 대전의 2014년 1분기 한육우 마리 수는 4,998마리이고, 3분기의 한육우 마리 수는 5,562마리이다. 따라서 $\frac{5,562-4,998}{4,998}\times100\fallingdotseq11.3\%$ 증가하였다.

24 정답 ③

보고서에서는 50대 이상 연령대가 40대에 비해 2년 미만 생활 기간이 상대적으로 높게 나타났다고 설명하고 있으나, 그래프에서는 반대로 40대가 50대 이상보다 더 높게 나타나 있다.

25 정답 ①

먼저 첫 번째 명제에 따라 A가 콩인 경우와 오이인 경우를 나누어 보면 다음과 같다.
ⅰ) A가 콩인 경우
   A가 콩이면 B는 콩이 될 수 없으므로 마지막 명제에 따라 C는 토마토가 된다. C가 토마토이면 네 번째 명제의 대우 'C가 토마토이면 D는 밤이다.'에 따라 D가 밤이 되므로 B는 오이를 담당하게 된다.

A	B	C	D
콩	오이	토마토	밤

ⅱ) A가 오이인 경우
   A가 오이이면 두 번째 명제에 따라 B는 콩이 되고, B가 콩이면 세 번째 명제의 대우 'B가 콩이면 C는 토마토가 아니다.'에 따라 D가 토마토가 되고, C는 밤을 담당하게 된다.

A	B	C	D
오이	콩	밤	토마토

따라서 A가 오이인 경우 C는 밤이 될 수 있으므로 항상 참이 아닌 것은 ①이다.

26 정답 ③

먼저 A사원의 진술이 거짓이라면 A사원과 D사원 두 명이 3층에서 근무하게 되고, 반대로 D사원의 진술이 거짓이라면 3층에는 아무도 근무하지 않게 되므로 조건에 어긋난다. 따라서 A사원과 D사원은 진실을 말하고 있음을 알 수 있다. 또한 C사원의 진술이 거짓이라면 아무도 홍보부에 속하지 않으므로 C사원도 진실을 말하고 있음을 알 수 있다. 결국 거짓말을 하고 있는 사람은 B사원이며, 이에 따라 A~D사원의 소속 부서와 부서 위치를 정리하면 다음과 같다.

구분	소속 부서	부서 위치
A사원	영업부	4층
B사원	총무부	6층
C사원	홍보부	5층
D사원	기획부	3층

따라서 기획부는 3층에 위치한다.

27 정답 ②

먼저 B와 C가 모두 탈락했다는 B의 진술과 B와 C 중 1명만 합격했다는 C의 진술이 서로 모순되므로 B와 C 둘 중 1명은 거짓을 말하고 있음을 알 수 있다. 만약 B의 진술이 참이라면 B의 진술에 따라 B와 C는 모두 탈락하였고, A의 진술에 따라 A와 D도 탈락하였으므로 합격자는 E가 된다. 그러나 제시된 문제에서 합격자는 2명이라고 하였으므로 이는 성립하지 않는다. 따라서 거짓말을 하고 있는 사람은 B이다.

28 정답 ⑤

B의 진술은 거짓이므로 C의 진술에 따라 B와 C 중 1명이 합격했고, A의 진술에 따라 A와 D는 탈락하였다. 이때, D와 E 중 1명만 합격했다는 D의 진술에 따라 E가 합격했음을 알 수 있으며, B와 E 중 1명은 탈락하지 않았다는 E의 진술에 따라 B가 탈락했음을 알 수 있다. 따라서 나머지 합격자는 C가 되므로 결국 2명의 합격자는 C와 E이다.

29 정답 ⑤

정의 진술에 따라 을과 정의 진술은 동시에 참이 되거나 거짓이 된다.
 i) 을과 정의 진술이 모두 거짓인 경우
    을은 병과 함께 동네 PC방에 있었다는 갑의 진술과 자신은 집에 있었다는 병의 진술이 서로 모순되므로 성립하지 않는다.
ii) 을과 정의 진술이 모두 참인 경우
    갑, 병과 함께 있었다는 을의 진술이 참이므로 갑과 둘이 집에 있었다는 무의 진술과 자신은 집에 혼자 있었다는 병의 진술은 거짓이 되고, 거짓인 무의 진술에 따라 범인은 무가 된다.
따라서 병과 무의 진술이 거짓이며, 범인은 무이다.

30 정답 ⑤

이용 가능한 자원은 계획한 것보다 조금 여유 있는 정도로 확보하는 것이 좋다. 실제 준비나 활동을 할 때 계획과 차이를 보이는 경우가 빈번하기 때문이다.

31 정답 ①

(A)는 경영전략 추진과정 중 환경분석을 나타내며, 환경분석은 외부 환경분석과 내부 환경분석으로 구분된다. 외부 환경으로는 기업을 둘러싸고 있는 경쟁자, 공급자, 소비자, 법과 규제, 정치적 환경, 경제적 환경 등이 있으며, 내부 환경은 기업구조, 기업문화, 기업자원 등이 해당한다. ①에서 설명하는 예산은 기업자원으로, 내부 환경분석의 성격을 가지며, 다른 사례들은 모두 외부 환경분석의 성격을 가짐을 알 수 있다.

32 정답 ①

유한성이란 수, 양, 공간 따위에 일정하게 정해진 범위나 한계가 있는 성질을 의미한다. 제시문을 통해 한 번 흘러가면 다시 돌아오지 않는다는 시간의 유한성을 알 수 있다.

오답분석
② 보편성 : 모든 것에 두루 미치거나 통하는 성질
③ 상대성 : 사물이 그 자체로서 독립하여 존재하지 아니하고, 다른 사물과 의존적인 관계를 가지는 성질
④ 환금성 : 물건을 팔아서 돈으로 바꿀 수 있는 성질
⑤ 부증성 : 토지의 물리적 양을 임의로 증가시킬 수 없는 부동산의 성질

33 정답 ①

각 지점에 납품하는 경우의 매출을 계산하면 다음과 같다.

구분	A지점	B지점	C지점	D지점
매출액	56,000원	120,000원	57,000원	126,500원

A~D지점 중 납품을 하지 않았을 때 매출액에 가장 타격이 적은 지점은 A지점이다. 따라서 선택지에 제시된 달 중 A지점에 납품하지 않는 1월의 매출액이 가장 크며, 이때의 매출액은 120,000+57,000+126,500=303,500원이다.

34 정답 ④

농협이 추진하는 '또 하나의 마을 만들기 운동'은 기업의 CEO 등을 명예 이장으로 위촉하고, 소속 임직원을 명예 주민으로 참여시켜 마을의 숙원사업을 지원하는 등의 활동을 하는 사업으로, 농촌 마을이 축소되고 없어지는 등의 위기를 타개하고자 시작되었다.

오답분석
① 1사 1촌 자매결연 운동 : 농협에서 농촌과 도시의 교류 활성화를 위하여 시작된 사업으로, 기업 하나와 마을 하나가 자매결연을 하여 일손 돕기, 농산물 직거래, 농촌 체험 및 관광, 마을 가꾸기 등 다양한 교류 활동을 시행하는 사업이다.
② 원 테이블 원 플라워 운동 : 코로나19로 어려워진 화훼 농가를 지원하기 위해 진행된 운동으로, 사무실 책상 하나에 하나의 화분을 키우는 내용의 사업이다.
③ 사랑의 1% 나눔 운동 : 자신의 월급이나 수입에서 1%를 떼어 기부하는 운동이다.
⑤ 실버프렌드 : 독거노인들의 외로움을 달래고 안전사고를 예방하기 위해 SK하이닉스에서 인공지능 AI 스피커 '실버프렌드'를 제공하는 서비스 지원 사업이다.

35 정답 ③

농협의 NH Wave는 인간과 자연을 위한 새로운 물결, 상생, 화합, 조화+변화, 혁신, 새로운 바람을 상징한다.

36 정답 ②

농업인이 농협에 법률구조신청서를 제출하면 농협이 대한법률구조공단에 소송을 의뢰한다.
• 직접 신청 : 대한법률구조공단에 법률구조신청서 제출
• 대리 신청 : 농협을 통해 법률구조신청서 제출

오답분석
① 농협과 대한법률구조공단이 공동으로 농업인의 법률적 피해에 대한 구조와 예방 활동을 전개함으로써 농업인의 경제적·사회적 지위 향상을 도모하는 농업인 무료법률구조사업이다.
③ 농협은 소송에 필요한 비용을 대한법률구조공단에 출연하고, 법률구조에 필요한 증거수집 등의 중계 활동을 한다.
④ 대한법률구조공단은 법률상담 및 법률구조 활동을 하고, 농협과 공동으로 농촌 현지 법률상담 등의 피해 예방 활동을 한다.
⑤ 기준 중위소득 150% 이하인 농업인 및 별도의 소득이 없는 농업인의 배우자, 미성년 직계비속, 주민등록상 동일 세대를 구성하는 직계존속 및 성년의 직계비속이 대상자가 된다.

37 정답 ②

판단, 분석, 교섭은 해결안 선택을 위한 방법에 해당하므로 개발 단계가 아닌 선택 단계에서 이루어진다.

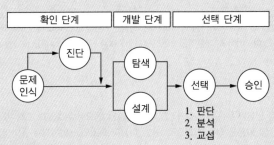

의사결정의 과정

1. **확인 단계** : 의사결정이 필요한 문제 인식
   1) 문제인식 : 문제를 구체화하기 위한 정보를 얻는다.
   2) 진단 : 문제의 심각성에 따라 체계적으로 이루어지기도 하며, 비공식적으로 이루어지기도 한다.
2. **개발 단계** : 문제에 대한 해결 방법 모색
   1) 탐색 : 새로운 문제의 해결 방법을 조직 내의 기존 해결 방법에서 찾는 방법으로, 조직 내 관련자와의 대화나 공식적인 문서 등을 참고한다.
   2) 설계 : 이전에 없던 새로운 문제에 대한 해결안을 다양한 의사결정 기법을 통하여 설계한다.
3. **선택 단계** : 실행 가능한 해결안 선택
   1) 의사결정권자의 판단에 의한 선택
   2) 경영과학 기법과 같은 분석에 의한 선택
   3) 이해관계집단의 토의와 교섭에 의한 선택

38 정답 ④

프레이밍 효과란 동일한 사건이나 상황임에도 불구하고 문제의 표현 방식에 따라 개인의 판단이나 선택이 달라질 수 있는 현상을 의미한다. '제조 일자'를 표기함으로써 우유의 신선도에 대한 소비자 인식의 틀을 바꾼 우유 제조 회사의 사례는 프레이밍 효과의 대표적인 사례에 해당한다.

오답분석

① 바넘 효과 : 사람들의 보편적 성격이나 심리적 특징을 주관적으로 해석하여 자신만의 특징으로 여기는 심리적 현상
② 앵커링 효과 : 최초에 제시된 숫자가 기준점으로 작용하여 이후의 판단에 영향을 미치는 현상
③ 헤일로 효과(＝후광 효과) : 어떤 대상이나 사람에 대한 일반적 견해가 그것의 구체적 특성을 평가하는 데 영향을 미치는 현상
⑤ 피그말리온 효과 : 타인의 기대나 관심으로 인하여 능률이 오르거나 결과가 좋아지는 현상

39 정답 ③

제품 특성상 테이크아웃이 불가능했던 위협 요소를 피하기 위해 버거의 사이즈를 줄이는 대신 사이드 메뉴를 무료로 제공하는 것은 독창적인 아이템을 활용하면서도 위협 요소를 보완하는 ST전략으로 적절하다.

오답분석

① 주변 외식업 상권과 차별화된 아이템 선정이 강점이다. 그러므로 주변 상권에서 이미 판매하고 있는 상품을 벤치마킹해 판매하는 것은 강점을 활용하는 전략으로 적절하지 않다.
② 높은 재료 단가를 낮추기 위해 유기농 채소와 유기농이 아닌 채소를 함께 사용하는 것은 웰빙을 추구하는 소비 행태가 확산되고 있는 기회를 활용하지 못하는 전략이므로 적절하지 않다.
④ 커스터마이징 형식의 고객 주문 서비스 및 주문 즉시 조리하는 방식은 강점이다. 그러므로 약점을 보완하기 위해 강점을 모두 활용하지 못하는 전략이므로 적절하지 않다.
⑤ 커스터마이징 주문 시 치즈의 종류를 다양하게 선택할 수 있게 하는 것은 커스터마이징 주문이라는 강점으로 '치즈 제품을 선호하는 여성 고객들의 니즈'라는 기회를 활용하는 전략이므로 적절하지 않다.

02 60문항 유형

01	02	03	04	05	06	07	08	09	10	11	12	13	14	15	16	17	18	19	20
①	②	④	②	③	④	①	④	④	①	③	②	②	①	①	④	③	②	④	③
21	22	23	24	25	26	27	28	29	30	31	32	33	34	35	36				
④	①	②	③	①	④	④	②	③	①	③	②	①	③	②	①				

01 정답 ①

'시망스럽다'는 '몹시 짓궂은 데가 있다.'를 의미하는 형용사이다.

오답분석

② 숫스럽다
③ 잔망스럽다
④ 혼란스럽다

02 정답 ②

'동심동덕(同心同德)'은 '서로 같은 마음으로 덕을 함께 한다.'는 뜻으로, 같은 목표를 위하여 여럿이 마음을 합쳐 힘씀을 이르는 한자성어이다.

오답분석

① 이심전심(以心傳心) : 마음과 마음으로 서로 뜻이 통함
③ 이인동심(二人同心) : 절친한 친구 사이
④ 동고동락(同苦同樂) : 괴로움과 즐거움을 함께 한다는 뜻으로, 같이 고생하고 같이 즐김

03 정답 ④

'질병'과 '감기'는 상의어와 하의어의 관계이므로 이와 유사한 것은 ④의 '내장'과 '간'이다.
• 내장(內臟) : 척추동물의 가슴안이나 배안 속에 있는 여러 가지 기관을 통틀어 이르는 말로 위, 창자, 간, 콩팥, 이자 따위가 있다.
• 간(肝) : 가로막 바로 밑의 오른쪽에 있는 기관. 탄수화물을 저장하고, 단백질이나 당의 대사를 조절하며, 해독 작용을 한다.

04 정답 ②

• 여우잠 : 깊이 들지 않은 잠을 의미하는 '겉잠'의 북한어
• 괭이잠 : 깊이 들지 못하고 자주 깨면서 자는 잠

오답분석

① 쪽잠 : 짧은 틈을 타서 불편하게 자는 잠
③ 나비잠 : 갓난아이가 두 팔을 머리 위로 벌리고 자는 잠
④ 새우잠 : 새우처럼 등을 구부리고 자는 잠. 주로 모로 누워 불편하게 자는 잠

05 정답 ③

• 무릇 : 대체로 헤아려 생각하건대
• 대저(大抵) : 대체로 보아서

① 가령(假令) : 1. 가정하여 말하여
                    2. 예를 들어
② 대개(大蓋) : 일의 큰 원칙으로 말하건대
④ 도통(都統) : 1. 아무리 해도
                    2. 이러니저러니 할 것 없이 아주

06   정답   ④

①·②·③은 모두 맡은 일 또는 맡겨진 일이라는 임무의 의미를 나타내지만, '직책(職責)'은 직무상의 책임을 의미한다.

① 적임(適任) : 어떤 임무나 일에 알맞음. 또는 그 임무
② 소임(所任) : 맡은 바 직책이나 임무
③ 업무(業務) : 직장 같은 곳에서 맡아서 하는 일

07   정답   ①

'푸지다'는 '매우 많아서 넉넉하다.'라는 뜻이다.

② 당차다 : 나이나 몸집에 비하여 마음가짐이나 하는 짓이 야무지고 올차다.
③ 가뜬하다 : 1. 다루기에 가볍고 간편하거나 손쉽다.
                    2. 마음이 가볍고 상쾌하다.
④ 바특하다 : 1. 두 대상이나 물체 사이가 조금 가깝다.
                    2. 시간이나 길이가 조금 짧다.
                    3. 국물이 조금 적어 묽지 아니하다.

08   정답   ④

'통념(通念)'은 '일반적으로 널리 통하는 개념'을 뜻한다.

① 만념(萬念) : 여러 가지 많은 생각
② 상념(想念) : 마음속에 품고 있는 여러 가지 생각
③ 이념(理念) : 이상적인 것으로 여겨지는 생각이나 견해

09   정답   ④

동사는 의미에 따라 '−는' 또는 '−은'의 어미와 활용할 수 있지만, 형용사는 '−은'으로만 활용할 수 있다. 따라서 '걸맞다'는 '두 편을 견주어 볼 때 서로 어울릴 만큼 비슷하다.'는 의미의 형용사이므로 '걸맞은'으로 활용한다.

10   정답   ①

밑줄 친 '고치다'는 '고장이 나거나 못 쓰게 된 물건을 손질하여 제대로 되게 하다.'라는 의미로, 같은 의미로 사용된 것은 ①이다.

② 잘못되거나 틀린 것을 바로잡다.
③ 모양이나 내용 따위를 바꾸다.
④ 병 따위를 낫게 하다.

11 정답 ③

- 제고(提高) : 쳐들어 높임
- 함의(含意) : 말이나 글 속에 어떠한 뜻이 들어 있음. 또는 그 뜻
- 지양(止揚) : 더 높은 단계로 오르기 위하여 어떠한 것을 하지 아니함

오답분석

- 재고(再考) : 어떤 일이나 문제 따위에 대하여 다시 생각함
- 결의(決意) : 뜻을 정하여 굳게 마음을 먹음. 또는 그런 마음
- 지향(志向) : 어떤 목표로 뜻이 쏠리어 향함. 또는 그 방향이나 그쪽으로 쏠리는 의지

12 정답 ②

상대방의 요구를 거절해야 할 때는 먼저 거절에 대한 사과를 한 후, 응할 수 없는 이유를 분명하게 설명하는 것이 좋다.

상황과 대상에 따른 의사표현방법
- 상대방의 잘못을 질책하는 경우에 샌드위치 화법을 사용하면 듣는 사람이 반발하지 않고 부드럽게 받아들일 수 있다.
- 상대방에게 충고하는 경우는 예를 들거나 비유법을 사용하면 효과적이다.
- 칭찬은 상대방을 기분 좋게 만드는 전략으로 상대에게 중요한 내용을 칭찬하거나 대화 서두에 분위기 전환을 위해 간단한 칭찬을 사용한다.
- 상대방에게 부탁할 때는 상대방의 사정을 듣고, 상대방이 가능한 상황인지 확인한 후, 응하기 쉽게 구체적으로 부탁한다.
- 상대방에게 명령해야 할 때는 강압적 표현보다 청유형으로 부드럽게 하는 것이 효과적이다.
- 상대방의 요구를 거절해야 할 때는 먼저 거절에 대한 사과를 한 후, 응할 수 없는 이유를 분명하게 설명하는 것이 좋다.
- 설득은 상대방에게 나의 태도와 의견을 받아들이게 하는 과정으로 문 안에 한발 들여놓기 기법(Foot-In-The-Door Technique)과 얼굴 부딪히기 기법(Door-In-The-Face Technique)이 있다.

13 정답 ②

새로 개발한 연소법은 기존 석유류로 연소했을 때보다 매연 발생량을 줄일 수 있다는 내용을 통해 연소법을 사용할 경우 매연이 발생한다는 사실을 알 수 있다.

오답분석

① 환경친화적인 연소법이 개발되었을 뿐, 연소법이 최초로 사용되었는지는 알 수 없다.
③ 저온 피해는 과실의 꽃에 직접적인 피해를 준다.
④ 새로 개발된 연소법의 연소 시간은 알 수 있지만, 기존 방법의 연소 시간은 알 수 없으므로 증가 여부를 알 수 없다.

14 정답 ①

$+3, +4, +5, +6, +7, \cdots$ 인 문자열이다.

ㄴ	ㅁ	ㅈ	ㅎ	ㅂ	(ㅍ)
2	5	9	14	20	27

15 정답 ①

세 수의 평균은 $(98+164+185) \div 3 = 447 \div 3 = 149$ 이고, 세 수의 편차는 각각 A : $98-149=-51$, B : $164-149=15$, C : $185-149=36$이다. 편차는 평균과 변량 간의 차이를 나타내는 값으로 편차의 크기는 차이의 크기를 나타낸다. 부호에 관계없이 절댓값이 클수록 편차는 크다.
따라서 편차의 크기를 바르게 나타낸 것은 B<C<A이다.

16 정답 ④

$$7a \div \frac{1}{2} - b\sqrt{49} = 168$$

→ $7a \times 2 - b\sqrt{7^2} = 168$

→ $14a - 7b = 168$ or $14a + 7b = 168$

→ $2a - b = 24$ or $2a + b = 24$

$2a$가 짝수이므로 $2a-b$와 $2a+b$가 짝수가 되기 위해서는 b도 짝수여야 한다.

또한 $-10 \le a \le 10$이고, $-5 \le b \le 5$이므로 a가 음수일 때에는 $2a-b$의 값이 24가 나올 수 없다.

따라서 $2a+b=24$일 때, 선택지에 제시된 수를 대입하면 $a=10$이고 $b=4$인 경우가 성립한다.

17 정답 ③

매월 일정금액을 적립하는 단리 적금의 이자 공식은 다음과 같다(a : 적립원금, n : 개월 수, r : 연이율).

$$(\text{단리 적금 이자}) = a \times \frac{n(n+1)}{2} \times \frac{r}{12}$$

따라서 A가 만기 시 받을 이자는 $10,250 \times \dfrac{24 \times 25}{2} \times \dfrac{0.04}{12} = 10,250$원이다.

18 정답 ②

파운드화를 유로화로 환전할 때 이중환전을 해야 하므로 파운드화에서 원화, 원화에서 유로화로 두 번 환전해야 한다.

• 파운드화를 원화로 환전 : 1,400파운드×1,500원/파운드=2,100,000원

• 원화를 유로화로 환전 : 2,100,000원÷1,200원/유로=1,750유로

따라서 K씨가 환전한 유로화는 1,750유로이다.

19 정답 ④

A연구소의 남직원은 20×0.6=12명이므로 A연구소의 여직원은 20−12=8명이다.

B공장의 생산직 남직원 수는 A연구소와 B공장 전체 남직원 수의 40%이므로 A연구소의 남직원 12명은 전체 남직원 수의 60%임을 알 수 있다.

여기서 B공장의 생산직 남직원 수를 x명이라고 하자.

$40 : 60 = x : 12$

$\therefore x = 8$

따라서 B공장의 생산직 여직원은 41−8=33명이므로 A연구소의 여직원과 B공장의 생산직 여직원은 총 8+33=41명이다.

20 정답 ③

철수와 영희의 속력의 비가 3 : 5이므로 각각의 속력은 $3x$km/h, $5x$km/h라고 할 수 있다.

둘이 다리의 양 끝에서 출발하여 만나기까지 걸린 시간이 30분=0.5시간이므로 다리의 길이는 $(3x+5x) \times 0.5 = 4x$km이다.

철수와 영희가 달리기 시합을 하는데 철수는 영희를 다리 끝에서 따라잡았다.

철수와 영희의 속력 차는 $5x-3x=2x$km/h, 다리 길이가 $4x$km이므로, 철수가 영희를 따라잡는 데 걸린 시간은 $\dfrac{4x}{2x} = 2$시간이다.

21 정답 ④

전체 일의 양을 1이라고 하면 김사원이 하루에 하는 일의 양은 $\frac{1}{6}$이며, 박사원은 하루에 $\frac{1}{12}$의 일을 한다.

김사원과 박사원이 같이 일을 끝내는 데 걸리는 기간을 x일이라고 하자.

$$\left(\frac{1}{6} + \frac{1}{12}\right) \times x = 1$$

$$\rightarrow \frac{2+1}{12} \times x = 1$$

$$\therefore x = \frac{12}{3} = 4$$

따라서 김사원과 박사원이 같이 일하며 업무를 끝내는 데 걸리는 기간은 4일이다.

22 정답 ①

2019년 3분기와 4분기에는 전국의 장애인 취업률이 비수도권 지역보다 낮으므로 옳지 않다.

오답분석

ㄴ. 2019년 2분기 대비 4분기의 수도권 장애인 취업률의 증감률은 $\frac{66.7-60.6}{60.6} \times 100 = 10.1\%$이므로 옳은 설명이다.

ㄷ. 수도권과 비수도권의 2020년 1분기의 전년 동기 대비 장애인 취업자 수 증가율은 다음과 같다.

• 수도권 : $\frac{5,050-3,999}{3,999} \times 100 = 26.3\%$

• 비수도권 : $\frac{5,553-5,300}{5,300} \times 100 = 4.8\%$

따라서 수도권 지역의 장애인 취업자 수 증가율이 크다.

23 정답 ②

ㄱ. 동구에서 경계 판정을 받은 경우와 유성구에서 유질환자 판정을 받은 경우의 남성 대비 여성 비율은 다음과 같다.

• 동구에서 경계 판정을 받은 경우 : $\frac{10,629}{11,032} \times 100 = 96\%$

• 유성구에서 유질환자 판정을 받은 경우 : $\frac{7,531}{11,663} \times 100 = 64.6\%$

따라서 동구에서 경계 판정을 받은 경우가 더 높다.

ㄷ. 대덕구에서 정상 판정을 받은 여성의 수는 유성구에서 유질환자로 판정받은 남성의 수의 $\frac{3,890}{11,663} \times 100 = 33.4\%$이므로 40% 미만이다.

오답분석

ㄴ. 중구에서 일반건강검진을 받은 남성 중 질환의심 판정을 받은 사람의 비율은 $\frac{29,174}{52,834} \times 100 = 55.2\%$로, 60% 미만이다.

ㄹ. 동구와 서구에서 지역별로 일반건강검진을 받은 사람 중에 경계 판정을 받은 사람의 비율은 다음과 같다.

• 동구 : $\frac{21,661}{90,305} \times 100 = 24\%$

• 서구 : $\frac{52,302}{195,341} \times 100 = 26.8\%$

따라서 서구의 비율이 동구보다 높다.

24 정답 ③

필요에 따라 예약을 하고 지불한 비용은 다음과 같다.
- 객실(2박) : $2 \times (250,000 + 190,000 \times 2) = 126$만 원
- 야외용 그릴(2개) : $2 \times 40,000 = 8$만 원
- 차량 렌트비 : $100,000 + 80,000 = 18$만 원
- 침구류 대여(11명) : $30,000 \times 11 = 33$만 원

따라서 김주임이 지불한 총금액은 $126 + 8 + 18 + 33 = 185$만 원이다.

체크인 2일 전에 취소하였으므로 5%의 취소수수료가 적용되며, 청소비 $40,000 \times 2 = 80,000$원과 온라인 예약 취소수수료인 10,000원이 추가 청구된다.

따라서 환불받을 수 있는 금액은 $1,850,000 - (1,260,000 \times 0.05 + 80,000 + 10,000) = 1,850,000 - 153,000 = 1,697,000$원이다.

25 정답 ①

주어진 조건을 표로 정리하면 다음과 같다.

구분	월 1/25	화 1/26	수 1/27	목 1/28	금 1/29
필수 출근 직원	박대리(재정)	김사원(운영)	이주임(기획)	박대리(재정)	최사원(재정)
출근 불가 직원	최사원(출장) 이주임(출장) 김사원(당직)	조과장(휴가) 박대리(당직) 이주임(당직)	김사원(당직) 박대리(당직)	이주임(당직) 최사원(당직)	박대리(당직)

월요일과 화요일에는 재정 담당자가 최소 한 명 이상 출근해야 한다. 월요일에는 당직인 박대리가 재정을 맡고 있어서 추가 인원이 필요 없지만, 화요일에 출근하는 김사원은 운영 담당자이므로 최사원이나 박대리, 차부장이 출근해야 한다. 이때 박대리는 전날 당직근무를 했고, 차부장이 출근하면 이주임이 함께 출근해야 하는데 이주임은 다음 날 당직근무로 화요일에 출근하지 않는다. 즉, 최사원이 화요일에 출근한다. 그러나 사원끼리만은 출근이 불가능하므로 정팀장이 출근해야 한다.

수요일에는 반드시 운영 담당자가 한 명 이상 출근해야 하는데 김사원은 전날 당직으로 출근할 수 없다. 그러므로 조과장이 출근한다. 또한 부장은 반드시 2일 이상 출근해야 하는데, 부장이 출근하는 날에는 주임이 함께 출근해야 하므로 이주임이 근무하는 날에 함께 출근한다.

목요일과 금요일에는 반드시 기획 담당자가 한 명 이상 출근해야 하므로 목요일에는 정팀장이 출근한다. 또한, 차부장은 이주임이 출근하지 않으므로 출근할 수 없다. 금요일은 정팀장과 이주임 모두 출근 가능한데 차부장이 일주일에 2일을 출근해야 하므로 금요일에 무조건 출근해야 한다. 그러므로 이주임이 출근한다.

이를 정리하여 나타내면 다음과 같다(굵게 표시한 사람은 당직근무자이다).

구분	월 1/25	화 1/26	수 1/27	목 1/28	금 1/29
필수 출근 직원	**박대리(재정)**	**김사원(운영)** 최사원(재정) 정팀장(기획)	**이주임(기획)** 조과장(운영) 차부장(재정)	**박대리(재정)** 정팀장(기획)	**최사원(재정)** 이주임(기획) 차부장(재정)
출근 불가 직원	최사원(출장) 이주임(출장) 김사원(당직)	조과장(휴가) 박대리(당직) 이주임(당직)	김사원(당직) 박대리(당직)	이주임(당직) 최사원(당직)	박대리(당직)

따라서 가장 적은 인원이 근무하는 날은 25일이다.

26 정답 ④

박주임과 아내는 자녀가 다니는 초등학교에서 휴교를 하게 되어 가족돌봄휴가를 사용하게 되었으므로 비용을 지원받을 수 있다. 박주임의 경우 1일당 5만 원을 수령하게 되며, 아내의 경우 일일 3시간만 근무하는 단시간 근로자이므로 2.5만 원을 지급받는다. 따라서 부부는 하루에 7.5만 원을 지원받을 수 있으며, 맞벌이의 경우 부부 각각 5일간 지원받을 수 있으므로 최대 수령 가능 지원금은 $(5 + 2.5) \times 5 = 37.5$만 원이다.

27   정답 ④

- ○ : 맨 앞의 문자를 맨 뒤로 보낸다.
- ★ : 맨 뒤의 문자를 맨 뒤에 하나 더 만든다.
- ♡ : 맨 앞의 문자와 맨 뒤의 문자의 순서를 바꾼다.

5KD → DK5 → DK55
　　　　♡　　　　　★

28   정답 ②

업체별 구매비용을 계산하면 다음과 같다.

구분	배송비	마스크 비용	총비용
A업체	25,000원	850×600×0.95＝484,500원	509,500원
B업체	(9×3,000)×0.9＝24,300원	850×500＝425,000원	449,300원
C업체	20,000＋(4×5,000)＝40,000원	350×700＋500×700×0.8＝525,000원	565,000원

따라서 총비용이 가장 적은 B업체를 선정하며, 이때 총비용은 449,300원이다.

29   정답 ③

물적자원관리능력은 직업생활에서 필요한 물적자원을 확인하고, 최대한 확보하여 실제 업무에 어떻게 활용할 것인지에 대한 계획을 수립한 뒤 이에 따라 물적자원을 효율적으로 활용하여 관리하는 능력을 의미한다. 산업의 고도화와 함께 매우 다양한 물적자원들이 활용되고 있으며, 이를 필요한 시기와 장소에 적절히 활용하는 것은 매우 중요하다. 따라서 물적자원을 관리하고, 적시에 이를 활용할 수 있는 능력을 함양할 수 있도록 해야 한다.

30   정답 ①

효율적이고 합리적인 인사관리 원칙

- 적재적소 배치의 원리 : 해당 직무 수행에 가장 적합한 인재를 배치해야 한다.
- 공정 보상의 원칙 : 근로자의 인권을 존중하고 공헌도에 따라 노동의 대가를 공정하게 지급해야 한다.
- 공정 인사의 원칙 : 직무 배당, 승진, 상벌, 근무 성적의 평가, 임금 등을 공정하게 처리해야 한다.
- 종업원 안정의 원칙 : 직장에서 신분이 보장되고 계속해서 근무할 수 있다는 믿음을 갖게 하여 근로자가 안정된 회사 생활을 할 수 있도록 해야 한다.
- 창의력 계발의 원칙 : 근로자가 창의력을 발휘할 수 있도록 새로운 제안, 건의 등의 기회를 마련하고, 적절한 보상을 하여 인센티브를 제공해야 한다.
- 단결의 원칙 : 직장 내에서 구성원들이 소외감을 갖지 않도록 배려하고, 서로 유대감을 가지고 협동, 단결하는 체제를 이루도록 한다.

31   정답 ③

쌍무계약이란 계약당사자가 서로 대가적 의미를 가지는 채무를 부담하는 계약을 의미한다. 전형계약 가운데 매매, 교환, 임대차, 고용, 도급, 화해, 조합은 쌍무계약에 해당하므로 보기 중 쌍무계약에 해당하는 것은 ㄱ, ㄴ, ㄷ, ㄹ, ㅁ, ㅂ, ㅇ으로 총 7개이다.

오답분석

ㅅ. 증여, ㅈ. 소비대차, ㅊ. 무상임치는 당사자 한쪽만이 채무를 부담하는 편무계약에 해당한다.

32 　정답 ②

Cash Cow 사업은 시장점유율이 높고 현금 유입이 많은 반면, 성장률이 낮아 현금 유출이 적으므로, '나.'는 옳지 않다.

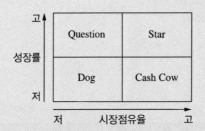

BCG 매트릭스

- Star 사업 : 고성장ㆍ고점유율 사업으로 현금 유입이 많으나, 경쟁자들을 방어하기 위한 현금 유출도 많다.
- Cash Cow 사업 : 저성장ㆍ고점유율 사업으로 현금 유입이 많은 반면, 낮은 성장률로 현금 유출이 적어 순 현금 유입이 증가한다.
- Question 사업 : 고성장ㆍ저점유율 사업으로 성장 가능성이 있으며, 고성장에 따르는 투자로 현금 유출이 많다.
- Dog 사업 : 저성장ㆍ저점유율의 사양 사업으로 손실을 유발할 수 있으므로 철수해야 한다.

33 　정답 ①

심볼마크의 'V' 꼴은 '농'자의 'ㄴ'을 변형한 것으로, 싹과 벼를 의미하며 농협의 무한한 발전을 상징한다.

오답분석

② 심볼마크의 'V' 꼴 외의 아랫부분은 '업'자의 'ㅇ'을 변형한 것으로, 원만과 돈을 의미하며 협동 단결을 상징한다.
③ 심볼마크 전체는 '협'자의 'ㅎ'을 변형하였다.
④ 심볼마크는 항아리에 쌀이 가득 담겨 있는 형상을 표시한 것으로, 농가 경제의 융성한 발전을 상징한다.

34 　정답 ③

ㄴ. 농업인이 되려면 1,000m² 이상의 농지에 농작물 또는 다년생식물을 경작하거나 재배해야 한다.
ㄷ. 농업인이 되려면 농지에 330m² 이상의 고정식 온실, 버섯재배사, 비닐하우스 등 농업생산에 필요한 시설을 설치하여 경작 또는 재배해야 한다.

농업인의 조건
- 1,000m² 이상의 농지에서 농작물 또는 다년생식물을 경작 또는 재배하거나 1년 중 90일 이상 농업에 종사하는 사람
- 농지에 330m² 이상의 고정식 온실, 버섯재배사, 비닐하우스 등 농업생산에 필요한 시설을 설치하여 농작물 또는 다년생식물을 경작 또는 재배하는 사람
- 대가축 2두, 중가축 10두, 소가축 100두, 가금 1천수 또는 꿀벌 10군 이상을 사육하거나 1년 중 120일 이상 축산업에 종사하는 사람
- 농업경영으로 농산물의 연간 판매액이 120만 원 이상인 사람

35 정답 ②

은행 직원은 신용카드 이용 한도를 상향할 수 있고, 교통카드 기능이 포함된 카드를 발급할 수 있다.

> **은행원의 업무**
> • 여신사무 : 대출 관련 업무 등
> • 수신사무 : 고객 상품 상담, 통장·채권·수표 발행 및 해지, 현금 또는 수표 입출금, 자동이체 등의 전자금융, 세금 수납 업무 등

36 정답 ①

농협의 인재상
• 시너지 창출가 : 항상 열린 마음으로 계통 간, 구성원 간에 존경과 협력을 다하여 조직 전체의 성과가 극대화될 수 있도록 시너지 제고를 위해 노력하는 인재
• 행복의 파트너 : 프로다운 서비스 정신을 바탕으로 농업인과 고객을 가족처럼 여기고 최상의 행복 가치를 위해 최선을 다하는 인재
• 최고의 전문가 : 꾸준히 자기 계발을 통해 자아를 성장시키고, 유통·금융 등 맡은 분야에서 최고의 전문가가 되기 위해 지속적으로 노력하는 인재
• 정직과 도덕성을 갖춘 인재 : 매사에 혁신적인 자세로 모든 업무를 투명하고 정직하게 처리하여 농업인과 고객, 임직원 등 모든 이해관계자로부터 믿음과 신뢰를 받는 인재
• 진취적 도전가 : 미래지향적 도전 의식과 창의성을 바탕으로 새로운 사업과 성장 동력을 찾기 위해 끊임없이 변화와 혁신을 추구하는 역동적이고 열정적인 인재

CHAPTER

08   2019년 하반기 기출복원문제

---

01   70문항 유형

01	02	03	04	05	06	07	08	09	10	11	12	13	14	15	16	17	18	19	
④	②	③	②	⑤	④	③	④	③	③	①	③	⑤	①	④	③	①	②	③	

01   정답 ④

'할아버지'와 '할머니'는 성별로 대립되는 반의어이므로 이와 유사한 것은 서로 반의 관계에 있는 ④의 '탄생'과 '죽음'이다.
• 탄생(誕生) : 사람이 태어남
• 죽음 : 죽는 일. 생물의 생명이 없어지는 현상

02   정답 ②

제시된 단어는 전체와 부분의 관계이다. '대들보'는 전체인 '한옥'을 구성하는 한 부분이며, '가지'는 전체인 '나무'의 한 부분이다.

03   정답 ③

'콘트라베이스'는 줄을 활로 켜 소리를 내는 현악기 가운데 가장 크기가 크다.

04   정답 ②

'보석'은 원석을 깎았을 때 아름다운 빛이 나는 광물로, 희소성을 갖기 때문에 비싼 가격에 거래된다.

05   정답 ⑤

'스키'는 차가운 눈 위를 빠르게 미끄러지며 활주하는 스포츠이다.

06   정답 ④

'호미'는 날, 손잡이인 자루, 날과 자루를 연결해주는 슴베로 구성되며, 논이나 밭의 흙을 파서 풀을 뽑는 데 사용되는 대표적인 농기구이다.

07 정답 ③

㉠ 게재 : '기재'는 '문서 따위에 기록하여 올림'이란 뜻으로 주로 문서에 기록하여 올리는 경우에 사용되는 반면, '게재'는 '글이나 그림 따위를 신문이나 잡지 따위에 실음'의 뜻으로 신문이나 잡지에 글이 실리는 경우에 사용된다. 따라서 신문에 기고문을 싣는다는 의미의 '게재'가 적절하다.

㉡ 두르다 : '둘르다'는 '겉면에 기름을 고르게 바르거나 얹다.'는 '두르다'의 잘못된 표현이므로 '두르다'가 적절하다.

㉢ 겉치레 : '겉치례'는 '겉만 보기 좋게 꾸미어 드러냄'을 의미하는 '겉치레'의 잘못된 표현이므로 '겉치레'가 적절하다.

08 정답 ④

• 포상(褒賞) : 1. 칭찬하고 장려하여 상을 줌
　　　　　　　　2. 각 분야에서 나라 발전에 뚜렷한 공로가 있는 사람에게 정부가 칭찬하고 장려하여 상을 줌. 또는 그 상

오답분석

① 보훈(報勳) : 공훈에 보답함
② 공훈(功勳) : 나라나 회사를 위하여 두드러지게 세운 공로
③ 공로(功勞) : 일을 마치거나 목적을 이루는 데 들인 노력과 수고. 또는 일을 마치거나 그 목적을 이룬 결과로서의 공적
⑤ 공적(功績) : 노력과 수고를 들여 이루어 낸 일의 결과

09 정답 ③

'간담상조'는 '간과 쓸개를 내놓고 서로에게 내보인다.'라는 뜻으로, 서로 마음을 터놓고 친밀히 사귐을 의미한다. ①·②·④·⑤는 성공 또는 출세와 관련된 한자성어이다.

오답분석

① 금의환향(錦衣還鄉) : 비단옷을 입고 고향에 돌아온다는 뜻으로, 출세하여 고향에 돌아옴을 이르는 말
② 입신양명(立身揚名) : 사회적으로 인정을 받고 출세하여 이름을 세상에 드날림
④ 부귀공명(富貴功名) : 재물이 많고 지위가 높으며 공을 세워 이름을 떨침
⑤ 마부위침(磨斧爲針) : '도끼를 갈아 바늘을 만든다.'는 뜻으로, 아무리 이루기 힘든 일도 끊임없는 노력과 끈기 있는 인내로 성공하고야 만다는 뜻

10 정답 ③

'자는 호랑이에게 코침 주기(숙호충비, 宿虎衝鼻)'는 가만히 있는 사람을 건드려서 화를 스스로 불러들이는 일을 뜻한다. '평지풍파(平地風波)'는 고요한 땅에 바람과 물결을 일으킨다는 뜻으로 공연한 일을 만들어서 뜻밖의 분쟁을 일으키거나 사태를 어렵고 시끄럽게 만드는 경우를 뜻한다.

오답분석

① 전전반측(輾轉反側) : 걱정거리로 마음이 괴로워 잠을 이루지 못함
② 각골통한(刻骨痛恨) : 뼈에 사무치도록 마음속 깊이 맺힌 원한
④ 백아절현(伯牙絕絃) : 자기를 알아주는 절친한 벗의 죽음을 슬퍼함
⑤ 곡학아세(曲學阿世) : 정도(正道)를 벗어난 학문으로 세상 사람에게 아첨함

11 정답 ①

과녁에 화살을 <u>맞추다</u>. → 과녁에 화살을 <u>맞히다</u>.
• 맞히다 : 문제에 대한 답을 틀리지 않게 하다. 쏘거나 던지거나 하여 한 물체가 어떤 물체에 닿게 하다.
• 맞추다 : 서로 떨어져 있는 부분을 제자리에 맞게 대어 붙이거나 서로 어긋남이 없이 조화를 이루다.

12 정답 ③

$a+b+c=18 \cdots \bigcirc$

$a=2\times(b+c) \cdots \bigcirc\!\!\bigcirc$

$c=3b \cdots \bigcirc\!\!\bigcirc\!\!\bigcirc$

$\bigcirc\!\!\bigcirc\!\!\bigcirc$을 $\bigcirc\!\!\bigcirc$에 대입하여 a를 b로 나타내면

$a=2\times(b+c) \rightarrow a=2\times(b+3b) \rightarrow a=2\times 4b$

$\therefore a=8b$

$\bigcirc$을 b에 관한 식으로 정리하면

$a+b+c=18 \rightarrow 8b+b+3b=18 \rightarrow 12b=18$

$\therefore b=\dfrac{18}{12}=\dfrac{3}{2}$

따라서 $a=8b=8\times\dfrac{3}{2}=12$, $c=3b=3\times\dfrac{3}{2}=\dfrac{9}{2}$ 이므로 세 유리수 중 가장 큰 수는 $a=12$이다.

13 정답 ⑤

아르바이트생이 처음 가지고 있던 전단지 부수를 x부라고 하자.

A, B, C, D, E장소에 차례대로 나눠주고 장소마다 남은 부수를 정리하면 다음과 같다.

처음	A장소	B장소
x	$\dfrac{x}{2}$	$\left(\dfrac{x}{2}-1\right)\times\dfrac{1}{2}=\dfrac{x-2}{4}$

C장소	D장소	E장소
$\left(\dfrac{x-2}{4}-1\right)\times\dfrac{1}{2}=\dfrac{x-6}{8}$	$\left(\dfrac{x-6}{8}-1\right)\times\dfrac{1}{2}$	$\left(\dfrac{x-6}{8}-1\right)\times\dfrac{1}{2}\times\dfrac{1}{2}=1$

마지막 E장소까지 전단지를 나눠주고 남은 부수는 1부이므로 처음 가지고 있던 전단지 부수는 다음과 같다.

$\left(\dfrac{x-6}{8}-1\right)\times\dfrac{1}{2}\times\dfrac{1}{2}=1 \rightarrow \dfrac{x-6}{8}-1=4 \rightarrow \dfrac{x-6}{8}=5 \rightarrow x-6=40$

$\therefore x=46$

따라서 A아르바이트생이 처음 받은 전단지 부수는 46부이다.

14 정답 ①

앞 두 항의 곱이 다음 항과 같은 수열로 n항×$(n+1)$항=$(n+2)$항이 된다.

따라서 (　　)=18×108=1,944이다.

15 정답 ④

-2, $\times2$, -3, $\times3$, -4, $\times4$ …인 수열이다.

따라서 (　　)=35×4=140이다.

16 정답 ③

지난주에 주문한 생닭의 양은 $\dfrac{700,000}{1,400}=500$마리이다. 이번 주는 한 마리당 금액이 2,100원이라고 했으므로 생닭 구매로 총

지불한 비용은 2,100×500=1,050,000원이다.

17 정답 ①

동일성의 원칙은 보관한 물품을 다시 활용할 때보다 쉽고 빠르게 찾을 수 있도록 같은 품종은 같은 장소에 보관하는 것을 말한다.

오답분석

② 유사성의 원칙 : 유사품은 인접한 장소에 보관한다.

18 정답 ②

싱가포르는 중국계(74.1%), 말레이계(13.4%), 인도계(9.2%), 기타(3.3%)의 다민족 국가로 그에 맞는 비즈니스 에티켓을 지켜야 한다. 말레이계, 인도계 등은 이성끼리 악수를 하지 않는 편이며, 싱가포르 현지인은 시간관념이 매우 철저하므로 약속 시간을 엄수하고 일을 진행하기 전 먼저 약속을 잡는 것이 바람직하다.

19 정답 ③

농협이 주관하는 농촌체험브랜드 팜스테이(Farmstay)는 농가에서 숙식하면서 농사, 생활, 문화체험과 주변관광지 관광 및 마을축제 등에 참여할 수 있는 농촌·문화·관광이 결합된 농촌체험여행을 의미한다.

02 | 100문항 유형

01	02	03	04	05	06	07	08	09	10	11	12	13	14						
④	②	①	④	③	①	①	③	②	③	③	①	②	③						

01 정답 ④

'성장(成長)'은 '사물의 규모나 세력 따위가 점점 커짐. 사람이나 동식물 따위가 자라서 점점 커짐'을 뜻한다.

오답분석

① 성장(聲張) : 1. 소리를 크게 지름
　　　　　　　2. 남을 비평함
② 성장(盛裝) : 잘 차려입음. 또는 그런 차림
③ 성장(盛粧) : 얼굴과 몸의 꾸밈을 화려하게 함

02 정답 ②

'동족방뇨(凍足放尿)'는 '언 발에 오줌 누기'라는 뜻으로 임시변통은 될 수 있어도 그 효력이 오래가지 못하며, 결국 사태가 더 나빠짐을 비유적으로 이르는 말이다.

오답분석

① 밑 빠진 독에 물 붓기 : 노력이나 비용을 아무리 들여도 한이 없고 들인 보람도 없는 사물이나 상태를 비유적으로 이르는 말
③ 가재는 게 편이다 : 모양이나 형편이 비슷하고, 인연이 있는 것끼리 서로 잘 어울리고 감싸주기 쉽다는 뜻
④ 백지장도 맞들면 낫다 : 아무리 쉬운 일이라도 서로 힘을 합하면 훨씬 쉽다는 뜻

03   정답 ①

형용사 '같다'의 활용형인 '같은'은 앞말과 띄어 써야 하므로 '호랑이 같은'과 같이 띄어 쓴다. 다만, ③의 '불꽃같다'와 같은 합성 형용사의 어간 뒤에 어미 '-은'을 붙여 활용할 때에는 '불꽃같은'과 같이 붙여 쓴다.

오답분석

② '같이'가 체언 뒤에 붙어 조사로 쓰이는 경우 앞말과 붙여 쓴다.

④ '같이'가 주로 격조사 '과'나 여럿임을 뜻하는 말 뒤에서 부사로 쓰이는 경우 앞말과 띄어 쓴다.

04   정답 ④

23은 소수로 1과 자기 자신만으로 나누어 떨어지는 수이다. 그러므로 a가 1이면 $(a-b)$는 23 또는 a가 23이면 $(a-b)$는 1이 가능하다. 만약 a가 1일 경우 $(a-b)$가 230이 되어야 하므로 b는 자연수가 아닌 음수(-22)가 되어 적절하지 않다.

따라서 $a=23$이고, b는 $a-b=1 \rightarrow 23-b=1 \rightarrow b=22$이므로 $a^2-b^2=(a+b)(a-b)=(23+22)\times(23-22)=45$임을 알 수 있다.

05   정답 ③

$48+(35\div7)-10=38+5=43$

오답분석

① $4\times12\div3=4\times4=16$

② $13+23+7-34=43-34=9$

④ $(31\times2)-(105\div5)=62-21=41$

06   정답 ①

(속력)$=\dfrac{(거리)}{(시간)}$ 공식을 이용하여 슬기의 속력을 구하려면 먼저 거리를 알아야 한다.

슬기는 경서가 움직인 거리보다 1.2m 더 움직였으므로 거리는 $0.6\times6+1.2=4.8$m이다.

따라서 슬기는 출발하고 6초 후에 경서를 따라잡았으므로 속력은 $\dfrac{4.8}{6}=0.8$m/s이다.

07   정답 ①

단리예금에서 이자는 예치금에 대해서만 발생하고, 이자 공식은 $a\times r\times n(a$: 예치금, r : 이자율, n : 기간)이다.

따라서 공식에 대입하여 구하면 은경이가 받을 이자는 $5,000\times\dfrac{0.6}{100}\times15=450$만 원이다.

08   정답 ③

고객설문조사 업무량을 1이라고 하면 갑, 을, 병사원이 하루에 할 수 있는 업무량은 각각 $\dfrac{1}{12}$, $\dfrac{1}{18}$, $\dfrac{1}{36}$이다.

3명이 함께 일할 경우 하루에 끝내는 업무량은 $\dfrac{1}{12}+\dfrac{1}{18}+\dfrac{1}{36}=\dfrac{3+2+1}{36}=\dfrac{6}{36}=\dfrac{1}{6}$이다.

따라서 3명의 사원이 함께 업무를 진행한다고 할 때 걸리는 기간은 6일이다.

09 정답 ②

배의 속력을 xm/s라고 하자. 내려올 때의 속력은 올라갈 때 속력의 1.5배와 같다.

$x+10=1.5\times(x-10) \rightarrow x+10=1.5x-15 \rightarrow 0.5x=25 \rightarrow x=50$

따라서 유진이가 탑승한 배 자체의 속력은 50m/s이다.

10 정답 ③

포전매매는 수확 전 밭에 심어져 있는 상태의 작물 전체를 사고파는 일로, 포전매매 시 구두 계약이 빈번하여 농가가 피해를 보는 일이 많았다. 따라서 포전매매에 있어 표준계약서의 서면계약이 활성화되면 농가의 피해를 줄일 수 있다.

11 정답 ③

브레인스토밍(Brainstorming)
- 한 사람이 생각하는 것보다 다수가 생각하는 아이디어가 많다.
- 아이디어 수가 많을수록 질적으로 우수한 아이디어가 나올 수 있다.
- 아이디어에 비판이 가해지지 않으면 많아진다.

오답분석
① 스캠퍼(Scamper) 기법 : 창의적 사고를 유도하여 신제품이나 서비스 등을 생각하는 발상 도구
② 여섯 가지 색깔 모자(Six Thinking Hats) : 각각 중립적, 감정적, 부정적, 낙관적, 창의적, 이성적 사고를 뜻하는 여섯 가지 색의 모자를 차례대로 바꾸어 쓰면서 모자 색깔이 뜻하는 유형대로 생각해보는 방법
④ TRIZ(Teoriya Resheniya Izobretatelskikh Zadatch) : 문제에 대하여 이상적인 결과를 정하고, 그 결과를 얻는 데 모순이 되는 것을 찾아 모순을 극복할 수 있는 해결안을 찾는 40가지 방법에 대한 이론

12 정답 ①

특수은행은 일반은행이 수익성이나 재원조달상의 제약 등으로 자금을 공급하지 못하는 국민경제의 특수 분야에 대한 금융지원을 위해 설립된 은행으로 은행법의 적용을 받는 일반은행과 달리 특별 단행 법령의 적용을 받는다. 농협, 수협, 한국산업은행, 기업은행, 수출입은행 등이 특수은행에 속해 있다.

오답분석
② 상호저축은행 : 서민의 금융 편의를 위해 상호저축은행법에 따라 설립된 금융기관이다.
③ 일반은행 : 일반적으로 거래하는 은행을 지칭하며 우리은행, 국민은행, 하나은행 등이 속해 있다.
④ 지방은행 : 대구은행, 부산은행, 경남은행, 전주은행, 제주은행 등 지방도시에 본점을 두고 그 지역의 기업이나 일반인 등과 밀접한 관계를 맺는 일반은행이다.

13 정답 ②

결재 기간은 2일 이상이 필요하므로 기간을 2일씩 가정하고 채용일정을 정리하면 다음과 같다.

2일 월요일은 필기시험 날이며, 5일 목요일은 필기합격자 발표날이 되므로 9일 월요일부터 면접시험 날짜로 정할 수 있다. 또한 9일과 10일은 출장인 임직원이 없고, 11일은 D과장만 출장이 있어 면접시험 날에 참석해야 할 인원 조건에 충족한다. 따라서 면접시험 날짜는 연속 이틀이므로 9 ~ 10일 또는 10 ~ 11일이 가능하다.

오답분석
① 7일은 주말인 토요일이므로 마지막 조건에 따라 면접시험 날짜로 불가능하다. 또한 2일에 필기시험을 보고 3 ~ 4일에 결재를 받고 5일에 필기합격자 발표를 하면 9일부터 면접시험 날로 가능하다.
③ 17일에 A사원과 C대리가 출장을 가므로 인사부 직원은 B사원, D과장, E부장이 남아있다. 이 중 D과장, E부장은 면접관이 되고, B사원이 혼자 진행요원이 되어 세 번째 조건에 부합하지 않는다.
④ 25 ~ 28일은 '전국 농협 행사'로 채용일정은 행사가 있는 날에는 불가능하다.

14 정답 ③

최종합격자는 80명이며, 필기시험 응시자는 최종합격자의 2배인 160명이 된다. 이 중 면접시험에 응시할 수 있는 인원은 필기시험 응시자의 60%로 160×0.6=96명이다. 그리고 면접시험은 4명씩 한 팀으로 면접시험을 보는 팀은 $\frac{96}{4}$=24팀이다.

또한 한 팀당 15분간의 면접이 진행되고 한 팀이 끝날 때마다 5분의 휴식시간이 있으므로 한 팀당 20분씩 계산하면 1시간 동안 세 팀의 면접을 끝낼 수 있다. 하루 면접시험 진행시간은 4시간 이하이므로 4×3=12팀이 면접을 볼 수 있고, 마지막 12번째 팀이 끝나면 휴식시간이 필요 없다. 즉, 하루의 면접시험 진행시간 중 면접관의 휴식시간은 5×11=55분임을 알 수 있다.

따라서 2일 동안 실시되는 면접시험에서 면접관의 휴식시간은 55×2=110분=1시간 50분이다.

01 70문항 유형

01	02	03	04	05	06	07	08	09	10	11	12	13	14	15	16	17	18	19	20
④	②	③	④	②	①	④	⑤	③	④	②	②	⑤	②	④	②	②	③	⑤	①
21	22	23	24	25	26	27	28												
③	④	③	②	①	②	③	③												

01 정답 ④

제시된 단어는 유의 관계이다. '경력'의 유의어는 '이력'이고, '해결'의 유의어는 '타개'이다.

02 정답 ②

제시된 단어는 직업과 다루는 재료의 관계이다. '바리스타'는 '커피콩'으로 커피를 만들고, '목수'는 '나무'로 물건을 만든다.

03 정답 ③

제시된 단어는 상하 관계이다. '고래'는 '포유류'에 속하고, '개구리'는 '양서류'에 속한다.

04 정답 ④

'레몬'은 신맛이 나며, 색이 노랗고, 형태가 둥글다.

05 정답 ②

'산맥'은 거대하고, 높으며, 산봉우리가 연속되어 있다.

06 정답 ①

'엘리베이터'의 버튼을 누르면 문이 열리고, 이를 통해 위아래로 이동할 수 있다.

07 정답 ④

'공감'은 상대방이 느끼는 감정을 함께 느끼고 이를 공유하는 활동이다.

08 정답 ⑤

'도장'은 개인, 단체 등의 이름을 나무, 돌 등에 새겨 문서에 찍도록 만든 물건이다.

09 정답 ③

'빨대'는 음료를 쉽게 마시기 위해 음료에 꽂아 사용하는 도구이다.

10 정답 ④

'발제(發題)'는 '토론회나 연구회 따위에서 어떤 주제를 맡아 조사하고 발표함'을 뜻한다.

오답분석

① 발인(發靷) : 장례를 지내러 가기 위하여 상여 따위가 집에서 떠남. 또는 그런 절차
② 발족(發足) : 어떤 조직체가 새로 만들어져서 일이 시작됨. 또는 그렇게 일을 시작함
③ 발주(發注) : 물건을 보내 달라고 주문함. 주로 공사나 용역 따위의 큰 규모의 거래에서 이루어짐
⑤ 발췌(拔萃) : 책, 글 따위에서 필요하거나 중요한 부분을 가려 뽑아냄. 또는 그런 내용

11 정답 ②

'일고(一考)'는 '한 번 생각해 봄'을 뜻한다.

오답분석

① 일각(一角) : 한 귀퉁이. 또는 한 방향
③ 일람(一覽) : 한 번 봄. 또는 한 번 죽 훑어봄
④ 일부(一部) : 일부분(한 부분)
⑤ 일반(一般) : 전체에 두루 해당되는 것

12 정답 ②

'발원(發源)'은 '흐르는 물줄기가 처음 시작한 곳'을 뜻한다.

오답분석

① 재원(財源) : 재화나 자금이 나올 원천
③ 어원(語源) : 어떤 단어의 근원적인 형태. 또는 어떤 말이 생겨난 근원
④ 연원(淵源) : 사물의 근원
⑤ 전원(電源) : 전기 코드의 콘센트 따위와 같이 기계 등에 전류가 오는 원천

13 정답 ⑤

'담백하다'는 '욕심이 없고 마음이 깨끗하다.'라는 뜻이다.

오답분석

① 결제 → 결재
② 갱신 → 경신
③ 곤혹 → 곤욕
④ 유무 → 여부

14 정답 ②

㉠ 딴생각 : '주의를 기울이지 않고 다른 데로 쓰는 생각'을 의미하는 하나의 단어이므로 붙여 쓴다.
㉡ 사사한 : '사사(師事)'는 '스승으로 섬김. 또는 스승으로 삼고 가르침을 받음'의 의미를 지닌 단어로, 이미 '받다'라는 의미를 자체적으로 지니고 있기 때문에 '사사받다'가 아닌 '사사하다'가 옳은 표기이다.
㉢ 파투 : '파토'는 '일이 잘못되어 흐지부지됨을 비유적으로 이르는 말'인 '파투'의 잘못된 표현이므로 '파투'가 옳은 표기이다.

15 정답 ④

제시문의 '메우다'는 '메다'의 사동사로 '어떤 장소를 가득 채우다.'의 의미로 쓰였으며, 이와 같은 의미로 사용된 것은 ④이다.

오답분석

① 뚫려 있거나 비어 있는 곳을 막거나 채우다.
② 부족하거나 모자라는 것을 채우다.
③ 시간을 적당히 또는 그럭저럭 보내다.
⑤ 말이나 소의 목에 멍에를 얹어서 매다.

16 정답 ②

농협의 캐릭터인 '아리(ARI)'는 기업과 고객을 친근감 있게 연결시키며 심볼을 보조하여 기업 이미지를 업(Up)시키는 제2의 상징체이다. 농업의 근원인 씨앗을 모티브로 하여 쌀알, 밀알, 콩알에서의 '알'을 따와서 이름을 붙였다.

17 정답 ②

스캠퍼(SCAMPER) 기법
- S : 대체하기(Substitute)
- C : 조합하기(Combine)
- A : 적용하기(Adapt)
- M : 수정・확대・축소하기(Modify・Magnify・Minify)
- P : 다른 용도로 사용하기(Put to other use)
- E : 제거하기(Eliminate)
- R : 재배치하기(Rearrange)

18 정답 ③

앞의 항에 $\times 3+1$ …인 수열이다.
따라서 (　)$=121\times 3+1=364$이다.

19 정답 ⑤

나열된 수를 각각 A, B, C라고 하면 다음과 같은 관계가 성립한다.
$\underline{A\ B\ C} \rightarrow A\times B+1=C$
따라서 (　)$=5\times 6+1=31$이다.

20 정답 ①

$+5$, -2 …을 규칙으로 하는 문자열이다.

b	g	e	j	(h)	m	k	p
2	7	5	10	8	13	11	16

21 정답 ③

등산 동아리가 예약한 숙소 방의 개수를 x개라고 하자.

$6x+12=7(x-3)+6$

$\rightarrow 6x+12=7x-21+6$

$\rightarrow x=12+15$

$\therefore x=27$

따라서 등산 동아리에서 예약한 방의 개수는 총 27개이다.

22 정답 ④

제시된 그림의 운동장 둘레는 왼쪽과 오른쪽 반원을 합친 지름이 50m인 원의 원주(지름×원주율)와 위, 아래 직선거리 90m를 더하면 된다.

따라서 학생이 운동장 한 바퀴를 달린 거리는 $(50×3)+(90×2)=330$m이다.

23 정답 ③

일의 양을 1이라고 하면 A사원이 하루에 하는 일의 양은 $\frac{1}{4}$이며, B사원은 하루에 $\frac{1}{12}$의 일을 한다.

A, B사원이 같이 일을 끝내는 데 걸리는 기간을 x일이라고 하자.

$\left(\frac{1}{4}+\frac{1}{12}\right)×x=1$

$\rightarrow \frac{3+1}{12}×x=1$

$\therefore x=\frac{12}{4}=3$

따라서 A, B사원이 같이 일하여 프로젝트를 끝내는 데 걸리는 기간은 3일이다.

24 정답 ②

사과, 배, 귤이 각각 1.2kg일 때 가격은 차례대로 15,000원, 30,000원, 7,500원이다.

1.2kg당 사과, 배, 귤의 개수와 90,000원어치를 샀을 때의 개수는 다음과 같다.

(단위 : 원, 개)

구분	사과	배	귤
1.2kg당 가격	15,000	30,000	7,500
1.2kg당 개수	$1,200÷120=10$	$1,200÷400=3$	$1,200÷200=6$
90,000원어치 개수	$\frac{90,000}{15,000}×10=60$	$\frac{90,000}{30,000}×3=9$	$\frac{90,000}{7,500}×6=72$

따라서 사과, 배, 귤을 구매한 개수는 총 $60+9+72=141$개이다.

25 정답 ①

작년에 가입한 고객의 수를 x명이라고 하자.

$x \times 1.25 = 450$

$\rightarrow x = \dfrac{450}{1.25}$

$\therefore x = 360$

따라서 작년에 H적금상품에 가입한 고객은 360명이다.

26 정답 ②

가중평균은 각각에 해당하는 가중치를 적용하여 더한 값을 가중치 총합으로 나눈 것이다.
다섯 업체의 가중치를 적용한 총점을 구하면 다음과 같다.

(단위 : 점)

구분	총점
A업체	$(8 \times 0.2) + (8 \times 0.5) + (7 \times 0.3) = 7.7$
B업체	$(7 \times 0.2) + (9 \times 0.5) + (8 \times 0.3) = 8.3$
C업체	$(6 \times 0.2) + (10 \times 0.5) + (5 \times 0.3) = 7.7$
D업체	$(5 \times 0.2) + (7 \times 0.5) + (10 \times 0.3) = 7.5$
E업체	$(8 \times 0.2) + (6 \times 0.5) + (8 \times 0.3) = 7.0$

가중치의 합은 $0.2 + 0.5 + 0.3 = 1$이므로 가중치를 적용한 총점과 가중평균 값은 같다.
따라서 총점이 가장 높은 B업체가 선정될 것이다.

27 정답 ③

(가속도)$= \dfrac{(\text{힘})}{(\text{질량})}$이므로 5kg 물체를 당기는 힘은 5N, 3kg 물체를 당기는 힘은 3N일 때 각각의 물체의 가속도 $\dfrac{5\text{N}}{5\text{kg}} = \dfrac{3\text{N}}{3\text{kg}} = 1\text{m/s}^2$으로 같다.

따라서 두 물체를 함께 당길 때 두 물체가 가속도 3m/s^2으로 운동하려면 (힘)$=$(가속도)$\times$(질량)이므로 $3\text{m/s}^2 \times 8\text{kg} = 24\text{N}$으로 당겨야 한다.

28 정답 ③

처음에 퍼낸 소금물의 양을 xg이라고 하자.

$\dfrac{(800 - x) \times 0.15}{800 - x + 150} = 0.12$

$\rightarrow 800 - x = \dfrac{0.12}{0.15} \times (950 - x)$

$\rightarrow 800 - 760 = x - 0.8x$

$\therefore x = 200$

따라서 처음에 퍼낸 소금물의 양은 200g이다.

01	02	03	04	05	06	07	08	09	10
②	③	②	④	④	②	①	④	④	①

01 　정답　②

'고지(高地)'는 '지대가 높은 땅'을 의미한다. 도로, 가두, 노상은 '길'이라는 의미를 가지고 있다.

오답분석

• 도로(道路) : 사람, 차 따위가 잘 다닐 수 있도록 만들어 놓은 비교적 넓은 길
• 가두(街頭) : 도시의 길거리
• 노상(路上) : 길바닥

02 　정답　③

'바'는 '앞에서 말한 내용 그 자체나 일 따위를 나타내는 말'을 의미하는 의존 명사이므로 앞말과 띄어 쓴다.

오답분석

① '-밖에'는 주로 체언이나 명사형 어미 뒤에 붙어 '그것 말고는', '그것 이외에는' 등의 뜻을 나타내는 보조사로 '하나밖에'와 같이 앞말에 붙여 쓴다.
② '살'은 '나이를 세는 단위'를 의미하는 의존 명사이므로 '열 살이'와 같이 띄어 쓴다.
④ 본용언이 합성어인 경우는 본용언과 보조 용언을 붙여 쓰지 않으므로 '쫓아내 버렸다'와 같이 띄어 써야 한다.

03 　정답　②

'금융위기'의 위기는 위험한 고비나 시기를 의미하는 '위기(危機)'가 옳은 표기이다.
'위기(位記)'는 '벼슬아치의 품위에 대한 기록'을 의미한다.

04 　정답　④

근로자 임금은 직접비에 해당한다.

직접비와 간접비
• 직접비 : 제품의 제조 또는 판매를 위하여 직접 소비되는 것이 인식되는 원가로 주요 원재료비, 근로자 임금 등이 해당한다.
• 간접비 : 매매상품 또는 서비스와 직접 관련되지 않은 기업경영 시 발생되는 간접비용으로 복지후생비, 보험료, 광고비 등이 해당한다.

05 　정답　④

④는 공식적 조직에 대한 설명이다. 비공식적 조직은 자연발생적으로 맺어진 조직으로 의사소통을 촉진시키고, 문제해결에 도움을 준다.

06 　정답　②

농협의 커뮤니케이션 브랜드인 'NH'는 자연과 인간의 조화(Nature & Human), 새로운 희망(New Hope)과 행복(New Happiness)을 상징적으로 표현한다.

07 정답 ①

고객만족경영의 3C는 고객(Customer), 변화(Change), 경쟁(Competition)이다.

08 정답 ④

통장표제부는 인감이 찍혀 있는 통장의 앞면으로 예금 종류, 계좌번호, 통장개설 일자 등의 정보가 표시되어 있으나, 잔여 금액은 나타나 있지 않다.

09 정답 ④

원금을 a원, 연 이자율을 r, 기간을 n년이라고 하면 연 복리 예금의 경우 n년 후 받을 수 있는 총금액은 $a(1+r)^n$ 원이다. T씨가 연 3%인 연 복리 예금상품에 4,300만 원을 넣고 금액이 2배가 될 때를 구하면 다음과 같다.

$4,300 \times (1+0.03)^n = 4,300 \times 2$

$\rightarrow (1+0.03)^n = 2$

$\rightarrow n\log 1.03 = \log 2$

$\rightarrow n = \dfrac{\log 2}{\log 1.03} = \dfrac{0.3}{0.01}$

$\therefore n = 30$

따라서 T씨가 만기 시 금액으로 원금의 2배를 받는 것은 30년 후이다.

10 정답 ①

오늘 저녁 7시에 예약이 가능한가요?

오답분석
② 예약을 하셨나요?
③ 예약을 취소하고 싶어요.
④ 저녁 식사 장소로 여기 어때?

10 2018년 하반기 기출복원문제

01 70문항 유형

01	02	03	04	05	06	07	08	09	10	11	12	13	14	15	16				
③	②	②	⑤	⑤	⑤	④	⑤	①	③	①	②	④	⑤	⑤	③				

01 　정답　③

①・②・④・⑤는 동의어 또는 다의어의 관계로 사전에 하나의 단어로 등재되어 있으나, ③의 '쓰다'는 동음이의어의 관계로 사전에 서로 다른 단어로 각각 등재되어 있다.

• 쓰다[1] : 원서, 계약서 등과 같은 서류 따위를 작성하거나 일정한 양식을 갖춘 글을 쓰는 작업을 하다.
• 쓰다[2] : 힘이나 노력 따위를 들이다.

오답분석
① 타다 : 바람이나 물결, 전파 따위에 실려 퍼지다.
② 머리 : 1. 머리털, 2. 생각하고 판단하는 능력
④ 손 : 1. 손가락, 2. 일손(일을 하는 사람)
⑤ 들다 : 1. 물감, 색깔, 물기, 소금기가 스미거나 배다. 2. 어떤 일이나 기상 현상이 일어나다.

02 　정답　②

전기가 끊어지는 '정전'은 주로 갑작스럽게 발생하며, 전기가 끊어져 불을 켤 수 없으므로 캄캄한 어둠 속에서 많은 사람들이 불편함을 겪게 된다.

03 　정답　②

'간척(干拓)하다'는 '육지에 면한 바다나 호수의 일부를 둑으로 막고, 그 안의 물을 빼내어 육지로 만들다.'라는 뜻이다.

오답분석
① 개척(開拓)하다 : 거친 땅을 일구어 논이나 밭과 같이 쓸모 있는 땅으로 만들다.
③ 경작(耕作)하다 : 땅을 갈아서 농사를 짓다.
④ 개간(開墾)하다 : 거친 땅이나 버려둔 땅을 일구어 논밭이나 쓸모 있는 땅으로 만들다.
⑤ 갈다 : 쟁기나 트랙터 따위의 농기구나 농기계로 땅을 파서 뒤집다.

04 　정답　⑤

㉠ 뇌졸중(腦卒中) : 뇌에 혈액 공급이 제대로 되지 않아 손발의 마비, 언어 장애 등을 일으키는 증상을 일컬으며, '뇌졸증'은 이러한 '뇌졸중'의 잘못된 표현이다.
㉡ 꺼림직 : '꺼림칙하다'와 '꺼림직하다' 중 기존에는 '꺼림칙하다'만 표준어로 인정되었으나, 2018년 표준국어대사전이 수정됨에 따라 '꺼림직하다'도 표준어로 인정되었다. 따라서 '꺼림칙하다', '꺼림직하다' 모두 사용할 수 있다.

05 정답 ⑤

변경된 난각 표시 개정안에 따르면 달걀의 산란 일자 4자리와 생산자 고유번호 5자리 그리고 사육환경번호 1자리를 차례로 달걀 껍질에 표기해야 한다. 맨 뒤의 사육환경번호는 사육방식에 따라 방사 사육의 경우 1, 축사 내 평사 사육은 2, 개선된 케이지 사육은 3, 기존의 케이지 사육은 4로 표시되므로 9월 7일, 'AB38E'의 고유번호를 지닌 농장에서 방사 사육(1)된 닭이 낳은 달걀에는 ⑤와 같이 표기해야 한다.

06 정답 ⑤

한글 맞춤법에 따르면 '덮치다'는 '덮다'에 사동 접미사 '−치−'가 결합한 형태로 그 어간을 밝혀 적어야 한다. 따라서 ⑤의 '덥쳤던'은 '덮쳤던'으로 수정해야 옳다.

07 정답 ④

자원활용계획을 수립할 때는 자원의 희소성이 아닌 자원이 투입되는 활동의 우선순위를 고려하여 자원을 할당해야 한다.

> **자원관리의 4단계 과정**
> 1. 필요한 자원의 종류와 양 확인 : '어떠한' 자원이 '얼마만큼' 필요한지 파악하는 단계로, 일반적으로 '시간, 예산, 물적자원, 인적자원'으로 구분하여 파악한다.
> 2. 이용 가능한 자원의 수집과 확보 : 필요한 양보다 조금 더 여유 있게 최대한으로 자원을 확보한다.
> 3. 자원활용계획 수립 : 자원이 투입되는 활동의 우선순위를 고려하여 자원을 할당하고 활용계획을 수립한다.
> 4. 계획에 따른 수행 : 계획을 수립한 대로 업무를 추진한다.

08 정답 ⑤

언어의 친교적 기능이란 어떤 정보를 요구하거나 전달하기보다는 언어를 통해 사람들 간의 친밀한 관계를 확인하거나 유지하는 기능으로 대부분의 인사말이 이에 속한다. ㉠의 '밥은 먹었니?', ㉢의 '이따가 전화하자.', ㉣의 '조만간 밥 한번 먹자.', ㉤의 '얼굴이 더 좋아졌다.' 등은 어떤 대답을 요구하거나 행동을 할 것을 요청하는 것이 아니라 특별한 의미 없이 친근함을 나타내고 있다.

오답분석
㉡·㉤ A가 대답을 요구하는 질문을 함으로써 B는 그에 대한 정보를 전달하고 있으므로, 친교적 기능이 드러난 대화로 보기 어렵다.

09 정답 ①

제시문은 우리의 전통음악인 정악에 대해 설명하면서 정악을 우리의 음악으로 받아들이지 않는 혹자의 의견을 예상하고 있으며, 이에 대해 종묘제례악과 풍류음악을 근거로 들어 정악은 우리의 전통음악임을 주장하고 있다.

10 정답 ③

3대의 버스 배차시간은 30분, 60분, 80분으로 첫차 시간인 오전 7시 이후에 다시 같이 출발하는 시각은 배차시간의 최소공배수를 구하면 된다. 배차시간의 최소공배수는 $10 \times 3 \times 2 \times 4 = 240$분으로 $240 \div 60 = 4$시간마다 3대의 버스가 같이 출발한다. 따라서 오전 7시 다음에 같은 정류장에서 같이 출발하는 시각은 $7 + 4 = 11$이므로, 오전 11시임을 알 수 있다.

11 정답 ①

딸기 6박스 묶음 하나를 구매할 때 가격은 $7,600 \times 4 + 7,600 \times 2 \times 0.7 = 41,040$원이며, 딸기 3박스 묶음 두 개 구입가격은 $7,600 \times 6 \times 0.95 = 43,320$원이다.

따라서 6박스 묶음으로 구입하는 것이 $43,320 - 41,040 = 2,280$원 덜 낸다.

12 정답 ②

작년 남자와 여자 직원 수를 각각 a명, b명이라고 하자.

$a + b = 820 \rightarrow a = 820 - b \cdots \bigcirc$

$1.08a + 0.9b = 810 \rightarrow 0.12a + 0.1b = 90 \rightarrow 12a + 10b = 9,000 \cdots \bigcirc\!\!\bigcirc$

작년 여자 직원 수 b명을 구하기 위해 $\bigcirc$을 $\bigcirc\!\!\bigcirc$에 대입하면

$12(820 - b) + 10b = 9,000$

$\rightarrow 9,840 - 12b + 10b = 9,000$

$\rightarrow 2b = 840$

$\therefore b = 420$

따라서 작년 여자 직원 수는 420명이며, 남자 직원 수는 400명이다.

13 정답 ④

능률은 쉬는 시간을 제외한 시간에서 1시간 동안 딴 감귤의 개수라고 하였으므로, 유진이의 능률은 $90 \div \dfrac{70}{60} ≒ 77$개, 은미는 $95 \div \dfrac{90}{60} ≒ 63$개이다.

따라서 은미가 농장에서 일한 능률은 유진이의 능률의 $\dfrac{63}{77} \times 100 ≒ 81\%$이다.

14 정답 ⑤

문자들을 한글 자음 및 알파벳 순서에 따른 숫자로 변형하여 규칙을 찾으면 다음과 같다.

1,( ),3	2,7,6	3,9,( )	4,11,12

첫 번째 자리는 +1, 두 번째 자리는 ( ), 7, 9, 11에서 +2, 마지막 자리는 3, 6, ( ), 12이므로 3의 배수임을 알 수 있다.

따라서 처음 빈칸은 숫자 $7 - 2 = 5$로 알파벳 5번째 순서인 'e'가 오고, 다음 빈칸은 9번째 순서에 있는 한글 자음 'ㅈ'이 온다.

15 정답 ⑤

버섯 1봉지 가격을 x원, 두부 1모를 y원, 대파 1묶음을 z원이라고 하자.

$x + 2y + z + 4,200 + 3,400 = 12,500 \cdots \bigcirc$

$x + y = 3z - 300 \cdots \bigcirc\!\!\bigcirc$

$x = y + 300 \cdots \bigcirc\!\!\bigcirc\!\!\bigcirc$

$\bigcirc\!\!\bigcirc\!\!\bigcirc$을 $\bigcirc$, $\bigcirc\!\!\bigcirc$에 대입하여 구하고자 하는 대파 1묶음의 가격 z를 구하면 다음과 같다.

$\bigcirc$: $x + 2y + z = 12,500 - 7,600 = 4,900 \rightarrow y + 300 + 2y + z = 4,900 \rightarrow 3y + z = 4,600 \cdots \textcircled{\tiny ㄹ}$

$\bigcirc\!\!\bigcirc$: $x + y = 3z - 300 \rightarrow y + 300 + y - 3z = -300 \rightarrow 2y - 3z = -600 \cdots \textcircled{\tiny ㅁ}$

$\textcircled{\tiny ㄹ}$과 $\textcircled{\tiny ㅁ}$을 연립하면

$11z = 11,000 \rightarrow z = 1,000$, $y = 1,200$

따라서 대파 1묶음은 1,000원이고, 버섯 1봉지는 1,500원, 두부 1모는 1,200원임을 알 수 있다.

16 정답 ③

직장인 A씨가 NH농협 적금 베스트 3종에서 우대금리까지 고려하여 가입 시 적용되는 금리는 다음과 같다.

구분	적용되는 우대금리	최종 적용금리
NH직장인 월 복리 적금	- 급여이체 여성 연계상품 : 0.3%p - 당행 적립식 펀드 중 1개 이상 가입 : 0.2%p	1.8+0.3+0.2=2.3%
e금리우대적금	- 급여이체 여성 연계상품 : 0.1%p - 당행 신용 또는 체크카드 사용 중 : 0.1%p - 당행 적립식 펀드 1개 이상 가입 : 0.2%p	2.2+0.1+0.1+0.2=2.6%
NH쏠쏠적금	- 급여이체 여성 연계상품 : 0.1%p - NH쏠쏠신용카드 실적 월 30만 원 이상 50만 원 미만 : 0.1%p	1.8+0.1+0.1=2.0%

e금리우대적금과 NH쏠쏠적금은 연 복리 적금상품으로 최종 적용금리에서 e금리우대적금이 더 높기 때문에 e금리우대적금의 이자와 NH직장인 월 복리 적금의 이자만 비교해보면 된다.

- 이자(연 복리 적금) : (월 납입금)$\times (1+r)^{\frac{1}{12}} \times \dfrac{(1+r)^{\frac{n}{12}}-1}{(1+r)^{\frac{1}{12}}-1}$ - (적립원금)

- 이자(월 복리 적금) : (월 납입금)$\times \left(1+\dfrac{r}{12}\right) \times \left\{ \left(1+\dfrac{r}{12}\right)^{n}-1 \right\} \div \left(\dfrac{r}{12}\right)$ - (적립원금)

※ r : 이자율(연), n : 납입 개월 수

구분	이자금액
NH직장인 월 복리 적금	$300,000 \times \left(1+\dfrac{0.023}{12}\right) \times \left\{ \left(1+\dfrac{0.023}{12}\right)^{24}-1 \right\} \div \left(\dfrac{0.023}{12}\right) - 300,000 \times 24$ $=300,000 \times 1.0019 \times \dfrac{1.047-1}{0.0019} - 7,200,000 ≒ 7,435,152 - 7,200,000 ≒ 235,000원$
e금리우대적금	$300,000 \times (1+0.026)^{\frac{1}{12}} \times \dfrac{(1+0.026)^{\frac{24}{12}}-1}{(1+0.026)^{\frac{1}{12}}-1} - 300,000 \times 24$ $=300,000 \times 1.002 \times \dfrac{1.05-1}{1.002-1} - 7,200,000 = 7,515,000 - 7,200,000 = 315,000원$

따라서 e금리우대적금의 이자금액이 315,000원으로 가장 높다.

01	02	03	04	05	06	07	08	09	10	11	12	13	14	15	16	17	18	19	
①	④	④	②	③	②	①	②	①	①	③	③	②	④	③	④	①	②	④	

01 정답 ①

①의 '굳다'는 '표정이나 태도 따위가 부드럽지 못하고 딱딱해지다.'의 뜻으로, 제시된 문장의 '굳어지다'와 의미가 같다.

오답분석

② 점점 몸에 배어 아주 자리를 잡게 되다.
③ 누르는 자국이 나지 아니할 만큼 단단하게 되다.
④ 근육이나 뼈마디가 뻣뻣하게 되다.

02 정답 ④

농협의 5대 핵심가치
• 농업인과 소비자가 함께 웃는 유통 대변화
• 미래 성장동력을 창출하는 디지털 혁신
• 경쟁력 있는 농업, 잘사는 농업인
• 지역과 함께 만드는 살고 싶은 농촌
• 정체성이 살아 있는 든든한 농협

03 정답 ④

'농산물 산지유통센터 운영'은 산지 생산자 조직 구축과 연합사업 활성화를 통한 산지유통혁신의 활동이므로, 농협의 사회공헌 활동으로 보기 어렵다.

04 정답 ②

인적자원의 배치·이동의 원칙
• 능력주의 : 능력을 발휘할 수 있는 기회와 장소를 부여하고, 그 성과를 평가하여 성과에 따른 보상을 제공해야 한다.
• 적재적소주의 : 직원을 능력과 성격에 따라 최적의 위치에 배치하여 최고의 능력을 발휘할 수 있도록 해야 한다.
• 균형주의 : 모든 직원이 평등한 직장 전체의 적재적소를 고려해야 한다.

05 정답 ③

자원의 4대 낭비 요인
• 비계획적 행동
• 편리성 추구
• 자원에 대한 인식 부족
• 노하우 부족

06 정답 ②

농협 심볼마크의 [V] 꼴은 [농]자의 [ㄴ]을 변형한 것으로 싹과 벼를 의미하며 농협의 무한한 발전을, [V] 꼴을 제외한 아랫부분은 [업]자의 [ㅇ]을 변형한 것으로 원만과 돈을 의미하며 협동 단결을 상징한다.

또한 마크 전체는 [협]자의 [ㅎ]을 변형한 것으로 [ㄴ＋ㅎ]은 농협을 나타내고 항아리에 쌀이 가득 담겨 있는 형상을 표시하여 농가 경제의 융성한 발전을 상징한다.

따라서 ㉠에 들어갈 단어는 '업'이다.

07 정답 ①

개인정보보호법에 따르면 개인정보처리자는 개인정보의 처리 목적을 명확하게 밝혀야 하고, 그 목적에 필요한 범위에서 최소한의 개인정보만을 적법하고 정당하게 사용하여야 한다.

08 정답 ②

'발(이) 빠르다.'는 '알맞은 조치를 신속히 취하다.'는 의미의 관용구로 띄어 쓴다. 따라서 띄어쓰기가 옳은 것은 ②이다.

오답분석

① 손 쉽게 가꿀 수 있는 → 손쉽게 가꿀 수 있는 : '손쉽다.'는 '어떤 것을 다루거나 어떤 일을 하기가 퍽 쉽다.'의 의미를 지닌 한 단어이므로 붙여 써야 한다.

③ 겨울한파에 언마음이 → 겨울한파에 언 마음이 : '언'은 동사 '얼다'에 관형사형 어미인 '−ㄴ'이 결합한 관형어이므로 '언 마음'과 같이 띄어 써야 한다.

④ 깃발 아래 한 데 뭉치자 → 깃발 아래 한데 뭉치자 : '한데'는 '한곳이나 한군데'의 의미를 지닌 한 익어므로 붙여 써야 한다.

09 정답 ①

조직도에 따르면 농협의 조합원 수는 2백만 명 이상이지만, 이는 개인조합원과 법인조합원 모두를 합한 것이므로 개인조합원의 수는 알 수 없다.

10 정답 ①

'농협'은 한자로 農(농사 농), 協(화합할 협)을 사용한다.

오답분석

② 濃(짙을 농), 協(화합할 협)

③ 儂(나 농), 脅(옆구리 협)

④ 農(농사 농), 劦(합할 협)

11 정답 ③

'등화가친(燈火可親)'은 '등불을 가까이 할 만하다.'는 의미로 서늘한 가을밤에 등불을 가까이 하여 글을 읽기에 좋은 계절임을 뜻한다.

오답분석

① 천고마비(天高馬肥) : 하늘이 높고 말이 살찐다는 의미로 하늘이 맑아 높푸르게 보이고 온갖 곡식이 익어가는 가을철을 뜻한다.

② 형설지공(螢雪之功) : 반딧불과 눈빛으로 책을 읽어서 이룬 공으로, 고생을 하면서 공부하여 얻은 보람을 뜻한다.

④ 위편삼절(韋編三絕) : 공자가 읽었던 책 끈이 세 번이나 끊어졌다는 이야기에서 유래된 것으로, 열심히 공부한다는 뜻이다.

12 정답 ③

수족관에 물을 다 채웠을 때 물의 양을 1이라고 하면 세 호스가 1분에 수족관 물을 채우는 양은 A는 $\frac{1}{6}$, B는 $\frac{1}{18}$, C는 $\frac{1}{36}$이다.

세 호스를 한꺼번에 사용하여 물을 채울 때 걸리는 시간을 x분이라고 하자.

$\frac{x}{6}+\frac{x}{18}+\frac{x}{36}=1$

$\rightarrow \frac{6x+2x+x}{36}=1$

$\rightarrow 9x=36$

$\therefore x=4$

따라서 은미가 수족관 물을 다 채울 때까지 A, B, C호스를 모두 사용하여 걸리는 시간은 4분이다.

13 정답 ②

각 구간에서 미술관 바로 전에 거쳐야 하는 지점 '마' 또는 '사'까지 짧은 거리를 찾아 비교한다. 이때, 가장 적은 지점 수를 지나는 것이 가까운 것은 아니다.

- 유진이네 → 가 → 나 → 마 → 미술관 … ㉠
- 유진이네 → 다 → 라 → 마 → 미술관 … ㉡
- 유진이네 → 다 → 라 → 바 → 사 → 미술관 … ㉢

㉠~㉢에서의 거리를 비교해보면

㉠ : 2+6+5+10=23km

㉡ : 3+6+3+10=22km

㉢ : 3+6+6+5+3=23km

따라서 유진이가 집에서 미술관까지 가는 가장 가까운 거리는 ㉡의 22km이다.

14 정답 ④

두 번째와 마지막 명제를 보면 귤을 사면 고구마를 사지 않고, 고구마를 사지 않으면 감자를 산다고 했으므로 '귤을 사면 감자도 같이 산다.'는 참이다.

오답분석

① 세 번째와 네 번째 명제에서 '사과를 사면 수박과 귤 모두 산다.'가 아닌 '사과를 사면 수박과 귤 중 하나를 산다.'를 추론할 수 있다.

② 알 수 없는 내용이다.

③ 네 번째 명제의 '이' 명제는 '배를 사지 않으면 수박과 귤을 모두 사거나 사지 않는다.'이지만 명제가 참이라고 하여 '이' 명제가 반드시 참은 아니다.

15 정답 ③

두 상품의 만기 시 받을 금액을 구하면 다음과 같다.

구분	만기 시 금액
연 복리 적금	$\dfrac{120,000(1+0.024)^{\frac{1}{12}}\left\{(1+0.024)^{\frac{36}{12}}-1\right\}}{(1+0.024)^{\frac{1}{12}}-1}=\dfrac{120,000\times 1.002\times(1.074-1)}{1.002-1}=4,448,880$원
단리 예금	$4,000,000+4,000,000\times 0.028\times 2=4,000,000+224,000=4,224,000$원

따라서 연 복리 적금이 단리 예금보다 $4,448,880-4,224,000=224,880$원을 더 받는다.

16 정답 ④

조건에서 크루즈 이용 시 A석 또는 S석으로 한다고 하였으므로 Z크루즈는 제외된다. 나머지 교통편 이용 시 비용은 다음과 같다.

교통편	비용
H항공사 비즈니스석	$(310,000+10,000) \times 2 = 640,000$원
H항공사 퍼스트클래스	$479,000 \times 2 \times 0.9 = 862,200$원
P항공사 퍼스트클래스	$450,000 \times 2 = 900,000$원
Y크루즈 S석	$(25,000+292,000+9,000) \times 2 = 652,000$원

따라서 김대리는 가장 저렴한 교통편인 H항공사의 비즈니스석을 선택하고 비용은 640,000원이다.

17 정답 ①

일주일 동안 농협 □□지점에 방문했던 (가)지역과 (다)지역을 제외한 세 지역에 사는 고객 수의 비율은 $100-72.8-21.4=5.8\%$이며, (마)지역에 사는 고객은 (다)지역에 사는 고객이 차지하는 비중의 $\frac{1}{8}$이므로 그 비율은 $\frac{21.4}{8}=2.675\%$임을 알 수 있다. 또한 구하고자 하는 (라)지역의 비율을 a라고 할 때, (나)지역은 (라)지역의 1.5배이므로 $1.5a$이고 (나)지역과 (라)지역 비율의 합은 $a+1.5a=5.8-2.675=3.125\%$이다.

따라서 일주일 동안 농협 □□지점에 방문했던 (라)지역의 고객 비율은 $2.5a=3.125\% \rightarrow a=1.25\%$이다.

18 정답 ②

평균 50점과 60점을 받은 학생 수를 x명, 90점을 받은 학생 수를 y명이라고 하자.

1학년 2반 학생 정원 15명에 관한 식은 다음과 같다.

$2x+5+4+y+1=15 \rightarrow 2x+y=5 \cdots \bigcirc$

반 전체 평균은 72점이므로 15명의 평균을 모두 합하여 전체 평균을 구하는 식은 다음과 같다.

$50x+60x+70 \times 5+80 \times 4+90 \times y+100 \times 1=72 \times 15 \rightarrow 110x+90y=310 \rightarrow 11x+9y=31 \cdots \bigcirc$

$\bigcirc$, $\bigcirc$ 두 식을 연립하여 풀기 위해 $\bigcirc y=5-2x$을 $\bigcirc$에 대입하면

$11x+9(5-2x)=31$

$\rightarrow -7x=31-45$

$\therefore x=2$

따라서 1학년 2반에서 중간고사 평균 60점을 받은 학생은 2명이며, 50점을 받은 학생도 2명이다.

또한 $\bigcirc$식에 $x=2$를 대입하면 90점을 받은 학생은 1명임을 알 수 있다.

19 정답 ④

2019년에 농업 총생산액에서 재배업의 기타, 축잠업의 닭, 오리 생산액 비율은 $\frac{1,638+2,286+915}{44,475} \times 100 = \frac{4,839}{44,475} \times 100 = 10.9\%$이다.

오답분석

① 재배업 생산액은 '감소 - 감소 - 증가 - 증가'이며, 축잠업은 '감소 - 증가 - 증가 - 증가'이다.

② 재배업 항목에서 생산액이 두 번째로 높은 항목은 '곡물류'이며, 2019년에 곡물류가 농업 총생산액에서 차지하는 비중은 $\frac{6,850}{44,475} \times 100 = 15.4\%$를 차지한다.

③ 젖소의 2018년 전년 대비 증감률은 표에서 0.2% 증가했음을 알 수 있으며, 2020년 축잠업 항목에서 세 번째로 높은 항목은 닭으로 2018년 생산액의 전년 대비 증감률은 4.7%이다. 따라서 젖소의 증가율이 닭의 증가율보다 $4.7-0.2=4.5\%p$ 더 낮다.

01	02	03	04	05	06	07	08	09	10	11	12	13	14	15	16	17	18	19	20
②	③	⑤	③	①	⑤	③	⑤	③	③	④	②	②	④	①	②	②	⑤	②	④

21	22	23	24	25	26
④	③	②	④	⑤	②

01 정답 ②

• 특히 올 추석경기는 김영란법 시행 이후 전개될 업계판도를 <u>가능</u>해볼 수 있는 축소판이라고 입을 모은다. → 가늠
• 화환은 <u>부주금</u>을 포함하면 10만 원이 넘기 때문에 사실상 거래가 어렵다. → 부조금

02 정답 ③

신입사원 9명을 A, B, C조로 나누는 방법은 다음과 같다.
$_9C_3 \times _6C_3 \times _3C_3 = 84 \times 20 \times 1 = 1,680$
따라서 A, B, C조로 나누는 경우의 수는 1,680가지이다.

03 정답 ⑤

A를 기준으로 A의 진술이 참인 경우와 A의 진술이 거짓인 경우가 있는데, 만약 A의 진술이 거짓이라면 B와 C가 모두 범인인 경우와 B와 C가 모두 범인이 아닌 경우로 나눌 수 있고, A의 진술이 참이라면 B가 범인인 경우와 C가 범인인 경우로 나눌 수 있다.
• A의 진술이 거짓이고 B와 C가 모두 범인인 경우
 B, C, D, E의 진술이 모두 거짓이 되어 5명이 모두 거짓말을 한 것이 되므로 조건에 어긋난다.
• A의 진술이 거짓이고 B와 C가 모두 범인이 아닌 경우
 B가 참이 되므로 C, D, E 중 1명의 진술만 거짓, 나머지는 참이 되어야 한다. C의 진술이 참이면 E의 진술도 반드시 참, C의 진술이 거짓이면 E의 진술도 반드시 거짓이므로 D가 거짓, C와 E가 참을 말하는 것이 되어야 한다. 따라서 이 경우 D와 E가 범인이 된다.
• A의 진술이 참이고 B가 범인인 경우
 B가 거짓이 되기 때문에, C, D, E 중 1명의 진술만 거짓, 나머지는 참이 되어야 하므로 C와 E의 진술이 참, D의 진술은 거짓이 된다. 따라서 이 경우 B와 E가 범인이 된다.
• A의 진술이 참이고 C가 범인인 경우
 B의 진술이 참이 되기 때문에 C, D, E 중 1명의 진술만 참, 나머지는 거짓이 되어야 하므로 C와 E의 진술이 거짓, D의 진술은 참이 된다. 따라서 범인은 A와 C가 된다.
따라서 선택지 중 ⑤만 동시에 범인이 될 수 있는 사람으로 바르게 짝지어져 있다.

04 정답 ③

작은 원이 큰 원에 속할 때 가장 공통넓이가 크다.

따라서 두 원의 공통넓이가 가장 클 때의 값은 작은 원의 넓이인 78cm^2와 같다.

05 정답 ①

成長(성장) : 衰退(쇠퇴)

오답분석

② 合格(합격) : 成功(성공)

③ 商人(상인) : 販賣(판매)

④ 代表(대표) : 社長(사장)

⑤ 動物(동물) : 昆蟲(곤충)

06 정답 ⑤

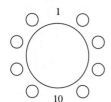

1번과 10번은 마주보고 있다고 했기 때문에 1번과 10번 사이에는 4명씩 나누어 앉아야 한다.

먼저 4명씩 두 그룹으로 나누는 경우의 수는 $_8C_4 \times _4C_4$이다.

다음으로 각 그룹의 앉는 순서를 정하면 $_8C_4 \times 4! \times _4C_4 \times 4!$가 된다(원탁이기 때문에 1번과 10번의 자리가 바뀌는 경우는 고려하지 않는다).

따라서 식을 정리하면 $\dfrac{8\times 7\times 6\times 5}{4!}\times 4!\times \dfrac{4\times 3\times 2\times 1}{4!}\times 4!=8!$이다.

07 정답 ③

오답분석

① 사필귀정(事必歸正) : 처음에는 시비(是非) 곡직(曲直)을 가리지 못하여 그릇되더라도 모든 일은 결국에 가서는 반드시 정리(正理)로 돌아감

② 타산지석(他山之石) : 다른 산의 돌이라는 뜻으로, 다른 산에서 나는 거칠고 나쁜 돌이라도 숫돌로 쓰면 자기(自己)의 옥을 갈 수가 있으므로, 다른 사람의 하찮은 언행(言行)이라도 자기(自己)의 지덕(智德)을 닦는 데 도움이 됨을 비유해 이르는 말

④ 안거위사(安居危思) : 편안(便安)한 때일수록 위험(危險)이 닥칠 때를 생각하여 미리 대비(對備)해야 함을 이르는 말

⑤ 복철지계(覆轍之戒) : 먼저 간 수레가 엎어진 것을 보고 경계(警戒)를 한다는 말로, 남의 실패(失敗)에서 교훈(教訓)을 얻음

08 정답 ⑤

밑줄 친 '두다'는 '중요성이나 가치 따위를 부여하다.'라는 뜻으로, 같은 의미로 쓰인 것은 ⑤이다.

오답분석

① 일정한 장소나 위치에 놓다.

② 가져가거나 데려가지 않고 남기거나 버리다.

③ 조직, 기구 등을 설치하다.

④ 어떤 것을 논쟁이나 감정, 언급의 대상으로 삼다.

09 정답 ③

• 내로라하다 : 어떤 분야를 대표할 만하다.
• 그러다 보니 : 보조용언 '보다'가 앞 단어와 연결 어미로 이어지는 '-다 보다'의 구성으로 쓰이면 앞말과 띄어 쓴다.

오답분석

① 무엇 보다 → 무엇보다 / 인식해야 만 → 인식해야만
   • 무엇보다 : 앞말이 부사어임을 나타내는 조사로 붙여 쓴다.
   • 인식해야만 : '만'은 한정, 강조를 의미하는 보조사로 붙여 쓴다.
② 두가지를 → 두 가지를 / 조화시키느냐하는 → 조화시키느냐 하는
   • 두 가지를 : 수 관형사는 뒤에 오는 명사 또는 의존 명사와 띄어 쓴다.
   • 조화시키느냐 하는 : 어미 다음에 오는 말은 띄어 쓴다.
④ 심사하는만큼 → 심사하는 만큼 / 한 달 간 → 한 달간
   • 심사하는 만큼 : 뒤에 나오는 내용의 원인, 근거를 의미하는 의존 명사로 띄어 쓴다.
   • 한 달간 : '동안'을 의미하는 접미사로 붙여 쓴다.
⑤ 삼라 만상은 → 삼라만상은 / 모순 되는 → 모순되는
   • 삼라만상은 : 우주에 있는 온갖 사물과 현상을 의미하는 명사로 붙여 쓴다.
   • 모순되는 : 이 경우에는 '되다'를 앞의 명사와 붙여 쓴다.

> **한글 맞춤법 제5장 띄어쓰기**
> 제41항 조사는 그 앞말에 붙여 쓴다. 예 웃고만, 꽃에서부터
> 제42항 의존 명사는 띄어 쓴다. 예 먹을 만큼
> 제43항 단위를 나타내는 명사는 띄어 쓴다. 예 한 개, 차 한 대, 소 한 마리

10 정답 ③

참여 조건을 논리기호화하여 정리하면 다음과 같다.
• 전략기획연수 ○
• 노후관리연수 ○ → 직장문화연수 ○
• 자기관리연수 ○ → 평생직장연수 ×
• 직장문화연수 ○ → 전략기획연수 ×
• 자기관리연수 ○ → 노후관리연수 × or 자기관리연수 × → 노후관리연수 ○
이를 명제의 대우 관계로 풀어내면 다음과 같다.
전략기획연수 ○ → 직장문화연수 × → 노후관리연수 × → 자기관리연수 ○ → 평생직장연수 ×
따라서 ㄴ, ㄷ이 옳은 설명이다.

11 정답 ④

앞의 문자에 각각 +1, -2, +3, -4, +5, …를 하는 수열이다.

H	I	G	J	F	(K)	E
8	9	7	10	6	11	5

12 정답 ②

'손님, 주문하신 커피 나오셨습니다.'에서 커피까지 높이는 것은 옳지 않다.

13 정답 ②

철수가 3월 2일에 환전한 달러는 $995,565 \div 1,070.5 = 930$달러이며, 3월 6일에 원화로 환전하기 전의 남은 달러는 $256,125 \div 1,024.5 = 250$달러이다.

따라서 철수가 미국 여행 중에 사용한 달러는 $930 - 250 = 680$달러이다.

14 정답 ④

글쓴이는 부지런함에 대해 말하고 있으므로 내용상 ④의 속담과 어울린다.

오답분석

① 백지장도 맞들면 낫다. : 쉬운 일이라도 협력하여 하면 훨씬 쉽다.
② 작은 것부터 큰 것이 이루어진다. : 아무리 큰일이라도 시작은 작은 일이다.
③ 사공이 많으면 배가 산으로 간다. : 주관하는 사람 없이 여러 사람이 자기주장만 내세우면 일이 제대로 되기 어렵다.
⑤ 고기 보고 기뻐만 말고 가서 그물을 떠라. : 목적한 바가 있으면 먼저 그 일을 이룰 준비를 단단히 해야 한다.

15 정답 ①

우리는 농업인의 소득 증진을 위해 팜스테이 사업을 하고 있습니다. 팜스테이(Farm Stay)란 농가에서 숙박하면서 마을 축제에 참여할 수 있는 농촌체험관광 프로그램입니다.
이 프로그램은 도시 및 농촌 지역 교류를 통한 농외 소득원 개발과 농촌사회의 활력 증진, 농촌경제 재활성화하는 데 도움이 됩니다. 이 프로그램의 또 다른 이점은 팜스테이를 한국의 대표적인 농촌체험관광 상품으로 홍보하고, 농협의 역할을 지방자치 단체는 물론 고객에게 홍보함으로써 농촌 가정을 돕는 것입니다. 우리는 팜스테이 마을에 대한 체계적이고 지속적인 지원을 하여 농촌 문화를 체험하는 도시민 유치를 활성화하는 데 노력할 것입니다.

오답분석

② 농협주유소 사업
③ 찾아가는 방역서비스, 공동방제단
④ 목우촌(축산시품), 농협목우촌
⑤ 의료지원

16 정답 ②

윤리경영의 궁극적인 목표는 부정을 저지르지 말자는 소극적 의미를 넘어 글로벌 스탠다드에 맞게 경영을 투명하게 하는 것이며 고객의 신뢰를 바탕으로 기업가치를 향상시켜 궁극적으로 지속가능한 기업경영을 영위하기 위함이다.

17 정답 ②

입찰점수를 계산하여 중간 선정 결과를 나타내면 다음과 같다.

입찰기준 업체	입찰점수
A업체	20점
B업체	24점
C업체	입찰가격에서 탈락
D업체	18점
E업체	14점
F업체	22점

따라서 중간 선정된 A, B, F업체 중 안전점수와 디자인점수의 합이 가장 높은 업체인 B업체가 최종 선정된다.

18 정답 ⑤

가격점수를 추가로 합산하여 최종 입찰점수를 계산하면 아래와 같다.

입찰기준 업체	기존 입찰점수	가격점수	최종 입찰점수
A업체	20점	4점	24점
B업체	24점	6점	30점
C업체	19점	2점	21점
D업체	18점	8점	26점
E업체	14점	6점	20점
F업체	22점	10점	32점

따라서 최종 입찰점수가 가장 높은 업체는 F업체이다.

19 정답 ②

26일은 비가 오는 날이므로 A사원은 커피류를 마신다. 또한 평균기온이 27℃로 26℃ 이상이므로 큰 컵으로 마시고, 세 번째 조건에 따라 카페라테를 마신다.

20 정답 ④

24일은 비가 오지 않는 화요일이며 28℃이므로 A사원 자신은 밀크티 큰 컵을 마신다.
23일은 맑은 날이고 26℃이므로 A사원은 자몽에이드 큰 컵을 마셨다. 그러므로 B사원에게는 자몽에이드 큰 컵을 사 줄 것이다.
따라서 A사원이 지불할 금액은 4,800+4,700=9,500원이다.

21 정답 ④

(라) 우리 사회의 급격한 고령화로 인한 갈등과 문제 발생 – (가) 따라서 고령화 문제 해소를 위한 사회보장이 필요함 – (다) 사람이라면 누구든지 노화가 오며 이로 인한 사회보험제도, 즉 노인 장기요양보험이 필요함 – (나) 노인 장기요양보험은 젊은 층의 안정적 생활을 위해 반드시 마련되어야 함 순서로 나열하는 것이 적절하다.

22 정답 ③

제시문에서는 고령화에 따른 사회보장, 즉 사회보험제도 중 노인 장기요양보험에 대해 설명하고 있다. 따라서 글의 주제로 ③ '고령화와 사회보장'이 가장 적절하다.

23 정답 ②

제시문은 우리나라의 급격한 고령화에 따른 갈등과 문제해결의 방법으로 사회보험제도인 노인 장기요양보험의 필요성에 대해 이야기하고 있으므로, ②가 질문으로 적절하다.

24 정답 ④

- 총직원 수에서 봉사활동이 가능한 직원 : 100−15=85명
- 목요일만 가능한 직원 : 85−47=38명

따라서 목요일에 가능한 직원은 12(수요일과 목요일 모두 가능한 직원)+38(목요일만 가능한 직원)=50명이다.

25 　정답 ⑤

농업인단체와 학계 등에서 추천하는 학식과 경험이 풍부한 사람(공무원은 제외한다) 중에서 농협경제지주회사의 이사회가 위촉하는 사람을 말한다(제45조의3).

오답분석

① 다만, 중앙회 또는 조합에서 최근 2년 이내 임직원으로 근무한 사람(중앙회 감사위원으로 근무 중이거나 근무한 사람은 제외한다)은 제외한다(제11조의7 제1호).
② 대표이사의 자격조건에 해당한다(제45조의2 제2호).
③ 판사・검사・군법무관・변호사 또는 공인회계사의 직에 5년 이상 종사한 경력이 있는 사람이어야 한다(제22조 제3호).
④ 농업・축산업과 관련된 국가기관・연구기관・교육기관 또는 자기자본 200억 원 이상인 회사에서 10년 이상 종사한 경력이 있는 사람이어야 한다(제45조의2 제2호).

26 　정답 ②

분수쇼는 시작하고 나서 매 45분마다 하며, 퍼레이드는 60분마다 한다.
45와 60의 최소공배수를 구하면 180분이므로, 두 이벤트의 시작을 함께 볼 수 있는 시간은 오전 10시 이후 3시간마다이다.
따라서 오후 12시부터 오후 6시 사이에는 오후 1시와 오후 4시에 볼 수 있으므로 2번 볼 수 있다.

01	02	03	04	05	06	07	08	09	10	11	12	13	14	15	16	17	18	19	20
②	③	④	⑤	②	①	②	③	④	②	①	①	②	③	②	⑤	②	③	③	④

21	22	23	24	25	26	27	28	29	30	31	32	33	34	35	36	37
①	③	④	④	①	①	①	②	④	③	⑤	⑤	③	⑤	①	④	③

01 정답 ②

기존 팀원 수를 x명이라고 하자.

$\frac{30 \times x + 25}{x+1} = 29 \rightarrow 30 \times x + 25 = 29 \times x + 29$

$\therefore x = 4$

따라서 신입이 들어오기 전의 팀원 수는 4명이다.

02 정답 ③

단리는 원금에 대해서만 이자가 발생하며, (세후이자)=(원금)×(금리)×[1−(이자소득세)]이다.

A씨는 매월 100만 원씩 납입하였으므로 2년 만기 시 납입액의 합은 $1,000,000 \times 24 = 2,400$만 원이다.

매년 연말에 단리로 5%의 금리를 적용하므로 가입 1년(12개월) 후 이자소득세를 적용한 세후이자는 다음과 같다.

$12,000,000 \times 0.05 \times (1-0.154) = 507,600$원

가입 2년(24개월) 후 이자소득세를 적용한 세후이자는 $24,000,000 \times 0.05 \times (1-0.154) = 1,015,200$원이다.

따라서 만기시점에 A씨의 통장에 입금될 금액은 $24,000,000 + 507,600 + 1,015,200 = 25,522,800$원이다.

03 정답 ④

만기가 지나지 않은 여권(Passport), 운전면허증(Driver License), 주민등록증(Identification) 등은 은행에서 신분증으로 사용할 수 있으나, 신용카드(Credit Card)는 신분증으로 사용할 수 없다.

04 정답 ⑤

ㄱ ~ ㄹ 모두 양반의 뜻으로 적절하다. 각 뜻에 맞는 예문은 다음과 같다.

ㄱ. 그분은 행동거지 점잖은 거며 몸가짐 바른 거며 그야말로 <u>양반</u>이지.

ㄴ. 그 <u>양반</u>은 집에 있을 때면 도무지 말이 없어요.

ㄷ. 여보시오! 젊은 <u>양반</u>, 길 좀 물어봅시다.

ㄹ. 그 고생한 일을 생각하면 지금 이렇게 사는 거야 <u>양반</u>이죠.

05 정답 ②

① 궁벽하다 : 매우 후미지고 으슥하다.
③ 외따름하다 : 좀 궁벽한 듯하다.
④ 으슥하다 : 무서움을 느낄 만큼 깊숙하고 후미지다.
⑤ 아찔하다 : 갑자기 정신이 아득하고 조금 어지럽다.

06 정답 ①

- 십벌지목(十伐之木) : '열 번 찍어 아니 넘어가는 나무가 없다.'는 뜻으로 어떤 어려운 일이라도 여러 번 계속하여 끊임없이 노력하면 기어이 이루어 내고야 만다는 의미
- 반복무상(反覆無常) : 언행(言行)이 이랬다저랬다 하며 일정하지 않거나 일정한 주장이 없음을 이르는 말

② 마부작침(磨斧作針) : 도끼를 갈아 바늘을 만든다는 뜻으로, 아무리 어려운 일이라도 끈기 있게 노력하면 이룰 수 있음을 비유하는 말
③ 우공이산(愚公移山) : 우공이 산을 옮긴다는 말로, 남이 보기엔 어리석은 일처럼 보이지만 한 가지 일을 끝까지 밀고 나가면 언젠가는 목적을 달성할 수 있다는 뜻
④ 적진성산(積塵成山) : 티끌 모아 태산
⑤ 철저성침(鐵杵成針) : 철 절굿공이로 바늘을 만든다는 뜻으로, 아주 오래 노력하면 성공한다는 말을 나타냄

07 정답 ②

'이자'와 '금리'는 유의 관계이다. '재배'의 유의어는 '배양'이다.

08 정답 ③

'원인'과 '결과'는 반의 관계이다. '시작'의 반의어는 '끝'이다.

09 정답 ④

'명년(明年)'은 '올해의 다음으로 내년(來年), 다음 해'라는 뜻이다.

10 정답 ②

동주는 관수보다, 관수는 보람보다, 보람은 창호보다 크다. 따라서 '동주 – 관수 – 보람 – 창호' 순서로 크다.
그러나 보람과 창호를 제외한 인성과 다른 사람과의 관계는 알 수 없다.

11 정답 ①

② 한국전력 사이버지점 캐릭터 케피
③ 에스오일 캐릭터 구도일
④ 카카오프렌즈 캐릭터 무지
⑤ 카카오프렌즈 캐릭터 프로도

12 정답 ①

'Nature Green'은 '순수한 자연을 세상에 널리 전하는 농협의 건강한 이미지'를 표현한 색상이다.

오답분석

ㄴ. Human Blue : 농협의 앞서가는 젊은 에너지와 전문적인 이미지를 표현

ㄷ. Heart Yellow : 풍요로운 생활의 중심, 근원이 되는 농협의 이미지를 계승

13 정답 ②

'NH'는 고객과의 커뮤니케이션을 위해 농협의 이름과는 별도로 사용되는 영문 브랜드로, 미래지향적이고 글로벌한 농협의 이미지를 표현하고 있다. 농협 영문자(Nong Hyup)의 머릿글자이면서 자연과 인간의 조화(Nature & Human), 새로운 희망(New Hope)과 행복(New Happiness)을 상징적으로 표현한 로고이다.

14 정답 ③

농협의 인재상은 '시너지 창출가', '행복의 파트너', '최고의 전문가', '정직과 도덕성을 갖춘 인재', '진취적 도전가'이다.

15 정답 ②

농협은 1961년 창립 이후 농업인의 복지 증진과 지역사회 발전을 위해 '나눔경영'을 지속적으로 실천하고 있으며, 그 활동으로는 교육지원사업, 농촌사랑운동 등이 있다.

16 정답 ⑤

모든 미술가는 피카소를 좋아하지만, 미술가가 아닌 사람(나)이 피카소를 좋아하는지 아닌지는 알 수 없다.

17 정답 ②

• 국문 명함 중 50장이 고급종이로 제작되었으므로 일반종이로 제작된 명함의 수량은 130−50=80장이다.
  (1인당 국문 명함 제작비)=10,000+(2,500×3)+(10,000×1.1)=28,500원
• 영문 명함의 수량은 70장이다.
  (1인당 영문 명함 제작비)=15,000+(3,500×2)=22,000원
그러므로 1인당 명함 제작비는 28,500+22,000=50,500원으로 총비용은 808,000원이다.
따라서 신입사원 수는 808,000÷50,500=16명이다.

18 정답 ③

착륙하여 들어오는 항공기가 시간당 9대이고, 이륙하는 항공기가 시간당 3대이므로 시간당 6대의 항공기를 보관하는 것과 같다.

현재 추가로 보관 가능한 항공기의 수는 70−30=40대이므로 40대가 모두 꽉 찰 때까지 걸리는 시간은 $40÷6=6\frac{2}{3}$ 시간이다.

따라서 6시간 40분 이후에는 더 이상 항공기를 세울 수 없다.

19 정답 ③

제시된 자료에 의하면 한 번 D등급이 된 고객 신용등급은 5년 동안 D등급을 유지하므로 2018년에 D등급을 받으면 2019년에 B등급이 될 수 없다. 그러므로 2019년의 신용등급이 B등급일 경우는 다음과 같다.
- 2018년에 A등급, 2019년에 B등급을 받을 경우
  - 2017년 B등급 → 2018년 A등급 : 0.14
  - 2018년 A등급 → 2019년 B등급 : 0.20
  그러므로 2018년에 A등급, 2019년에 B등급을 받을 확률은 0.14×0.2=0.028이다.
- 2018년에 B등급, 2019년에 B등급을 받을 경우
  - 2017년 B등급 → 2018년 B등급 : 0.65
  - 2018년 B등급 → 2019년 B등급 : 0.65
  그러므로 2018년에 B등급, 2019년에 B등급을 받을 확률은 0.65×0.65=0.4225이다.
- 2018년에 C등급, 2019년에 B등급을 받을 경우
  - 2017년 B등급 → 2018년 C등급 : 0.16
  - 2018년 C등급 → 2019년 B등급 : 0.15
  그러므로 2018년에 C등급, 2019년에 B등급을 받을 확률은 0.16×0.15=0.024이다.
따라서 2019년의 신용등급이 B등급일 확률은 0.028+0.4225+0.024=0.4745≒47%이다.

20 정답 ④

제주농협은 임직원 및 조합원에 대한 4·3 계기 교육을 한다.

21 정답 ①

[V] 꼴은 [농]자의 [ㄴ]을 변형한 것으로 싹과 벼를 의미하고, 농협의 무한한 발전을 뜻한다.

22 정답 ③

고객에게 어떠한 비난도 하지 않고 문제를 해결하는 것은 고객 불만에 대응하는 적절한 방법이다.

오답분석
① 회사 규정을 말하며 변명을 하는 것은 오히려 화를 키울 수 있다.
② 먼저 사과를 하고 이야기를 듣는 것이 더 효과적이다.
④ 실현 가능한 최선의 대안을 제시해야 한다.
⑤ 내 잘못이 아니라는 것을 고객에게 알리는 것은 화를 더 키울 수 있다.

23 정답 ④

89.1÷33+5.112=7.812

오답분석
① 0.28+2.4682-0.9681=1.7801
② 6.1×1.2-1.163=6.157
③ 70.668÷151+6.51=6.978
⑤ 9.123-1.5×1.3=7.173

24　정답　④

NH농협 하나로 카드는 국내전용 6천 원, 해외겸용 8천 원의 연회비가 있는 신용카드이다. 농협판매장 이용 시 10% 할인 혜택과 포인트 적립이 가능하며, 즉시결제서비스로 체크카드 겸용으로도 사용할 수 있었으나 현재는 단종되었다.

25　정답　①

2005년 대비 2015년의 농가판매 가격지수의 상승폭은 113.8−92.5=21.3이고, 농가구입 가격지수의 상승폭은 109.0−81.8=27.2이다. 따라서 농가구입 가격지수의 상승폭이 크다.

오답분석

② 농가 판매 및 구입 가격지수에서 2005년 대비 2015년의 상승폭은 농촌임료금이 가장 높고, 2005년의 지수는 농업용품 다음으로 농촌임료금이 낮다. 농업용품과 농촌임료금의 2005년 대비 2015년 농가 판매 및 구입 가격지수의 증가율은 각각 $\frac{107.3-73.8}{73.8} \times 100$=45.4%, $\frac{134.6-84.9}{84.9} \times 100$≒58.5%이므로 농촌임료금의 증가율이 가장 높다.

③ 농가판매 가격지수에서 2005년 대비 2015년의 상승폭은 청과물이 가장 높고(분자가 큼), 2005년의 지수 또한 청과물이 가장 낮기(분모가 작음) 때문에 청과물의 증가율이 가장 높다.

④ 농가구입 가격지수에서 2005년 대비 2015년의 상승폭은 가계용품이 가장 낮고(분자가 작음), 2005년의 지수 또한 가계용품이 가장 크기(분모가 큼) 때문에 가계용품의 증가율이 가장 낮다.

⑤ 농가 판매 및 구입 가격지수에서 2005년 대비 2015년의 상승폭은 곡물이 가장 낮고(분자가 작음), 2005년의 지수 또한 곡물이 가장 크기(분모가 큼) 때문에 곡물의 증가율이 가장 낮다.

26　정답　①

특수은행은 일반은행이 수익성이나 재원조달상의 제약 등으로 자금을 공급하지 못하는 국민경제의 특수 분야에 대한 금융지원을 위해 설립된 은행으로 은행법의 적용을 받는 일반은행과 달리 특별 단행 법령의 적용을 받는다. 농협, 수협, 한국산업은행, 기업은행, 수출입은행 등이 특수은행에 속해 있다.

오답분석

② 중앙은행 : 화폐를 관리하는 은행인 한국은행만 속해 있다. 독점적 화폐발행권을 가지고 통화신용정책을 수립 집행하여 통화가치를 안정시키는 역할을 한다.

③ 일반은행 : 일반적으로 거래하는 은행을 지칭하며 우리은행, 국민은행, 하나은행 등이 속해 있다.

④ 지방은행 : 대구은행, 부산은행, 경남은행, 전주은행, 제주은행 등 지방도시에 본점을 두고 그 지역의 기업이나 일반인 등과 밀접한 관계를 맺는 일반은행이다.

⑤ 비은행금융기관 : 은행법의 적용을 받지 않으면서 일반은행과 유사한 기능을 담당하는 기관으로 제2금융권이라고도 한다. 신협, 새마을금고, 산림조합, 저축은행 등이 속해 있다.

27　정답　①

㉠ 정회원 → 正會員

28　정답　②

원금과 원금에 대한 이자에 대하여 이자가 붙는 것은 '복리'에 대한 설명이다.

오답분석

① 단리 : 원금에 대하여서만 붙는 이자
③ 고정금리 : 금융상품 가입 시 약정한 금리가 만기까지 변동하지 않고 고정되어 있는 금리
④ 기준금리 : 금리체계의 기준이 되는 금리
⑤ 코픽스 금리 : 예금은행의 자금조달비용을 반영하여 산출되는 기준금리

29 정답 ④

기준금리가 변할 때마다 변하는 금리인 '변동금리'에 대한 설명이다.

오답분석

① 비과세 : 일정한 과세대상 물건에 대하여 과세를 하지 않는 것
② 고정금리 : 금융상품 가입 시 약정한 금리가 만기까지 변동하지 않고 고정되어 있는 금리
③ CD(양도성예금증서) : 은행의 정기예금 중에서 해당 증서의 양도를 가능케 하는 무기명 상품으로 은행에서 발행되고 증권사와 종금사를 통해 유통됨
⑤ 기준금리 : 금리체계의 기준이 되는 금리

30 정답 ③

현재 상황에 대한 진단이 맨 앞에 나오고, 전망이 가장 마지막에 오는 것이 일반적인 글의 순서이다. 따라서 (나) 정부가 고창 갯벌을 습지보호지역으로 지정 고시한 사실을 알림 – (가) '고창 갯벌의 실태'를 밝힘 – (라) '습지보호지역'으로 지정 고시된 이후에 달라진 내용을 언급함 – (다) 앞으로의 계획을 밝힘 순서대로 나열하는 것이 적절하다.

31 정답 ⑤

제시된 설명은 방카슈랑스(Bancassurance)에 대한 것으로 우리나라에서는 2003년부터 시작되었으며, 대상으로 시중은행과 증권, 상호저축은행, 산업은행, 기업은행, 신용카드사 등이 있다.

오답분석

① 어슈어뱅크(Assur Bank) : 방카슈랑스의 반대 개념으로 보험회사의 보험모집인 등 풍부한 인력을 활용해 은행의 금융상품을 판매하는 것
② 배드뱅크(Bad Bank) : 부실화된 금융기관으로부터 부실자산이나 채권을 사들여 이들을 처리하는 구조조정기관
③ 굿뱅크(Good Bank) : 우량자산만 운용하는 은행
④ 뱅크런(Bank Run) : 은행의 대규모 예금인출사태

32 정답 ⑤

밑줄 친 현상은 농촌의 고령화이다. 고령화에 대한 문제점을 해결하기 위해서는 노령층을 위한 시니어 산업을 확대해야 한다.

33 정답 ③

'언 발에 오줌 누기'는 임시변통은 될지 모르나 그 효력이 오래가지 못할 뿐만 아니라 결국에는 그 사태가 더 나빠짐을 이르는 말로, A씨의 상황과 가장 관련 깊은 속담이다.

오답분석

① 소 잃고 외양간 고치기 : 일을 그르친 뒤에는 후회해도 소용없다는 말
② 도랑 치고 가재 잡기 : 일의 순서가 뒤바뀌어서 애쓴 보람이 나타나지 않음 / 한 가지 일로 두 가지 이상의 이득을 얻게 됨
④ 눈 가리고 아웅 하기 : 무슨 일이 있는지 다 알고 있는데 얕은 수단으로 속이려 함을 이르는 말
⑤ 이미 엎질러진 물 : 한 번 저지른 일은 어찌할 수 없음

34 정답 ⑤

올해의 평균값에 내년 나이인 +1을 해야 한다.

$$\frac{25 \times 38 - 52 + 27}{25} + 1 = 38$$

따라서 내년 이 부서의 평균 나이는 38세이다.

35 정답 ①

- 옥수수 : $(100+200+300) \times 10\% = 60$천 개
- 감자 : $(200+150+150) \times 10\% = 50$천 개
- 가지 : $(150+200+100) \times 10\% = 45$천 개

36 정답 ④

- 도시 : 30만+5만+6만+7만−4만−3만−1만=40만 명
- 농촌 : 15만−5만−6만−7만+4만+3만+1만=5만 명

37 정답 ③

- 도시 : $\dfrac{40-31}{31} \times 100 \fallingdotseq 29\%$
- 농촌 : $\dfrac{5-14}{14} \times 100 \fallingdotseq -64\%$

01	02	03	04	05	06	07	08	09	10	11	12	13	14	15	16	17	18	19	20
④	②	③	②	③	②	①	③	②	④	②	①	④	④	③	③	③	④	⑤	⑤

21	22	23	24	25	26	27	28	29	30										
④	⑤	④	⑤	③	②	②	①	③	④										

01 정답 ④

(나)는 '데이 마케팅'의 사례이다. '체험 마케팅'은 기존 마케팅과 달리 소비되는 분위기와 이미지나 브랜드를 통해 고객의 감각을 자극하는 체험을 창출하는 데 초점을 맞춘 마케팅이다.

02 정답 ②

단리 이자 계산 공식은 이자를 S라고 할 때 $S=$(원금)×(이율)×(기간)이다.

따라서 이자는 $5,000,000 \times 0.018 \times \dfrac{6}{12} = 45,000$원이고, 수령할 총금액은 $5,000,000+45,000 = 5,045,000$원이다.

03 정답 ③

A바구니에 처음 들어 있던 경품권의 수를 x장, B바구니에 처음 들어 있던 경품권의 수를 y장이라고 하자.

$x+2=2\times(y-2) \cdots \bigcirc$

$x-2=y+2 \cdots \bigcirc$

$\bigcirc$, $\bigcirc$을 연립하여 풀면 다음과 같다.

$\therefore x=14, \ y=10$

따라서 A, B바구니에 들어있는 경품권은 $14+10=24$장이다.

04 정답 ②

접수기간만 명시되어 있고 1차 예선 합격자 발표 일정은 언급되어 있지 않다.

05 정답 ③

행사를 매년 시행했는지의 여부는 제시된 자료만으로는 알 수 없다.

06 정답 ②

정보화개발팀의 업무 중 '정보시스템 구축 / 유지관리'에 해당한다.

07 정답 ①

급여 및 보상관리는 인사관리팀의 업무이다.

오답분석

ㄴ. 회사 홍보를 위한 광고소재 및 매체 검토는 행사캠페인운영팀의 업무이다.
ㄷ. 언론 홍보자료 작성은 기관홍보팀의 업무이다.
ㄹ. 회계 및 결산관리는 재무팀의 업무이다.
ㅁ. 연도별 사업실적 작성은 기획팀의 업무이다.

08 정답 ③

A사 71점, B사 70점, C사 75점으로 직원들의 만족도는 C사가 가장 높다.

09 정답 ②

가격과 성능의 만족도 합은 B사가 27점으로 가장 높다.

10 정답 ④

D농협이 1대의 트랙터를 빌려 하루에 할 수 있는 일의 양을 1이라고 하면, 전체 작업량은 $2 \times 10 = 20$이다.
14일까지 A농협이 보유한 트랙터는 정비 기간에 있는 2대를 제외하고 D농협이 빌린 2대를 포함하여 모두 대여 중이고, 17일에 정비 완료된 트랙터 2대가 출고 예정이므로 그 다음 날인 18일에 트랙터 2대를 추가로 대여할 수 있다.
따라서 전체 작업량이 20이 되려면 기존에 대여한 트랙터와 추가로 대여한 트랙터를 20일까지 빌려야 한다.
• 기존 트랙터 대여 비용(2월 14 ~ 20일) : $(12,000 \times 2) \times 7 \times 0.9 = 151,200$원
• 추가 트랙터 대여 비용(2월 18 ~ 20일) : $(12,000 \times 2) \times 3 = 72,000$원
∴ 트랙터 총대여 비용 : $151,200 + 72,000 = 223,200$원

11 정답 ②

뱀과 같은 파충류, 번데기와 같은 곤충, 막걸리와 같은 알코올이 들어간 음식, 순대 등의 돼지 창자로 만든 음식은 '하람(Haram)'으로 분류된다.

12 정답 ①

농협은 행동의 원칙과 기준을 협동과 혁신으로 삼고 있으며, 사업 파트너로서의 고객을 존중하며 최고의 가치를 제공한다. 또한 농업인의 풍요로운 미래를 궁극적인 지향점으로 삼아 국가와 지역사회 발전에 이바지하는 것을 농협의 사회적 역할로 삼고 있다.

13 정답 ④

제15조 제1항에 따라 인가에 필요한 기준 및 절차는 대통령령으로 정한다.

14 정답 ④

- 농촌일손돕기에 팔(을) <u>걷어붙였다</u>.
  '돈을 걷어(서) 부치다.'의 예에서는 '걷어 부치다'이지만, '팔, 소매' 등은 '걷어붙이다'가 옳다.
- 큰 보탬이 됐으면 하는 <u>바람</u>을 밝히며
  '바라다'는 '원하는 사물을 얻거나 가졌으면 하고 생각하다.'나 '생각이나 바람대로 어떤 일이나 상태가 이루어지거나 그렇게 되었으면 하고 생각하다.'의 뜻으로 쓴다. '바래다'는 '볕이나 습기를 받아 색이 변하다.'나 '가는 사람을 일정한 곳까지 배웅하거나 바라보다.'의 뜻으로 쓴다.
- 부족한 농촌 일손을 <u>꼼꼼히</u> 거드는 것
  부사의 끝 음절이 분명히 '이'로만 나는 것은 '-이'로 적고 '히'로만 나거나 '이'나 '히'로 나는 것은 '-히'로 적는다.

15 정답 ③

1~2월 이앙기 관리방법에 모두 방청유를 발라 녹 발생을 방지하는 내용이 있다.

오답분석
① 트랙터의 브레이크 페달 작동 상태는 2월의 점검 목록이다.
② 이앙기에 커버를 씌워 먼지 및 이물질에 부식을 방지하는 것은 1월의 점검 목록이다.
④ 트랙터의 유압실린더와 엔진 누유상태의 점검은 트랙터 사용 전 점검이 아니라 보관 중 점검 목록이다.
⑤ 매뉴얼에 없는 내용이다.

16 정답 ③

50원, 100원, 500원짜리 동전의 개수를 각각 x개, y개, z개라고 하자.
$x+y+z=14 \cdots$ ㉠
$50x+100y+500z=2,250$
$\rightarrow x+2y+10z=45 \cdots$ ㉡
㉠에 의해 $x=-(y+z)+14$이므로 이를 ㉡에 대입하면 $y+9z=31 \cdots$ ㉢
이때 ㉠의 조건에 의해 ㉢을 만족하는 경우는 $y=4$, $z=3$이다.
따라서 50원짜리는 7개, 100원짜리는 4개, 500원짜리는 3개가 된다.

17 정답 ③

3월 2일에서 5월 25일까지 일수는 $30+30+25=85$일
$85 \div 7 = 12 \cdots 1$
따라서 5월 25일은 토요일이다.

18 정답 ④

- 내로라 : '내로라하다(어떤 분야를 대표할 만하다)'의 어근
- 결재 : 결정할 권한이 있는 상관이 부하가 제출한 안건을 검토하여 허가하거나 승인함

오답분석
- 결제 : 일을 처리하여 끝을 냄. 또는 경제증권이나 대금을 주고받아 매매 당사자 사이의 거래 관계를 끝맺는 일

19 정답 ⑤

- 금세 : 지금 바로. '금시에'가 줄어든 말로 구어체에서 많이 사용된다.
- 일절 : 아주, 전혀, 절대로의 뜻으로, 흔히 행위를 그치게 하거나 어떤 일을 하지 않을 때에 사용된다.
- 낳았다 : 어떤 결과를 이루거나 가져오다.

오답분석
- 금새 : 물건의 값. 또는 물건 값의 비싸고 싼 정도를 뜻한다.
- 일체 : '모든 것' 또는 '모든 것을 다'의 뜻으로, 전부를 나타내는 말이다.
- 나았다 : 감기 등의 병이 나았을 때 사용한다.

20 정답 ⑤

면세유류는 1980년부터 사용량이 계속 증가하였고, 2010년에는 가장 높은 비율을 차지하였다.

오답분석
① 일반자재는 2000년까지 증가한 이후 감소하였다.
② 1990년에는 배합사료, 2010년에는 면세유류가 가장 높은 비율을 차지하였다.
③ 배합사료는 증가와 감소를 반복하였으나, 농기계는 1970 ~ 1980년까지 비율이 증가한 이후 증가와 감소를 반복하였다.
④ 제시된 자료만으로 2010년 이후의 상황은 알 수 없다.

21 정답 ④

정직과 도덕성을 갖춘 인재란 매사에 혁신적인 자세로 모든 업무를 투명하고 정직하게 처리하여 농업인과 고객, 임직원 등 모든 이해관계자로부터 믿음과 신뢰를 받는 인재이다.

22 정답 ⑤

조직도의 가장 상위에 놓인 총회(대의원회)가 최고 의사결정권을 갖는다.

23 정답 ④

농협이 하는 일은 크게 교육지원부문, 경제부문, 금융부문으로 나뉜다. 교육지원부문은 (B) 농업인의 권익을 대변하고 농업발전과 농가 소득 증대를 통해 농업인 삶의 질 향상에 도움을 주는 것에 목적이 있다. 또한 경제부문은 (C) 농업인이 영농활동에 안정적으로 전념할 수 있도록 생산·유통·가공·소비에 이르기까지 다양한 경제사업 지원을 목적으로 하며, 금융부문은 (A) 농협 본연의 활동에 필요한 자금과 수익을 확보하고, 차별화된 농업금융 서비스를 제공하는 것을 목적으로 하고 있다.

24 정답 ⑤

경제부문에서 농협이 추진하고 있는 사업은 농업경제사업과 축산경제사업으로 나뉜다. 우선 농업경제사업에는 영농자재 공급, 산지유통혁신, 도매사업, 소비지유통 활성화, 안전한 농식품 공급 및 판매 사업이 있으며, 축산경제사업에는 축산물 생산·도축·가공·유통·판매사업, 축산지도(컨설팅 등), 지원 및 개량 사업, 축산 기자재(사료 등) 공급 및 판매 사업이 있다.

오답분석
(가)는 교육지원부문, (바)는 금융부문에 속한다.

> **교육지원부문**
> 농·축협 육성·발전 지도·영농 및 회원 육성·지도, 농업인의 복지 증진, 농촌사랑·식사랑농사랑운동, 농정 활동 및 교육 사업·사회공헌 및 국제협력 활동 등

25 정답 ③

디마케팅이란 기업이 자사 상품에 대한 고객의 구매를 의도적으로 줄임으로써 적절한 수요를 창출하고, 장기적으로는 수익의 극대화를 꾀하는 마케팅이다.

26 정답 ②

프로젝트를 완료하는 전체 일의 양을 1이라 하면, A사원은 하루에 $\frac{1}{7}$, B사원은 하루에 $\frac{1}{9}$ 만큼의 일을 할 수 있다.

3일 동안 같이 한 일의 양은 $\left(\frac{1}{7}+\frac{1}{9}\right) \times 3 = \frac{16}{21}$ 이므로, A사원이 혼자 해야 하는 일의 양은 $\frac{5}{21}$ 이다.

이때 A사원 혼자 프로젝트를 완료하는 데 걸리는 시간을 x일이라고 하자.

$\frac{1}{7} \times x = \frac{5}{21}$

$\therefore \; x = \frac{5}{3}$

따라서 A사원 혼자 프로젝트를 완료하는 데에는 총 2일이 더 걸린다.

27 정답 ②

세 번째 문단의 마지막 문장을 통해 휘발유·경유·중유를 사용하는 농기계는 시간계측기를 부착하고 실적을 신고해야 한다는 것을 알 수 있다.

오답분석

① 네 번째 문단에서 알 수 있다.
③ 마지막 문단에서 알 수 있다.
④·⑤ 두 번째 문단에서 알 수 있다.

28 정답 ①

A쇼핑몰은 정시에 도착하고, 동시에 B쇼핑몰은 예정보다 늦어야 하므로, 두 확률의 곱을 계산해야 한다.

따라서 구하고자 하는 확률은 $\frac{1}{3} \times \frac{1}{2} = \frac{1}{6}$ 이다.

29 정답 ③

세 자연수 중 가운데 수를 a라고 하자.
$(a-1)+a+(a+1)=129$이므로 $a=43$이 된다.
따라서 $(a-1)+(a+1)=42+44=86$이 된다.

30 정답 ④

기차가 터널을 완전히 통과하기 위해 이동한 거리는 $200+40=240$m이다.

기차가 터널을 완전히 통과하는 데 30초가 걸렸으므로 기차의 속력은 $\frac{240}{30}=8$m/s이다.

인생이란 결코 공평하지 않다. 이 사실에 익숙해져라.

- 빌 게이츠 -

PART III

주요 금융권 NCS
기출복원문제
정답 및 해설

01	02	03	04	05	06	07	08	09	10	11	12	13	14	15	16	17	18	19	20
①	③	④	④	④	②	④	④	②	④	①	⑤	③	⑤	④	②	②	⑤	③	①
21	22	23	24	25	26	27	28	29	30	31	32	33	34	35	36	37	38	39	40
③	③	③	②	③	②	④	③	③	④	③	②	④	④	②	④	④	④	②	③
41	42	43	44	45															
③	①	③	①	①															

01 정답 ①

제시문은 대출을 받아 내 집을 마련한 사람들이 대출금리 인상으로 인한 경제적 부담을 감당하지 못하여 집을 처분하려 하나 이 또한 어려워 경매로 넘기는 상황에 대해 이야기하고 있다. 따라서 제시문의 주제로 대출금리 인상으로 내 집 마련이 무너졌다는 ①이 가장 적절하다.

오답분석

② 두 번째 문단에 따르면 대출금리 인상으로 인해 부동산 매수자가 줄어든 것은 맞지만, 제시문의 전체적인 내용은 대출금리 인상으로 집을 사지 못하는 것이 아닌 대출금리 인상으로 이미 산 집을 포기할 수밖에 없는 상황에 대해 다루고 있으므로 제시문의 주제로는 적절하지 않다.

③ 마지막 문단에 따르면 매도량은 늘어나지만 매수량이 없어 이전보다 고를 수 있는 부동산의 선택지가 늘어난 것은 맞지만, 제시문의 전체적인 내용은 단순히 늘어난 부동산 매물이 아닌 대출금리 인상으로 인해 어쩔 수 없이 시장으로 나온 부동산 매물에 대해 다루고 있으므로 제시문의 주제로는 적절하지 않다.

④ 마지막 문단에 따르면 매물로 나온 부동산이 늘어난 것은 맞지만, 매수량은 없어 부동산 경매시장이 활발해졌다고 보긴 어렵다.

02 정답 ③

제시문에서의 순환경제는 마치 도넛 모양과 같이 계속하여 순환하는 모양의 경제 형태를 말한다. 따라서 기존의 제품이 계속 순환하여 사용할 수 있다는 의미를 나타낼 수 있는 '지속적인'이 빈칸에 들어갈 단어로 가장 적절하다.

오답분석

① 단속적인 : 일정한 주기가 아닌 규칙 없이 이어졌다 끊어졌다를 반복한다는 의미로 제시문에서 설명하는 경제방식과 어울리지 않는 단어이므로, 빈칸에 들어갈 단어로 적절하지 않다.

② 발전적인 : 제시문에서의 순환경제는 더 높은 단계로 나아가는 것이 아닌 기존의 것이 계속하여 돌고 돌아 유지된다는 의미이므로 빈칸에 들어갈 단어로 적절하지 않다.

④ 대체 가능한 : 본질적으로 유사한 특성을 가지고 있어 서로 간 대체할 수 있음을 의미하나, 제시문에서의 순환경제는 유사한 특성을 가진 것이 아닌 기존의 것이 계속하여 순환하는 방식을 말하므로 빈칸에 들어갈 단어로 적절하지 않다.

03 정답 ④

두 번째 문단에 따르면 브랜다이스는 독점 규제를 통해 소비자의 이익이 아닌 독립적 소생산자의 경제를 보호함으로써 시민 자치를 지키고자 하였다.

오답분석

① 브랜다이스는 집중된 부와 권력이 시민 자치를 위협한다고 보고 반독점법이 경제와 권력의 집중을 막는 데 초점을 맞추어야 한다고 주장하였으나, 아놀드는 시민 자치권을 근거로 하는 반독점 주장을 거부하고 독점 규제의 목적이 권력 집중에 대한 싸움이 아닌 경제적 효율성의 향상에 맞춰져야 한다고 주장하였다.

② 반독점법의 목적을 셔먼은 소비자의 이익 보호와 소생산자의 탈집중화된 경제 보호로, 아놀드는 소비자 복지 증진으로 보았다. 따라서 셔먼과 아놀드는 소비자 이익을 보호한다는 점에서 반독점법을 지지했다는 것을 알 수 있다.

③ 1930년대 후반 아놀드가 법무부 반독점국의 책임자로 임명되면서 반독점법의 근거로 소비자 복지를 주장하는 아놀드의 견해가 널리 받아들여졌다.

04 정답 ④

(다) 문단은 '다시 말하여'라는 뜻의 부사 '즉'으로 시작하여, '경기적 실업은 자연스럽게 해소될 수 없다.'는 주장을 다시 한 번 설명해주는 역할을 하므로 제시문 바로 다음에 위치하는 것이 자연스럽다. 다음으로는 경기적 실업이 자연스럽게 해소될 수 없는 이유 중 하나인 화폐환상현상을 설명하는 (나) 문단이 오는 것이 적절하다. 마지막으로 화폐환상현상으로 인해 실업이 지속되는 것을 설명하고, 정부의 적극적 역할을 해결책으로 제시하는 케인스 학파의 주장을 이야기하는 (가) 문단이 오는 것이 적절하다. 따라서 (다) – (나) – (가) 순으로 연결되어야 한다.

05 정답 ④

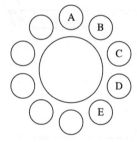

A ~ E에 앉을 수 있는 경우의 수는 과가 같은 학생끼리 마주보고 앉으므로 각각 10가지, 8가지, 6가지, 4가지, 2가지이고, 회전하여 같아지는 경우는 10가지이다.

따라서 구하고자 하는 경우의 수는 $\frac{10 \times 8 \times 6 \times 4 \times 2}{10} = 384$가지이다.

06 정답 ②

작년 비행기 왕복 요금을 x원, 작년 1박 숙박비를 y원이라 하면 다음과 같은 식이 성립한다.

$$-\frac{20}{100}x + \frac{15}{100}y = \frac{10}{100}(x+y) \cdots \bigcirc$$

$$(1 - \frac{20}{100})x + (1 + \frac{15}{100})y = 308,000 \cdots \bigcirc\!\bigcirc$$

㉠을 정리하면 $y = 6x \cdots$ ㉢이며,

㉡을 정리하면 $16x + 23y = 6,160,000 \cdots$ ㉣이다.

㉢을 ㉣에 대입하면 $16x + 138x = 6,160,000$이므로, $x = 40,000$이다.

이를 ㉢에 대입하면 $y = 240,000$이다.

따라서 올해 비행기 왕복 요금은 $40,000 - 40,000 \times \frac{20}{100} = 32,000$원이다.

07 정답 ④

기본금리는 연 0.1%가 적용되고, 최대 우대금리인 연 0.3%p가 가산된다.

따라서 만기 시 적용되는 금리는 0.1+0.3=0.4%가 된다.

단, 이자지급방식이 단리식이므로 만기 시 이자는 $10,000,000 \times \dfrac{0.4}{100} \times \dfrac{6}{12} = 20,000$원이다.

08 정답 ④

먼저 제시된 조건에 따라 선택할 수 없는 관광 코스를 제외할 수 있다.

• 4일 이상 관광하되 5일을 초과하면 안 되므로, 기간이 4일 미만인 B코스를 제외한다.

• 비용이 30만 원을 초과하고, 참여인원이 30명 초과인 C코스를 제외한다.

한편, D코스를 I카드로 결제할 때의 비용은 10% 할인을 적용받아 332,000×0.9=298,800원으로 30만 원 미만이다.

따라서 A코스와 D코스 중 경유지가 더 많은 D코스를 선택하는 것이 적절하다.

09 정답 ②

부서별로 1명씩 배치 가능한 신입사원을 살펴보면 다음과 같다.

• 총무부의 경우, 경영 전공자인 갑·기 중 인턴 경험이 있는 갑이 배치된다.

• 투자전략부의 경우, 재무분석이 가능한 병·정·기 중 석사 이상의 학위를 보유한 기가 배치된다.

• 대외협력부의 경우, 제2외국어 가능자인 갑·정 중 총무부로 배치되어야 하는 갑을 제외한 정이 배치된다.

• 품질관리부의 요건을 부합하는 직원은 을뿐이므로 을이 배치된다.

• 나머지 인력인 병·무 중 인턴 경험이 있는 병은 인사부로 배치되며, 데이터분석이 가능한 무는 기술개발부로 배치된다.

위의 내용을 표로 정리하면 다음과 같다.

부서명	직원명
총무부	갑
투자전략부	기
인사부	병
대외협력부	정
품질관리부	을
기술개발부	무

따라서 부서에 배치될 신입사원이 잘못 연결된 것은 ②이다.

10 정답 ④

A조의 발표기간 3일 중 마지막 발표는 11일이므로, 다음 순서인 C조는 그다음 날인 12일에 발표를 시작할 수 없다. 또한 그다음 수업일은 화요일인 16일이나, 창립기념일인 17일에는 발표를 할 수 없다. 첫 번째 날과 두 번째 날의 발표는 연속해서 해야 하므로 발표는 18일에 시작하여야 한다. 즉, C조는 18～19일에 발표를 하고, 마지막 날의 발표를 다음 수업일인 23일에 하게 된다. 따라서 B조는 그다음 날인 24일을 제외하고 가장 빠른 발표가능일인 25～26일에 발표를 하고, 마지막 발표는 30일에 하게 된다.

11 정답 ①

참가 분야는 '시설원예 스마트팜 작물재배'와 '스마트팜 수기공모' 두 부문이며, 수기공모의 경우 스마트팜(시설원예, 노지, 축산)을 운영하고 있는 모든 농가만을 대상으로 한다.

오답분석

② 1. '대회 기간'과 2. '참가 분야 및 자격'에서 확인할 수 있다.
③ 3. '참가 접수'에서 확인할 수 있다.
④ 1. '대회 기간'과 5. '시상'에서 확인할 수 있다.
⑤ 6. '문의'에서 확인할 수 있다.

12 정답 ⑤

제시문은 조선시대 전통적인 농업금융수단부터 근대적 협동조합금융의 설립을 아우르며 종합농협이 출범하기까지의 역사를 설명하고 있다. 따라서 제목으로 가장 적절한 것은 '종합농협 출범의 역사'이다.

오답분석

① 두 번째 문단의 제목으로 적절하다.
② 첫 번째 ~ 네 번째 문단의 제목으로 적절하다.
③ 네 번째 문단에서 언급된 내용이지만, 제시문의 제목으로 적절하지 않다.
④ 제시문에 언급되지 않은 내용이다.

13 정답 ③

세 번째 문단에서 광복 후 금융조합은 상업금융에 치중하는 한편 정부, 농회, 대한식량공사의 각종 업무를 대행했으나, 대행사업의 폐지 및 이관으로 금융조합의 경영이 악화되어 협동조합과 농업금융기관의 설립이 촉진되었다는 것을 알 수 있다.

14 정답 ⑤

작년 여학생 수를 x명이라고 하면, 작년 남학생 수는 $(2,000-x)$명이므로 다음과 같은 식이 성립한다.

$$-\frac{5}{100}(2,000-x)+\frac{5}{100}x=-14$$

양변에 100을 곱하면 다음과 같다.

$-5(2,000-x)+5x=-1,400$

$\rightarrow -10,000+5x+5x=-1,400$

$\rightarrow 10x=8,600$

$\therefore x=860$

따라서 작년 여학생의 수는 860명이다.

15 정답 ④

매월 적립해야 하는 금액을 a원이라 하면 2021년 4월 말에 지급받는 적립 총액은 다음과 같다.

$(a\times1.005+a\times1.005^2+a\times1.005^3+\cdots+a\times1.005^{40})$만 원

$a\times1.005+a\times1.005^2+a\times1.005^3+\cdots+a\times1.005^{40}=\dfrac{a\times1.005\times(1.005^{40}-1)}{1.005-1}=2,211$

$44.22a=2,211$

$\therefore a=50$

따라서 기태가 매월 적립하는 금액은 50만 원이다.

16 정답 ②

A은행에서 3년(36개월)간 5만 원씩 적금을 넣는다면 적금의 원리합계는 다음과 같다.

1개월 ······ $5(1+1.001)^{36}$

2개월 ······ $5(1+1.001)^{35}$

3개월 ······ $5(1+1.001)^{34}$

$\vdots$

35개월 ······ $5(1+1.001)^2$

36개월 ······ $5(1+1.001)$

그러므로 A은행 적금의 원리합계는 $S_A = \dfrac{5(1+1.001)(1.001^{36}-1)}{1.001-1} = \dfrac{5 \times 1.001 \times (1.04-1)}{0.001} = 200.2$만 원이다.

B은행에서 2년(24개월)간 10만 원씩 적금을 넣는다면 적금의 원리합계는 다음과 같다.

1개월 ······ $10(1+1.002)^{24}$

2개월 ······ $10(1+1.002)^{23}$

3개월 ······ $10(1+1.002)^{22}$

$\vdots$

23개월 ······ $10(1+1.002)^2$

24개월 ······ $10(1+1.002)$

그러므로 B은행 적금의 원리합계는 $S_B = \dfrac{10(1+1.002)(1.002^{24}-1)}{1.002-1} = \dfrac{10 \times 1.002 \times (1.05-1)}{0.002} = 250.5$만 원이다.

따라서 B은행에서 적금하는 것이 $250.5-200.2=50.3$만 원(503,000원) 더 받을 수 있다.

17 정답 ②

네 번째 조건에 따르면 A∼E 중 공터와 이웃한 곳은 D로, 학원은 D에 위치하고 있음을 알 수 있다.

다섯 번째 조건에 따르면 공원은 A∼E 중 유일하게 13번 도로와 이웃하고 있는 B에 위치하고 있다.

마지막 조건에 따르면 학원이 이웃하고 있는 7번 도로·12번 도로와 이웃하고 있는 곳은 A∼E 중 E로, 놀이터는 E에 위치하고 있음을 알 수 있다.

남아 있는 A, C 중 주차장으로부터 직선거리가 더 가까운 곳은 A이므로, 학교는 A에, 병원은 C에 위치하고 있음을 알 수 있다.

이를 지도에 나타내면 다음과 같다.

	7번 도로				
대형마트	E 놀이터	주차장		공터	D 학원
12번 도로			9번 도로	12번 도로	
미술관	A 학교	교회		C 병원	영화관
공터	카페	B 공원		식료품점	공터
	13번 도로				

18 정답 ⑤

- A는 만 62세이므로 (가)보험이나, (나)보험에 가입이 가능하다. 두 상품 모두 A가 선호하는 월납 방식 선택이 가능하며, 암 보장형 상품에 해당한다. 하지만 (가)보험은 이미 납입한 보험료에 대해 80%까지만 환급이 가능하므로 A의 요구조건을 충족하지 못한다. 따라서 A의 경우 (나)보험을 가입하는 것이 적절하다.
- B의 경우 단발성 납입을 선호하므로 월납 등 정기적인 납부방식이 적용된 (가)·(나)보험보다 (다)보험이 적합하다. 또한 필요기간만 가입하는 것을 선호하므로, 보험기간이 1년·3년으로 타 상품에 비해 상대적으로 단기인 (다)보험을 추천하는 것이 적절하다.

19 정답 ③

원형 테이블은 회전시켜도 좌석 배치는 동일하므로, 좌석을 1 ~ 7번으로 번호를 붙이고, A가 1번 좌석에 앉았다고 가정하여 배치하면 다음과 같다.

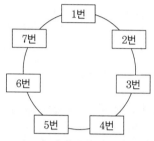

첫 번째 조건에 따라 2번에는 부장이, 7번에는 차장이 앉게 된다.
세 번째 조건에 따라 부장과 이웃한 자리 중 비어있는 3번 자리에 B가 앉게 된다.
네 번째 조건에 따라 7번에 앉은 사람은 C가 된다.
다섯 번째 조건에 따라 5번에 과장이 앉게 되고, 과장과 차장 사이인 6번에 G가 앉게 된다.
여섯 번째 조건에 따라 A와 이웃한 자리 중 직원명이 정해지지 않은 2번, 부장 자리는 D가 앉게 된다.
마지막 조건에 따라 4번 자리에는 대리, 3번 자리에는 사원이 앉는 것을 알 수 있다. 3번 자리에 앉는 사람은 사원 직급인 B인 것을 알 수 있다.
두 번째 조건에 따라 E는 사원과 이웃하지 않았고 직원명이 정해지지 않은 5번, 과장 자리에 해당하는 것을 알 수 있다.
이를 정리하면 다음과 같은 좌석 배치가 되며, F는 이 중 유일하게 빈자리인 4번, 대리 자리에 해당한다.

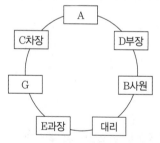

따라서 사원 직급은 B, 대리 직급은 F인 것을 도출할 수 있다.

20 정답 ①

농업진흥지역은 시·도지사가 농지를 효율적으로 이용하고 보전하기 위해 지정하는 것으로, 농업진흥구역과 농업보호구역으로 나뉜다. 농업진흥구역은 농업의 진흥을 도모하여야 하는 지역으로 농림축산식품부장관이 정하는 규모로 농지가 집단화되어 농업 목적으로 이용할 필요가 있는 지역을 뜻하며, 농업보호구역은 농업진흥구역의 용수원 확보, 수질 보전 등 농업 환경을 보호하기 위하여 필요한 지역을 뜻한다. 농업진흥지역은 농림축산식품부장관의 승인을 받아 시·도지사가 지정하며, 「국토의 계획 및 이용에 관한 법률」에 따른 녹지지역, 관리지역, 농림지역 및 자연환경보전지역을 대상으로 한다(단, 특별시의 녹지지역은 제외한다).

21 정답 ③

'어찌 된'의 뜻을 나타내는 관형사는 '웬'이므로, '어찌 된 일로'라는 함의를 가진 '웬일'이 옳다.

오답분석

① 메다 : 어떤 감정이 북받쳐 목소리가 잘 나지 않다.
② 치다꺼리 : 남의 자잘한 일을 보살펴서 도와줌
④ 베다 : 날이 있는 연장 따위로 무엇을 끊거나 자르다.

22 정답 ③

제시문은 모바일 앱 서비스인 'MG더뱅킹기업'의 출시에 대한 기사로서 앱의 주요 특징과 제공하는 서비스에 대해 간략히 소개하고 있다.

23 정답 ③

중앙은행은 기준금리를 통해 경기 변동에 따른 위험을 완화하고 금융시장의 원활한 운영을 돕는 역할을 수행한다.

오답분석

① 경제가 성장하고 인플레이션이 심해지면 중앙은행은 기준금리 인상을 통해 소비와 투자를 저하시켜 경기 과열을 억제한다.
② 중앙은행이 기준금리를 인상하면 자금이 제한되고 대출이 어려워지므로 소비와 투자를 저하시킨다.
④ 기준금리 설정 시에는 인플레이션 목표율 경제 성장률 등 다양한 요소를 고려해야 하므로 이 중 어느 하나가 가장 중요한 요인이라고 할 수 없다.

24 정답 ②

A를 포함하여 부전승으로 올라갈 수 있는 경우의 수는 7가지이고, 남은 6팀을 먼저 4팀과 2팀으로 나누는 경우의 수는 $_6C_4 \times _2C_2 =$ 15가지이다. 다음으로 4개의 팀이 2팀씩 경기하는 경우의 수는 $_4C_2 \times _2C_2 \times \frac{1}{2!} =$ 3가지이므로 전체 경우의 수는 $7 \times 15 \times 3 = 315$ 가지이다. 이 중 A가 부전승으로 진출하는 경우의 수는 A의 자리를 지정하고 올라가는 경우와 같으므로 전체의 경우의 수를 7로 나눈 것과 같다.

따라서 A가 부전승으로 올라갈 확률은 $\frac{15 \times 3}{7 \times 15 \times 3} = \frac{1}{7}$ 이다.

25 정답 ③

2023년 3분기 전체 민원 건수 중 해결 건수는 $102 \times 0.96 = 98$건이다.

2023년 4분기 금융 해결 건수는 전 분기의 $\frac{5}{7}$ 이기 때문에 $98 \times \frac{5}{7} = 70$건이므로 (가)는 $\frac{70}{72} \times 100 = 97.2222\cdots$ 로 약 97%이다.

2023년 4분기 서비스 해결 건수가 97건이고, 해결률이 금융 해결률과 같으므로 전체 민원 건수 (나)는 $\frac{97}{0.97} = 100$건이다.

2023년 3분기 총건수 해결률은 $\frac{(해결된\ 민원\ 건수의\ 합)}{(전체\ 민원\ 건수의\ 합)} \times 100 = \frac{98+20}{102+20} \times 100 = 96.7\cdots$ 로 약 97%이다.

따라서 (가)+(나)+(다)=97+100+97=294이다.

26 정답 ②

- ㄱ, ㅁ, ㅂ에 의해, 언어영역 순위는 '형준 – 연재 – 소정(또는 소정 – 연재) – 영호' 순서로 높다.
- ㄱ, ㄴ, ㅁ, ㅂ, ㅅ에 의해, 수리영역 순위는 '소정 – 형준 – 연재 – 영호' 순서로 높다.
- ㄷ, ㄹ, ㅂ, ㅇ에 의해, 외국어영역 순위는 '영호 – 연재(또는 연재 – 영호) – 형준 – 소정' 순서로 높다.

오답분석

① 언어영역 2위는 연재 또는 소정이다.
③ 영호는 외국어영역에서는 1위 또는 2위이다.
④ 연재의 언어영역 순위는 2위 또는 3위이므로 여기에 1을 더한 순위가 형준이의 외국어영역 순위인 3위와 항상 같다고 할 수 없다.

27 정답 ④

항공보안교육을 반드시 이수해야 하는 교육대상자는 보안검색감독자, 보안검색요원, 장비유지보수요원이다. 보안검색팀의 경우 보안검색 협력사를 관리하고, 보안검색을 감독하는 업무를 담당하고 있으므로 보안검색요원은 보안검색요원교육을, 보안검색감독자는 보안검색감독자교육을 반드시 이수해야 한다. 또한 보안장비팀은 항공보안장비를 구매하고 유지·관리하는 업무를 담당하므로 장비유지보수요원은 반드시 장비유지보수교육을 이수해야 한다. 따라서 항공보안교육을 반드시 이수해야 하는 팀은 보안검색팀과 보안장비팀이다.

28 정답 ③

C는 M사의 이익과 자사의 이익 모두를 고려하여 서로 원만한 합의점을 찾고 있다. 따라서 가장 바르게 협상한 사람은 C이다.

오답분석

① M사의 협상 당사자는 현재 가격에서는 불가능하다고 한계점을 정했지만, A의 대답은 설정한 목표와 한계에서 벗어나는 요구이므로 바르게 협상한 것이 아니다.
② B는 합의점을 찾기보다는 자사의 특정 입장만 고집하고 있다. 따라서 바르게 협상한 것이 아니다.
④ D는 상대방의 상황에 대해서 지나친 염려를 하고 있다. 따라서 바르게 협상한 것이 아니다.

29 정답 ③

지로/공과금 자동이체 우대금리 조건을 보면 반드시 본인 명의의 입출금식 통장에서 지로/공과금 자동이체 실적이 3개월 이상이어야 한다.

오답분석

① 매월 납입한도는 100만 원 이하이고 계약기간은 1년제이므로 신규금액을 제외한 최대 납입 가능 금액은 $100 \times 12 = 1,200$만 원이다.
② 에너지 절감 우대금리 적용을 위해 "아파트아이"에 회원가입을 해야 하며, 주소 변경 시 아파트아이에서 주소변경을 완료해야 하므로 해당 사이트의 계정이 필요하다.
④ 최대 이율을 적용받는 사람의 금리는 약정이율에 우대금리를 더한 값인 $3.0 + 4.0 = 7.0\%$이다. 하지만 중도해지 시에는 우대금리가 아닌 중도해지금리를 적용하므로 납입기간 50%를 경과하고 중도해지할 경우 적용받는 금리는 $3.0 \times 0.4 = 1.2\%$이다. 따라서 중도해지 시 적용받는 금리는 만기 시보다 $7.0 - 1.2 = 5.8\%$p 적다.

30 정답 ④

먼저 고객 A가 적용받는 우대금리를 계산하면 다음과 같다.
- 적금가입월(22.5)부터 10개월 동안(23.2 이내) 적금가입월의 전기사용량(kWh) 대비 월별 전기사용량(kWh)이 절감된 횟수는 22년 6월, 9월, 10월과 23년 2월로 총 4회이므로 적용되는 우대금리는 연 1.0%p이다.
- 최초거래고객 우대금리 요건을 만족하므로 적용되는 우대금리는 1.0%p이다.
- 지로/공과금 자동이체 우대금리 요건을 만족하므로 적용되는 우대금리는 1.0%p이다.

그러므로 고객 A가 적용받는 우대금리는 총 3%p이고 고객 A는 만기해지하였으므로 계약기간 동안 적용되는 금리는 약정이율에 우대금리를 더한 값인 3+3=6%이다. 가입금액에 따른 금리를 계산하면 다음과 같다.
- 최초 납입금액 : 30만×6%=18,000원
- 추가 납입금액 : 70만×6%×$\frac{6}{12}$=21,000원
- 만기 후 이율 : 100만×3%×30%×$\frac{6}{12}$=4,500원(만기일 경과 6개월 이후 해지)

따라서 고객 A가 지급받을 금리는 총 18,000+21,000+4,500=43,500원이다.

31 정답 ③

- CBP-<u>WK</u>4A-P31-B0803 : 배터리 형태 중 WK는 없는 형태이다.
- PBP-DK1E-<u>P21</u>-A8B12 : 고속충전 규격 중 P21은 없는 규격이다.
- NBP-LC3B-P31-B3<u>230</u> : 생산날짜의 2월은 30일이 없다.
- <u>CNP</u>-LW4E-P20-A7A29 : 제품분류 중 CNP는 없는 분류이다.

따라서 보기에서 시리얼넘버가 잘못 부여된 제품은 모두 4개이다.

32 정답 ②

고객이 설명한 제품정보를 정리하면 다음과 같다.
- 설치형 : PBP
- 도킹형 : DK
- 20,000mAH 이상 : 2
- 60W 이상 : B
- USB-PD3.0 : P30
- 2022년 10월 12일 : B2012

따라서 S주임이 데이터베이스에 검색할 시리얼넘버는 PBP-DK2B-P30-B2012이다.

33 정답 ④

고산지대에 근무하는 공무원이 한 분기에 23일 이내인 14일간 저지대에서 가족 동반으로 요양을 할 때 8번 규정에 따라 발생한 비용 전액을 국외여비로 받을 수 있다.

오답분석
① 4번 규정에 따라 발생한 비용의 일부만 국외여비로 받을 수 있다.
② 2번 규정에 따라 발생한 비용의 일부만 국외여비로 받을 수 있다.
③ 6번 규정에 따라 발생한 비용의 일부만 국외여비로 받을 수 있다.

34 정답 ④

K주임이 지급받을 국외여비는 다음과 같다.

- 12세 이상 가족 구성원의 가족 국외여비 : $\left\{(700,000\times2+20,000\times2)\times\dfrac{2}{3}\right\}=960,000$원

- 12세 미만 가족 구성원의 가족 국외여비 : $\left\{(0\times2+20,000\times2)\times\dfrac{1}{3}\right\}\fallingdotseq13,333$원$\fallingdotseq20,000$원

∴ 총국외여비 : $960,000+20,000=980,000$원

오답분석

① H부장

- 12세 이상 가족 구성원의 가족 국외여비 : $\{(900,000+900,000+(900,000\times0.8)+15,000+15,000\}\times\dfrac{2}{3}=1,700,000$원

- 12세 미만 가족 구성원의 가족 국외여비 : $\{(900,000\times0.8)+0\}\times\dfrac{1}{3}=240,000$원

∴ 총국외여비 : $1,700,000+240,000=1,940,000$원

② J과장

- 12세 이상 가족 구성원의 가족 국외여비 : $1,200,000\times4\times\dfrac{2}{3}=3,200,000$원

- 12세 미만 가족 구성원의 가족 국외여비 : 0원

∴ 총국외여비 : $3,200,000$원

③ L대리

- 12세 이상 가족 구성원의 가족 국외여비 : $750,000\times2\times\dfrac{2}{3}=1,000,000$원

- 12세 미만 가족 구성원의 가족 국외여비 : 0원

∴ 총국외여비 : $1,000,000$원

35 정답 ②

가입일 기준으로 급여계좌 및 급여여부, 신용카드 및 체크카드 실적이 12개월간 유지될 때의 A ~ D의 우대금리는 다음과 같다.
- A : $0.3+0.5=0.8\%$p
- B : $0.3+0.5+0.2=1\%$p
- C : $0.3+0.3+0.2=0.8\%$p
- D : 계좌 압류 상태이므로 이자 지급 제한을 받는다.

따라서 우대금리는 B가 가장 높으므로 직장인우대MY통장 상품에 가장 적절한 사람은 B이다.

36 정답 ④

A ~ M은행을 서로 비교할 때, C은행은 2022년 매출액의 순위와 영업이익의 순위가 8위로 같음을 알 수 있다.

오답분석

① 2022년 대비 2023년에 매출 순위가 올라간 은행은 A ~ I은행으로 총 9곳이다.
② A은행을 제외하고 2022년 대비 2023년에 매출액이 가장 많이 오른 은행은 H은행이다.
③ 영업이익이 마이너스인 은행 수는 2023년 2곳(E, I은행), 2022년 2곳(I, L은행)으로 같다.

37 정답 ④

제시문은 블록체인 기술에 대해 설명하고 원리 및 장단점을 소개하고 있다. 그러므로 가장 먼저 블록체인 기술에 대해 소개하는 (라) 문단이 와야 한다. 다음으로 블록체인 기술의 원리 중 블록에 대해 설명하는 (가) 문단이 이어지고, 블록에 적용되는 암호화 기술인 해싱에 대해 설명하는 (다) 문단이 오는 것이 적절하다. 마지막으로 블록체인 기술의 장점을 정리하고 그 한계점을 제시한 (나) 문단이 오는 것이 자연스럽다. 따라서 제시문을 논리적 순서대로 바르게 나열한 것은 (라) – (가) – (다) – (나)이다.

38 정답 ④

제시문은 많은 2030 청년들이 '영끌'을 통해 집을 구매한 현상이 '렌트푸어'와 '하우스푸어'의 양자택일로 인해 이루어졌음을 설명하고 있다. 따라서 ④가 가장 적절한 주제이다.

39 정답 ②

S씨가 결혼 전 모은 현금을 x억 원이라 하면 공동자산으로 합친 현금은 $0.4x$억 원이고, 공동자산 축적 기여도가 48%이므로 S씨가 공동자산에 기여한 금액은 $3\times0.48=1.44$억 원이다.

$0.4x=1.44$

$\therefore x=3.6$

따라서 S씨가 결혼 전 모은 현금은 3억 6천만 원이다.

40 정답 ③

작년 부품값의 총합을 x원이라 하면 A부품의 가격은 $0.15x$원이다. 올해 모든 부품값이 10,000원씩 상승하였으므로 올해 부품값의 총합은 $(x+100,000)$원이고, A부품의 가격은 $0.145(x+100,000)$원으로 $(0.15x+10,000)$원과 같다.

$0.15x+10,000=0.145(x+100,000)$

$\rightarrow 0.005x=4,500$

$\therefore x=900,000$

따라서 올해 부품값의 총합은 $900,000+100,000=1,000,000$원이다.

41 정답 ③

KB국민희망대출은 분할상환 방식으로 이루어지므로 매달 원금과 이자를 분할하여 상환하게 된다. 대출원금을 만기일에 일시상환하는 것은 만기일시상환에 해당한다.

오답분석

① KB국민희망대출은 일반적으로 은행권 대출이 어려운 다중채무자도 이용할 수 있다.

② KB국민희망대출은 이자부담 경감 효과를 위해 최고금리를 연 10% 미만으로 제한하고 있으며, 대출 이후 기준금리가 상승하더라도 연 10% 미만의 금리로 대출을 이용할 수 있다.

④ KB국민희망대출의 상환기간은 최장 10년으로 제2금융권 신용대출 상환기간인 5년보다 더 길다. 따라서 같은 이자율과 금액으로 대출했을 경우, 월 상환부담금을 더 낮출 수 있다.

> **분할상환의 종류**
> • 원금균등분할상환 : 대출원금을 매월 동일한 금액으로 상환하고, 남은 대출원금에 대한 이자를 상환하는 방식으로, 시간이 흐를수록 이자가 줄어든다.
> • 원리금균등분할상환 : 대출원금과 이자를 합친 금액(원리금)을 만기일까지 균등하게 상환하는 방식으로, 시간이 흘러도 이자는 변하지 않는다.

42 정답 ①

정부기여금 유의사항 ③에서 중도해지 후 재가입하는 경우 받을 수 있는 정부기여금의 규모가 축소될 수 있다고 하였다. 따라서 정부기여금을 지급받을 수 없는 게 아니라 축소된 금액을 지급받게 된다.

오답분석

② 매월 70만 원 이하를 60개월간 저축할 수 있으므로 저축 가능한 최고 금액은 4,200만 원이다.

③ 외국인의 경우 외국인등록증을 통해 실명확인 후 가입이 가능하다.

④ 첫 번째 가입제한에서 전 금융기관 1인 1계좌임을 명시하고 있다.

43 정답 ③

- A고객 : 교사는 재직기간에 관계없이 대출자격이 주어지고 재직기간이 1년 미만이므로 최대 5천만 원까지 대출이 가능하다. 또한 최종금리는 적용 기준금리 CD 91일물인 3.69%에 가산금리 2.36%p를 합산하고 우대금리 0.1+0.1=0.2%p를 감한 3.69+2.36−0.2=5.85%이다.
- B고객 : 무직은 KB직장인든든 신용대출의 자격이 주어지지 않는다.
- C고객 : 재직기간이 1년 미만이므로 최대 5천만 원까지 대출이 가능하다. 또한 최종금리는 적용 기준금리 CD 91일물인 3.69%에 가산금리 2.36%p를 합산하고 우대금리 0.2+0.3+0.1=0.6%p를 감한 3.69+2.36−0.6=5.45%이다.
- D고객 : 재직기간이 1년 이상이므로 최대 3억 원까지 대출이 가능하다. 또한 최종금리는 적용 기준금리 금융채 12개월인 3.88%에 가산금리 2.29%p를 합산하고 우대금리 0.3+0.3+0.1+0.1=0.8%p를 감한 3.88+2.29−0.8=5.37%이다.

44 정답 ①

각 도시의 부동산 전세 가격지수 증감량은 다음과 같다.

구분	6월	12월	증감량	구분	6월	12월	증감량
A도시	90.2	95.4	5.2	F도시	98.7	98.8	0.1
B도시	92.6	91.2	−1.4	G도시	100.3	99.7	−0.6
C도시	98.1	99.2	1.1	H도시	92.5	97.2	4.7
D도시	94.7	92.0	−2.7	I도시	96.5	98.3	1.8
E도시	95.1	98.7	3.6	J도시	99.8	101.5	1.7

따라서 증가량이 가장 적은 도시는 D도시이며, D도시의 증감률은 $\dfrac{92.0-94.7}{94.7}\times100 ≒ -2.9\%$이다.

45 정답 ①

왼쪽에서 두 번째 자리에는 40대 남성이, 오른쪽 끝자리에는 30대 남성이 앉으므로 세 번째, 네 번째 조건에 따라 30대 여성은 왼쪽에서 네 번째 자리에 앉아야 한다. 이때, 40대 여성은 왼쪽에서 첫 번째 자리에 앉아야 하므로 남은 자리에 20대 남녀가 앉을 수 있다.

경우 1)

40대 여성	40대 남성	20대 여성	30대 여성	20대 남성	30대 남성

경우 2)

40대 여성	40대 남성	20대 남성	30대 여성	20대 여성	30대 남성

따라서 항상 옳은 것은 ①이다.

02 2022년 주요 금융권 NCS 기출복원문제

01	02	03	04	05	06	07	08	09	10	11	12	13	14	15	16	17	18	19	20
③	①	②	④	⑤	③	⑤	④	③	④	③	③	②	④	②	④	③	③	③	④
21	22	23	24	25	26	27	28	29	30	31	32	33	34	35	36	37	38	39	40
①	②	②	①	④	②	④	②	①	③	②	④	④	①	②	②	②	①	③	④
41	42	43	44	45	46	47	48	49	50										
③	①	②	①	①	③	④	①	②	③										

01 정답 ③

질소가 무조건 많이 함유된 것이 좋은 비료가 아니라 탄소와 질소의 비율이 잘 맞는 것이 중요하다.

오답분석

① 커피박을 이용해서 비료를 만들면 커피박을 폐기하는 데 필요한 비용을 절약할 수 있기 때문에 경제적으로도 이득이라고 할 수 있다.
② 비료에서 중요한 요소로 질소를 언급하고 있고, 유기 비료이기 때문에 유기물의 함량 또한 중요하다. 또한 제시문에서도 질소와 유기물 함량을 분석하고 있기에 중요한 고려 요소라고 할 수 있다.
④ 비료를 만드는 데 발생하는 열로 유해 미생물을 죽일 수 있다고 언급하였다.
⑤ 부재료로 언급된 것 중에서 한약재 찌꺼기가 가장 질소 함량이 높다고 하였다.

02 정답 ①

B는 보이스피싱 범죄의 확산에 대한 일차적 책임이 개인에게 있다고 했으며, C는 개인과 정부 모두에게 있다고 말하였다.

오답분석

② B는 개인의 부주의함으로 인한 사고를 은행이 책임지는 것은 문제가 있다고 말하며 책임질 수 없다는 의견을 냈고, C는 은행의 입장에 대해 언급하지 않았다.
③ B는 근본적 해결을 위해 개인의 역할, C는 정부의 역할을 강조하고 있다.
④ B는 제도적인 방안의 보완에 대해서는 언급하고 있지 않으며, C는 정부의 근본적인 해결책 마련을 촉구하고 있다.
⑤ B와 C는 보이스피싱 범죄의 확산에 대한 일차적인 책임이 개인에게 있다고 했다.

03 정답 ②

제시문에 있는 수출가격을 구하는 계산식을 통해 확인할 수 있다. 환율이 1,000원/$일 때 국내 시장에서 가격이 1만 원인 국산품의 수출가격이 $10라면, 환율이 상승한 2,000원/$일 경우, 수출가격은 $5가 된다.

오답분석

① 수입 증가는 환율 상승의 원인으로 볼 수 있다.
③ 외국인들의 한국 여행은 환율 하락의 원인으로 작용한다.

④ 제시문에 있는 수입가격을 구하는 계산식을 통해 확인할 수 있다. 환율이 1,000원/$일 때 국제 시장에서 가격이 $100인 수입품의 수입가격이 100,000원이라면 환율이 900원/$일 때 90,000원이 된다. 따라서 환율이 하락하면 수입가격도 하락한다.
⑤ 외화를 많이 보유하게 되면 환율이 하락하면서 우리 돈의 가치가 증가한다고 볼 수 있다.

04 정답 ④

주주총회가 아닌 이사회의 결의만으로 발행 가능하다.

오답분석

① 주식회사의 자본금은 주식 발행을 통해 조달되며, 주식회사는 다른 유형의 회사보다 뛰어난 자본 조달력을 갖고 있다.
② 수권주식총수를 통해 자본금의 최대한도인 수권자본금을 알 수 있다.
③ 주식을 인수한다는 것은 출자자를 누구로 하는지, 그 출자자가 인수하려는 주식이 몇 주인지를 확정하는 것을 말한다.
⑤ 주식은 주식시장에서 자유롭게 양도된다.

05 정답 ⑤

신용등급이 6등급인 L씨가 대출을 받을 경우 기준금리는 8.99%이고, 대출 후에 매월 원금에 대한 이자를 납입하고 최종 상환일에 원금을 납입하는 방법인 만기일시상환 방법으로 대출을 하였으므로 첫 달에 지불하는 상환액은 5백만 원에 대한 이자만 지불하면 된다.

따라서 총대출이자는 $5,000,000 \times 0.0899 \times \dfrac{6}{12} = 224,750$원이며, 첫 달에 지불하는 상환액은 $224,750 \div 6 = 37,458$원이다.

06 정답 ③

2018 ~ 2021년 가계대출과 기업대출의 전년 대비 증가액은 다음 표와 같다.

(단위 : 조 원)

구분	2018년	2019년	2020년	2021년
가계대출	583.6-535.7=47.9	620-583.6=36.4	647.6-620=27.6	655.7-647.6=8.1
기업대출	546.4-537.6=8.8	568.4-546.4=22	587.3-568.4=18.9	610.4-587.3=23.1

2021년 기업대출의 전년 대비 증가액은 가계대출 증가액보다 높다.

오답분석

① 2017년 대비 2021년 부동산담보대출 증가율은 $\dfrac{341.2-232.8}{232.8} \times 100 = 46.6\%$이며, 가계대출 증가율은 $\dfrac{655.7-535.7}{535.7} \times 100 = 22.4\%$이므로 부동산담보대출 증가율이 가계대출 증가율보다 더 높다.

② 주택담보대출이 세 번째로 높은 연도는 2019년이며, 이때 부동산담보대출(284.4조 원)이 기업대출의 50%인 $\dfrac{568.4}{2} = 284.2$조 원보다 많다.

④ 2015년 은행대출은 459+462=921조 원이며, 2018년 은행대출은 583.6+546.4=1,130조 원이므로 2015년의 은행대출은 2018년 은행대출의 $\dfrac{921}{1,130} \times 100 = 81.5\%$를 차지한다.

⑤ 2014 ~ 2021년 동안 전년 대비 주택담보대출이 가장 많이 증가한 해는 2017년이다.

(단위 : 조 원)

구분	2014년	2015년	2016년	2017년
증가액	300.9-279.7=21.2	309.3-300.9=8.4	343.7-309.3=34.4	382.6-343.7=38.9
구분	2018년	2019년	2020년	2021년
증가액	411.5-382.6=28.9	437.2-411.5=25.7	448-437.2=10.8	460.1-448=12.1

07 정답 ⑤

기업 대표이지만 VIP이므로 고객구분은 ㄷ, 대출신청을 하였으므로 업무는 Y, 업무내용은 B가 적절하며, 접수창구는 VIP실인 00번이 된다.

08 정답 ④

- A, B : 대출상담과 대출신청을 나타내는 코드
- Y : 대부계 업무를 나타내는 코드
- ㄴ : 기업고객을 나타내는 코드
- 04 : 4번 창구를 나타내는 코드

09 정답 ③

if(i%4==0)에서, i가 4의 배수일 때, sum=sum+1이 수행된다.
i가 1부터 110까지 1씩 증가될 때 4의 배수가 나오면 sum에 +1이 되기 때문에 110 이하의 4의 배수의 개수를 구하면 sum을 알 수 있다.
110/4=27
따라서 프로그램의 실행 결과는 27이다.

10 정답 ④

제시문은 인공 신경망에 대해 설명하는 글이므로 '앞으로 인공 신경망을 활용할 수 있는 분야는 어떤 것들이 있을까?'란 질문을 할 수 있다.

오답분석
① 기본 단위는 퍼셉트론으로, 이미 제시되어 있다.
② 퍼셉트론이 0 아니면 1의 출력값을 도출하는 방식은 이미 제시문에 제시되어 있다.
③ 퍼셉트론을 층으로 배치하여 복잡한 판단을 내릴 수 있다고 언급되어 있다.

11 정답 ③

(나)에서는 리츠의 여러 가지 장점을 나열하였을 뿐 단점에 대해서는 언급하고 있지 않으므로 (나)에는 리츠의 장·단점이 아닌 장점이 와야 한다.

오답분석
(가)에서는 리츠의 의미를 설명하며 우리나라에 리츠가 도입된 배경에 대해 이야기하고 있으므로 (가)에는 ㄱ과 ㄴ 모두 적절하다. 또한 (다)에서는 리츠의 세 가지 유형에 대해 설명하며, 유형별 특징을 표로 정리하여 비교하고 있으므로 (다)에는 ㄹ이 적절하다.

12 정답 ③

조건에 맞는 기본금리, 고객별 우대금리, 주거래 우대금리가 적용된다.

오답분석
① 실명의 개인이면 가입이 가능하다.
② 가입기간은 1년, 2년, 3년으로 월 단위 가입이 불가능하다.
④ 자녀의 경우 가족관계확인서류인 주민등록등본과 가족관계증명서도 제출해야 한다.

13 [정답] ②

• 3년 만기이므로 기본금리는 2.7%이다.
• 장기거래 고객 및 재예치 고객에 해당하지만 고객별 우대금리는 최고 0.1%이다.
• 6개의 주거래 실적조건 중 2개 이상 충족하지 못했다.

따라서 만기 시 A씨의 적용금리는 2.7+0.1=2.8%이다.

14 [정답] ④

• ㄱ
  – 2021년 한국 금융소득 상위 1% 인원 : 354천 명
  – 2012년 한국 금융소득 상위 1% 인원 : 160천 명
  → $\frac{354}{160} ≒ 2.2$배

  따라서 2021년은 2012년 대비 2.2배 증가하였다.

• ㄴ
  – 2021년 한국 가계 전체 금융자산 : $\frac{2,100}{0.58} ≒ 3,620.7$

  – 2012년 한국 가계 전체 금융자산 : $\frac{1,100}{0.53} ≒ 2,075.5$

  → $\frac{3,620.7}{2,075.5} ≒ 1.7$배

  따라서 2021년은 2012년 대비 1.7배 증가하였다.

• ㄷ
  – 2021년 한국 금융자산 상위 1% : 2,100조 원
  – 2012년 한국 금융자산 상위 1% : 1,100조 원
  → $\frac{2,100}{1,100} ≒ 1.9$배

  따라서 1.9배 증가는 1.7배(ㄴ의 수치) 증가보다 크므로 더 많은 비율로 증가하였다.

15 [정답] ②

ㄱ. 총계를 보면 금융자금이 계속해서 상승함을 알 수 있다.
ㄷ. 2018년 GDP 대비 부동산 금융자금의 규모는 101.2%이다.

[오답분석]

ㄴ. 2016년 부동산 금융자금은 $\frac{1,797}{1.097} ≒ 1,638$으로, 약 1,600조 원이다.

ㄹ. 주어진 자료로는 알 수 없다.

16 [정답] ④

A와 B사원은 모두 6급이므로 국내여비 정액표에 따라 다군에 속한다.
• 교통비 왕복 총액(2인)=105,200원
• 일비=2인×2만 원×3일=120,000원
• 식비=2인×2만 원×3일=120,000원
• 숙박비
  – 첫째 날 : 2명 이상이 공동 숙박하고, 기준금액(남원시, 5만 원)을 넘었으므로 5만 원
  – 둘째 날 : 2명 이상이 공동 숙박하고, 기준금액(5만 원) 이하로 지출했으므로,

  '4-나'를 적용하면 $\left(2-\frac{40,000}{50,000}\right) \times 20,000 \times 2$인=48,000원

따라서 105,200+120,000+120,000+50,000+48,000=443,200원이다.

17 정답 ③

A정류장에서 06번 버스를 타고 K정류장에서 05번 버스로 환승을 한다.
→ 탑승까지 2분 50초, 버스를 타고 K정류장까지 4분이 걸리고, 05번을 기다리는 6분 15초, 마지막으로 N정류장까지 가는 3분을 더하면 2분 50초+4분+6분 15초+3분=16분 5초가 소요된다.

① A정류장에서 03번 버스를 타고 계속 끝까지 탑승하고 간다.
   → 탑승까지 10분 30초, 버스를 타고 N정류장까지 7정류장을 이동하므로 7분이 걸린다.
     따라서 17분 30초가 소요된다.
② A정류장에서 01번 버스를 타고 D정류장에서 06번 버스로 환승을 한다.
   → 탑승까지 3분 20초, 버스를 타고 D정류장까지 3분이 걸리고, 06번을 기다리는 5분 50초, 마지막으로 N정류장까지 가는 4분을 더하면 3분 20초+3분+5분 50초+4분=16분 10초가 소요된다.
④ A정류장에서 04번 버스를 타고 D정류장에서 03번 버스로 환승을 한다.
   → 탑승까지 5분 5초, 버스를 타고 D정류장까지 3분이 걸리고, 03번을 기다리는 13분 30초, 마지막으로 N정류장까지 가는 4분을 더하면 5분 5초+3분+13분 30초+4분=25분 35초가 소요된다.

18 정답 ③

• B : 사장 직속으로 4개의 본부가 있다는 설명은 옳지만, 인사를 전담하고 있는 본부는 없으므로 옳지 않다.
• C : 감사실이 분리되어 있다는 설명은 옳지만, 사장 직속이 아니므로 옳지 않다.

19 정답 ③

제시문은 혈관 건강에 좋지 않은 LDL 콜레스테롤을 높이는 포화지방과 LDL 콜레스테롤의 분해를 돕고 HDL 콜레스테롤을 상승하게 하는 불포화지방에 대해 설명하고 있다.

20 정답 ④

마지막 문단의 '기다리지 못함도 삼가고 아무것도 안함도 삼가야 한다. 작동 중에 있는 자연스런 성향이 발휘되도록 기다리면서도 전력을 다할 수 있도록 돕는 노력도 멈추지 말아야 한다.'를 통해 ④ '잠재력을 발휘하도록 하려면 의도적 개입과 방관적 태도 모두를 경계해야 한다.'가 이 제시문의 중심 주제가 됨을 알 수 있다.

① 인위적 노력을 가하는 것은 일을 '조장(助長)'하지 말라고 한 맹자의 말과 반대된다.
② 싹이 성장하도록 기다리는 것도 중요하지만 '전력을 다할 수 있도록 돕는 노력'도 해야 한다.
③ 명확한 목적성을 강조하는 부분은 제시문에 나와 있지 않다.

21 정답 ①

제시문은 우리 몸의 면역 시스템에서 중요한 역할을 하는 킬러 T세포가 있음을 알려주고, 이것의 역할과 작용 과정을 차례로 설명하며 마지막으로 킬러 T세포의 의의에 대해 이야기하는 글이다. 따라서 (라) 우리 몸의 면역 시스템에 중요한 역할을 하는 킬러 T세포 – (가) 킬러 T세포의 역할 – (마) 킬러 T세포가 작용하기 위해 거치는 단계 – (다) 킬러 T세포의 작용 과정 – (나) 킬러 T세포의 의의로 연결되어야 한다.

22 정답 ②

승용차의 경우 부산은 34.7km/대이며, 세종은 38.1km/대로 세종이 더 길지만 합계 1일 평균 주행거리는 40.1km/대로 동일하다.

오답분석

① 세종을 제외한 1일 평균 주행거리 최댓값을 갖는 차종은 특수차이고, 최솟값은 승용차이다. 특수차와 승용차의 주행거리 차이와 승합차의 주행거리를 비교하면 다음과 같다.

(단위 : km/대)

구분	서울	부산	대구	인천	광주	대전	울산
차이	60.6−31.7 =28.9	196.6−34.7 =161.9	92.5−33.7 =58.8	125.6−39.3 =86.3	114.2−34.5 =79.7	88.9−33.5 =55.4	138.9−32.5 =106.4
승합차	54.6	61.2	54.8	53.9	53.2	54.5	62.5

따라서 최솟값의 차이는 승합차의 1일 평균 주행거리보다 긴 지역은 '부산, 대구, 인천, 광주, 대전, 울산', 6곳으로 5곳 이상이다.

③ 세종은 특수차종의 1일 평균 주행거리는 39.9km/대로 가장 짧고, 승합차는 울산과 부산 다음으로 세 번째로 길므로 8개 지역 중 상위 40%(8×0.4=3.2위)이다.

④ 부산은 차종별 1일 평균 주행거리 상위 50%인 4위 안에 모든 차종이 포함된다.

차종	순위
승용차	인천>세종>부산>광주
승합차	울산>부산>세종>대구
화물차	광주>대전>부산=서울
특수차	부산>울산>인천>광주

23 정답 ②

ㄱ. 유로화가 달러화 대비 약세가 심화되고 있는 부분은 첫 번째 그래프에서 달러/유로 환율 추이를 통해 알 수 있다. 2021년 9월까지 1유로당 1.3 ~ 1.4달러 사이에서 유지하다가 그 이후부터 하락하기 시작하여 2022년에 들어와서 1유로당 1.1달러 내외인 것을 확인할 수 있다. 따라서 유로화는 달러화 대비 약세를 보이고 있다는 것은 적절한 내용이다.

ㄹ. 원/엔 환율 추이를 통해 2022년 원/엔 환율이 전반적으로 900원 선에서 상회하고 있다는 것을 확인할 수 있다.

오답분석

ㄴ. 엔화는 달러화에 대해 전반적으로 전년 대비 약세를 보이고 있는데, 이는 첫 번째 그래프에서 엔/달러 환율 추이를 통해 확인할 수 있다. 2021년에는 1달러당 100엔 근처에서 형성되었으나, 2022년에 와서 1달러당 120엔을 넘었다. 즉, 1달러당 지불해야 할 엔화가 늘어난 것으로 달러는 강세, 엔화는 약세이다.

ㄷ. 두 번째 그래프에서 원/달러 환율 추이를 통해 원/달러 환율이 전년 대비 상승했다는 것을 확인할 수 있다. 그러나 원/달러 환율이 1,000원대가 아닌 1,100원대에서 형성되어 있다. 따라서 1,000원을 중심으로 등락하고 있다는 설명은 적절하지 않다.

24 정답 ①

- 스타 적금 만기 환급금 : $40 \times 40 + 40 \times \dfrac{40 \times 41}{2} \times \dfrac{0.03}{12} = 1{,}682$만 원

- 부자 적금 만기 환급금 : $30 \times \dfrac{(1.03)^{\frac{49}{12}} - (1.03)^{\frac{1}{12}}}{(1.03)^{\frac{1}{12}} - 1} = 30 \times \dfrac{1.128 - 1.002}{0.002} = 1{,}890$만 원

따라서 두 금액의 차이는 1,890−1,682=208만 원이다.

25 정답 ④

먼저 두 번째 조건에 따라 사장은 은지에게 '상'을 주었으므로 나머지 지현과 영희에게 '중' 또는 '하'를 주었음을 알 수 있다. 이때, 인사팀장은 영희에게 사장이 준 점수보다 낮은 점수를 주었다는 네 번째 조건에 따라 사장은 영희에게 '중'을 주었음을 알 수 있다. 따라서 사장은 은지에게 '상', 영희에게 '중', 지현에게 '하'를 주었고, 세 번째 조건에 따라 이사 역시 같은 점수를 주었다. 한편, 사장이 영희 또는 지현에게 회장보다 낮거나 같은 점수를 주었다는 두 번째 조건에 따라 회장이 은지, 영희, 지현에게 줄 수 있는 경우는 다음과 같다.

구분	은지	지현	영희
경우 1	중	하	상
경우 2	하	상	중

또한 인사팀장은 '하'를 준 영희를 제외한 은지와 지현에게 '상' 또는 '중'을 줄 수 있으므로 은지, 영희, 지현이 회장, 사장, 이사, 인사팀장에게 받을 수 있는 점수를 정리하면 다음과 같다.

구분	은지	지현	영희
회장	중	하	상
	하	상	중
사장	상	하	중
이사	상	하	중
인사팀장	상	중	하
	중	상	하

따라서 인사팀장이 은지에게 '상'을 주었다면, 은지는 사장, 이사, 인사팀장 3명에게 '상'을 받으므로 은지가 최종 합격하게 된다.

26 정답 ②

주문한 내역을 표로 정리하면 다음과 같다.

구분	종류 1	색상 1	종류 2	색상 2
지영	장미꽃	분홍색	안개꽃	빨간색
민지	장미꽃	분홍색	안개꽃	흰색
진아	장미꽃	빨간색	안개꽃	빨간색
윤지	목화꽃	흰색	안개꽃	흰색

27 정답 ④

제시된 조건을 표를 정리하면 다음과 같다.

구분	사는 사람	좋아하는 스포츠	기르는 동물
7층	G		새
6층		축구	고양이
5층	D		새
4층		축구	고양이
3층	E	농구	새
2층	A	축구	고양이
1층	B		개

따라서 D는 5층에 사는 것을 확인할 수 있다.

오답분석
① C와 E가 이웃하려면 C가 4층에 살아야 하는데 제시된 조건으로는 정확히 알 수 없다.
② G는 7층에 살며 새를 키우지만 무슨 스포츠를 좋아하는지 알 수 없다.
③ B는 유일하게 개를 키우고, 개를 키우는 사람은 1층에 산다. 따라서 홀수 층에 사는 사람들이 모두 새를 키운다고 할 수 없다.

28 정답 ②

글의 내용을 요약하여 필자가 주장하는 핵심을 파악해야 한다. 제시문은 텔레비전의 언어가 개인의 언어 습관에 미치는 악영향을 경계하면서, 올바른 언어 습관을 길들이기 위해 문학 작품의 독서를 강조하고 있다. 따라서 ②가 핵심 내용으로 가장 적절하다.

29 정답 ①

$$\frac{1}{3} \times \left(\frac{1}{3} \times \frac{2}{3} \times 2 \right) = \frac{4}{27}$$

따라서 구하고자 하는 확률은 $\frac{4}{27}$ 이다.

30 정답 ③

설문조사 비율의 합이 100%이고, H사 사원들도 100명이므로 연령 분석 결과를 표로 정리하면 다음과 같다.

구분	합계	20대	30대	40대
복사기	15명	10명		
냉장고	26명			13명
안마의자	6명	-	-	6명
복합기	24명	12명		
커피머신	7명			
정수기	13명	-	13명	-
기타용품	9명	3명	3명	3명

사원 중 20대가 총 25명이라면 복사기, 복합기, 기타용품을 원하는 20대 인원이 25명이므로 냉장고를 원하는 20대는 없음을 알 수 있다.

오답분석

① 냉장고를 원하는 20대 인원수는 알 수 없으므로 적절하지 않다.
② 기타용품을 원하는 40대는 3명, 안마의자를 원하는 40대는 6명이다.
④ 20대를 제외할 경우 복합기를 원하는 남은 인원은 12명이므로, 복합기를 원하는 30대는 냉장고를 원하는 40대 13명보다 많을 수 없다.

31 정답 ②

VLOOKUP 함수는 목록 범위의 첫 번째 열에서 세로 방향으로 검색하면서 원하는 값을 추출하는 함수이고, HLOOKUP 함수는 목록 범위의 첫 번째 행에서 가로 방향으로 검색하면서 원하는 값을 추출하는 함수이다. 따라서 [F2:G9] 영역을 이용하여 업무지역별 코드번호를 입력할 경우 VLOOKUP 함수가 적절하며, VLOOKUP 함수의 형식은 「=VLOOKUP(찾을 값,범위,열 번호,찾기 옵션)」임을 볼 때, [D2] 셀에 입력된 수식은 「=VLOOKUP(C2,$F$2:$G$9,2,0)」이 적절하다.

32 정답 ④

수연이가 여행 전 800달러를 살 때 지불한 원화는 우대환율 70%를 적용하여 계산하면 다음과 같다.

구분	9월 14일	9월 15일	합계
적용 환율	$1,152-(1,152-1,140)\times 0.7$ $=1,143.6$원/달러	$1,155-(1,155-1,145)\times 0.7$ $=1,148$원/달러	-
지불 금액	$1,143.6\times 500=571,800$원	$1,148\times 300=344,400$원	916,200원

여행 후 10월 16일부터 20일까지 현찰을 팔 때 우대환율이 20% 추가되어 90%가 적용된다. 날짜별 우대환율 90%를 적용한 후 800달러를 원화로 환전하면 다음과 같다.

구분	10월 16일	10월 19일	10월 20일
적용 환율	$1,146+(1,158-1,146)\times0.9$ $=1,156.8$원/달러	$1,140+(1,150-1,140)\times0.9$ $=1,149$원/달러	$1,131+(1,143-1,131)\times0.9$ $=1,141.8$원/달러
환전 금액	$1,156.8\times800=925,440$원	$1,149\times800=919,200$원	$1,141.8\times800=913,440$원

따라서 수연이가 800달러를 원화로 환전할 때 날짜별 손익을 구하면 10월 20일에 $913,440-916,200=2,760$원 손해이므로 알맞은 선택지는 ④이다.

오답분석

①·③ 10월 16일 : $925,440-916,200=9,240$원 이익

② 10월 19일 : $919,200-916,200=3,000$원 이익

33 　정답 ④

38과 95의 최대공약수는 19이며, 19cm 간격으로 꼭짓점을 제외하고 가로에는 4그루씩 세로에는 1그루씩 심을 수 있다. 꼭짓점에 나무가 심어져 있어야 하므로 최소 $(4+1)\times2+4=14$그루가 필요하다.

34 　정답 ①

사각뿔의 부피는 다음의 공식은 $(부피)=\dfrac{1}{3}\times(밑면의 가로)\times(밑면의 세로)\times(높이)$이다.

따라서 구하고자 하는 부피는 $\dfrac{1}{3}\times6^2\times5=60$cm^{3}이다.

35 　정답 ②

(나) 문단에서는 주택청약종합저축에 가입된 사람도 가입요건을 충족하면 청년 우대형 청약통장으로 전환하여 가입할 수 있음을 설명하고 있다. 따라서 '기존 주택청약종합저축 가입자의 청년 우대형 청약통장 가입 가능 여부'가 (나) 문단의 핵심 화제로 적절하다.

36 　정답 ②

전체 12명에서 2명을 뽑는 방법은 $_{12}\text{C}_2=\dfrac{12\times11}{2}=66$가지이고, 여자 7명 중에서 2명이 뽑힐 경우는 $_7\text{C}_2=\dfrac{7\times6}{2}=21$가지이다.

따라서 대표가 모두 여자로 뽑힐 확률은 $\dfrac{21}{66}\times100=32\%$이다.

37 　정답 ②

'회의장 세팅'을 p, '회의록 작성'을 q, '회의 자료 복사'를 r, '자료 준비'를 s라고 했을 때, $p\to\sim q\to\sim s\to\sim r$이 성립한다.
따라서 항상 옳은 진술은 '회의록을 작성하지 않으면 회의 자료를 복사하지 않는다.'이다.

38 　정답 ①

같은 부서 사람이 옆자리에 함께 앉아야 하므로 먼저 같은 부서를 한 묶음으로 생각하고 세 부서를 원탁에 배치하는 경우는 $2!=2$가지이고, 각 부서 사람끼리 자리를 바꾸는 경우의 수는 $2!\times2!\times3!=2\times2\times3\times2=24$가지이다.
따라서 조건에 맞게 7명이 앉을 수 있는 경우의 수는 $2\times24=48$가지이다.

39 정답 ③

금융부실관련자 책임추궁에 따르면 금융회사 부실의 부분적인 원인을 제공한 경우에도 조사 대상이 된다.

오답분석

① 금융부실관련자에 대한 예금보험공사의 책임추궁은 예금자보호법에 근거하므로 적절한 설명이다.
② 예금보험공사는 검찰과 협조하여 금융부실책임조사본부를 발족하여 부실채무기업에 대해 조사를 수행하고 있다.
④ 예금보험공사는 2013년에 부실채무기업의 증가에 전담부서인 조사2국을 신설하여 대응하였다.

40 정답 ④

B를 거치는 A에서 C까지의 최단 경로는 A에서 B까지의 경로와 B와 C까지의 경로로 나눠서 구할 수 있다.

ⅰ) A에서 B까지의 최단 경로의 경우의 수 : $\dfrac{5!}{3! \times 2!} = 10$가지

ⅱ) B에서 C까지의 최단 경로의 경우의 수 : $\dfrac{3!}{1! \times 2!} = 3$가지

따라서 B를 거치는 A에서 C까지의 최단 경로의 경우의 수는 $3 \times 10 = 30$가지이다.

41 정답 ③

(라)에서 금융 상품의 종류를 분류하고, (나)에서 금융 상품의 하위 분류 중 주식과 예금의 대조적인 특징을 설명한 후, (나)의 결과로 사람들이 성향에 따라 각기 다른 금융 상품을 선호한다는 사실을 (가)에서 설명한다. 다음으로 (가)의 고객의 성향에 따라 금융 회사들이 고객에게 최적의 상품을 추천한다는 내용의 (마), (가)에서 언급한 고객의 투자 성향 판단 기준에 대한 질문을 도입하는 (다), 투자 기대 효용에 대한 고객들의 태도 차이를 고객 분류의 기준으로 삼는다는 내용의 (바) 순서로 이어진다. 따라서 (라) - (나) - (가) - (마) - (다) - (바)가 적절하다.

42 정답 ①

9개의 숫자에서 4개의 숫자를 뽑아 나열할 수 있는 방법은 $_9P_4 = 9 \times 8 \times 7 \times 6 = 3,024$가지이다. 여기서 5와 6을 제외하고, 1과 8이 포함된 4자리 숫자를 만들 수 있는 방법은 9개의 숫자에서 제외할 숫자와 포함될 숫자를 빼고, 남은 숫자 중에서 2개의 숫자를 뽑아 1과 8을 포함한 4개 숫자를 나열하는 것이다.

$_{(9-4)}C_2 \times 4! = {_5}C_2 \times 4! = \dfrac{5 \times 4}{2} \times 4 \times 3 \times 2 \times 1 = 240$가지

따라서 한별이가 5와 6을 제외하고 1과 8을 포함하여 비밀번호를 만들 확률은 $\dfrac{240}{3,024} = \dfrac{5}{63}$ 이다.

43 정답 ②

두 번째 문단의 '시장경제가 제대로 운영되기 위해서는 국가의 소임이 중요하다.'라고 한 부분과 세 번째 문단의 '시장경제에서 국가가 할 일은 크게 세 가지로 나누어 볼 수 있다.'라고 한 부분에서 '시장경제에서의 국가의 역할'이라는 제목을 유추할 수 있다.

44 정답 ①

일반 시민들이 SNS를 통해 문제를 제기하면서 전통적 언론에서 뒤늦게 그 문제에 대해 보도하는 현상이 생기게 된 것이다.

오답분석

ㄱ・ㄷ. 현대의 전통적 언론도 의제설정기능을 수행할 수는 있지만, 과거 언론에 비해 의제설정기능의 역할이 약화되었다.
ㄹ. SNS로 인해 역의제설정 현상이 강해지고 있다.

45 정답 ①

임의로 전체 신입사원을 100명이라 가정하고 성별과 경력 유무로 구분하여 표를 나타내면 다음과 같다.

(단위 : 명)

구분	여성	남성	합계
경력 없음	$60-20=40$	20	60
경력 있음	$100\times0.2=20$	20	$100\times0.8-60+20=40$
합계	$100\times0.6=60$	40	100

따라서 신입사원 중 여자 한 명을 뽑았을 때 경력직이 뽑힐 확률은 여자 60명 중 경력직은 20명이므로 $\dfrac{20}{60}=\dfrac{1}{3}$ 이다.

46 정답 ③

'1권 이상'의 성인 독서율은 2019년 대비 2021년 사례수 증가율만큼 증가한다. 빈칸 (가)의 50대 성인 독서율의 경우, 2019년 대비 2021년 사례수가 $\dfrac{1,200-1,000}{1,000}\times100=20\%$ 증가하였다.

따라서 '1권 이상'의 성인 독서율 (가)에 들어갈 수치는 $60\times1.2=72$가 된다.

47 정답 ④

과일의 가격을 사과 x, 배 y, 딸기 z로 가정하여 식을 세워보면 다음과 같다.

$x=10,000,\ y=2z,\ x+z=y-20,000$

$\rightarrow\ 10,000+z=2z-20,000$

$\rightarrow\ z=30,000$

$\therefore\ x+y+z=x+3z=10,000+90,000=100,000$

따라서 10명의 동네 주민들에게 선물을 준다고 하였으므로 지불해야 하는 총금액은 $100,000\times10=1,000,000$원이다.

48 정답 ①

먼저 세 번째 조건에 따라 C주임은 아일랜드로 파견된다. 그러므로 네 번째 조건의 후단이 거짓이 되므로 네 번째 조건이 참이 되기 위해서는 전단이 참이 되어야 한다. 따라서 E주임은 몽골로 파견되고, 첫 번째 조건의 대우에 따라 A대리는 인도네시아로 파견된다. A대리가 인도네시아로 파견되어 다섯 번째 조건의 전단이 거짓이므로 다섯 번째 조건이 참이 되기 위해서는 후단이 참이어야 하므로 B대리는 우즈베키스탄에 파견되지 않는다. 마지막으로 두 번째 조건의 대우에 따라 B대리가 우즈베키스탄에 파견되지 않는다면 D주임 또한 뉴질랜드에 파견되지 않는다. 이를 정리하면 다음과 같다.

• A대리 : 인도네시아 파견 ○
• B대리 : 우즈베키스탄 파견 ×
• C주임 : 아일랜드 파견 ○
• D주임 : 뉴질랜드 파견 ×
• E주임 : 몽골 파견 ○

따라서 보기 중 반드시 참인 것은 ㄱ, ㄴ이며, ㄷ, ㄹ은 반드시 거짓이다.

49 정답 ②

연도별 누적 막대그래프로, 각 지역의 적설량이 바르게 나타나 있다.

오답분석

① 적설량의 단위는 'm'가 아니라 'cm'이다.
③ 수원과 강릉의 2018년, 2019년 적설량 수치가 서로 바뀌었다.
④ 그래프의 가로축을 지역으로 수정해야 한다.
⑤ 세 지역의 그래프 수치가 서로 바뀌었다.

50 정답 ③

각각의 조건에서 해당되지 않는 쇼핑몰을 체크하여 선택지에서 하나씩 제거하는 방법으로 푸는 것이 좋다.
• 철수 : C, D, F는 포인트 적립이 안 되므로 해당 사항이 없다(②, ④ 제외).
• 영희 : A에는 해당 사항이 없다.
• 민수 : A, B, C에는 해당 사항이 없다(①, ⑤ 제외).
• 철호 : 환불 및 송금수수료, 배송료가 포함되었으므로 A, D, E, F에는 해당 사항이 없다.

"오늘 당신의 노력은 아름다운 꽃의 물이 될 것입니다."

그러나, 이 꽃을 볼 때 사람들은 이 꽃의 아름다움과 향기만을 사랑하고 칭찬하였지, 이 꽃을 그렇게 아름답게 어여쁘게 만들어 주는 병 속의 물은 조금도 생각지 않는 것이 보통입니다.

만일 이 꽃병 속에 들어 있는 물을 죄다 쏟아 버리고 빈 병에다 이 꽃을 꽂아 보십시오.

아무리 아름답고 어여쁜 꽃이기로서니 단 한 송이의 꽃을 피울 수 있으며, 단 한 번이라도 꽃 향기를 날릴 수 있겠는가?

우리는 여기서 아무리 본바탕이 좋고 아름다운 꽃이라도 보이지 않는 물의 숨은 힘이 없으면 도저히 그 빛과 향기를 자랑할 수 없는 것을 알았습니다.

-방정환의 「우리 뒤에 숨은 힘」 중-

혁신을 일으키기 위한 시스템은 시스템을 가지지 않는 것이다.

-스티브 잡스-

**2024 하반기 시대에듀 All-New 기출이 답이다 NCS
지역농협 6급 필기시험 9개년 기출+무료NCS특강**

개정8판1쇄 발행	2024년 08월 30일 (인쇄 2024년 07월 31일)
초 판 발 행	2020년 04월 10일 (인쇄 2020년 03월 03일)
발 행 인	박영일
책 임 편 집	이해욱
편 저	SDC(Sidae Data Center)
편 집 진 행	여연주 · 안희선
표지디자인	김도연
편집디자인	김경원 · 고현준
발 행 처	(주)시대고시기획
출 판 등 록	제10-1521호
주 소	서울시 마포구 큰우물로 75 [도화동 538 성지 B/D] 9F
전 화	1600-3600
팩 스	02-701-8823
홈 페 이 지	www.sdedu.co.kr
I S B N	979-11-383-7538-2 (13320)
정 가	24,000원

지역농협 6급

기출이 답이다

6급

정답 및 해설

금융권 필기시험 "기본서" 시리즈

최신 기출유형을 반영한 NCS와 직무상식을 한 권에! 합격을 위한

Only Way!

금융권 필기시험 "봉투모의고사" 시리즈

실제 시험과 동일하게 구성된 모의고사로 마무리! 합격으로 가는

Last Spurt!

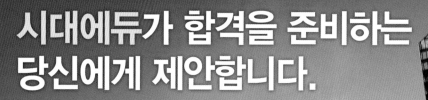

시대에듀가 합격을 준비하는
당신에게 제안합니다.

결심하셨다면 지금 당장 실행하십시오.
시대에듀와 함께라면 문제없습니다.

성공의 기회!
시대에듀를 잡으십시오.

NEXT STEP!

기회란 포착되어 활용되기 전에는 기회인지조차 알 수 없는 것이다.

– 마크 트웨인 –